Waitzmann

SFV

Irvin D. Yalom und
Ginny Elkin

Chronik einer Therapie

Geschrieben vom Psychotherapeuten und seiner Patientin

S. Fischer Verlag

Aus dem Amerikanischen von Lutz-W. Wolff
Lektorat: Willi Köhler

Titel der amerikanischen Originalausgabe:
»Every Day Gets a Little Closer; A Twice-Told Therapy«

Umschlagentwurf Eberhard Marhold
Satz und Druck Poeschel & Schulz-Schomburgk, Eschwege
Einband Ludwig Fleischmann, Fulda
Printed in Germany 1975
ISBN 3 10 095801 2

Vorwort der Herausgeberin

Unbestreitbar enthält die psychotherapeutische Literatur bereits zahlreiche Werke, in denen die Geschichte einer erfolgreichen Heilung erzählt wird. Seit der Jahrhundertwende haben sich immer mehr Psychiater dazu entschlossen, außergewöhnliche und besonders anschauliche Krankengeschichten zu publizieren, und auch die Patienten haben nicht angestanden, in wachsender Zahl ihre eigenen retrospektiven Darstellungen zu veröffentlichen. Das Besondere dieses Buches besteht darin, daß hier der Verlauf einer Behandlung gleichzeitig aus der Perspektive des Patienten und der des Arztes verfolgt und dabei das Entstehen einer delikaten und schwierigen Beziehung sichtbar wird, die für beide von großer persönlicher Bedeutung war.

Das Buch ist das Ergebnis eines Experiments, das mein Mann, Dr. Irvin Yalom von der Stanford University, und eine seiner Patientinnen, die im folgenden den Namen Ginny tragen soll, miteinander durchführten. Im Herbst des Jahres 1970 kam mein Mann zu der Überzeugung, daß es nicht ratsam sei, Ginny weiter in einer Therapiegruppe zu behandeln, die er zusammen mit einem Kollegen leitete, denn sie hatte bei dieser Form der Behandlung in anderthalb Jahren buchstäblich keinerlei Fortschritte gemacht. Er schlug daher vor, die Therapie als Einzelbehandlung fortzusetzen. Da zu Ginnys Problemen unter anderem auch eine »Schreibhemmung« zählte (was für eine hoffnungsvolle Schriftstellerin ein sehr ernsthaftes Leiden ist), regte er an, daß sie die Behandlung mit Berichten über den Verlauf der Sitzungen bezahlen sollte, womit auch ihr Schreiben einen deutlichen Antrieb erhalten würde. Gleichzeitig entschloß sich Dr. Yalom, jeweils auch einen eigenen, unabhängigen Bericht über die wöchentlichen Sitzungen zu verfassen. In halbjährlichen Abständen sollten die Berichte ausgetauscht werden, in der Hoffnung, dadurch einen weiteren therapeutischen Effekt zu erzielen. Zwei Jahre lang verzeichneten Patientin und Arzt ihre Erinnerungen an die Stunde, die sie gemeinsam verbracht hatten, wobei sie häufig noch nachträgliche Einfälle, Deutungen, emotionale Eindrücke und Assoziationen hinzufügten, die während der Sitzung nicht zur Sprache gekommen waren.

Obwohl mein Mann nahezu niemals über seine Patienten mit mir spricht, machte er mich doch mit einigen seiner Überlegungen über Ginny vertraut, als er den Plan faßte, sie auf diese Weise zum Schreiben zu ermutigen. Er wußte, daß mich das Vorhaben interessieren würde, denn ich bin Literaturwissenschaftlerin. Ich machte den Vorschlag, die Berichte zu sammeln, bis die Behandlung beendet wäre, und dann zu entscheiden, ob sie ein größeres Publikum verdienten. Insgeheim fragte ich mich, ob die Berichte nicht ein interessantes Stück Literatur werden könnten – mit zwei verschiedenen Hauptfiguren und zwei ausgeprägten literarischen Schreibweisen, zusammen so eine Art Briefroman.

Ich hatte also ein besonderes Interesse, als ich die Manuskripte zwei Jahre später zum erstenmal zu Gesicht bekam. Mein eigener Enthusiasmus, aber auch das Urteil von Lesern, die weniger voreingenommen waren, führten dazu, daß sich die Verfasser mit einer Veröffentlichung einverstanden erklärten. Mit Ausnahme einiger Änderungen, die notwendig waren, um die Anonymität der Patientin zu schützen und die Tonbandnotizen des Arztes lesbar zu machen, folgen die hier gedruckten Texte dem Wortlaut der Originale. Keine zusätzlichen Gedanken oder fiktiven Ereignisse wurden dem dramatischen Ablauf dieser psychotherapeutischen Symbiose hinzugefügt. In den Aufzeichnungen des Arztes wurde kein bedeutsamer Gedanke hinzugegeben oder weggelassen – mit Ausnahme des Inhalts einiger Bänder, die bedauerlicherweise verlegt worden waren und unauffindbar blieben. Abgesehen von minimalen stilistischen Korrekturen sind Ginnys Berichte völlig unverändert geblieben.

Auf Vorschlag einiger Leser, die den Eindruck hatten, das Manuskript sei ohne erläuternde Materialien schwer zu verstehen, und anderer, die sich dafür interessierten, was denn nach der Therapie aus Ginny geworden sei, schrieben Dr. Yalom und Ginny anderthalb Jahre nach ihrer letzten gemeinsamen Sitzung jeder ein Vor- und ein Nachwort. Hier erhält der Leser weitere wichtige Informationen und Erklärungen privater und wissenschaftlicher Natur. Dennoch bin ich der Ansicht, daß der Hauptteil des Textes wie ein Roman gelesen werden kann, als Geschichte zweier Menschen, die sich in der Intimität einer psychotherapeutischen Behandlung begegnet sind und jetzt dem Leser erlauben, sie kennenzulernen, wie sie selbst sich gekannt haben.

Marilyn Yalom
20. Februar 1974

Vorwort von Dr. Yalom

Es gibt mir jedesmal einen Stich, wenn ich in alten Terminkalendern die halbvergessenen Namen von Patienten finde, mit denen ich die zartesten seelischen Erfahrungen gemacht habe. So viele Menschen und gute Momente. Was ist aus ihnen geworden? Die zahlreichen Karteikästen und Berge von Tonbandaufzeichnungen in meinem Archiv erinnern mich oft an einen Friedhof: Menschenleben in klinische Aktendeckel gepreßt, Stimmen, deren Drama für immer stumm auf den elektromagnetischen Bändern gefangen ist. Die Umgebung dieser Zeugnisse erfüllt mich stets mit einem geschärften Bewußtsein für die Vergänglichkeit aller Dinge. Selbst wenn ich gänzlich in der Gegenwart befangen bin, spüre ich, wie das Phantom des Verfalls dort irgendwo lauert – ein Verfall, der die gelebten Erfahrungen letztlich zerstören wird, aber der gerade wegen seiner Unerbittlichkeit auch Schönheit und Intensität verleiht. Das Verlangen, von meiner Bekanntschaft mit Ginny zu erzählen, ist außerordentlich stark; die Möglichkeit, die Zerstörung hinauszuzögern, die Dauer unseres kurzen Zusammenlebens zu verlängern, fasziniert mich. Wieviel besser ist es, wenn ich weiß, daß diese Erfahrung im Bewußtsein des Lesers weiterbestehen wird, anstatt in den verlassenen Lagerhallen ungelesener Krankenberichte und nicht abgehörter Tonbänder gespeichert zu bleiben.

Mit einem Telefongespräch fing es an. Eine dünne Stimme teilte mir mit, daß sie Ginny hieße und gerade in Kalifornien angekommen sei. Einige Monate lang war sie bei einer Kollegin im Osten in Behandlung gewesen, die sie an mich verwiesen hatte. Da ich gerade erst von einem einjährigen Forschungsurlaub aus London zurückgekehrt war, hatte ich noch viel freie Zeit. Wir machten einen Termin für den übernächsten Tag.

Ich holte sie im Wartezimmer ab und führte sie über den Flur in mein Büro. Aber ich konnte offenbar so langsam gehen, wie ich wollte; denn wie die Frau eines Orientalen blieb sie stets einige lautlose Schritte hinter mir. Sie schien sich nicht selbst zu gehören, nichts paßte zusammen – ihre Haare, ihr Lächeln, ihre Stimme, ihr Gang, ihr Pullover, ihre Schuhe, alles war zufällig zusammengewürfelt, und es schien die Gefahr zu bestehen, daß alles – Haare, Gang, Glieder, Jeans und Armeesocken – wieder auseinanderfallen könnte. Was würde dann übrigbleiben? Vielleicht nur das Lächeln. Hübsch war sie jedenfalls nicht, egal, wie man die Teile zusammensetzte! Aber merkwürdig reizvoll. In Minuten hatte sie es geschafft, mir irgendwie zu verstehen zu geben, daß ich alles tun dürfe, daß sie sich gänzlich in meine Hand gäbe. Ich machte mir keine Sorgen deswegen. Damals schien das keine schwere Last zu sein.

Sie begann zu sprechen, und ich erfuhr, daß sie dreiundzwanzig Jahre alt und die Tochter einer ehemaligen Opernsängerin und eines Geschäftsmannes aus Philadelphia war. Sie hatte eine Schwester, die vier Jahre jünger war, und sie besaß schriftstellerische Begabung. Sie war nach Kalifornien gekommen, weil man ihr aufgrund einiger Kurzgeschichten die Teilnahme an einem einjährigen Autorenkursus in einem nahegelegenen College angeboten hatte.

Warum suchte sie Hilfe? Sie sagte, sie müsse die Behandlung fortsetzen, die sie im letzten Jahr begonnen habe. Und dann erzählte sie auf wirre und unzusammenhängende Weise allmählich die Schwierigkeiten, die sie im Leben hatte. Neben den Beschwerden, die sie ausdrücklich erwähnte, stellte ich während des Gesprächs noch verschiedene andere Problembereiche fest.

Zunächst ihr Selbstporträt, das schnell und atemlos erzählt wurde. Es war eine Litanei des Selbsthasses, in der einige treffende Metaphern die Akzente setzte. Sie ist in jeder Beziehung masochistisch. Ihr ganzes bisheriges Leben hindurch hat sie die eigenen Wünsche und Bedürfnisse vernachlässigt. Sie besitzt keine Selbstachtung. Sie hat das Gefühl, ein körperloser Geist zu sein, ein zwitschernder Kanarienvogel, der von Schulter zu Schulter hüpft, während sie mit ihren Freunden die Straße hinuntergeht. Sie bildet sich ein, daß sie nur als ätherisches Irrlicht von Interesse für andere sein könne.

Sie hat kein Selbstwertgefühl. »Ich muß mich auf das Zusammentreffen mit anderen Leuten vorbereiten«, sagt sie. »Ich präge mir ein, was ich sagen werde. Ich habe keine spontanen Empfindungen, das heißt, ich habe schon welche, aber nur in einem kleinen Käfig. Immer wenn ich herausgehe, habe ich Angst und muß mich vorbereiten.« Ihren Ärger nimmt sie nicht wahr und gibt ihm auch keinen Ausdruck. »Ich habe Mitleid mit den Leuten. Ich bin die reinste Verkörperung der Redensart: ›Wenn man nichts Nettes über jemanden sagen kann, sagt man lieber gar nichts.‹« Sie kann sich nur an einen einzigen Fall erinnern, wo sie in ihrem erwachsenen Leben wirklich wütend geworden ist: vor einigen Jahren hat sie einmal einen Arbeitskollegen angeschrien, der sie herumkommandierte. Sie zitterte noch Stunden später. Sie hat keine Rechte. Es kommt ihr gar nicht in den Sinn, wütend zu werden. Dauernd fragt sie sich, ob die anderen sie mögen, aber nie, ob sie die anderen mag.

Die Selbstverachtung verzehrt sie. Eine innere Stimme verspottet sie ständig. Immer wenn sie sich für einen Augenblick vergißt und das Leben spontan ergreift, treibt diese lähmende Stimme sie abrupt in den Käfig ihrer Befangenheit zurück. Während des Gesprächs konnte sie sich kein einziges Wort des Stolzes erlauben. Kaum hatte sie den Autorenkurs erwähnt, erinnerte sie mich sofort daran, daß sie nur aufgrund ihrer Faulheit aufgenommen worden sei. Als sie gesprächsweise von dem Kursprogramm hörte, hatte sie sich nur deshalb beworben, weil eine formelle Bewerbung nicht nötig war. Sie brauchte bloß ein paar Geschichten einzuschicken, die sie zwei Jahre vorher geschrieben hatte. Über die vermutlich hohe Qualität der Erzählungen sagte sie natürlich nichts. Ihre literarische Produktion war allmählich geringer geworden, und sie befand sich jetzt im Stadium einer ernsten Schreibhemmung.

Alle Probleme ihres Lebens spiegelten sich in ihren Beziehungen zu Männern. Obwohl sie das dringende Bedürfnis nach einer stabilen Dauerbeziehung hatte, war sie niemals dazu in der Lage gewesen. Mit einundzwanzig war sie aus mädchenhafter Unschuld in sexuelle Beziehungen mit mehreren Männern gestolpert (sie hatte kein Recht, »nein« zu sagen) und klagte nun darüber, daß sie sich ins Schlafzimmer gestürzt habe, ohne das Vorzimmer von Flirt und Petting auch nur zu betreten. Sie mag den physischen Kontakt mit Männern, aber vermag sich sexuell nicht zu lösen. Sie hat Orgasmen beim Masturbieren erlebt, aber die spöttische innere Stimme stellt sicher, daß sie beim Geschlechtsverkehr fast nie einen Orgasmus hat.

Ihren Vater erwähnte Ginny fast nie, aber ihre Mutter schien sehr gegenwärtig. »Ich bin ein blasses Abbild meiner Mutter«, sagte sie. Sie waren sich ungewöhnlich nahe. Ginny erzählte ihrer Mutter alles. Sie erinnert sich, wie sie gemeinsam Ginnys Liebesbriefe gelesen und darüber gelacht haben. Ginny war immer dünn, sie mäkelte am Essen, und während ihrer Teenagerzeit hatte sie sich über ein Jahr lang so regelmäßig vor dem Frühstück erbrechen müssen, daß die Familie sich daran gewöhnt hatte, dieses Erbrechen als Bestandteil ihrer Morgentoilette zu akzeptieren. Sie aß immer viel, aber als sie klein war, konnte sie nur mit Mühe schlucken. »Ich aß eine ganze Mahlzeit, und am Schluß hatte ich alles im Mund. Dann versuchte ich, alles auf einmal herunterzuschlucken.«

Ginny hat schreckliche Alpträume, in denen sie vergewaltigt wird, meistens von einer Frau, aber manchmal auch von einem Mann. Ein häufig wiederkehrender Traum, in dem sie entweder eine riesige Brust ist, an die sich ganze Klumpen von Leuten klammern, oder sie selbst klammert sich an eine riesige Brust. Ungefähr vor drei Jahren begannen ihre Angstträume, bei denen sie nicht unterscheiden konnte, ob sie schlief oder wach war. Sie hat das Gefühl, daß sie durch das Fenster beobachtet und berührt wird; aber wenn ihr diese Berührung Lust zu bereiten beginnt, wandelt sich diese Empfindung in Schmerz, so als ob ihr die Brüste abgerissen würden. In all diesen Träumen gibt es eine weit entfernte Stimme, die sie daran erinnert, daß alles nicht wirklich geschieht.

Am Ende dieser Stunde war ich wegen Ginny ziemlich besorgt. Trotz mancher Stärken – sie hatte einen weichen Charme, Empfindsamkeit, Witz, einen hoch entwickelten Sinn für Komik und eine Begabung für verbale Metaphern – fand ich überall krankhafte Störungen: zuviel primitives Material, Träume, welche die Grenze zwischen Realität und Phantasie verdunkelten, vor allem aber eine merkwürdige Zerstreutheit, ein Verschwimmen der »Ich-Grenzen«. Sie schien sich nicht hinreichend von ihrer Mutter gelöst zu haben, und ihre Probleme beim Essen bedeuteten wohl einen schwachen und hilflosen Befreiungsversuch. Ich erlebte sie als gefangen zwischen den Schrecken kindlicher Abhängigkeit, die eine ständige Selbstentäußerung (d. h. dauernde Stagnation) verlangte, und einer vergeblichen Unabhängigkeit, die ihr aus Mangel an tieferem Selbstgefühl als starr und unerträglich einsam erschien.

Ich versuche mich nur selten an einer ausführlichen Diagnose. Aber ich weiß, daß Ginny wegen ihrer verwischten Ich-Grenzen, wegen ihres Autismus und Traumlebens von den meisten Klinikern als »schizoid« oder zumindest als »Borderline«-Fall* bezeichnet würde. Ich wußte, daß sie ernsthaft gestört war und daß die Behandlung langwierig und nicht ohne Risiken sein würde, und ich hatte den Eindruck, daß sie schon viel zu vertraut mit ihrem Unbewußten war und daß ich sie eher in die Wirklichkeit als noch tiefer in

* Persönlichkeitsstruktur mit schweren Störungen des Selbstwertgefühls, an psychotische wie neurotische Strukturen erinnernd. Anm. d. Red.

diese Unterwelt hineinführen müßte. Ich stellte damals gerade in aller Eile eine Therapiegruppe zusammen, die meine Studenten als Teil ihrer Ausbildung besuchen sollten, und weil ich bei Patienten, deren Probleme denen von Ginny ähnlich waren, auch mit Gruppentherapie gute Erfahrungen gemacht hatte, bot ich ihr einen Platz in der Gruppe an. Sie nahm diese Einladung eher zögernd an; der Gedanke, mit anderen zusammen zu sein, gefiel ihr zwar, aber sie hatte Angst, in der Gruppe zum Kind zu werden und ihre intimsten Gedanken nie äußern zu können. Diese Einstellung ist typisch für Patienten, denen die Gruppentherapie neu ist, und so versicherte ich ihr, daß sie ihre Gefühle durchaus werde mitteilen können, wenn sie erst Zutrauen zu der Gruppe entwickelt hätte. Aber wie wir noch sehen werden, bestätigte sich leider ihre eigene Vorhersage über ihr Verhalten nur allzu genau.

Neben den praktischen Überlegungen bei der Suche nach Patienten für die Therapiegruppe hatte ich auch Bedenken hinsichtlich einer individuellen Behandlung für Ginny. Vor allem war ich beunruhigt über die Intensität ihrer Bewunderung für mich, die wie ein vorgefertigter Mantel über meine Schultern geworfen wurde, sobald sie mein Büro betreten hatte. Zum Beispiel der Traum, den sie in der Nacht vor unserer ersten Begegnung gehabt hatte: »Ich litt unter starkem Durchfall, und ein Mann kaufte mir eine Medizin, die den Namen ›Rx‹ auf dem Etikett trug. Ich dachte immer, ich sollte lieber Kaopectate nehmen, weil es billiger ist, aber er wollte mir unbedingt die teuerste Medizin kaufen, die es überhaupt gab.« Ein Teil der positiven Gefühle für mich stammte aus der Empfehlung ihrer früheren Therapeutin, die mich sehr gelobt hatte, ein Teil rührte von meinem akademischen Titel her, der Rest war nicht zu erklären. Aber die Überbewertung war so extrem, daß ich befürchtete, sie würde sich bei einer Einzelbehandlung als Hindernis erweisen. Ich dachte, die Teilnahme an der Gruppentherapie würde Ginny Gelegenheit geben, mich durch die Augen mehrerer anderer zu sehen. Auch die Anwesenheit eines zweiten

Therapeuten in der Gruppe würde ihr ein ausgewogeneres Urteil über mich erlauben.

Der erste Monat in der Gruppe bekam Ginny sehr schlecht. Jede Nacht wurde sie von schrecklichen Alpträumen aufgeschreckt. Sie träumte zum Beispiel, daß ihre Zähne aus Glas wären und ihr Mund zu Blut geworden wäre. Ein anderer Traum spiegelte ihr Gefühl, daß sie mich mit der Gruppe teilen müsse: »Ich lag hingestreckt am Strand und wurde zu einem Arzt getragen, der eine Operation an meinem Gehirn vornehmen sollte. Aber die Hände des Arztes wurden von zwei Gruppenmitgliedern so gehalten und geführt, daß er versehentlich in einen Teil des Hirns schnitt, den er gar nicht berühren wollte.« Bei einem anderen Traum gingen wir gemeinsam zu einer Party und rollten im sexuellen Spiel über den Rasen.

Nach einem Monat hatten mein Kollege und ich den Eindruck, daß die wöchentlichen Gruppensitzungen nicht ausreichten, um Ginny zu behandeln, sondern daneben eine Einzelbehandlung notwendig sei. Einerseits, um zu verhindern, daß Ginny noch unausgeglichener würde, und andererseits, um ihr über das schwierige Anfangsstadium der Gruppentherapie hinwegzuhelfen. Sie äußerte den Wunsch, diese Einzelbehandlung bei mir zu erhalten, aber ich war der Ansicht, daß sich nur neue Probleme ergeben würden, wenn ich sie sowohl allein als auch in der Gruppe treffen würde, und überwies sie daher an einen anderen Psychiater bei uns in der Klinik. Sie besuchte ihn ungefähr neun Monate lang zweimal die Woche und hielt daneben auch achtzehn Monate lang an der Gruppentherapie fest. Der Arzt, bei dem sie sich in Einzelbehandlung befand, stellte fest, daß sie von »erschreckenden masochistischen Sexualphantasien und schizophrenen Gedankengängen« heimgesucht werde, »die sich offensichtlich an der Grenze des Normalen bewegten«. Mit seiner Behandlung versuchte er, »ich-stärkend« zu wirken und konzentrierte sich auf Realitätsprüfung und Störungen ihrer zwischenmenschlichen Beziehungen.

Ginny besuchte die Gruppentreffen mit religiöser Inbrunst

und verpaßte so gut wie nie eine Sitzung, selbst nachdem sie ein Jahr später nach San Franzisko gezogen war, wodurch sie zu einer mühseligen Anreise mit öffentlichen Verkehrsmitteln gezwungen war. Obwohl sie aus der Gruppe genug Unterstützung erhielt, um an ihr festhalten zu können, machte sie keinerlei echte Fortschritte. Tatsächlich gibt es wohl kaum einen Patienten, der solche Ausdauer bei einer Gruppentherapie gezeigt hätte, die ihm so wenig einbrachte. Es gab Grund zu der Annahme, daß Ginny in erster Linie deshalb in der Gruppe blieb, um den Kontakt mit mir nicht abbrechen zu lassen. Sie klammerte sich an die Überzeugung, daß ich, und möglicherweise nur ich, die Kraft besaß, ihr zu helfen. Die Therapeuten und die Gruppenmitglieder stellten das mehrfach fest; sie bemerkten wiederholt, daß Ginny Angst vor einer Verbesserung ihres Zustandes hätte, weil sie mich dann verlieren würde. Nur wenn sie an ihren hilflosen Zustand fixiert blieb, konnte sie sich meiner Gegenwart sicher sein. Bei ihr geriet nichts in Bewegung. In der Gruppe blieb sie verkrampft, in sich zurückgezogen und war oft auch nicht kommunikativ. Die übrigen Gruppenmitglieder waren interessiert an ihr; wenn sie etwas sagte, war es oft sehr scharfsinnig und hilfreich für andere. Einer der Männer verliebte sich in sie, und andere wetteiferten um ihre Aufmerksamkeit. Aber es kam nie ein Tauwetter, sie war starr vor Angst und konnte ihre Gefühle niemals äußern oder mit den anderen kommunizieren.

Während der achtzehn Monate, in denen Ginny die Gruppe besuchte, hatte ich zwei Ko-Therapeuten, beides Männer, die jeweils etwa neun Monate an den Sitzungen teilnahmen. Ihre Beobachtungen über Ginny entsprechen meinen eigenen ziemlich genau: »Ätherisch ... nachdenklich ... eine hochmütige, aber befangene Süffisanz gegenüber allen Vorgängen ... ihre Energien wurden niemals völlig von der Realität in Anspruch genommen ... in der Gruppe eine ›geisterhafte Erscheinung‹ ... gegenüber Dr. Yalom eine qualvolle Übertragung, die allen Deutungsversuchen widerstand ... alles, was sie in der Gruppe tat, wurde abhängig gemacht von seiner Zustimmung oder Ablehnung ... ein Wechsel zwischen einer Persönlichkeit, die außerordentlich sensibel auf andere eingehen kann, und jemanden, der einfach gar nicht da ist ... ein Geheimnis in der Gruppe ... eine Borderline-Schizophrenie, aber sie kam der Grenze zur Psychose nie nahe ... schizoid ... zuviel Wahrnehmung von Primärprozessen ...«

Während der Zeit der Gruppentherapie suchte Ginny auch nach anderen Methoden, um dem Verlies der Selbstbeobachtung zu entkommen, das sie selbst um sich errichtet hatte. Mehrfach besuchte sie *Esalen* und andere Zentren für Persönlichkeitswachstum. Die Leiter dieser Umerziehungsprogramme dachten sich ein paar Gewaltkuren aus, um Ginny augenblicklich umzukrempeln: nackt durchgeführte Marathonsitzungen, um ihre Reserve und ihren Hang zum Verbergen zu überwinden. Psychodrama und ›psychologisches Karate‹, um ihre negative Einstellung und Unterwürfigkeit zu beseitigen, vaginale Stimulation mit Hilfe eines Elektrovibrators, um ihre Orgasmusfähigkeit zu wecken. All das blieb ohne Ergebnis. Sie war eine ausgezeichnete Schauspielerin und konnte vor Publikum leicht eine andere Rolle spielen, aber wenn die Vorstellung vorüber war, fiel sie einfach in die alte Haltung zurück und verließ die Bühne so, wie sie gekommen war.

Als ihr Stipendium am College auslief und ihre Ersparnisse zur Neige gingen, mußte sie Arbeit suchen. Ein Teilzeitjob verursachte unüberwindliche Terminschwierigkeiten, und schließlich machte uns Ginny nach wochenlangen, qualvollen Überlegungen die Mitteilung, daß sie die Gruppe verlassen müsse. Ungefähr zur gleichen Zeit waren mein Ko-Therapeut und ich zu dem Ergebnis gekommen, daß die Wahrscheinlichkeit einer Besserung durch die Gruppe denkbar gering sei. Ich vereinbarte ein Treffen, um mit ihr zu besprechen, wie es weitergehen solle. Es war ganz offensichtlich, daß sie weiterer Behandlung bedurfte; denn obwohl sie die Realität jetzt besser im Griff hatte und die gräßlichen Träume und Tagträume etwas abgeklungen waren, obwohl sie mit einem jungen Mann namens Karl zusammenlebte (von dem wir noch hören werden) und einige Freunde gewonnen hatte, genoß sie das Leben doch nur mit einem Bruchteil ihrer Energien. Ihr innerer Dämon, eine lustverneinende kleine Stimme, quälte sie unbarmherzig; ihr Leben war weiterhin durch Angst- und Schuldgefühle verdüstert. Die Beziehung zu Karl, die engste, die sie jemals erlebt hatte, war eine besondere Ursache qualvoller Leiden. Sie empfand eine tiefe Liebe für ihn, war aber dennoch davon überzeugt, daß seine Gefühle ihr gegenüber so bedingt seien, daß ein einziges dummes Wort oder eine einzige falsche Handlung die Waage zu ihren Ungunsten senken mußte. Der Lustgewinn aus den körperlichen Annehmlichkeiten mit Karl war daher denkbar gering für sie.

Ich überlegte, ob ich Ginny zur individuellen Behandlung an ein öffentliches Krankenhaus in San Franzisko überweisen sollte (sie konnte es sich nicht leisten, Privatpatientin eines Therapeuten zu sein), aber zahlreiche Zweifel beunruhigten mich. Die Wartelisten waren lang, die Therapeuten hatten oft nicht genug Erfahrung. Der entscheidende Faktor aber war die Tatsache, daß Ginnys Glaube an mich insgeheim mit meinen eigenen Rettungsphantasien zusammenwirkte, so daß ich zu der Überzeugung gelangte, nur ich könnte sie vor der Vernichtung bewahren. Außerdem bin ich ziemlich hartnäckig, ich gebe nicht gern auf und mag mir nicht eingestehen, daß ich einem Patienten nicht helfen kann.

Es war daher keine große Überraschung für mich, als ich Ginny vorschlug, die Behandlung bei mir fortzusetzen. Ich wollte allerdings die Spielregeln ändern. Eine ganze Reihe von Therapeuten war nicht in der Lage gewesen, ihr zu helfen, und so suchte ich einen Ansatz, der die Fehler der anderen vermied und bei dem ich zugleich die starke positive Übertragung, die mir Ginny entgegenbrachte, für die Therapie nutzen konnte. Diesen therapeutischen Plan und die zugrunde liegende Theorie habe ich im Nachwort ausführlich beschrieben. Hier will ich nur einen Aspekt hervorheben, eine kühne technische List, aus der die folgenden Texte hervorgegangen sind. Ich bat Ginny, anstelle finanzieller Bezahlung nach jeder Sitzung eine aufrichtige Zusammenfassung zu schreiben, die nicht nur ihre Reaktionen auf das Besprochene, sondern auch eine Beschreibung der unterirdischen Vorgänge während der Stunde enthalten sollte – eine Botschaft aus dem Untergrund mit all den Gedanken und Phantasien, die niemals das Tageslicht der Unterhaltung erreichen. Ich hielt diese Idee, nach meinem Wissen eine Neuerung auf dem Gebiet der psychotherapeutischen Praxis, für ausgesprochen gut; Ginny war damals so unbeweglich, daß jede Technik, die Anstrengung und Bewegung verlangte, zumindest erprobt werden sollte. Ginnys totale Schreibhemmung, die eine wichtige Quelle positiver Selbsteinschätzung völlig blockierte, ließ ein Verfahren, das schriftliche Äußerungen zur Pflicht machte, noch attraktiver erscheinen. (Überdies erforderte dieser Plan auch keinerlei finanzielle Opfer von mir, denn aufgrund meiner festen Anstellung an der Stanford Universität mußte ich ohnehin alle Nebeneinkünfte aus der therapeutischen Praxis an die Universität abführen.)

Das Interesse, das meine Frau der Literatur und dem Prozeß der Kreativität entgegenbringt, veranlaßte mich, das Vorhaben mit ihr zu besprechen. Auf ihre Anregung hin entschloß ich mich, ebenfalls nach jeder Sitzung eine impressionistische, nicht-medizinische Darstellung zu schreiben. Ich hielt das ebenfalls für eine gute Idee, allerdings aus anderen Gründen als meine Frau. Während sie sich für den literarischen Aspekt der Unternehmung interessierte, reizte mich vor allem eine möglicherweise wirksame Übung in Selbstenthüllung. Ginny konnte sich mir und anderen gegenüber bei einer Begegnung von Angesicht zu Angesicht nicht offenbaren. Sie hielt mich für unfehlbar, allwissend, frei von Problemen und vollständig ausgeglichen. Ich hoffte, daß sie mir – gewissermaßen brieflich – in den Berichten ihre unausgesprochenen Wünsche und Gefühle mitteilen würde. Ich stellte mir vor, wie sie meine eigenen persönlich gefärbten und äußerst fehlbaren Botschaften an sie lesen würde. Die genaue Wirkung dieses Verfahrens konnte ich nicht berechnen, aber ich hatte das Gefühl, daß der Plan eine mächtige Bewegung auslösen würde.

Ich wußte, daß wir beim Schreiben gehemmt sein würden, wenn uns bewußt wäre, daß das Geschriebene vom anderen Partner sogleich gelesen würde; deshalb vereinbarten wir, daß wir die Berichte ein halbes Jahr lang nicht lesen würden. Meine Sekretärin sollte sie für uns aufbewahren. Eine künstliche, konstruierte Situation? Wir würden schon sehen. Ich wußte, daß unsere Beziehung die Arena für Therapie und mögliche Veränderung bilden würde. Ich war der Ansicht, wenn an die Stelle von Briefen eines Tages unmittelbar gesprochene Worte treten und wir eine aufrichtige, menschliche Beziehung herstellen könnten, daß dann alle anderen gewünschten Veränderungen sich von selbst ergeben würden.

Vorwort von Ginny Elkin

In der High-school in New York war ich eine ausgezeichnete Schülerin. Meine Kreativität war nur etwas Nebensächliches angesichts der Tatsache, daß ich meistens völlig benommen war, so als ob eine gewaltige Schüchternheit mir einen Schlag auf den Kopf versetzt hätte. Die Pubertät durchlief ich mit geschlossenen Augen und Migräne. Am Anfang meiner College-Zeit gab ich mir Mühe, auf den akademischen Weiden zu grasen. Aber obwohl ich gelegentlich »großartige« Arbeit leistete, begnügte ich mich doch am liebsten mit der Rolle einer menschlichen Sonnenuhr, indem ich mich irgendwo zusammenrollte und schlief. Jungens gegenüber war ich ängstlich, hatte auch keine. Meine späteren Affären kamen alle eher überraschend. Zu meiner College-Erziehung gehörte ein Aufenthalt in Europa; ich brachte dort einige Zeit zu, um zu arbeiten, zu studieren und schließlich ein dramatisches Resümee zu ziehen, das in Wirklichkeit keinerlei Fortschritt, sondern nur Anekdoten und Freunde verzeichnete. Was man mir als Tapferkeit anrechnete, war in Wirklichkeit nur nervöse Energie und Trägheit. Ich hatte Angst, nach Hause zu kommen.

Nach dem College-Abschluß ging ich nach New York zurück. Ich fand keinen Job, hatte auch gar keine Vorstellung. Meine Fähigkeiten zerschmolzen wie die Uhr von Dali, weil mich alles und nichts reizte. Zufällig bekam ich einen Job, bei dem ich Kinder unterrichten sollte. Aber eigentlich waren das nicht etwa Schüler (es waren sowieso nur acht), sondern verwandte Seelen, und so haben wir ein Jahr lang zusammen gespielt.

In New York nahm ich Schauspielunterricht. Ich lernte, wie man weint, wie man atmet und einen Text so liest, daß es klingt, als wäre er an einen wirklichen Blutkreislauf angeschlossen. Aber in meinem Leben herrschte eine ungeheure Stille, ganz gleich, wie viele Kurse und Freundschaften ich hinter mich brachte.

Obwohl ich mir dessen nicht bewußt war, lächelte ich oft. Einer meiner Freunde, der sich durch den ständigen Optimismus unter Druck gesetzt fühlte, fragte mich schließlich: »Warum bist du eigentlich dauernd so fröhlich?« Wenn ich mit den wenigen guten Freunden (die ich immer gehabt habe) zusammen war, konnte ich wirklich fröhlich sein; meine Fehler schienen dann, gemessen daran, wie natürlich und einfach das Leben war, nur kleinere Ablenkungen zu sein. Aber mein Grinsen war trotzdem erstickend. Mein Kopf war erfüllt von einem bimmelnden Wortkarussell, das sich um Stimmungen und Gerüche drehte, aber nur gelegentlich in meine Stimme oder auf das Papier heruntertropfte. Wenn es um Tatsachen ging, war ich nicht sonderlich aufregend.

In New York lebte ich allein. Abgesehen von den Kursen und Briefen hatte ich nur minimale Kontakte zur Umwelt. Ich begann zum erstenmal zu masturbieren, aber es erschreckte mich, weil sich da etwas Privates in meinem Leben abspielte. Die Durchsichtigkeit meiner Ängste und Glücksgefühle führte stets dazu, daß ich mich für oberflächlich und töricht hielt. Ein Freund sagte zu mir: »Ich lese wie in einem Buch in dir.« Ich war so eine Art Puck, der nie für etwas verantwortlich war und auch nie etwas Ernsthafteres tat, als sich gelegentlich zu erbrechen. Dann begann sich mein Verhalten auf einmal zu ändern. Ich stürzte mich in eine Therapie.

Der Therapeut war eine Frau. In den fünf Monaten, in denen ich sie zweimal die Woche besuchte, versuchte sie, mein Grinsen zu beseitigen. Sie war davon überzeugt, daß ich mit der Behandlung vor allem erreichen wolle, daß sie mich mochte. Während der Sitzungen hackte sie auf dem Verhältnis zu meinen Eltern herum, das stets ganz lächerlich liebevoll, ironisch und offen gewesen war.

Bei der Therapie war ich ängstlich, denn ich war überzeugt davon, daß es ein grauenhaftes Geheimnis geben müsse, das mein Geist mir vorenthielt. Eine Erklärung dafür, warum mir mein Leben wie ein Zeichenblock für Kinder erschien: wenn man das Blatt herunterreißt, verschwinden all die lustigen Gesichter, die krakeligen Striche sind wie ausgelöscht und hinterlassen keine Spur. Damals war ich völlig davon abhängig, daß andere mir Haltung und Impulse gaben, ganz gleichgültig, wie tief ich mich in verschiedene Aktivitäten stürzte, wie viele beste Freunde und Freundinnen ich liebte. Ich vibrierte, und zugleich war ich tot. Ich mußte von außen gestoßen werden; ich konnte mich niemals von selbst in Bewegung setzen. Und meine Erinnerungen waren meist schauderhaft und erniedrigend.

In der Therapie hatte ich mittlerweile den Punkt erreicht, an dem meine Gefühle und ich wenigstens gemeinsam in demselben Ledersessel saßen. Dann veränderte ein ungewöhnlicher Umstand mein Leben oder jedenfalls meinen Aufenthaltsort. Aus einer Laune heraus hatte ich mich um ein Stipendium für einen Schriftstellerkurs in Kalifornien beworben und war angenommen worden. Meine Therapeutin in New York war gar nicht glücklich über diese Nachricht; sie war sogar ausgesprochen dagegen, daß ich wegging. Sie sagte, ich steckte in einer Sackgasse, wolle keine Verantwortung für mein Leben übernehmen, und kein noch so hohes Stipendium könne mir weiterhelfen. Dennoch war ich völlig unfähig, mich wie ein normaler Erwachsener zu verhalten und den Stipendium-Leuten zu schreiben: »Bitte heben Sie mein wunderbares Stipendium für mich auf, bis ich es geschafft habe, mir über meine Gefühle etwas klarer zu werden und mich etwas zuversichtlicher und menschlicher fühle.« Nein, genau wie immer tappte ich in die neue Umgebung hinein, obwohl ich große Angst hatte, daß meine Therapeutin recht gehabt haben könnte, als sie sagte, daß ich wegginge, als es gerade erst angefangen sei, und daß ich für ein sorgenfreies Jahr in der kalifornischen Sonne mein Leben aufs Spiel setzte. Aber ich durfte keine neue Erfahrung zurückweisen, denn das war mein Alibi, der Hintergrund meiner Gefühle, meine Denkweise, meine Art zu handeln. Immer das große Panorama, niemals die ernsthafte, wohlüberlegte Route.

Meine Therapeutin gab mir schließlich ihren Segen, weil sie davon überzeugt war, daß ich in Kalifornien bei einem ihr bekannten Psychiater Hilfe finden würde. Ich verließ New York, und der Abschied war so erregend, wie Abschiede nun einmal sind. Einerlei, wieviele wertvolle Dinge du zurückläßt, du hast schließlich Augen im Kopf und deine Energie, und unmittelbar bevor ich abfuhr, kehrte mit dem Reisefieber wie ein unabweisbarer Begleiter auch mein Grinsen zurück. Ich setzte darauf, daß der psychische Hauptgewinn auch in Kalifornien auf mich wartete und daß ich daher nicht erneut wie ein Kinderstar von vorn anfangen müßte.

Dank der intensiven, heroischen Arbeit, die ich in New York auf meine Schauspielerei, meine Therapie und meine Einsamkeit verwandt hatte, schaffte ich es ohne weiteres, meine beschränkten, wattierten Gefühle unbeschädigt nach Kalifornien zu bringen. Es war eine schöne Zeit für mich, denn meine Zukunft war gesichert und ich hatte auch keine Männer, für die ich mich anstrengen und strecken mußte und von deren Urteil ich abhängig war. Seit meiner College-Zeit hatte ich keinen Freund mehr gehabt. Ich bezog eine kleine Hütte mit einem Orangenbäumchen davor, und ich habe niemals auch nur daran gedacht, die Orangen zu pflücken, bis jemand sagte, ich dürfe das ruhig. Die Schauspielerei ersetzte ich durch Tennis. Und ich schaffte es auch, eine gute Freundin zu gewinnen, mein übliches Kontingent. Im College schaffte ich es gut, obwohl ich mich ziemlich naiv anstellte.

Mit dem Ortswechsel von New York nach Mountain View wechselte ich von einem Therapeuten zum anderen.

In ziemlich schwankender Gemütsverfassung, innerlich an Tschechow, Jaques Brel und anderen süß-sauren Traurigkeiten herumknabbernd, besuchte ich Dr. Yalom zum erstenmal. Die Erwartungen, die bei mir stets eine große Rolle spielen, waren recht hochgeschraubt, weil ihn meine New Yorker Therapeutin empfohlen hatte. Als ich, verletzlich und erregt, sein Büro betrat, hätte es vielleicht auch Bela Lugosi geschafft, aber ich zweifle daran. Dr. Yalom war etwas Besonderes.

Gleich bei diesem ersten Gespräch verliebte ich mich unsterblich in ihn. Ich konnte frei sprechen, ich konnte weinen, ich konnte um Hilfe bitten, ohne daß ich mich schämte. Auf dem Heimweg würden mich keine Selbstvorwürfe begleiten. All seine Fragen schienen den Brei in meinem Hirn zu durchdringen. Mit dem Eintreten in sein Zimmer schien ich das Recht gewonnen zu haben, ich selbst zu sein. Ich vertraute Dr. Yalom. Er war Jude – und an jenem Tag war ich das auch. Er wirkte auf mich vertraut und natürlich, ohne den Weihnachtsmannton mancher Psychiater.

Dr. Yalom schlug vor, ich sollte an einer Gruppentherapie teilnehmen, die er zusammen mit einem anderen Arzt durchführte. Mir war, als ob ich in die falsche Veranstaltung geschickt würde – ich wollte Lyrik und Religion in zweisamen Gesprächen, und statt dessen erhielt ich Bridge für Anfänger (wobei auch mein Partner nicht gerade ideal für mich war). Dr. Yalom schickte mich nämlich zum stellvertretenden Leiter der Gruppe. Beim vorbereitenden Gespräch mit diesem Arzt gab es weder Tränen noch Geständnisse, nur den Begleittext zu einer unpersönlichen Bandaufnahme.

Gruppentherapie ist wirklich mühselig. Besonders wenn die Umgebung so lähmend ist, wie sie bei uns war. Die sieben Patienten saßen mit den beiden Ärzten um einen runden Tisch, von der Decke hing ein Mikrophon herab, und auf der einen Seite war eine Spiegelwand. Alle paar Minuten stellte ich fest, daß sich mein Gesicht schon wieder in diesem gläsernen Spinnennetz verfangen hatte. Hinter der Wand saßen einige Praktikanten und schauten durch das Spiegelfenster. Es machte mir wirklich nichts aus. Obwohl ich schüchtern bin, neige ich auch ein bißchen zum Exhibitionismus. Ich zog mich also zurück und benahm mich wie eine ausgestopfte Ophelia. Tisch und Stuhl zwängten einen in eine Haltung, in der man wirklich nicht richtig loslegen konnte.

Viele von uns hatten dieselben Probleme – Gefühlsarmut, unausgesprochene Wut und Schwierigkeiten in der Liebe. Es gab ein paar Tage, an denen wunderbarerweise einer von uns wirklich Feuer fing und etwas in Gang kam. Aber für gewöhnlich verhinderte die zeitliche Beschränkung auf anderthalb Stunden jeden größeren Durchbruch. Und bis zur nächsten Woche waren wir längst wieder in unsere seelische Leichenstarre verfallen. (Ich darf das eigentlich nur von mir sagen, denn andere empfingen sehr viele Hilfe.) Es war anregend, in der Gruppe seine Probleme miteinander zu teilen, doch Lösungen teilten wir fast nie miteinander. Wir wurden Freunde, aber wir berührten uns nie (was praktisch zum guten Ton in Kalifornien gehört). Am Schluß gingen wir Pizza mit allen Zutaten essen. Ich genoß es, daß Dr. Yalom der Gruppenleiter war, selbst als ich immer mehr Schlagseite entwickelte und auf Distanz ging. Ich hatte aber kaum irgendwelchen Kontakt mit ihm, nur mit den Augen. Ein Teil meiner Probleme bestand darin, daß ich nie irgendwelche Entscheidungen in meinem Leben traf, sondern mich vom Augenblick und Freunden bestimmen ließ. Ich konnte einfach den Kopf nicht über Wasser halten. (Neben der Gruppentherapie war ich zeitweise auch bei einem jüngeren Arzt in Einzelbehandlung. Dr. Yalom hatte das vorgeschlagen.)

Wieder hatte ich das Gefühl, überheblich und völlig leblos zu werden und suchte deshalb künstliche Beatmung bei den ortsüblichen »*Encounter*«-Gruppen. Die Gruppenbegegnungen fanden in üppigen Privatvillen und Gärten statt, auf Teppichen und Strohmatten, in Japan-Bädern, um Mitternacht. Das Milieu gefiel mir besser als der eigentliche Inhalt. Hier zeigten Physiker, Tänzerinnen, Leute mittleren Alters und Boxer ihre Fähigkeiten und Probleme. Man befand sich im Rampenlicht, aus der Ecke tönte in der Stereoanlage Bob Dylan, und man *weiß*, daß etwas geschieht, aber man weiß nicht, was.

Diese Theaterproben, bei denen die eigene Seele vorsprechen muß, faszinierten mich. Es gab Tränen und Schreien, Gelächter und Schweigen – und alles das gab mir Energie. Der nächtliche Stumpf trieb merkwürdige Blüten – Ängste und Nackenschläge, aber auch Freundschaften. Vor deinen Augen lösten Ehen sich auf, und Managerposten gingen verloren. Ich meldete mich begeistert zu diesen Tagen der Auferstehung und des Jüngsten Gerichts, denn ich hatte dergleichen bisher nicht kennengelernt.

Manchmal wurde man aber lediglich niedergedrückt, ohne Aufwärtsschwung und Erlösung. Es wurde erwartet, daß man einem gewissen Rhythmus und Ritual folgte: aus Angst und Panik über jammernde Selbsterkenntnis und Geständnisse zur Bejahung. Und wenn das danebenging, wurde erwartet, daß man fähig war, einfach aufzustehen und zu sagen: »Na schön, ich bin ein hoffnungsloser Versager, was soll's? Dann werde ich eben darauf aufbauen.« Und dann so lange tanzen, bis die Krämpfe im Magen verschwunden waren.

Mit der Zeit wurde mir allerdings klar, daß ich die Lösung aus zwei entgegengesetzten Richtungen erwartete. Einerseits von der beengten, zähflüssigen, trägen und dauerhaften Gruppentherapie, die genauso war wie mein Leben, und andererseits vom mittelalterlichen Karneval des Geistes und der Seele, den die Psychodramen mir boten. Ich wußte, daß Dr. Yalom meine Besuche bei den *Encounter*-Gruppen mißbilligte, daß er insbesondere einen bestimmten Gruppenleiter ablehnte, der zwar äußerst geistreich und brillant war, aber außer Magie keinerlei Empfehlung besaß. Ich habe mich nie für die eine oder die andere Seite entschieden, sondern setzte beide Formen der Behandlung fort, wobei ich mich selbst immer mehr reduzierte. In der Therapiegruppe hatte ich am Schluß das Gefühl, als ob ich mich jede Woche einmal für anderthalb Stunden auf meinem Stuhl in einen Kokon einspinnen müßte, bevor ich wieder entlassen wurde. Ich weigerte mich einfach, geboren zu werden.

Ich fühlte mich richtig aufgeschwemmt durch die vielen

Monate Gruppentherapie, aber ich konnte nichts unternehmen, um meine Situation zu verändern. Ich war soweit ganz glücklich, fühlte mich aber wie gewöhnlich etwas benebelt und untergetaucht. Durch Bekannte hatte ich Karl kennengelernt, meinen Freund, der dynamisch und intelligent war. Er hatte mit Büchern zu tun, und ich half ihm dabei. Dabei lernte ich allerdings nichts, außer daß ich ihn mit meinen Witzen belustigte und mich innerlich aufregte. Es beunruhigte mich, daß ich ihn nicht von Anfang an gemocht hatte. Er hatte etwas Wildes und Fremdes in den Augen. Ich war aber gern mit ihm zusammen, obwohl ich Zweifel hatte, weil es bei Karl nicht wie sonst immer Liebe auf den ersten Blick gewesen war, weil er niemand war, den ich schon von weitem für mich ausgewählt hätte.

Nach einigen herrlich verrückten Wochen etablierten wir uns in erträglicher Gelassenheit. Eines Tages erzählte er fast beiläufig, er wisse von einem Appartment, wo wir zusammen wohnen könnten, und ich zog aus Mountain View in die Stadt hinunter. Einmal, als wir uns umarmten, meinte Karl, daß ich sein Leben erst menschlich mache, aber Liebeserklärungen waren nicht gerade seine Spezialität.

Es machte uns Spaß zusammenzuleben. Unser gemeinsames Leben begann gerade erst, und es gab noch viele grüne Schößlinge – Filme, Bücher, Spaziergänge, Gespräche, Umarmungen, Mahlzeiten, neue Freunde, die man gemeinsam suchte, und alte, die man aufgab. Ich erinnere mich, daß ich damals zu einer kostenlosen medizinischen Routineuntersuchung ging, und im Bericht hieß es: »Eine fünfundzwanzigjährige Weiße in hervorragendem Gesundheitszustand.«

Ich ging damals nicht mehr zum Psychodrama, und auch die Gruppentherapie war mehr eine Angewohnheit, die ich nicht aufzugeben wagte. Wie gewöhnlich wartete ich lieber darauf, was die Gruppentherapie mir bringen würde, als mein Leben selbst in die Hand zu nehmen. Eines Tages rief mich Dr. Yalom an und fragte, ob ich eine kostenlose Einzelbehandlung haben wollte unter der Bedingung, daß wir beide Berichte darüber schrieben. Es war eines dieser wunderbaren Angebote aus heiterem Himmel, für die ich stets so empfänglich bin. Überglücklich sagte ich ja.

Seit jenem ersten fruchtbaren Gespräch mit ihm waren zwei Jahre vergangen, als ich meine Therapie als Privatpatientin bei Dr. Yalom begann. Ich hatte die Schauspielerei mit Tennis vertauscht, ich hatte jetzt einen Partner, anstatt nach einem zu suchen, und anstatt mich einsam zu fühlen, versuchte ich jetzt, mich an die Einsamkeit zu erinnern. Aber innerlich hatte ich das Gefühl, daß ich meinen Problemen zwar davongelaufen war, daß sie aber im Hinterhalt der Nacht, irgendeiner Nacht, auf mich warteten. Die Kritiker, zum Beispiel meine New Yorker Therapeutin und manche früheren Liebhaber, die ich innerlich mit mir herumschleppte, würden sagen, daß ich hart an mir arbeiten müßte. Daß ich zu leichte Erfolge errungen hätte und Karl, der mich jetzt *»baby«* nannte, meinen wirklichen Namen gar nicht wüßte. Ich versuchte, ihn dazu zu bringen, daß er mich bei meinem richtigen Namen nannte, Ginny, und immer wenn er es tat, ging alles gut. Manchmal allerdings nannte er mich in Anspielung auf meine blonden Haare und meine Nervosität seinen *»Golden Worrier«**.

Nach achtzehn Monaten Winterschlaf in der Gruppentherapie war ich erschöpft und schmutzig. Die Einzeltherapie begann ich mit nur unbestimmten Ängsten.

* Wortspiel: »Warrior« bedeutet: Krieger; »to worry«: sich Sorgen machen. Anm. d. Übers.

I Der erste Herbst

(9. Oktober bis 9. Dezember)

DR. YALOM, 9. Oktober

Ginny erschien heute in relativ guter Verfassung, jedenfalls für ihre Verhältnisse. Sie hat keine Flicken auf ihren Sachen, ihr Haar ist möglicherweise gebürstet worden, ihr Gesicht scheint weniger verschwommen und konzentrierter. Etwas schüchtern erzählte sie mir, daß ihr mein Vorschlag, die Sitzungen mit Aufzeichnungen zu bezahlen, neuen Lebensmut gegeben habe. Zunächst sei sie ganz begeistert gewesen, habe es dann aber wieder geschafft, ihren Optimismus dadurch zu unterhöhlen, daß sie anderen Leuten sarkastische Witze über sich selbst erzählte. Auf die Frage, was für Witze das gewesen seien, sagte sie, ich würde unsere Aufzeichnungen wahrscheinlich unter dem Titel »Gespräche mit einer ambulanten katatonischen Patientin« publizieren. Um keine Unklarheiten aufkommen zu lassen, versicherte ich ihr, daß alles, was wir notierten, unser gemeinsames Eigentum wäre und daß wir alles, was veröffentlicht würde, gemeinsam publizieren würden. Ich sagte, das sei aber alles noch nicht spruchreif und ich hätte auch noch gar nicht darüber nachgedacht (das war eine Lüge, denn natürlich hatte ich hinsichtlich einer Veröffentlichung des vorliegenden Materials hochfliegende Phantasien).

Dann versuchte ich etwas konkreter zu werden, damit wir nicht dauernd in jenem Nebel herumwanderten, der sich beim Zusammensein mit Ginny stets ausbreitete. Ich fragte sie, woran wir ihrer Meinung nach bei der Therapie vor allem arbeiten sollten. Was hoffte sie zu »erreichen«? Sie antwortete mit der Feststellung, ihr Leben sei derzeitig grundsätzlich leer und bedeutungslos; das dringendste Problem seien ihre sexuellen Schwierigkeiten. Ich bat sie, deutlicher zu werden, und sie beschrieb mir, daß sie sich nie völlig gehen lassen könne, gerade wenn sie spüre, daß sie den Punkt erreicht habe, wo der Orgasmus einsetzen müsse. Je mehr sie erzählte, um so mehr fühlte ich mich an einige Gespräche mit Viktor Frankl (einem bekannten existentialistischen Analytiker) erinnert, die ich kürzlich geführt hatte. Sie denkt beim Geschlechtsverkehr so intensiv über Sex nach und fragt sich, was sie tun kann, um einen Orgasmus zu erreichen, daß sie jede Spontaneität verliert. Ich überlegte, wie ich ihr helfen könnte, dieses Nachdenken abzubauen und sagte schließlich ganz unfachmännisch: »Wenn es nur eine Möglichkeit gäbe, diese Überreflektiertheit abzubauen!« Daraufhin erinnerte sie mich an die Geschichte von dem Tausendfüßler, der mit seinen Beinen nicht mehr zurechtkam, als man ihn fragte, wie er es eigentlich schaffe, auf Hunderten von Füßen zu gehen.

Als ich sie nach ihrem Tagesablauf fragte, erzählte Ginny, wie leer ihre Tage seien. Schon das Schreiben am Morgen sei eine Leere und führe in die Leere des restlichen Tages. Wir überlegten gemeinsam, warum das Schreiben eigentlich so inhaltslos sei, und was ihrem Leben überhaupt einen Sinn gäbe. Weitere Erinnerungen an Viktor Frankl! In letzter Zeit geschieht es mir häufiger, daß sich Überreste von Lektüre und Gespräche mit anderen Therapeuten in meine Behandlung mischt; ich fühle mich dann immer wie ein Chamäleon: so als hätte ich keine eigene Farbe.

Später geschah es noch einmal. Ich bemerkte, daß ihr Leben sich vor der sanften Hintergrundmusik der Selbstverleugnung abspielt. Das war das Echo dessen, was mir ein Analytiker aus der Schule von Melanie Klein vor Jahren einmal gesagt hatte, als ich bei ihm eine Analyse aufnehmen wollte: daß die Analyse vor der Hintergrundmusik meiner Skepsis gegenüber seiner theoretischen Position ablaufen werde.

Mit fadendünner Stimme gab sich Ginny auch weiterhin

als ein Mensch ohne Antrieb und Richtung. Die Leere zieht sie an wie ein Magnet, sie saugt sie auf und gibt sie hier bei mir wieder von sich. Man könnte glauben, in ihrem Leben gäbe es nichts als das Nichts. Sie erzählt zum Beispiel, sie habe ein paar Geschichten an *Mademoiselle* geschickt und auch einen durchaus ermutigenden Brief von der Redaktion erhalten. Als ich sie fragte, wann das gewesen sei, erzählte sie, es sei erst ein paar Tage her. Ich erwiderte, sie habe das alles mit so apathischer Stimme erzählt, als ob es Jahre zurückliege. Wenn sie von Eva, einer guten Freundin, oder Karl, ihrem Freund, erzählt, ist es genauso. Es steckt dieser kleine Dämon in Ginny, der allen Dingen, die sie unternimmt, den Sinn und die Befriedigung nimmt. Gleichzeitig neigt sie dazu, sich selbst zu beobachten und ihre Mühsal als tragisches Schicksal zu romantisieren. Ich glaube, sie kokettiert mit der Vorstellung, eines Tages wie Virginia Woolf ihre Taschen mit Steinen zu füllen und hinaus ins Meer zu marschieren.

Ihre Erwartungen mir gegenüber sind derart unrealistisch, sie hat eine dermaßen idealistische Vorstellung von mir, daß ich den Mut verliere und manchmal kaum noch hoffe, wirklichen Kontakt mit ihr herstellen zu können. Ich frage mich, ob ich sie nicht ausnutze, wenn ich sie diese Berichte schreiben lasse. Vielleicht ist es wirklich so. Ich rationalisiere das, indem ich mir sage, ich zwinge sie damit zum Schreiben, und nach sechs Monaten, wenn wir die Berichte austauschen, wird schon etwas Gutes dabei herauskommen. Und wenn es nur das wäre, daß sie mich in anderem Licht betrachtet.

GINNY, 9. Oktober

Es müßte einen Weg geben, anders über die Sitzung zu schreiben, als nur zu wiederholen, was geschah, und Sie und mich zu fixieren. Ich hatte Erwartungen aufgebaut, aber dann dachte ich dauernd bloß an die Änderung in meinem Terminplan. Dieser nervöse Gedanke beherrschte den Anfang und das Ende der Sitzung.

Eine sterile Aufgeregtheit.

Zuerst habe ich mich wie ein Anfänger in Ihrem Büro gefühlt. Sie haben gefragt, was auf der Tagesordnung stünde, worüber ich reden wolle. Das ist eine alte Geschichte bei mir, daß ich Fragen entweder gar nicht beantworte oder nicht ernst nehme. Ich denke nie über irgend etwas nach, jedenfalls nicht über den Augenblick hinaus, außer wenn ich vor mich hinträume. An die Wirklichkeit lasse ich meinen Geist nicht heran. Er soll sie nicht umgestalten oder formen, sondern höchstens im Vorüberfließen kommentieren. Ihre Hartnäkkigkeit, als Sie erneut fragten: »Was heißt das eigentlich, Sie kommen mit Ihrem Schreiben nicht weiter?«, hat mich geärgert. Es war, als ob man beim Boxen ausgezählt wird. Ich wußte, ich mußte jetzt einfach aufstehen, ich mußte etwas sagen oder es wäre alles aus. Nachdem Sie die Frage drei oder viermal wiederholt hatten, sagte ich: »Vielleicht ist es weniger das Schreiben selbst als vielmehr meine Urteilsfähigkeit, die sich nicht weiterentwickelt, sondern am Nullpunkt stehenbleibt und sich höchstens ein Stückchen in die eine oder andere Richtung verschiebt, wenn es Kritik oder Beifall gibt.« Wenn ich mit dieser grauen Stimme von Karl und mir erzähle, lasse ich nie erkennbar werden, wie schön unsere Sonntage und der Montagmorgen sind, wie zärtlich und verspielt. Warum stellte ich mich selbst so falsch dar? (Das hat schon mein Vater so oft kritisiert: »Dein ganzes Leben hindurch hast du dich selber heruntergeputzt, Ginny.«) Aber warum konnte ich nicht hereinkommen und irgend etwas Positives sagen? Wo ich doch wußte, daß Sie so etwas gern hören.

Während ich mit Ihnen sprach, war mir bewußt, daß ich mich daran zu erinnern versuchte, was ich das letzte Mal erzählt hatte. Ich wollte ganz sicher sein, daß ich mich nicht wiederholte. Aber am Schluß hatte ich doch das Gefühl, ich hätte mich wiederholt.

Ich wollte auch nicht hereinkommen und über Sex reden, denn das hört sich immer so nach Ann Landers an, so »reif« und unpersönlich. Und außerdem passiert das Entscheidende beim Sex bei mir nicht während des mehr oder weniger guten Geschlechtsaktes selbst, sondern während der Repressalien im Augenblick danach. Das ist dann die ideale Gelegenheit für Selbsthaß und Angst, von anderen bestraft oder durchschaut zu werden, der Augenblick, wo ich mit der ganzen Dunkelheit und Bewußtheit zu kämpfen habe.

Als Sie so beiläufig sagten, ich müsse meine »Überreflektiertheit abbauen«, gefiel mir das gut. (Ich habe den Ausdruck dann am selben Tag noch in drei verschiedenen Witzen gebraucht.) Ich habe es mir zu Herzen genommen und war sehr froh darüber, daß Sie mehr von mir verlangen als bloße Beschreibung des Äußeren.

Gegen Ende der Sitzung, als ich von Sandy, meiner früheren Freundin, erzählte, die sich umgebracht hat, und über meine Wut über Eltern, die dem Rat von Psychiatern nicht folgen, wenn keine spezifische Krankheit festgestellt wird, war ich wütend, ohne es zu merken. Als es vorüber war, fühlte ich, wie ich traurig, ruhig und offen wurde. Ich war ein wenig erregt, so wie sich die Nerven eines Kindes erregen, wenn es sexuelle Träume hat.

Dann sagten Sie, die Sitzung sei beendet. Immer wenn dieses Stichwort fällt, werde ich sofort wieder unsicher. Das Licht, in dem ich mich befunden habe, beginnt zu verlöschen. Die ungeschickten Verhandlungsstrategien des Psychiaters, um den Patienten loszuwerden. »Wäre Ihnen zwei Uhr recht?« fragten Sie, und es war mir überhaupt nicht recht, aber ich konnte darüber nicht nachdenken. Erst auf dem Heimweg grübelte ich darüber nach und machte es zu einem riesigen Problem, für das es zahlreiche verschiedene Lösungsmöglichkeiten gab.

Gleichzeitig beschloß ich, daß ich mir mit den Berichten keine besondere Mühe geben würde. Der Stil sollte sich so entwickeln, wie sich meine Wahrnehmungen und Erfahrungen entwickelten. Noch bevor ich dies zu schreiben begann, hatte ich es aufgegeben. Während der Sitzung fühlte ich mich völlig erschöpft, wie eine Person, die aus Gewohnheit immer weiter gelesen und auf die harte Kruste der gedruckten Buchstaben gestarrt hat, ohne den Lauf der Worte in sich aufzunehmen. Gestern war ich mir wieder – wie fast immer – so sehr meiner Oberfläche bewußt, ich klebte förmlich am äußeren Aufbau dessen, was ich sagen und sein mußte. Ich spielte mich selbst vor dem Spiegel. Und wenn *dieser* Spiegel kaputtginge, würde es keineswegs Unglück bedeuten. (Aber das ist keine Kampfansage. Nur noch mehr Geschwätz.)

Sie haben gesagt, Sie wollten nur das hören, was in unseren Sitzungen geschieht. Zuerst erschien mir das als Beschränkung, aber jetzt finde ich es gut, denn damit wird der ganze üppig wuchernde Hintergrund beschnitten. Außerdem werden Sie das alles ein halbes Jahr lang nicht lesen, d. h. die Sitzungen werden nicht zur Literaturkritik werden und das Geschriebene wird nicht mündlich wieder zurückgenommen. Erst später dämmerte mir, daß Sie tatsächlich »sechs« Monate gesagt hatten. Das war eine tröstliche Schonzeit.

DR. YALOM, 14. Oktober

Die Sitzung sollte um 12.30 Uhr beginnen. Um 12.25 Uhr sah ich Ginny im Wartezimmer. Ich hatte irgend etwas in der Hand, was ich meiner Sekretärin bringen wollte, aber es war überhaupt nicht wichtig und ich hätte mich auch schon um 12.25 Uhr mit Ginny zusammensetzen können. Aber wie es so geht, trödelte ich mit irgend etwas ziemlich Überflüssigem so lange herum, daß ich sie schließlich erst mit drei Minuten Verspätung hereinbat. Ich verstehe nicht, warum ich so etwas mit den Patienten mache. Manchmal ist es ohne Zweifel Ausdruck meiner Gegenübertragung und meines Widerstandes. Aber nicht gegen Ginny. Ich freue mich doch darauf, sie zu sehen.

Sie sah heute gut aus. Mit einem ordentlichen Rock, mit einer Bluse und Strumpfhosen, und ihre Haare waren beinahe glatt gebürstet, aber sie war offensichtlich ziemlich wackelig und ängstlich. In den ersten fünfundzwanzig Minuten strampelten wir uns ab, ohne daß ich wußte, welches die Hauptstoßrichtung der Sitzung sein sollte. Es stellte sich heraus, daß es ihr vergangene Nacht sehr schlecht gegangen war, alle zehn oder fünfzehn Minuten hatte sie Wellen von Panik verspürt, die sich an irgendwelche erschreckende Gefühle und Erfahrungen aus der Vergangenheit knüpften, den einzigen Dingen, die ihr ein Gefühl von Zeit und Dauer vermitteln.

Zuerst versuchte ich herauszufinden, wann genau sie ihre Angstzustände hatte, denn ich fragte mich, ob sie mit unseren Sitzungen in Beziehung standen. In der letzten Woche hatte sie drei Anfälle gehabt – einen in der Nacht zuvor und einen nach der letzten Sitzung, aber der dritte war irgendwann in der Mitte der Woche aufgetreten, das brachte uns also nicht sehr viel weiter. Sich mit den Inhalten ihrer Angstvorstellungen auseinanderzusetzen, war wie ein Gang über Treibsand. Ich machte ein paar Schritte zuviel, sank ein und brachte den größten Teil der Stunde damit zu, wieder herauszukrabbeln, denn es handelt sich ausschließlich um primitives, frühes, verschwommenes Material.

Das nächste, was ich versuchte, ging etwas besser. Ich wurde einfach konkret und genau. »Fangen wir mal ganz vorn an«, sagte ich. »Versuchen wir doch, den gestrigen Tag und das, was in der Nacht geschah, genau zu verfolgen.« Ich mache das oft mit meinen Patienten und rate auch meinen Studenten zu diesem Ansatz, denn bei dieser Methode taucht irgendwann fast immer fester Grund im Morast der Verwirrung auf. Ginny beschrieb ihren Tag. Beim Aufstehen hatte sie sich durchaus wohlgefühlt und dann ein oder zwei Stunden geschrieben. Obwohl sie versuchte, ihr Schreiben herunterzuspielen, gab sie zu, daß sie mehr getan hatte als sonst. Sie schreibt zur Zeit an einem Roman. Das befriedigt mich; ich bin sehr stolz, wenn sie schreiben kann, zu stolz. Dann legte sie sich aufs Bett und las ein Buch über weibliche Impotenz, geschrieben von einer Psychologin, die ich nicht kenne. Überwältigt von sexuellen Empfindungen, masturbierte sie. Und damit begann an diesem Tag ihr Niedergang.

Kurz darauf ging sie zur Post, wo sie auf Karl stieß und von bösen Scham- und Schuldgefühlen heimgesucht wurde. An dieser Stelle machte sie sich typische Vorwürfe; hätte sie nicht masturbiert, hätte sie es für die Nacht mit Karl aufbewahren oder sie hätte auch sofort mit ihm schlafen können usw., usw. Von da ab ging alles schief – das Essen, das sie gekocht hatte, schmeckte nicht; am Abend war sie voller Unternehmungslust und wollte ausgehen, aber Karl war müde und ging ins Bett; sie wollte, daß er sie liebte, doch er schlief ein; sie dachte, er wolle sie vielleicht zurückweisen, denn er hat schon zwei oder drei Nächte nicht mehr mit ihr geschlafen. Sie selbst bringt es nicht über sich, ihrerseits eine Annäherung zu versuchen.

Sie erzählte, daß Karl am letzten Samstag den ganzen Vormittag mit irgendwelchen Leuten zu tun hatte, dann den ganzen Tag allein spazierengegangen und erst um halb neun am Abend zurückgekommen sei. Da habe sie ihm nicht mal mehr sagen können, daß sie auch gerne einmal mit ihm spazierengehen würde. Sie weinte bloß dauernd, wenn er in ihre Nähe kam. Ich begann über ihre ambivalenten Gefühle Karl gegenüber nachzudenken, vor allem, als sie erzählte, daß sie schon mehrfach die Vorstellung hatte, daß Karl sie verlassen würde und sie mit ihrer Freundin Eve nach Italien führe und schriebe und Schokolade tränke. Alle diese Dinge brachten mich zu der Überzeugung, daß trotz aller Versicherungen ihrer selbstlosen Ergebenheit ein Teil von Ginny sich losreißen möchte von Karl. Es war aber nicht einfach, dem nachzugehen; vielleicht kann sich Ginny damit jetzt noch nicht auseinandersetzen. Vielleicht nicht – ich darf mich aber durch Ginnys Pose als »zarte Blume« nicht zu hilfloser Freundlichkeit verführen lassen.

Tatsächlich aber überschwemmte ich das Zimmer jetzt mit Viktor Frankl. Zufällig hatte ich die Nacht zuvor in einem seiner Bücher gelesen und über ihn nachgedacht. Ich bin jedesmal sehr ärgerlich über mich, wenn ich bemerke, daß ich jemandes Bücher lese und dann in der nächsten Sitzung seine Methoden verwende. Aber wie auch immer, ich ging jedenfalls an Ginny heran, wie ich mir vorstellte, daß Viktor Frankl an den Fall herangegangen wäre, und ich glaube, es klappte ganz gut. Zunächst einmal machte ich Ginny klar, daß ihre Angstgefühle vielleicht angeboren seien, daß ihr Vater und ihre Mutter ängstlich seien und daß es keineswegs ausgeschlossen sei, daß ihre Angstgefühle und vielleicht sogar die sexuellen Spannungen genetische Ursachen hätten. Ich wollte damit verschiedene Dinge erreichen. Wenn Ginny bereits genug Vertrauen zu mir hat, könnte ich vielleicht dazu beitragen, daß sie ihre Schuldgefühle wegen des Masturbierens abbaut. Deshalb kehrte ich während der Sitzung mehrfach zum Thema des Masturbierens zurück, wobei ich mich darüber wunderte, weshalb sie sich eigentlich deswegen schuldig fühle. Als sie sagte, es sei »abartig« und »schmutzig« und sie müßte es eigentlich »aufheben für Karl«, sagte ich, das einzig wirklich Abartige sei ihr Erbrechen jeden Morgen, bloß weil irgendein ›bio-energetischer‹ Psychiater im Osten ihr gesagt hatte, sie solle damit ihre Spannungen mindern! Ich sagte ihr, ich sähe im Masturbieren nichts Schlechtes; warum sollte sie nicht täglich masturbieren, wenn sie einen Überschuß an sexueller Spannung hätte? Das brauche ihren sexuellen Beziehungen zu Karl keinen Abbruch zu tun, sondern könne im Gegenteil zu ihrer Verbesserung beitragen, weil sie dann nicht mehr so ängstlich sein müsse. Damit wollte ich das Symptom als Heilmittel verschreiben und damit die Angst vermindern. Ich glaube, das wird nützlich sein, obwohl ich sicher bin, daß sie bald auf ein anderes Symptom und Problem umsteigen wird.

Als nächstes machte ich ihr klar, daß ihr eigentliches Problem wahrscheinlich nicht ein angeborener Überschuß an Angst und sexueller Spannung sei (den ich sehr medizinisch als mangelhaften Abbau von Adrenalin beschrieb). Sie, Ginny, stellt etwas viel Wesentlicheres dar als diese äußeren Faktoren. Ich glaube, ich näherte mich einer Überprüfung der Grundwerte. Ich fragte sie, was in ihrem Leben wirklich wichtig sei, welche Werte sie vertreten könne. Ich war sogar in Versuchung, sie danach zu fragen, für welche Idee sie zu sterben bereit sei, verzichtete zum Glück aber darauf. Daraufhin sagte sie einige von meinem Standpunkt aus »richtige« Dinge. Sie wolle »wirklich ans Licht kommen«, in den »Hauptstrom«; sie schätzt ihre Beziehung zu Karl sehr hoch ein, und das Schreiben hält sie für sehr wichtig. Natürlich stürzte ich mich ganz unwillkürlich auf diese Aussagen, worauf sie ihre Schriftstellerei sofort als »frivol« bezeichnete und hinzufügte, sie wüßte schon, daß ich das Gegenteil sagen würde. Ich bediente mit der Bemerkung: »Sie ist auch nicht frivol«, und sie lachte. Ich fügte hinzu, daß ihr das Schreiben niemand abnehmen könne, daß es eine Sache sei, die nur sie tun könne, und daß sie wichtig sei, selbst wenn nie jemand das Geschriebene lesen sollte. Sie schien das zu akzeptieren, und die Stunde war so gut wie vorüber. Ich war ein wenig autoritär, aber ich glaube, das ist notwendig bei Ginny. Ich mag sie sehr. Ich möchte ihr sehr, sehr gern helfen. Es ist gelegentlich schwer zu glauben, daß es wirklich eine so arme kleine, zwitschernde, tragische Seele gibt, die soviel leidet.

GINNY, 14. Oktober

Diese Sitzung war sehr wichtig für mich. Ich glaube, trotz meiner Tränen konnte ich reden, denken und fühlen. Nicht nur weinen und damit basta. Ich konnte besser bei der Sache bleiben und ließ mich nicht durch Sarkasmus oder Charme davon abbringen. Ich erreichte eine Art Gleichgewicht.

Ich habe die Therapie nicht dazu benutzt, um meine Gefühle loszuwerden. Ich fühlte mich weniger angespannt am Ende. Immer noch liebe ich es, wenn Sie mit mir reden und Dinge erklären. Ich habe dann nicht das Gefühl, im Zimmer allein zu sein. Wenn ich das Gefühl hätte, würde es mich verwirren und zu Abschweifungen veranlassen. Als Sie sagten, daß alle Leute masturbieren, habe ich mich sehr geschämt, denn ich dachte, Sie würden mir damit etwas über sich selbst erzählen. Ich konnte Sie nicht ansehen. Ich gehe davon aus, daß alle Leute eine klare Struktur haben und daß man ihr Privatleben nicht durchschauen kann; nur meins ist völlig transparent.

Ich glaube, daß mir die Sitzung dazu verholfen hat, die Spannung, die ich hatte und noch habe, zu etwas Gutem und Sinnvollem zu verwenden.

Ich frage mich allerdings, warum ich die Männer, mit denen ich zusammen bin, immer so schlechtmache. Wenn ich über Ereignisse berichte, ist mir durchaus bewußt, daß Sie einen einseitigen Eindruck erhalten. Es bedrückt mich, daß ich ungerecht bin und irgendwie dafür eine Strafe erhalten werde.

Ich lasse es immer so aussehen, als ob Karl und ich wie ein Frosch und ein Insekt in einem Schulaquarium säßen – es scheint alles so eng; aber in Wirklichkeit gibt es sehr viel mehr Lässigkeit und Schönes zwischen uns, als ich zugebe. Wahrscheinlich konzentriere ich mich auf die negativen Seiten, weil sie so vernichtend sind.

So weit es geht, lebe ich von der Verweigerung. »Ich werde dies nicht tun, und vielleicht geschieht jenes.« Ich habe eine Art Girokonto in meinem Kopf, bei dem ich ständig Schulden haben muß, um vornzuliegen.

Nach der Sitzung fühlte ich mich gefaßter, weniger verlegen. Zumindest drei verschiedenen Impulsen könnte ich jetzt nachgeben – ich könnte essen, in dem Kaktushain bei Stanfords Grab sitzen und den Duft der Pflanzen und Bäume inhalieren.

Als Sie mir sagten, ich sähe besser aus, tat es mir leid, daß ich Ihnen nicht sagte, wie gut Ihnen diese Kombination aus Landschaftsfarben in Ihrem rostbraunen Anzug und den von überall wie Regen ins Zimmer fallenden bunten Streifen steht. Ich halte Gedanken und Gefühle zurück.

Ob ich die Dinge versuchen werde, die Sie mir gesagt haben, weiß ich nicht. Ich weiß, daß sie mich zuerst deprimieren werden und daß ich sie zeitweise als Strafe empfinden werde. Sie deprimieren mich, weil sie in *meinem* Leben, mir ganz privat, geschehen. Deshalb habe ich solche Angst, verlassen zu werden. Ich habe Angst, daß andere mich verlassen könnten, weil ich selbst mich schon lange verlassen habe. Wenn ich allein bin, ist daher eigentlich *niemand* da. Ich fühle mich hinter meiner Erfahrung so getarnt, und Sie verlangen von mir, daß ich einen Teil von mir (meine Nervosität) akzeptieren und von da aus weitermachen soll.

DR. YALOM, 21. Oktober

Besser heute. Was war heute besser? Ich war besser. Ich war sogar sehr gut heute. Es ist fast, als ob ich vor einem Publikum arbeitete. Vor dem Publikum, das diese Aufzeichnungen lesen wird. Nein, das stimmt nicht ganz – jetzt mache ich dasselbe, was ich Ginny zum Vorwurf mache: ich negiere die positiven Aspekte meiner Persönlichkeit. Ich war heute für Ginny gut. Ich habe hart gearbeitet und ihr geholfen weiterzukommen, obwohl ich mich frage, ob ich sie nicht nur beeindrucken und verliebt machen wollte. Du meine Güte! Werde ich davon nie frei werden? Nein, es ist immer noch da, ich muß ein Auge darauf haben – das dritte Auge und das dritte Ohr. Weshalb möchte ich, daß sie mich liebt? Es geht nicht um Sex – Ginny erweckt keine sexuellen Gefühle in mir –, nein, das stimmt auch nicht ganz, sie reizt mich schon irgendwie, aber es spielt keine wirklich bedeutsame Rolle. Möchte ich für Ginny diejenige Person sein, die ihr Talent gefördert hat? Einmal habe ich mich dabei ertappt, wie ich hoffte, sie werde vielleicht bemerken, daß ich auch einige nicht-psychiatrische Bücher in meinem Regal stehen habe, O'Neill z. B. und Dostojewskij. Jesus, das ist schon ein Kreuz! So etwas Lächerliches! Auf der einen Seite versuche ich Ginny beim Überleben zu helfen, auf der anderen schleppe ich meine eigenen kleinen Eitelkeiten mit mir herum.

Um auf Ginny zu kommen – wie ging es ihr heute? Sie sah ziemlich schlampig aus. Ungekämmtes Haar, nicht einmal ein gerader Scheitel, abgetragene Jeans und ein mehrfach geflicktes Hemd. Sie begann damit, daß sie mir von einer sehr schlechten Nacht in der letzten Woche erzählte, als sie keinen Orgasmus erreichen und dann die ganze Nacht nicht schlafen konnte, weil sie Angst vor einer Zurückweisung durch Karl hatte. Dann holte sie weit aus und beschrieb, wie sie als kleines Mädchen die ganze Nacht über wach lag, als sie die Junior-High-School besuchte, wie sie morgens um drei denselben Vogel schreien hörte, und plötzlich war ich bei ihr in dieser dunstigen, mystisch-magischen Welt voller Wolken. Wie faszinierend das alles ist, wie gern ich für einige Zeit in diesem angenehmen Nebel umherschlendern würde, aber das ist ... kontraindiziert. Das wäre äußerst egoistisch von mir. Also ging ich das Problem an. Wir kehrten zum Geschlechtsverkehr mit ihrem Freund zurück und sprachen über einige offensichtliche Faktoren, die sie daran hindern, zum Orgasmus zu kommen. Es gibt zum Beispiel ganz offensichtlich einige Dinge, die Karl tun könnte, um sie zu erregen und an den Orgasmus heranzuführen, aber sie ist nicht in der Lage, ihn darum zu bitten. Wir sprachen daher über diese Unfähigkeit, ihn zu bitten. Es lag alles so auf der Hand, daß ich schon das Gefühl hatte, Ginny stellte sich absichtlich ungeschickt an, um mir Gelegenheit zu geben, ihr zu zeigen, wie sensibel und hilfreich ich sein kann.

Ähnlich ging es beim nächsten Problem. Sie erzählte, daß sie zwei Bekannte auf der Straße getroffen und sich wieder einmal wie üblich zum Narren gemacht hatte. Ich analysierte das mit ihr, und wir gerieten auf ein Gebiet, das Ginny wohl nicht erwartet hatte. Sie benahm sich auf der Straße so, sagte sie, daß die Bekannten bei ihrem Weggehen unweigerlich sagen müßten: »Ach, die arme kleine Ginny!« Ich fragte daher: »Was hätten Sie denn sagen können, damit Ihre Bekannten Sie für etwas munterer hielten?« Dann bewies ich ihr, daß es durchaus einige positive Dinge gibt, die sie hätte erwähnen können. Sie arbeitet mit einer Gruppe von Stegreifschauspielern, sie hat in letzter Zeit auch wieder geschrieben, sie hat einen Freund, sie hat einen anregenden Sommer auf dem Land verbracht, aber sie ist nicht in der Lage, irgend etwas Positives über sich zu sagen, weil sie damit nicht die Reaktion »Arme kleine Ginny« hervorrufen würde, eine Reaktion, die ein starker Anteil ihres Wesens geradezu sucht.

Ich sagte ihr, daß sie sich bei mir in den Sitzungen genauso verhält. So hat sie mir zum Beispiel nie mitgeteilt, daß sie talentiert genug ist, um in einer Truppe von Berufsschauspielern aufzutreten. Die Verhaltensweisen, mit denen sie sich selbst auszulöschen versucht, sind ein ziemlich kontinuierliches Thema in ihrem Leben, bis hin zu ihrem Verhalten in der Therapiegruppe. Ich schockierte sie ein wenig mit der Feststellung, daß sie bewußt wie eine Schlampe auftrete und daß ich sie gern einmal etwas gepflegt sähe, selbst wenn sie dafür einmal mit dem Kamm durch ihr Haar gehen müßte. Ich versuchte, ihren nach innen gerichteten Blick, mit dem sie sich zu entschuldigen versucht, ein wenig abzulenken, indem ich ihr sagte, ihr eigentliches Zentrum befinde sich vielleicht gar nicht in der Mitte ihrer ungeheueren inneren Leere, sondern gleichermaßen außerhalb, sogar bei anderen Leuten. Ich machte ihr klar, daß sie zwar nach innen schauen müsse, um schreiben zu können, daß bloße Introspektion aber ein unfruchtbares Geschäft sei, wenn damit nicht Schreiben oder irgendeine andere Form von schöpferischer Tätigkeit verbunden sei. Sie betonte, daß sie letzte Woche erheblich mehr geschrieben habe. Darüber bin ich sehr froh. Es kann natürlich sein, daß sie mir damit ein Geschenk zu machen versucht, damit ich auf weitere Fortschritte warte.

Ich versuchte, das Gespräch auf die Frage zu lenken, was ich nach ihrer Meinung von ihr erwarte; denn das ist ein völlig blinder Fleck für mich. Ich habe den Verdacht, daß ich große Ansprüche an Ginny stelle. Beute ich vielleicht ihr schriftstellerisches Talent aus, damit sie etwas für mich produziert? Wieviel von meinem Verzicht auf Bezahlung zugunsten dieser Schreiberei ist echter Altruismus? Wieviel ist

Egoismus? Ich möchte sie immer drängen, darüber zu reden, was ich ihrer Meinung nach von ihr erwarte; das muß ich im Auge behalten – den allmächtigen Gott »Gegenübertragung«. Je mehr ich ihm huldige, um so weniger gebe ich Ginny. Ich darf auf gar keinen Fall ihr Gefühl der inneren Leere mit meinen eigenen Pygmalion-Erwartungen auszufüllen versuchen.

Sie ist eine charmante, liebenswerte Person, diese Ginny. Und ein Dilemma für den Arzt. Je mehr sie mir so gefällt, wie sie ist, um so schwerer wird es für sie, sich zu ändern; damit aber überhaupt ein Wechsel eintritt, muß ich ihr zeigen, daß ich sie mag, und gleichzeitig doch auch klarmachen, daß ich möchte, daß sie sich ändert.

GINNY, 21. Oktober

(Mit einer Verspätung von drei Wochen nachgereicht)

Vielleicht könnte etwas geschehen, wenn ich etwas natürlicher aussähe. Deshalb habe ich meine Brille aufgelassen. Aber vielleicht geschieht es auch nicht.

Ich erzählte von dieser schlimmen Nacht von Dienstag auf Mittwoch, von der sich dann herausstellte, daß sie bereits mit dem Dienstag selbst begann. Die Idee einer munteren, robusten Ginny, die Sie ins Spiel gebracht haben und verlangen, hat mich sehr ermutigt. Mein Maßstab für »Erfolg« ist es gewöhnlich, wie gelöst ich war oder was für schwierige Dinge ich getan habe, z. B. Weinen oder logisches Nachdenken ohne Phantasieren. Und in diese Richtung haben Sie mich gedrängt.

Die Sitzung hat mir Spaß gemacht, und noch ehe ich mich darüber beunruhigen konnte, genoß ich dieses Gefühl, die Heiterkeit. Ich glaubte, Alternativen zu meinen Handlungsweisen zu sehen. Das hielt auch noch an, als ich zum Campus kam. Andererseits habe ich schon während der Sitzung und später dieses optimistische Gefühl auch in Frage gestellt. Muß das Glück denn nicht sehr viel schwerer zu erlangen sein? Sollte ich wirklich als munteres Mädchen enden?

Ich dachte darüber nach, wie Sie mich behandeln: wie eine Erwachsene. Ich frage mich, ob Sie mich für eine traurige Figur oder eine Heuchlerin oder nur für irgendeine alte Illustrierte halten, die Sie im Büro lesen. Ihre Methoden sind sehr tröstlich und sehr absurd. Sie scheinen immer noch zu glauben, Sie könnten mich Dinge fragen, auf die ich bereitwillig und einsichtig antwortete. Sie behandeln mich mit Interesse.

Während der Sitzungen habe ich stets das Gefühl, daß ich angebe, daß ich versuche, mich herauszustellen. Beiläufig lasse ich kleine Bemerkungen voller Eigenlob fallen, z. B. daß ich hübsch sei (eine gleichsam statische Tatsache), daß es da eine Theatergruppe gebe, daß ich einen guten Satz geschrieben habe usw. (So trete ich Wasser vor Ihnen.) Ich weiß, daß das eine Zeitverschwendung ist, denn diese Dinge nützen mir gar nichts, so etwas geht mir jeden Tag durch den Kopf, gleichgültig, ob Sie dabei sind oder nicht. Selbst wenn Sie sagen: »Ich verstehe nicht ganz«, schmeicheln Sie damit noch einer meiner schlimmsten Angewohnheiten: daß ich mich mit Worten und Taten stets allem entziehe. Innerlich verstehe ich beides nicht. Der Himmel weiß, daß ich den Unterschied zwischen dem, was ich sage und dem, was ich fühle, genau kenne. Und was ich sage, ist meistens unbefriedigend. Die wenigen Male, bei denen ich in der Therapie ohne vorherige Festlegung durch mein Bewußtsein reagiere, fühle ich mich ungeheuer lebendig.

Die gestrige Sitzung war deshalb ziemlich merkwürdig. Ich traue dem, was gesagt wird, gewöhnlich nicht. Meist sind es doch nur Moralpredigten. Und die verpasse ich mir selbst regelmäßig.

Aber als die Sitzung vorüber war, fühlte ich mich weder verlassen noch niedergeschlagen. Es war komisch, Sie über meine Haare und meine Kleidung reden zu hören. So ein bißchen wie mein Vater, aber nicht ganz. Natürlich denken Sie vielleicht, daß Fanny [*ein Mitglied der Therapiegruppe*] gut angezogen ist. Ich fand sie immer sehr attraktiv, aber sie schien auch immer außer Reichweite zu sein. Ich sehe aus wie ein verbogener Bügel, von dem die Kleider abrutschen. Ich würde gern heroisch aussehen, so als ob ich gerade etwas vollbracht hätte. Aber ich wünschte schon, ich hätte nicht so einen gefährlich burlesken Instinkt, was Kleidung betrifft. Manchmal versuche ich es und sehe immer noch schlunzig aus.

In der Nacht nach der Sitzung konnte ich überhaupt nicht schlafen. Das Blut strömte durch Brust und Bauch, und ich spürte die ganze Nacht, wie mein Herz schlug. Lag es daran, daß ich in der Sitzung keine Entspannung verspürt hatte, oder konnte ich den neuen Tag nicht erwarten? Ich wäre am liebsten weggegangen. Ich schreibe das jetzt und hier, weil ich es nicht in der nächsten Sitzung sagen will.

Ich glaube, es ist nicht gut für mich, wenn ich meiner Person bei der Therapie zu bewußt bin und Dinge sage wie: »Ich spüre etwas in meinem Bein.« Das sind vermutlich billige Überbleibsel der Nachmittage mit Übungen in sinnlicher Wahrnehmung. Sie behindern einen Fortschritt in der von Ihnen gewünschten Richtung. Sie müssen das satt haben, diese Leiden, diese Schwächen.

Es war witzig, als Sie sagten, ich könne auf der Schizophrenie keine Karriere aufbauen. (Ich glaube immer noch, daß eine Katatonie meinen Arm heraufkriecht.) In gewissem Sinne geht mir damit viel von der Romanze verloren, mit der ich geflirtet habe. Ich bin verlegen, spüre meine Mängel und finde bei gesellschaftlichen Anlässen keinen Anschluß. Es muß eine Lösung geben. Ich glaube, daß Dr. M. [der Ko-Therapeut der Gruppe] die Dinge, die ich sagte, für seltsam und merkwürdig hielt und daß er glaubte, man müsse sie wegen ihrer Nuancen aufschreiben. Ich glaube, Sie wissen, daß sie einfach Mist sind. Ich habe immer beobachtet, wie er Dinge notierte. Von Ihrem Gesicht nehme ich nie sehr viel wahr, außer daß es da drüben auf etwas zu warten scheint. Und Sie scheinen eine Menge Geduld zu haben. Ich sehe nicht gern in Ihr Gesicht, denn ich weiß, daß ich nichts gesagt habe. Wenn es sich an den falschen Stellen aufhellen würde, müßte ich beginnen, Ihnen zu mißtrauen.

In diesen ersten Sitzungen kann ich mich, glaube ich, so schlecht benehmen, wie ich will, dann wird die spätere Verwandlung um so schöner erscheinen.

DR. YALOM, 4. November

Ein schwacher metallischer Geschmack in meinem Mund nach der Sitzung. Nicht völlig zufrieden. Matt, das ist das richtige Wort. Gleich beim Eintritt entschuldigte sich Ginny dafür, daß sie keinen Bericht über die Sitzung der letzten Woche bei sich habe. Sie sagte, sie habe ihn zwar geschrieben, aber vergangene Nacht nicht abgetippt. Als ich sie genauer befragte, sagte sie, sie habe ihn tippen wollen, aber er enthielte so viele peinliche Hinweise auf Masturbation, daß sie ihn nicht tippen wolle, wenn Karl in der Nähe sei. Ich fragte sie, ob sie immer so lange mit dem Abtippen des Geschriebenen warte. Sie sagte nein, sie erledige das meistens am nächsten oder übernächsten Tag, aber sie habe ja gewußt, daß sie mich zwei Wochen lang nicht sehen werde. Die ganze Zeit über habe ich mich natürlich gefragt, was es wohl für sie bedeutet hat, daß sie mich letzte Woche nicht gesehen hat. Ob sie deswegen Ressentiments oder Enttäuschung empfand. Es erscheint merkwürdig, daß sie eine zweiwöchige Pause hinter sich hat und keinen Bericht mitbringt, während sie vorher ihren Bericht stets vorbereitet hatte. Ich glaube, daß sie auf irgendeiner Ebene schmollt und mich zu bestrafen versucht.

Das nächste, was sie sagte, schien meinen Verdacht zu erhärten. Sie hat mich in der Union Street in San Franzisko mit einer Frau gesehen. Ich sagte, das sei meine Frau gewesen, was sie vorausgesetzt zu haben schien; sie fügte hinzu, die Frau habe so jung und hübsch ausgesehen, wir hätten auf sie so glücklich gewirkt, und sie (Ginny) habe ein gutes Gefühl dabei gehabt. Sie habe sich auch gefragt, ob das vielleicht der Grund gewesen sei, weshalb ich sie letzte Woche nicht empfangen habe – ob ich vielleicht einfach beschlossen hätte, die Woche mit meiner Frau zu verbringen. Wie sie sich denn dabei fühle? »Sehr gut.« Ich hatte Zweifel.

Ich fragte sie, ob sie den Inhalt der Berichte verändert, wenn sie sie abtippt. Sie bestätigte, daß sie es manchmal tue. Zum Beispiel habe sie letzte Woche eine Stelle, die nach absichtlichem Flirt mit mir geklungen habe, herausgenommen, weil sie sich hinterher geschämt habe, es geschrieben zu haben. Der ganze erste Teil der Sitzung war also ein mattes, sogar verlegenes Gespräch. Ich fragte sie einmal ganz offen, ob sie in der Lage sei, den unterschwelligen Teil der Sitzung mit mir zu erörtern, weil ich dachte, wir könnten damit ihre nicht geäußerten Gefühle erreichen. Aber sie weigerte sich anzubeißen und behauptete statt dessen, es gebe wirklich nichts außer dem, worüber sie gesprochen hätte. Die Dinge hätten sich so relativ günstig entwickelt, daß sie kein besonderes Problem benennen könne.

Und in der Tat scheint alles blendend zu gehen; das nächtliche erschreckte Hochfahren und die Angstgefühle scheinen sich gelegt zu haben; sie hat die Tablette genommen, die ich ihr nach der letzten Sitzung gegeben habe, und sie scheint den *circulus vitiosus* durchbrochen zu haben. Sie war aber sehr darauf bedacht, mich wissen zu lassen, daß die Tablette nicht völlig erfolgreich gewesen sei, denn sie hatte danach einen echten Kater mit Depressionen. Um die Wahrheit zu sagen, ich habe vergessen, was genau ich ihr verschrieben habe: ich erinnere mich nur, daß es sich um ein leichtes Beruhigungsmittel gehandelt hat, das keine solchen starken Benommenheitsgefühle hätte auslösen dürfen. Sie hat aber geschrieben, sie ist also aktiv gewesen. Sie rasselte eine ganze Liste mit Aktivitäten herunter: zweimal die Woche Deutschunterricht, Yoga, mehrere Abendeinladungen, Tanzunterricht. Es scheint, daß sie wirklich einige Anstrengungen unternommen hat. Sie ist mir auch dankbar dafür, daß ich mit ihr über das Masturbieren gesprochen habe; seither fühlt sie sich freier und masturbiert ohne Schuldgefühle, ohne den ganzen Tag auf das Thema fixiert zu bleiben.

Ich war wirklich beeindruckt, wie hübsch sie heute aussah. Ich stelle die Stühle meist wie Sullivan in einen Winkel von neunzig Grad, daher sah ich sie mehr im Profil. Bei mehreren Gelegenheiten, vor allem in der Gruppe, habe ich Ginny manchmal schon für ziemlich häßlich gehalten, aber heute erschien sie mir sehr schön.

Sie suchte fast verzweifelt nach etwas, was sie mir anbieten könnte, und erzählte schließlich einige Träume. Einige Minuten lang gruben wir darin herum. Einer von ihnen enthielt einige ziemlich eindeutige ödipale Elemente: ein Traum, in dem sie im Bett lag und ein Mann zu ihr kam mit einer silbernen Zigarre als Penis. Die Assoziationen dazu hatten damit zu tun, daß sie als Kind nachts wach lag und hörte, wie eine Matratze quietschte, was bedeutete, daß ihre Eltern Geschlechtsverkehr hatten. Und mit einer Episode, als sie, einundzwanzig Jahre alt, ihren Vater damit verletzte, daß sie erzählte, ihre Mutter habe ihr einmal gesagt, Sex sei nicht alles im Leben. Es gibt zahlreiche Hinweise, daß Ginny ihre Eltern zu spalten wünscht, daß sie sich dazwischendrängen möchte, aber es wäre Wahnsinn, wenn ich darüber mit ihr reden wollte. Eine Rekonstruktion der Vergangenheit, Deutungen und Klärungen dieser Art würden Ginny gar nichts nützen. Ihre Vergangenheit mit ihr zu besuchen ist eine trügerisch bezaubernde Reise, aber sie kennt das Terrain zu gut – es trägt sie jedesmal aus dem Heute davon und entfernt sie von der Besserung, die meiner Überzeugung nach aus unserer Verständigung darüber entspringen wird, was zwischen uns geschieht. Daher wechselte ich das Thema und ging auf die Gegenwart ein.

Sie beschäftigt sich sehr stark mit der Phantasie, daß Karl sie verlassen wird, woraufhin sie eine Blockhütte in den Wäldern aufsucht und allmählich reifer wird. Sie hält diese Phantasie für ein schlechtes Zeichen, weil sie ihrer Meinung nach bedeutet, daß sie sich wünscht, Karl möge sie verlassen. Aber ich machte ihr klar, daß diese Phantasie auch einige befreiende Elemente enthält, insofern sie sich am Leben orientiert und die Aussicht bietet, daß sie keineswegs vernichtet würde, wenn Karl sie verlassen sollte. Ich versuchte, sie zu einer paradoxen Willensanstrengung zu bringen, indem ich ihr vorschlug, diese Phantasie jedesmal ganz bewußt hervorzurufen, wenn Karl spät nach Hause kommt, und sie jedesmal mindestens fünf Minuten genau zu prüfen. Das gleiche bei den sexuellen Beziehungen: sie sagt, diese kleine Stimme in ihrem Inneren versuche ihr dauernd weiszumachen, sie sei gar nicht wirklich anwesend, sei nicht wirklich vereinigt mit Karl, sondern getrennt, es sei »nicht das Richtige«. Und nach dem Verkehr beschuldigt die Stimme sie, nicht genug erlebt zu haben. Ich schlug ihr vor, selbst die Rolle dieser Stimme bewußt zu übernehmen, sie selbst hervorzurufen, um sie so zu kontrollieren, anstatt von ihr kontrolliert zu werden. Dies in der Hoffnung, daß Ginny im Laufe der Zeit erkennt, daß es nichts ist, was mit ihr geschieht, sondern etwas, was sie selbst verursacht.

Gegen Ende der Sitzung zitierte sie etwas von Alexander Pope über eine Frau, die ihr selbst zu ähneln scheine, und sagte, daß sie so nicht sein wolle. Da ich Pope seit fünfzehn oder zwanzig Jahren nicht mehr gelesen habe, ertappte ich mich bei dem Gedanken, daß es besser wäre, wenn sie Autoren erwähnte, mit denen ich besser vertraut bin, damit ich geläufiger und schlagfertiger hätte antworten können. Ich glaube, darin spiegeln sich einige Spannungsgefühle wegen meiner morgigen Vorstellung im Seminar über »Philosophie der Gegenwart« wider; denn auch hier wird mein Interesse für Literatur bei weitem von den Lücken in meinem Wissen übertroffen.

GINNY, 4. November

Gestern war ich ziemlich nervös. Ich klammerte mich an jeden Strohhalm, suchte krampfhaft nach Dingen, die ich sagen könnte. Deshalb erzählte ich auch, daß ich Sie mit Ihrer Frau gesehen hätte. Ich saß mit Eve im Auto und diskutierte mit ihr *The Freedom of Sexual Surrender,* ein Buch, das den klitorialen Orgasmus als einen Vorgang diffamiert, der im Leben einer erwachsenen Frau keine Rolle spiele. Und mitten in diesem Gespräch über sexuelle Probleme gingen Sie mit Ihrer Frau direkt vor uns über den Zebrastreifen, wie in einer Szene aus einer Fernsehkomödie.

Ich habe bemerkt, daß ich dauernd so tue, als ob nur ein Teil von mir das tut, was tatsächlich ich tue. Zum Beispiel hat dieser »Teil von mir« die letzten fünf Minuten auf Ihren offenen Hosenschlitz gestarrt und sich eingebildet, etwas zu sehen. Sofort habe ich mich geschämt und ein anderes Thema angeschnitten. Sofort haben Sie die Beine übereinandergeschlagen. Ich selbst hatte mich aufgespalten, weil ich etwas tat, was »ich« normalerweise nicht tue. Und ich steigere mich in diese Dinge hinein, weil sie mich daran hindern, mich zu konzentrieren und Fortschritte zu machen. Es ist, als ob ich gegen Ihren Geist ankämpfen wollte.

Ich mag es, wenn Sie mir Anweisungen geben. Ich verstehe mein Verhalten besser, begreife es nicht als etwas Magisches, sondern als Verhalten. Letzte Nacht ist mir bewußt geworden, wie die Angstzustände beginnen. Ich denke an irgend etwas und halte die Luft an, um besser hören zu können. Davon schmerzt mein Bauch, ich habe das Gefühl, im Fahrstuhl zu stehen und nicht hinauszukönnen. Und ehe ich mich versehe, bin ich auf der falschen Etage und todunglücklich.

Die Sitzung hat mich sehr nervös gemacht. Hinterher war ich nervöser als vorher.

DR. YALOM, 12. November

Eine merkwürdige Sitzung. Ich dachte nicht, daß ich viel würde tun können, weil ich letzte Nacht nur zwei Stunden Schlaf hatte. Ich bin bei einem Freund gewesen, am Meer, und weil es ungewohnt war, da draußen zu schlafen und die Wellen schlagen zu hören, hatte ich die ganze Nacht wach gelegen. Ich mußte daran denken, welche Ironie darin lag, daß ich am nächsten Tag mit Ginny reden würde, die ja selbst so oft über Schlaflosigkeit klagt. Natürlich bestand insofern ein Unterschied, als mir die Schlaflosigkeit angenehm war. Ich hatte es genossen, das Meer zu sehen und zu hören und Kazantzakis zu lesen, aber ich kenne auch jene andere Schlaflosigkeit. Selten habe ich mich mehr als ein Hochstapler gefühlt, als wenn ich nach einer angsterfüllten, schlaflosen Nacht einen armen schlaflosen Patienten berate, der in Wirklichkeit länger geschlafen hat als ich. Aber wer würde schon einem General folgen, der am Vorabend der Schlacht herumlaufen und jammern würde? Ich sagte die Stunde nicht ab, denn ich fühlte mich funktionstüchtig und spürte auch während der Sitzung meine Übermüdung kaum.

Dennoch kam ich etwa zehn Minuten zu spät und brachte eine Tasse Kaffee ins Büro mit, um wach zu bleiben, was sehr ungewöhnlich ist. Ich bot ihr auch eine an, aber sie lehnte sehr verlegen ab. Zunächst erzählte sie von ihren Neidgefühlen gegenüber ihrer jüngeren Schwester, die sie gerade besucht. Sie hält ihre Schwester für sehr viel entschiedener und »engagierter« als sich selbst, zum Beispiel wenn es darum geht, mit wem sie zusammenlebt. Ich versuchte ihr klarzumachen, daß dies nur eine äußere Haltung sei; ich fragte sie, ob das wirklich bedeute, daß ihre Schwester sich selbst auch stärker »engagiert« fühle, und erörterte mit ihr, ob es nicht lediglich darauf hinweise, daß ihre Schwester besser dazu in der Lage sei, die negativen Gefühle zu übersehen, die sie einer Situation gegenüber empfindet, oder sich sogar einer Selbsttäuschung hinsichtlich ihrer durchaus ambivalenten Gefühle hinzugeben. Was es denn an solchem »positivem Engagement« Bewundernswertes geben solle? Sie stimmte mir lebhaft zu.

Dann ging ich wieder auf den kleinen Dämon in ihrem Inneren ein, der all ihre Unternehmungen entwertet, der sie daran hindert, an der Sexualität, an ihrem Europa-Trip oder überhaupt am Leben Gefallen zu finden. Ich sagte ihr, daß dies, jetzt und hier, ihr einziges Leben sei. Es gibt keine Regenversicherung und keine Wiederholungen, wenn es ihr wieder besser geht. »Ginny, Sie gehen jetzt und hier durch Ihr Leben, Sie können es nicht auf später verschieben.« Ich bin mir nicht sicher, wie wirkungsvoll diese Bemerkung war. War ich nicht allzu pedantisch?

Das andere Hauptthema war ihre Wut oder besser das Fehlen von Wut in Situationen, in denen sie sich ärgerte. Sie erzählte zum Beispiel von der Beziehung zu ihrer Wirtin, die so entnervend und hektisch ist, daß sie alle Leute verrückt macht. Ginnys Reaktion auf diese Frau besteht darin, daß sich bei ihr das Gefühl, »innerlich tot zu sein«, noch steigert und daß sie sich noch mehr Mühe gibt, nett zu der Frau zu sein. Wir bemühten uns, zu verstehen, wie sich Wut oder Verärgerung gegenüber anderen in das Gefühl verwandeln können, daß man selbst tot sei. Im Verlauf der Diskussion hatte ich plötzlich Angst, daß sie meine Bemerkungen als Aufforderung verstehen könnte, *nicht* mehr nett zu den Leuten zu sein und alle Wutgefühle einfach abzureagieren; deshalb versicherte ich ihr, daß sie sich ihrer »Nettigkeit« oder Großzügigkeit nicht zu schämen brauche, daß es sich um echte Charakterzüge handele, die nicht reduziert oder in anderes umgewandelt werden brauchten, daß es aber wichtig sei, daß sie sich in solchen Situationen ihrer wahren Gefühle bewußt werde. Darauf erklärte sie, daß sie es jedesmal, wenn sie großzügige oder altruistische Handlungen unternehme, irgendwie fertigbringe, diese Handlungen in Fehler zu verwandeln. Ich sagte, sie müsse diesen Freudschen Reduktionismus überwinden und Großzügigkeit und Freundlichkeit als positive und wichtige Eigenschaften an sich akzeptieren, die für sich sprechen und keiner weiteren Analyse bedürften.

Über ihre Gefühle mir gegenüber spricht sie nicht viel. Sie erschien mir heute unbehaglich und gespannt. Immer wenn ich sie fragte, was sie jetzt gerade empfinde, brachte sie irgendeine abstrakte Verallgemeinerung über den Verlauf ihres Lebens, ohne in das riesige unterirdische Gewässer der Gefühle einzutauchen, die unter unseren Gesprächen ausgebreitet liegen. Als ich sie spezifisch nach diesem Sachverhalt fragte, sagte sie, daß vieles, was in den Sitzungen ungesagt bleibe, dann auftauche, wenn sie hinterher darüber nachdenke und ihre Berichte schreibe. Mehrfach erwähnte sie beiläufig, daß sie fast den ganzen Tag dazu brauche, um sich auf die Sitzungen bei mir vorzubereiten. Da sie hinterher zwei Stunden auf den Bus warten muß, der sie nach San Franzisko zurückbringt, wird der Besuch zu einer Tagesreise, und sie hat große Angst, daß sie die Zeit verschwenden könnte. Gleichzeitig glaube ich, daß unsere Beziehung sehr stabil ist. Ich fühle mich sehr friedlich und warm, wenn ich mit Ginny zusammen bin. Sie ist eine bemerkenswerte Persönlichkeit, nicht nur wegen ihrer Leidensfähigkeit, sondern auch wegen ihrer Sensibilität und Schönheit.

DR. YALOM, 19. November

Ginny in geflickten Jeans, ganz besonders Ginny-zart und Ginny-zerbrechlich. Ganz leise gestand sie, daß sie ihre Aufzeichnungen von der letzten Woche nicht dabeihabe – sie hat sie erst fünf Tage nach der Sitzung niedergeschrieben, den Text noch nicht abgetippt und vielleicht sogar verloren. Ich hatte das Gefühl, daß diese Sache sehr wichtig sei und daß wir einige Zeit darüber sprechen müßten. Sie grub die Hakken ein und ließ sich nicht von der Stelle bewegen. Zu dieser Angelegenheit hatte sie gar nichts zu sagen, keine Einfälle oder Assoziationen. Jedesmal, wenn ich darauf zurückkam, wurde ich dringlicher, indem ich etwa behauptete, es sei höchst unwahrscheinlich, daß sie ihre Aufgabe plötzlich vergessen habe; warum sie fünf Tage zwischen der letzten Sitzung und dem Bericht darüber habe verstreichen lassen, wo sie ihre Berichte doch sonst immer gleich am nächsten Tag geschrieben habe? Als sie sagte, sie sei eben faul, bedrängte ich noch etwas stärker und fragte, warum sie denn *gerade jetzt* faul sei. Aber dabei kam nichts heraus. Ich hatte das deutliche Gefühl, daß sie nicht in der Lage sein würde, über etwas anderes zu reden, und so war es auch.

Ohne Erfolg suchte sie nach irgendeinem anderen Thema. Gleich zu Beginn der Sitzung hatte sie erwähnt, daß sie sich mit Karl über Psychiater gestritten habe, denn er hält Psychiater für überflüssig und unnütz. Ich dachte laut darüber nach, ob sie wohl glaube, sich zwischen Karl und mir entscheiden zu müssen. Das führte auch nicht weiter. Etwas ungeduldig ließ ich sie ein bißchen zappeln in ihrer Hilflosigkeit.

Im Rückblick scheint es mir, als ob der Wendepunkt erreicht worden war, als ich – einigermaßen kryptisch – bemerkte: »Es gibt also doch keine Wunder.« Ginny fragte, wie das gemeint sei, aber ich wußte, daß sie es durchaus verstand, und sie gab zu, daß sie es trotz ihrer Frage gewußt habe. Ich meinte damit, daß es eben keineswegs eine wunderbare Errettung bedeutet habe, als ich sie aus der Gruppentherapie in die Einzelbehandlung genommen hatte, daß nichts sich ändern würde, wenn sie nicht dafür sorgte, daß es sich ändert. Sie war ein wenig beunruhigt darüber und fragte, ob ich sie vielleicht nur deshalb aus der Gruppe geholt hätte, um ihr zu zeigen, daß es außerhalb ihrer selbst keine Hoffnung für sie gebe. Ich versicherte ihr natürlich, daß dies nicht der Fall sei, daß es aber tatsächlich nur dann eine Hoffnung für sie gebe, wenn sie von innen heraus etwas in Bewegung bringt.

Im weiteren Verlauf der Sitzung versuchte ich immer stärker, sie in eine Diskussion über unsere Beziehung hineinzudrängen. Dabei sagte sie einmal, ich ähnele ein wenig einem Mann, den sie kürzlich in einem Film gesehen habe und der ein alter Lustmolch gewesen sei. Als ich nach sexuellen Gefühlen fragte, die sie mir gegenüber vielleicht gehabt habe, erhielt ich keinerlei nützliche Hinweise. Dann fragte ich, wie sie in meinen Augen erscheinen wolle, ob sie ihre Äußerungen stark zensieren müsse, damit sie dem entsprächen, was ich ihrer Meinung nach hören wolle. Sie sagte, daß sie mir lediglich zeigen wolle, daß sie sich Mühe gebe, gesund zu werden. Aber täuschte sie uns dabei nicht beide, da sie doch zugibt, daß sie sich meistens nicht viel Mühe gibt?

Erst später war sie in der Lage darüber zu reden, daß sie vor mir als Frau erscheinen (während sie doch wie ein Kind dasaß), daß sie mir gefallen wolle, aber trotzdem trug sie heute diesen Kittel, denn sie hatte sich letzte Nacht nicht wohlgefühlt und wollte im Bus schlafen. (Sie hatte eine Migräne letzte Nacht, schon die zweite unmittelbar vor einer Sitzung bei mir.) Ich war heute ziemlich grob zu ihr. Ich machte ihr zum Beispiel klar, daß sie zwar behaupte, sie wolle mir gefallen, andererseits aber ganz bewußt Dinge tue, die mir mißfallen sollten, z. B. versäume, ihren Bericht mitzubringen. Noch einmal stellte ich ihr dar, es müsse doch etwas dahinterstecken, daß sie nichts geschrieben habe, etwas, das wahrscheinlich mit ihren Gefühlen mir gegenüber zu tun habe. Diesmal schien es zu verfangen. Ich wies sie darauf hin, wie auffällig es sei, daß sie zur gleichen Zeit, da sie mit dem Schreiben aufgehört habe, auch in den Sitzungen nicht mehr spreche. Ich entschloß mich auch, ihr bei der Realitätsprüfung zu helfen, indem ich sie darauf hinwies, daß es ihr ja keineswegs freigestellt sei, ob sie einen Bericht über die vergangene Sitzung schreiben wolle, sondern daß dies Bestandteil eines gültigen Vertrages zwischen Erwachsenen sei, den sie abgeschlossen habe. (Ich benutzte freilich nicht ganz diese Worte.) Unausgesprochen schwang darin die (völlig ernstgemeinte) Drohung mit, daß ich sie nicht mehr sehen wolle, wenn sie ihren Teil des Vertrages nicht erfüllt. Sie schien sich dadurch etwas unterdrückt zu fühlen und sagte, sie komme sich vor wie eine kleine Schülerin bei einem Nachhilfelehrer.

Als wir später über ihre Vorzüge als Frau sprachen, erwähnte sie einige negative Gefühle über ihren Körper, vor allem über ihre verlängerten Schamlippen, die ihr ein Gefühl von Häßlichkeit geben, so als wäre sie keine Frau. Ich habe den Verdacht, es handelt sich dabei um eine Analogie zu dem Gefühl von Männern, einen zu kleinen Penis zu haben. Da sie diesen Körperteil niemals tatsächlich mit dem eines anderen verglichen hat, sondern diesen angeblichen Mangel nur benutzt, um damit heimlich ihr negatives Image von sich zu fördern, fragte ich sie im Scherz, bei wem sie das denn jemals ausprobiert habe.

Dann fragte ich, ob sie das Gefühl habe, daß ich jetzt zufriedener mit ihr wäre. Sie bestätigte das. Ich fragte, seit wann sie dieses Gefühl habe. Sie begann zu weinen und stieß unter Tränen hervor, sie müsse anscheinend über die unschönen Dinge bei sich sprechen, um mir und sich selbst zu gefallen. Darüber bin ich anderer Ansicht, und das sagte ich ihr auch. Ich bin zufrieden, wenn sie einfach etwas ehrlicher mit ihren Gefühlen ist und damit aufhört, bestimmte Dinge abzuleugnen oder dagegen anzukämpfen. Es ist mir ziemlich gleichgültig, ob es sich dabei um angenehme oder unangenehme Themen handelt, solange sie ehrlich dabei ist. Sie schien das zu akzeptieren, und ich glaube, wir rückten uns wieder näher und schlossen die Sitzung harmonisch ab, die insgesamt sehr beunruhigend für sie war. Ich versuchte, sie etwas zu besänftigen, indem ich sie daran erinnerte, daß der nächste Mittwoch zwar der Tag vor *Thanksgiving* [Erntedankfest; letzter Donnerstag im November] sei, daß ich aber da wäre, falls sie kommen wolle. Ich glaube, was ich wirklich sagte, war: »Ich mag Sie wirklich und werde da sein, obwohl es praktisch ein Feiertag ist.«

GINNY, 19. November

Als ich in den Bus stieg, sagte ich: »unscharf«, und das wurde zum Schlüsselwort für den ganzen Vormittag. Dreiviertel der Sitzung fühlte ich mich »unscharf«. Um nicht blöde oder langweilig zu scheinen, mußte ich mich auf alles genau konzentrieren. Obwohl Sie es auch sehen, muß ich Dinge sagen wie: »Ich rede mit der Hand vor dem Mund, völlig unverständlich.« Ich muß mir die Dinge innerlich vorsagen. So als ob ich Ihnen die Beobachtungen mitteilen müßte, damit Sie nicht völlig außerhalb bleiben. Der Teil von mir, den ich Ihnen mitbringe, geht nicht sehr in die Tiefe, auch wenn ich darüber vierzig Minuten vor mich hin murmeln kann. Es ist, als ob man in den Zoo geht, um die Tiere zu sehen, und in Wirklichkeit nur die Gitterstäbe richtig scharf sieht. Vor lauter Käfig sieht man das Tier nicht.

Daß ich Ihnen sagte, Sie sähen aus wie Don Lopez in *Tristana,* das war so ein Witz, den ich Karl erzählte. Wir haben uns auf Ihre Kosten amüsiert. Aber in meinen Augen war das nicht irgendwie böse. Ich wünschte, ich könnte so einen Traum herbeiführen, in dem Sie eine aktive Rolle übernähmen.

Ein Gefühl von Wirklichkeit bekam ich in dieser Sitzung erst, als ich sagte, ich sei traurig darüber, daß ich Sie enttäusche. In der Gruppe hatte ich nie das Gefühl, Sie zu enttäuschen, denn ich glaubte nicht, daß Sie irgend etwas Besonderes von mir erwarteten. Es gab so viele andere stumme Gesichter. Und Sie erschienen auch viel imaginärer als jetzt. Dann begann ich zu reden und sagte Dinge, die entweder zur Kategorie »Sex« oder »böse Dinge« gerechnet werden können. Aber während ich sie sagte, spürte ich, daß ich innerlich eingewickelt war in diese Verpackung mit meinen Jeans und dem Kleinmädchenlächeln. Ich glaube, ich fange immer dann an zu weinen, wenn ich dieses Gespenst in mir spüre. Ich habe das Gefühl, als müßte ich innerlich dieses erbärmliche, aber sehr reale Kind mit mir herumschleppen. Die wichtigste Frage von Ihnen war deshalb: »Sehen Sie sich selbst als Frau?« Ich wußte: »Nein!« Deshalb bin ich oft ein bißchen burschikos und flirte auch, aber es ist eher so, daß ich dabei mit meiner eigenen Identität als Frau kokettiere. Ich kann nicht wirklich vergewaltigt oder verletzt werden. Ich bin keine Frau, die von einem Mann verführt werden kann. Bei unseren Kämpfen sind meine Wirtin und ich keine Frauen. Sondern eine komische alte Eule und ein kleines Mädchen, das etwas Böses getan hat und wieder ins Reine kommen möchte.

Dann sagten Sie: »Haben Sie versucht, mir einen Gefallen zu tun?« Ich wußte, daß ich das versucht hatte, aber als wir das analysierten, kam jener andere Teil von mir hoch, der unrealistischerweise glaubt, ein ebenbürtiger Partner sein zu müssen. Dabei möchte ich doch bloß von Ihnen auf den Arm genommen und gewiegt werden. Ich glaube, ich bin vom Weg abgekommen. Als ich die Kategorien akzeptierte. Ich hasse diese Rückblicke über die Schulter, aber ich kann es auch nicht lassen. Sie fordern das ja heraus! Sie bringen mich dazu, Empfindungen zu analysieren, während ich sie einfach nur haben will. Aber vorher, solange ich redete, hatte ich angenehme Gefühle. Wie erleichternd, zu reden, nicht das Gesicht wahren zu müssen! Mein sarkastischer, melodramatischer Manager buchte mich natürlich wieder für ein Schmierenstück mit dem Titel »Nicht ganz bei Trost«. Auch eine Methode, mich mit meinen Gefühlen zu hänseln, bis ich das Thema wechsle.

Deshalb sagte ich: »Das wird alles schrecklich werden, die Gedanken, die dabei herauskommen.« Das sollte nicht bedeuten, daß ich mit dem sarkastischen Teil Frieden schließen und seine Meinung einfach übernehmen wollte. Eigentlich war ich dankbar. Es schien sich bei dem, was ich erzählte, nicht mehr um Fakten zu handeln, sondern nur um Gefühle.

Ich fühlte auch einen Fortschritt. So, als ob ich in der nächsten Sitzung nicht wieder mit nichts anfangen wollte. Ich wollte auch nicht, daß die Sitzung aufhörte.

Dieser Traum mit dem abgezogenen Fleisch war einer der wenigen sexuellen Träume, in denen das Fleisch tatsächlich eine Rolle spielt. Die Leute um mich herum, die an meinem Fleisch zerrten, waren Ärzte. Ganze vierzig Minuten lang, als ich später auf dem Gras saß, um das hier zu schreiben, konzentrierte ich mich auf die Sitzung. Aber danach machte ich ein paar ganz praktische Sachen, von denen ich dachte, sie würden mir helfen. Ich erinnerte mich an ein paar angenehme Gedanken während dieser Woche, an ein paar Momente mit Karl, die auch ohne Tränen real schienen. Ich spürte auch dieses Gefühl, das eigentlich kein Gefühl, sondern ein Aufschub ist. Wie zum Beispiel, wenn ich noch nicht weiß, daß ich schreiben muß, wenn ich noch nicht daran denke, daß ich das hier abtippen muß, wenn ich noch nicht weiß, daß ich daran denken muß. Daß ein großer Teil meiner Zeit mit solchen Aufschüben erfüllt ist. Genau wie ich mich in der Sitzung verhalte – eine unvollkommene Nachbildung des Lebens.

DR. YALOM, 25. November

Eine fließende, enge Begegnung heute mit Ginny. Es hätte auch schlecht laufen können, aber ich arbeitete schwer und gut, und Ginny war bereit, sich zu strecken. Eine Migräne, sagte sie, die gestern begann. Wieder eine, sagte ich. Ich glaube, das sind jetzt schon mehrere, die immer am Tag vor der Sitzung auftreten; und auch diese nächtlichen Angstzustände, ehe sie herkommt. Ich frage sie danach, natürlich vorsichtig. Sie stellt sich dumm. Ich frage noch einmal und wieder und wieder. Sie entzieht sich, versteht mich nicht. Alle Fragen, die sich auf ihre Gefühle vor den Sitzungen beziehen, beantwortet sie, ohne das Pronomen »Sie« zu gebrauchen. Das überzeugt mich noch mehr davon, daß sie mir ausweicht. Ich bin überrascht. Wir kennen einander so gut inzwischen, seit zwei Jahren; es überrascht mich, erneut feststellen zu müssen, daß sie über mich noch immer nicht reden kann und sogar vermeiden muß, an mich zu denken. Sie erklärt, daß es noch schwieriger für sie werde, mit Karl in Beziehung zu bleiben, wenn sie über mich spricht. Ich sage ihr, daß ich das für Zauberei halte: als ob Gedanken dadurch zur Realität würden, daß man sie ausspricht. Sie nickt und redet noch etwas weiter. Ich spreche ganz direkt über ihre Unfähigkeit, mich mit dem Personalpronomen anzusprechen, und frage, was ich wohl für eine Rolle in ihren Phantasien spiele. Da reckt sie sich ein bißchen und macht sachte die Tür auf. Sie erzählt, daß sie manchmal davon träumt, eine Geschichte zu schreiben, 300 Dollar damit zu verdienen und mir ein Geschenk zu kaufen. Ich versuche, sie in die Phantasie hineinzuzwingen, indem ich frage, um was für ein Geschenk es sich handeln solle. Sie kann sich nicht erinnern. Ich frage, warum sie mir etwas schenken wolle. Als Entgelt für mein Vertrauen zu ihr, erklärt sie. Deshalb mußte es auch mit dem Schreiben einer Geschichte zu tun haben. Ich frage, was es sonst noch für sie bedeutet, mir ein Geschenk zu machen.

Damit ermuntere ich sie vorsichtig, etwas Zärtliches zu mir zu sagen. Sie kann nicht. Sie sagt, es erinnere sie daran, daß sie einem Lehrer ein Geschenk gemacht habe, aber einem Lehrer macht man gewöhnlich erst am Ende des Schuljahres ein Geschenk. Ich werde etwas mutiger und frage: »Kommt es nicht auch vor, daß man einem Lehrer ein Geschenk macht, weil man ihn mag?« An diesem Punkt stellt sie eine Verbindung her und sagt mit entwaffnender Offenheit: »Na, Sie wissen doch, daß ich Sie mag.« Ich behalte die Fassung und sage: »Sie sagen das jetzt so leicht dahin!« Ich erinnere sie daran, daß sie, seit wir uns kennen, diesem Eingeständnis ausgewichen ist. Und außerdem ist »Mögen« nicht eindimensional, sondern muß eine Vielzahl verschiedener Facetten haben, aber sie kann keine einzige davon beschreiben. Sie hört mir zu. Dann geht sie noch ein wenig weiter aus sich heraus und erzählt, wie sie mich im letzten Jahr gemocht habe, als ich Leiter der Gruppe war, und wie sie mir stumm applaudiert habe, wenn ich etwas sagte, was einem der anderen Patienten half. Dieses Jahr sei das aber anders, weil jetzt sie der Patient sei und deshalb Schwierigkeiten habe, gleichzeitig Objekt und Beobachter zu sein. Schweigen. Ich frage sie, wo sie mit ihren Gedanken ist. Sie huscht davon und behauptet, sie habe über einen alten Freund namens Pete nachgedacht. Ich ließ es ihr durchgehen.

Wir redeten über Pete, und sie erzählt mir, daß er gerade angerufen habe, als Karl zur Tür hereingekommen sei. Sie habe ihm gesagt, sie müsse auflegen, und habe dann Schuldgefühle gehabt und ihn zwanzig Minuten später zurückgerufen. Und dann verfolgten sie diese schlechten Dinge, die sie getan hatte. Ich ging das alles in ähnlicher Weise mit ihr durch, wie wir früher schon andere Angelegenheiten besprochen hatten, wobei ich ihr jedesmal gezeigt hatte, daß sie die

Dinge über-analysiert. Warum kann sie sich nicht einmal mit einem guten, reinen Gefühl des Altruismus zufriedengeben, ohne es sofort in einen Fehler zu verwandeln? Im Grunde genommen mochte sie Pete, sie versuchte, ihm zu geben, was sie konnte, sie war sehr glücklich, als sie am nächsten Tag erfuhr, daß er eine neue Freundin hat. Aber in jedem Falle wendet sie sich gegen sich selbst, indem sie behauptet, sie möge ihn nicht *genug* oder gebe ihm nicht *genug* oder es sei letztlich nur in ihrem eigenen Interesse, wenn sie etwas Gutes zu tun versucht. Der selbstzerstörerische Alchemist in ihrem Inneren verwandelt alles von Gut in Böse. Ich versuchte, das herauszuarbeiten, indem ich ihr darstellte, daß sie in ihren Gefühlen gegenüber Pete recht großzügig gewesen sei, stolperte aber wie gewöhnlich über das Wort »großzügig«. Sie antwortete, indem sie sich ihrerseits bei dem Wort »fruchtbar« versprach; denn das war das letzte, was sie sagte: »Es wird eine fruchtbare Woche werden.« Wir sind heute weitergekommen, wie immer, wenn ich etwas über ihre Gefühle mir gegenüber aus ihr herauslocken kann.

GINNY, 25. November

Das Hauptproblem bei einer Migräne besteht darin, daß man sein Gleichgewicht durch nichts erschüttern lassen darf. Diese Haltung habe ich auch in den Sitzungen eingenommen. Im Inneren glaube ich, daß ich mich radikal ändern will – keine Spur, kein Fädchen, kein Lächeln soll übrigbleiben. Wenn Sie daher einige meiner Eigenarten zu retten versuchen, indem Sie mir zeigen, daß sie nicht völlig schlecht sind, ist das irgendwie tröstlich. Aber, was übrigbleibt, bedeutet nicht viel. Ich bleibe sarkastisch gegenüber Ihrem Lob.

Als ich noch gläubig war, diente Gott als eine Art Katalysator zwischen mir und meinen Beziehungen zur Umwelt. Ich gab so vieles auf, nur damit in der Welt draußen alles in Ordnung ging. Auf diese Weise verpfändete ich viele Jahre meines Lebens, ich sagte, es wäre mir gleichgültig, ob ich je einen

Freund hätte und heiraten würde, solange nur meine Eltern am Leben blieben. Meinerseits war ich dann zwar nie so brav, wie ich versprochen hatte, aber bei dem lässigen Verkehr zwischen mir und Gott lösten sich dann stets auf seiner Seite alle Probleme, selbst wenn ich gefehlt hatte.

Ich würde alles tun, um eine Beziehung aufrechtzuerhalten. Selbst wenn ich dabei völlig getarnt bleiben müßte, so daß der andere gar nicht wüßte, daß ich da bin.

Ich glaube, das mache ich auch bei Ihnen. Ich versuche, mit Ihnen Schritt zu halten, aber ich will weder Sie noch mich beunruhigen. Doch unterhalten soll ich Sie auch nicht – deshalb sitze ich irgendwie zwischen zwei Stühlen. Ich lasse die Darstellung irgendwie in der Schwebe, ohne sie zu zertrümmern und ohne sie zu vollenden.

Als ich über Pete sprach, sagten Sie: »Warum müssen Sie immer das Negative herausgreifen?« Das ist, als ob Sie jemandem sagten, wenn ihm die Nase nicht fünf Zentimeter zu lang geraten wäre, könnte man ihn als hübsch bezeichnen. Wenn ich bewußt versuche, einen Gedanken dort abzubrechen, wo er anfängt zu stinken und zum Problem wird, dann müßte ich das auch merken. Der Circulus vitiosus ist meine natürliche Denkweise.

Ich weiß, ich brauche zuviel Aufmerksamkeit, ungeteilte Aufmerksamkeit. Aber eigentlich nur körperliche Nähe, keine tiefgehende Aufmerksamkeit.

In den Sitzungen bin ich jetzt sehr auf der Hut. Ich weiß, daß Sie mich dazu bringen wollen, meine Gefühle Ihnen gegenüber zu erforschen, aber ich finde es lächerlich, danach in der Tiefe zu graben, wo sie doch eigentlich aus meinem Gesicht und meinem Hirn hervorsprudeln müßten. Ich glaube, ich war immer ehrlich, indem ich gesagt habe, was ich dachte, aber ich bin nur die Blüte der Pflanze, ich habe noch nie den Dreck weggekratzt und die Wurzeln freigelegt. Meine Ehrlichkeit ist eine ästhetische und vielleicht auch oberflächliche Ehrlichkeit.

Bei allem habe ich das Gefühl, mich zurückhalten zu müssen, und wenn ich das tue, bin ich die erste, die mich tadelt, weil ich selbst und meine Gefühle am Horizont verschwinden (denn dazu führt das unvermeidlich).

Und es gibt so viele Worte des Tadels. Ich beobachte meine Handlungen, rechtfertige sie. Ich merke, daß ich keinen Erfolg habe. Und das geschieht mir recht.

Diese Worte beziehen sich auf kein besonderes Ereignis. Es ist einfach eine Betrachtungsweise, auf der ich festsitze. Deshalb kann ich mich so oft auf kein bestimmtes Ereignis besinnen.

DR. YALOM, 2. Dezember

Ich fühlte mich sehr munter heute, begierig, Ginny zu sehen, begierig, in Kontakt mit ihr zu treten. Sie kam herein und übergab mir, was sie über die letzte Sitzung geschrieben hat. Als ich die Notizen auf den Tisch legte, bemerkte ich, daß sie mich beobachtete. Sie sah irgendwie bewegt aus, und ich sagte zu ihr: »Na los, sagen Sie es doch!« Sie konnte es nicht. Es sei nichts gewesen. Dann sagte sie, sie hätte den Bericht gerade neu geschrieben, weil es zunächst lauter verschiedene Zettel gewesen seien. Ich fragte, wie lange sie gebraucht habe, um es zu schreiben. Sie sagte, sie habe ungefähr eine halbe Stunde dazu benötigt und fügte dann hastig hinzu: »Länger nehme ich mir nie für etwas Zeit.« Ich fragte, ob das eine Entschuldigung sei. Das bestritt sie, sie schriebe nie länger als eine halbe Stunde, sie denke auch nie darüber nach, was sie schreibe, die Worte strömten einfach so aus ihr heraus.

Dann begann die Stunde offiziell. Eine Beschwerde. Ihr Verhältnis zu Karl ist sexuell nicht in Ordnung. Dann verknüpfte sie diese Klage mit einer anderen: dieser Zustand herrsche nun schon seit damals, als ich ihr diese Tabletten gegeben hätte. Näheres konnte sie dazu nicht sagen. Ich hatte das Gefühl, daß in dieser Aussage eine ziemlich unverhohlene Anschuldigung gegen mich steckte, aber der weitere Verlauf der Stunde brachte keine Hinweise in dieser Richtung.

Am Vortag hatte sie viel geschrieben: gute zwei Stunden solider Arbeit, bei der sie zehn Seiten hervorgebracht hatte, aber den Rest des Tages hatte sie sich innerlich schlapp gefühlt. Ich brachte einige Zeit damit zu, dieser Aussage nachzugehen, und fragte mich, ob wir ihre Gefühle wirklich rational noch einmal überprüfen könnten. Sie erkannte die Mangelhaftigkeit ihres Werturteils sofort. Ich fragte sie, was sie denn genau meine, wenn sie »schlapp« sage. Ich habe nämlich die Theorie, daß sie ihre Nachmittage damit verbringt, Ideen für das Schreiben am nächsten Morgen hervorzubringen, so daß letzten Endes alles, was sie nachmittags tut, als irgendwie nützlich betrachtet werden kann. Das wollte sie nicht akzeptieren und bestand darauf, daß ihre Vor- und Nachmittage völlig verschieden seien – höchstens ein gelegentlicher Traum ginge ein in die Arbeit am Morgen. Ja, es habe da einen Traum gegeben. Da war eine große Frau mit großen Brüsten und einem großen Penis, und sie selbst habe auf dieser Frau gelegen, was ihr ziemlich Angst gemacht habe. Sie erwähnte den Traum mehrfach. Sie wollte darüber reden, aber ich nicht. Wenn ich in die Traumwelt von Ginnys Phantasmagorien falle, verliere ich den Kontakt zu dem, was zwischen uns beiden geschieht. Doch was zwischen uns geschieht, bildet den Faden, von dem alles abhängt. Ich biß daher nicht auf den Traum-Köder an und kehrte statt dessen zu ihrem Gefühl von Schlappheit zurück. Von hier aus gerieten wir in endlose Zirkelschlüsse: sie fühlt sich traurig, sie läßt alle anderen im Stich, nichts, was sie hat, besitzt irgendeinen Wert. Es wurde schnell klar, daß all ihre Erfahrungen – wie ich ihr schon oft gesagt habe – durch diese dauernde Hintergrundmusik der Selbstverachtung gefiltert werden, deren Refrain lautet: »Ich bin nichts wert, ich verdiene es nicht besser, ich bin schlecht.«

Noch einmal versuche ich es mit Vernunft. Wie kommt es, frage ich, daß viele Leute Sie mögen, daß viele Leute Sie für wertvoll halten? Könnte es nicht sein, daß sie ein besseres Urteil über Ihre Person haben als Sie selbst? Sie antwortet nicht, aber ich weiß, daß sie nachdenkt. »Sie kennen mich nicht wirklich; niemand kann die Leere in meinem Inneren erkennen.« Sie spricht von ihrer Unfähigkeit, etwas durchzuhalten. Sie ist zum Beispiel in die Gruppe gekommen, aber dort ist sie passiv geblieben. Sie tut nur so, als ob sie lebte und etwas gäbe. Auch bei Karl. Ich frage, warum Karl dann wohl mit ihr zusammenlebe. Wieder unterbietet sie sich selbst, indem sie behauptet, sie spiele ihm etwas vor.

Dann schiebe ich ihr die explosivste Frage über den Tisch: »Warum treffe *ich* mich mit Ihnen? Warum empfange ich Sie überhaupt noch?« Sie scheint sehr aufgeregt und sagt, sie wisse es nicht. Sie scheint den Tränen nahe zu sein. Sie sagt, sie könne mir ja nichts bieten, aber sie wolle bestimmt geheilt werden und in einem Zustand aus meinem Büro gehen, der nicht mehr hoffnungslos und verzweifelt sei. Sie wisse nur nicht, wie das geschehen könne. Ich möchte ihr sagen, daß ich sie deshalb weiter behandle, weil ich sie für wertvoll halte. Ich sage das nicht ausdrücklich, aber ich deute es indirekt an. Sie sagt, sie könne mich nicht einmal anschauen. Ich fordere sie auf, mich anzusehen. Sie tut es, und plötzlich wird mir klar, daß sie mich noch nie über längere Zeit hindurch angeschaut hat. Wir sehen uns also in dieser heutigen Sitzung längere Zeit in die Augen.

Sie sagt, plötzlich fühle sie sich schwindlig. Sie fühle sich schlecht, sehr gespannt. Und dann beginnt sie zu weinen. Ich versuche herauszufinden, was hinter dem Weinen steckt. Sie kann nur hervorstoßen, daß sie es nicht verdiene, irgendwelche Wärme von mir zu empfangen, daß sie aber dennoch das Gefühl habe, sie empfange diese Wärme. Sie müsse erst etwas tun, um sie auch zu verdienen. Was könne sie mir geben? Wenn ich wolle, daß sie mein Büro putzte, würde sie es tun. (Ich erinnere mich, wie eifrig sie mir von einer Reihe von Romanen von Anthony Powell erzählte und dabei schüchtern anzudeuten versuchte, daß ich diese Romane sicher mögen würde.) Ich machte eine Bemerkung über ihr Gefühl von Schlechtigkeit und Wertlosigkeit. Ich nenne es einen Mythos und frage, woher dieser Mythos wohl stammt. Sie sagt, es sei weniger Schlechtigkeit als Leere. Ich weise sie darauf hin, daß sie mir nicht einmal in die Augen schauen könne, ohne von Gefühlen überwältigt zu werden, so daß ihre Leere also auch nur ein Mythos sei. Ich hoffe, das stimmt. Vielleicht werde ich ihrem tiefen Gefühl schizoider Leere doch nicht völlig gerecht. Aber ich will meine Aufmerksamkeit dem gar nicht zuwenden, denn sie steckt voller Empfindungen und ich möchte lieber auf dieser Ebene arbeiten. Sie weint, als ich das sage. Ich versichere ihr, daß wir das alles zusammen durchstehen werden, daß ich durch dick und dünn an ihrer Seite sein werde. Sie versucht abzulenken und beginnt über den Traum zu sprechen. Ich hole sie zurück, indem ich sie darauf hinweise, daß ich der Ansicht sei, der Traum handele von mir, daß ich die große Gestalt mit Brüsten und Penis sei. Daraufhin stellt sie eine Verbindung zwischen mir und ihrer Therapeutin im Osten her, die große Brüste hat.

Gegen Ende der Stunde spürt sie eine Migräne heraufsteigen. Sie sagt, sie sei sehr stolz gewesen, daß sie vor der Sitzung kein Kopfweh gehabt habe, aber die Gefahrenzone sei noch nicht vorbei. Ich verbringe die letzten drei Minuten damit, daß ich sie ein paar Entspannungsübungen machen lasse. Ich beginne bei den Zehen und gehe von da aus nach oben. Vor allem soll sie sich vorstellen, daß ihre Augäpfel in ihren Kopf zurücksinken, denn sie beklagt sich darüber, daß sie praktisch aus ihrem Schädel hervorragten. Die Entspannungsübungen scheinen nützlich zu sein.

Ginny fühlt sich besser, als sie geht, und ironischerweise hat es auch aufgehört zu regnen. Auf beiden Seiten der Fenster war in der vergangenen Stunde viel Wasser geflossen. Ginny sagt, es sei, als ob sie etwas sehr Sättigendes getrunken habe und plötzlich angefüllt sei. Vielleicht ist das richtig. Ich denke an Madame Sechahaye* und an symbolische Realisierung. Mir ist das recht. Ich kann auch damit arbeiten.

* Sechahaye, M., *Symbolic Realization,* New York: International Press 1951.

GINNY, 2. Dezember

Als ich nach einer Woche, die in der falschen Richtung fruchtbar gewesen war, zu Ihnen kam, erwartete ich gar nichts, allenfalls, daß ich es zugeben würde.

Als ich zu weinen begann, waren Spannung und Frustration die Ursache. Aber zum erstenmal blieb es nicht dabei. Es ging auch nicht, wie sonst manchmal, in sofortige Entspannung über. Gestern haben Sie den Kreislauf durchbrochen. Sie haben mich gewissermaßen herausgeführt. Ich hatte das Gefühl, daß es nur Ziererei wäre, wenn ich bei Ihnen je wieder so täte, als hätte ich nur ein Flimmern im Hirn, und mit geschlossenen Augen, abwartend und passiv in den alten Kreis zurückfiele.

Die Dinge schienen sich zu ändern. Ich unternahm neue Schritte. Ich hatte mich mehrfach geweigert, Ihre Frage zu beantworten: »Was bedeute ich Ihnen?« weil ich nur mit Worten hätte antworten können. Weil ich darauf bestand, mich auf Worte zu beschränken. So eine Art Quiz, wo man nur in einem Satz antworten darf.

Sogar am Schluß, als Sie mir sagten, ich solle die Augen schließen und mich entspannen, wäre ich sonst vielleicht ungeduldig geworden, weil die Zeit verging und es nicht klappte. Aber es geschah etwas. Ich habe keine Migräne bekommen, weder zu jenem Zeitpunkt, noch den ganzen Tag über.

Als ich ging und wie in einem psychologischen Kriminalfilm aus Hollywood die Sonne durchkam, sagte ich: »Na, es wird auch wieder regnen.« Eine mürrische Antwort, wie ich bemerkte, eine schnippische Antwort, aber trotzdem brauchte ich mich wegen dieser falschen Antwort, wegen dieses Fehlers nicht selbst zu bestrafen. Ich akzeptierte es als Beispiel für den Sarkasmus, den ich mir angewöhnt habe. Aber weil ich mich innerlich anders fühlte, konnte ich die murmelnde Stimme zum Verstummen bringen. Ich fühlte mich nicht wie eine Lagerhalle voller Echos, wie sonst immer.

Die ganze Sitzung hindurch versuchte ich, ins alte Geleis

zu verfallen, uns wieder wie gewöhnlich in halbe Sätze zu verwickeln. Aber Sie holten mich immer wieder zurück.

Es war mir, außer am Ende, auch sehr stark bewußt, daß nur wir beide da sind, Sie und ich. Ich sorgte mich nicht dauernd, daß alles, was ich tue, mich von anderen ablenken könnte, von Karl, meinen Eltern oder meinen Freunden.

Ich nahm es hin, als ich mich schlecht und schwindelig fühlte. Ich dachte nicht sofort daran, drei Glas warmes Salzwasser zu trinken, den Finger in den Hals zu stecken und mich zu übergeben. Ich versuche, einige Gefühle auf der anderen Seite der Übelkeit mitzubekommen, die nicht bloß Angst sind, sondern durchaus angenehme Gefühle.

Ich fühle mich ein wenig schwindelig, ich bin mir dessen bewußt, daß ich keinen wirklichen Kontakt zu den Leuten herstellen kann, mit denen ich rede. Vielleicht muß ich auch nicht mit jedem die ganze Prozedur von gestern durchlaufen, aber ich frage mich doch, warum ich mich bei bestimmten Leuten lieber verstecke.

Es war so nett, daß Sie sagten, ich sprühte von Empfindungen, sei ganz überflutet von ihnen. Den ganzen Rest des Tages spürte ich immer mehr Gefühle und Traurigkeiten. Aber die Dinge wurden leichter. Ich steckte nicht mehr voller Unentschlossenheit. Ich fühlte mich klarer. Im weiteren Verlauf der Woche machte ich allerdings Rückschritte und stürzte schließlich ab.

DR. YALOM, 9. Dezember

Ginny war heute ganz überschäumend. Sie benutzte dieses Wort einmal für etwas, was sie geschrieben hatte. Ich habe es seit Jahren nicht mehr benutzt, aber heute war es zutreffend. Sie war fröhlich und optimistisch, ganz umgekrempelt von der letzten Sitzung. Gleich beim Hereinkommen sagte sie, eigentlich hätte sie mich am liebsten erst ein paar Tage später aufgesucht, denn sie sei noch nicht »bereit«. Das bedeutete, daß sie große Hoffnungen auf die heutige Sitzung setzte, aber nicht wußte, wie sie sich richtig in Form bringen sollte. Sie sei sich nicht sicher, ob sie es heute schaffen könne. Ich mußte sie fragen, was »es« denn sei. Ich habe in dieser Woche sehr viel zu tun gehabt und erinnerte mich nur in Umrissen an die letzte Sitzung. Innerhalb von Minuten fiel mir freilich alles schlagartig wieder ein; ich konnte mich an alles erinnern. Sie sagte, es ginge darum, daß sie ihre Gefühle klar ausdrücken könne. Nicht sehr phantasievoll, aber hartnäckig unterstellte ich, daß es besonders darum gehe, mir gegenüber Gefühle zu äußern.

Sie sagte, sie sei deshalb nicht bereit, weil sie eine Überraschungsgeburtstagsparty für Karl hatte arrangieren müssen, was viel Energie verbraucht habe. Diese Erläuterung überzeugte mich mehr denn je, daß sie mich auf irgendeiner Ebene gegen Karl ausspielte, daß sie nur entweder ihm oder mir etwas geben konnte. Es war, als ob sie immer nur einen begrenzten Vorrat von Liebe und Zuneigung besäße, so daß alles, was sie dem einen gab, beim anderen fehlte. Als ich ihr das sagte, berichtete sie, daß sie Karl nach der letzten Sitzung erzählt habe, ich hätte gesagt, sie sprühe vor Empfindungen. Er hatte darüber gespottet und sie scherzhaft in den Armen gewiegt. Das war merkwürdig, denn ich glaube nicht, daß ich das Wort »sprühend« gebraucht habe – es zählt nicht zu meinem Wortschatz. Auch sie war ein bißchen verwirrt und wechselte dann das Thema. Sie sagte, sie sei zur Zeit nicht in der Lage, mit Karl zum Orgasmus zu kommen. Plötzlich unterbrach sie sich und sagte, ich sei nicht mehr an dem interessiert, was sie sage. Eine solche Bemerkung hatte es bei Ginny nie zuvor gegeben. In der Vergangenheit hat sie dergleichen sehr selten, wahrscheinlich fast nie gesagt. Ich wollte ihr Mut machen, als sie mich kritisierte und dabei so direkt anging, aber gleichzeitig mußte ich ihr sagen, daß sie sich irrte, denn in Wirklichkeit hörte ich sehr interessiert zu. Ich hatte sie gerade fragen wollen, was Karl denn tun könnte, um ihr dabei zu helfen, einen Orgasmus zu erreichen, und was sie denn daran hindere, ihm das mitzuteilen. Vor allem wollte ich wissen, warum sie ihm nicht erlauben wollte, sie zu masturbieren. Ich sagte daher beides: Ich versicherte ihr, daß sie mich mißverstanden habe, und deutete gleichzeitig an, daß ich froh sei, daß sie das Problem angesprochen habe. Später sagte ich das sogar wörtlich.

Spielte ich irgendeine Rolle in ihrem Sexualleben? Sie antwortete, am Tag nach der letzten Sitzung sei sie sehr optimistisch gewesen, aber dieses Gefühl sei allmählich verschwunden und am nächsten Abend hatte sie eine Migräne. Ich wies sie darauf hin, daß sie meiner Frage ausgewichen sei, und wiederholte sie. Daraufhin erzählte sie mir einen Traum, in dem sie und Mr. Light sich lange ansahen. Mr. Light war ein ehemaliger Lehrer, der ihre Schriftstellerei sehr gefördert und sich offensichtlich in sie verliebt hatte. Bei ihrer allerletzten Begegnung hatte er seine Hand unter ihren kleinen BH geschoben. Einen Monat später hatte er sie bei ihrer Familie besucht, und sie hatte einen Tag am Strand mit ihm verbracht, aber nicht mit ihm geschlafen, in erster Linie, weil eine passende Gelegenheit fehlte. Später schrieb er ihr, er habe erwogen, seine Frau wegen ihr zu verlassen. Ich fragte nach Assoziationen zu Mr. Light, aber sie produzierte nur: *»I'll show you the light.«*

Mir schien es klar zu sein, daß Mr. Light irgendwie mich darstellte – nicht nur, weil er ihr »das Licht zeigte«, sondern auch, weil wir uns bei der letzten Sitzung länger als je zuvor in die Augen geschaut hatten. Sie erinnerte sich an ein weiteres Traumfragment, in dem ein harter Cowboy eine Rolle spielte, nicht Karl, sondern ein früherer Freund, der sie an Karl erinnert. Er zerrte sie am Arm, um sie wegzuziehen. Sie war offensichtlich verlegen, als sie die Geschichte über Mr. Light erzählte, und ich fragte sie nach dem Grund. Sie sagte, das komme wohl daher, weil sie etwas früher sehr Ernstes jetzt so leichtsinnig und frivol behandelt habe. Ich hatte eher den Verdacht, daß sie deshalb verlegen war, weil sie indirekt über mich sprach. Ich fragte, ob die Entspannungsübung, die sie letztes Mal nach meiner Anweisung gemacht hatte, eine Art sexueller Erfahrung gewesen sei. Sie leugnete das, bestätigte aber, daß sie ihr ein angenehmes Gefühl gegeben hätten und daß sie froh darüber gewesen sei. Nach der Sitzung war sie in den Ruheraum gegangen, hatte sich niedergelegt und sich weiter entspannt. Sie sagt, sie habe in den gann sie sich dafür zu bestrafen, daß sie diese Zeilen ge-Encounter-Gruppen bereits verschiedene Entspannungsübungen ausprobiert, meist ohne Erfolg, deshalb habe sie ein negatives Gefühl gehabt, als ich damit anfing. Es sei aber erfolgreich gewesen, denn es habe die Migräne an diesem Tag beseitigt.

Ich verfolgte das Thema Mr. Light und fragte, ob sie je die Idee gehabt habe, ich würde meine Frau verlassen. Sie sagte, sie habe meine Frau gesehen, meine Frau scheine sich nicht allzu sehr von ihr zu unterscheiden, sei aber wohl eine viel stärker in sich geschlossene Frau. Meine Frau und ich schienen die richtigen Partner zu sein, und sie hält eine Trennung nicht für wahrscheinlich. Die Frau von Mr. Light aber sei völlig anders gewesen, dick und wenig intellektuell, so daß Ginny wirklich etwas anderes für ihn bedeutet habe.

Ich bemerkte, daß ich heute viele ungewöhnliche Dinge sagte. Sie fragte sich, ob sie ernst gemeint waren oder ob ich sie nur irgendwie auf die Probe stellen wolle. Ich sagte ihr die Wahrheit: daß ich heute meine Worte viel weniger zensiert hätte als gewöhnlich. Ich konnte fast immer gleich aussprechen, was mir als erstes durch den Kopf ging, zum Beispiel solche Fragen, wie die nach der Rolle, die ich in ihrem Sexualleben spiele, und was sie über mich und meine Frau denke, denn ich hatte das Gefühl, daß sie viel offener und aufnahmebereiter sei und keine Angst mehr habe, mich anzusehen. (Wir fuhren heute damit fort, uns wesentlich häufiger anzublicken als früher.)

Während der Sitzung zitierte sie einige Verse, die sie geschrieben hat, vor allem Verse aus einem satirischen Gedicht, das sich auf eine Rednerin der Frauenbewegung bezog. Ich amüsierte mich sehr über einige intelligente Zeilen, wie z. B.: »Sollen wir mit entfalteten Brüsten gehn?« Aber dann beschrieben hatte, indem sie sie als kleinlich und leichtfertig bezeichnete. Ich fragte, ob man nicht auch etwas positivere

Ausdrücke dafür gebrauchen könne, und sie nannte sie ironisch oder witzig. Ironie fällt ihr schwer; sie hat große Schwierigkeiten zu zeigen, daß sie anderer Meinung oder ärgerlich ist, ohne sich anschließend selbst zu bestrafen. Sie glaubt, sie habe nicht das Recht, Kritik zu üben; eigentlich gestattet sie sich überhaupt keine Rechte. Das ist zum guten Teil darin begründet, daß sie sich als kleines Mädchen fühlt, das sein beträchtliches Reservoir an Wut überall hübsch zugedeckt lassen muß.

Ich glaube, sie verließ die Sitzung etwas enttäuscht, weil sie unrealistisch viel erwartet hatte. Gegen Ende der Stunde spürte ich, wie sich eine andere Stimmung ausbreitete, und meine Vermutung geht dahin, daß die hohen Erwartungen ziemlich gedämpft werden und daß sie einigermaßen deprimiert sein wird, wenn sie erkennt, wie unrealistisch einige ihrer Gefühle mir gegenüber sind. Das bedeutet nicht, daß ich kein gutes Gefühl wegen Ginny hätte oder daß wir gemeinsam nicht vorankämen, aber ich spüre, daß mir eine neue, sehr starke Gefühlslast aufgebürdet worden ist, die mit mir nichts zu tun hat und auch nichts mit unserer Beziehung, aber mit Gespenstern aus der Vergangenheit.

GINNY, 9. Dezember

Ich glaube, ich habe Sie unterhalten. Ich wollte tiefer vordringen als letzte Woche, aber als ich zu Ihnen kam, fühlte ich mich nicht danach. Ich wollte uns nur Freude machen.

Es ging aber nicht alles verloren, was wir letzte Woche erreicht hatten, denn zumindest war ich mir stärker der Blicke zwischen Ihnen und mir bewußt. Ich drängte mich selbst in diese Richtung.

Wenn Sie geschimpft hätten oder gefragt: »Was spielen Sie diese Woche für ein Spiel?«, hätte ich mich umgestellt. Sie schienen aber nichts dagegen zu haben (so als wäre ich eine Kellnerin und Sie ein Kunde).

Wir analysierten jemanden, dessen Motive zwar vorhanden waren, aber nicht dessen Gefühle. Das klappt ausgezeichnet.

Ich halte mich nicht für schlecht. Ich habe fast alles Wichtige erzählt, was ich erlebt habe, ohne daß ich ein zwingendes Bedürfnis nach Änderung verspürt hätte.

Die Parallelen zu Mr. Light sah ich erst, als Sie mich darauf hinwiesen. Auf gewisse Weise enthielt dieser Traum die ganze Bedeutung und Freude meiner kleinen Beziehung zu ihm, und daß ich Ihnen den Traum erzählte, ließ die absurde Seite deutlich hervortreten. Vielleicht habe ich Ihnen den Traum erzählt, um Ihnen die ironische, absurde Seite der Tatsache zu zeigen, daß ich Ihnen in die Augen sehe. Um die letzte Sitzung in ihrer lächerlichen Perspektive zu befestigen (mit dem Zement des Sarkasmus).

Eigentlich war die Sitzung ganz so, wie ich jeden Tag bin. All die Dinge, die ich ändern möchte. Die sarkastischen, leichtsinnigen, anekdotischen Bilder zum Zeitvertreib. Ich ärgerte mich darüber, daß ich damit weitermachte und diese oberflächliche Seite so genoß. Das rächt sich nun damit, daß es in diesem Bericht nichts zu schreiben gibt, weil es keine Offenbarungen gegeben hat. (Außer vielleicht die intellektuelle Vorstellung einer Parallele zwischen Ihnen und Mr. Light und daß es ewig schade ist, daß ich sie in der Sitzung nicht genauer erforscht, sondern nur benannt habe, um alte Geschichten aus meiner zwanghaften Vergangenheit zu erzählen.) Weil ich fernab jeglicher emotionaler Eindrücke sprach. Kein Nachspiel.

II Ein langes Frühjahr

(6. Januar bis 18. Mai)

DR. YALOM, 6. Januar

Wiederbegegnung. Wir wenden uns der Vergangenheit zu. Vor drei Wochen rief Ginny mich an, um mir mitzuteilen, daß sie sich überraschend entschlossen habe, über Weihnachten nach Hause zu fahren, da Karl und ihre Freunde alle nicht da wären und sie den Gedanken nicht ertragen könne, hier allein zu sein. So wie sie mir ihren Besuch im Osten beschrieb, schien es eine Reise voller Verfehlungen ihrerseits gewesen zu sein. Sie eröffnete ihre Darstellung mit dem Hinweis, daß sie länger hätte bleiben sollen, daß sie nur dreizehn Tage dort gewesen sei, daß sie sich gegenüber ihrer Mutter oder ihrem Vater falsch verhalten habe, daß sie nur drei Tage mit ihren Eltern und die übrige Zeit mit Freunden verbracht und daß sie nicht genug Interesse für die Bedürfnisse ihrer Eltern aufgebracht habe. Am ersten Feiertag war ihre Mutter aufgestanden und drei Stunden allein an den Strand gegangen, weil sie sich aufgeregt hatte. Ginny kam herunter und fragte ihren Vater, wo ihre Mutter sei. »Was ist mit Mutter los? Ist sie verrückt, an einem solchen Tag geht man doch nicht an den Strand?« Sofort war ihre Schwester über sie hergefallen, weil es rücksichtslos sei, so etwas zu sagen.

In den fünf oder zehn Minuten, als sie ihr Elternhaus beschrieb, gewann ich einen völlig neuen Einblick in Ginnys Entwicklung. Auf vielfache Weise stellte ich mir ihre Mutter jetzt als eine Maschine zur Erzeugung von Schuldgefühlen vor. Als ich einige dieser Überlegungen gegenüber Ginny laut werden ließ, was ziemlich offen geschah, beeilte sie sich, ihre Mutter zu verteidigen. Zum Beispiel sei ihre Mutter nur deshalb zum Strand gegangen, um dort »ihren stürmischen Empfindungen freien Lauf zu lassen«. Dann versuchte sie, die Hauptlast der Schuld auf ihre autoritäre und matriarchalische Großmutter abzuwälzen. Ich stimmte ihr darin zu, daß es wohl nicht die Absicht ihrer Mutter sei, Schuldgefühle zu erzeugen, daß aber trotzdem genau dies geschah. Ginny ging dann zu Überlegungen über, wie schrecklich es für ihre Mutter sei, daß ihre beiden Töchter sie verließen. Ich erwähnte, daß es ja die Aufgabe einer Mutter sei, ihre Kinder auf die Trennung von zuhause vorzubereiten, aber sie wischte das beinahe ungeduldig beiseite.

Dann sprach sie (in meinen Worten) über ihre Unfähigkeit, die Grenzen des eigenen Ichs von dem der Mutter abzusetzen. Sie erzählte, daß ihre Therapeutin in New York stets leicht schockiert gewesen sei, weil sie und ihre Mutter das Badezimmer gemeinsam benutzten. Sie wollte ihrer Mutter ihre Büstenhalter und ihre Figur zeigen und ihr sagen, daß sie ebenfalls Fett ansetze und einen ähnlichen Körper wie ihre Mutter entwickele. Sie verteidigte ihre Mutter mit dem Hinweis, daß sie ihr ermöglicht habe, ein erstklassiges College zu besuchen, anstatt im eigenen Heimatbereich zu bleiben. Ich erinnerte sie daran, allerdings wohl ohne Wirkung, daß die Dinge viel komplizierter seien, daß ihre Mutter sie wahrscheinlich nur mit sehr gemischten Gefühlen habe weggehen lassen und deshalb sehr widersprüchlich mit ihr kommuniziere (der gute alte *double bind* in klassischer Form).

Wir sprachen also über diese Dinge, allerdings – wie ich fürchte – ohne großen Nutzen für Ginny. (Ich beharrte aber darauf, weil ich dadurch ein viel klareres Bild über Ginny im Kontext ihrer Familie gewann.) Sie wünscht sich so sehr, daß die Dinge anders wären, und hat so sehr gehofft, daß sie nach Hause fahren und einen Durchbruch erleben würde. Aber was will sie wirklich? Sie möchte in eine idyllische Kindheit voller herzlicher Wärme zurück, die niemals wirklich existiert hat. Jedenfalls glaube ich, daß sie nie existiert hat. Es ist erstaunlich, wie wenig Ginny und ich bisher über ihre Kindheit gesprochen haben. Ich hüte mich davor, in einen Proustschen Zirkel der Vergangenheit gezogen zu werden. Bleib mit Ginny in der Zukunft. Bald wird sie eine andere Vergangenheit haben.

Sie erzählte mir einen Traum, den sie sowohl in der Einleitung als auch danach ein halbes Dutzend Mal als albernen Traum bezeichnete, der nichts bedeute. Natürlich kann ich das nur als sekundäre Revision ansehen und muß daraus schließen, daß der Traum in Wirklichkeit *sehr* wichtig war. Er handelte davon, daß ich mit einer Anzahl von »Gurus« zu Abend aß, die offensichtlich unfähig waren, von denen ich aber behauptete, sie seien in Ordnung. Der Traum war beunruhigend, weil sie darin zum Ausdruck brachte, daß sie mit jemand Neuem arbeiten müßte. Im wachen Zustand freilich wußte sie, daß das nicht so war, und deshalb beschloß sie, den Traum vor mir zu verbergen, damit ich ihn nicht ernst nahm. Ihre Assoziationen dazu bezogen sich auf Zeitungsartikel über mich (die mich ziemlich falsch zitierten). Darin hatte sie gelesen, daß ich *Easlen* und andere Encounter-Zentren kritisiert hatte, vor allem den Leiter einer Gruppe, in der sie auch gewesen war.

Sie erzählte von ihrem neuen Job bei der Verkehrswacht. Sie findet ihn sehr erniedrigend und scherzte darüber, daß ich gedacht hätte, ich würde mit einer Schriftstellerin arbeiten und nun hätte ich eine Polizistin in Behandlung. Ich fühlte mich dabei sehr unbehaglich, denn ich spürte, daß ich in gewisser Weise, zumindest aus ihrer Perspektive, dasselbe wie ihre Mutter tat, indem ich große Anforderungen an ihre Produktivität stellte, so daß sie das Gefühl hatte, sie müsse mehr für mich als für sich selbst eine Schriftstellerin sein und schreiben. Ich sagte ihr das, aber ohne große Wirkung. Ohne Zweifel steckt auch mehr als nur ein Körnchen Wahrheit darin. Ich möchte sehr, daß Ginny schreiben kann. Und in meiner Phantasie wäre ich sicher sehr zufrieden, wenn sie eine außerordentlich gute Schriftstellerin würde. Ja, das kann ich nicht leugnen. Aber es sollte mir auch nichts ausmachen, wenn daraus nie etwas würde und Ginny, ohne jemals wieder etwas geschrieben zu haben, einfach etwas erwachsener und mehr in Einklang mit sich selbst aus der Arbeit mit mir hervorginge, das wäre auch in Ordnung. Ich hoffe, das ist wirklich die Wahrheit: daß ich mich ernsthaft für Ginny als Persönlichkeit interessiere und nur einen kleinen Flirt mit der Schriftstellerin Ginny habe.

GINNY, 6. Januar

Wenn ich eines Verbrechens angeklagt würde, wäre ich mein bester Zeuge. Wenn ich über Menschen rede, die ich liebe, lasse ich sie immer schuldig erscheinen, und ich tue das mit einem Lächeln. Denn wenn ich schuldig bin, sind sie ebenfalls schuldig, in Ihren Augen noch schuldiger. Ich habe Ihnen Informationen gegeben, ohne zu wissen warum, denn Sie bewerten nie, antworten und planen nicht. Alles Gute in dieser Therapie geschieht gleichzeitig.

Ich wußte, daß ich Ihnen Munition gegen meine Eltern lieferte. Das verschlimmerte meinen Zustand noch. Besonders, weil ich ihnen an diesem Tag einen Brief geschrieben – »Liebe Mammi, lieber Pappi« – und sehr liebevoll an sie gedacht hatte. Ich glaube, wenn man mit Dritten über jemanden spricht, verrät man ihn. Vielleicht verrate ich mich selbst am meisten, denn ich erzähle Ihnen ja dauernd von mir.

Während der Sitzung dachte ich nicht, daß ich mich schlecht fühlte. Mir war viel zu heiß – ich hatte das Gefühl, in Hosen dazusitzen, ein eingewickeltes Baby zu sein –, und vielleicht hätte ich etwas sagen sollen. Aber dann gewöhnte ich mich daran, und die Hitze wurde zum gemütlichen Zeitvertreib. Ich bin ein junger Faulenzer, der am Ufer sitzt und angelt. Wenn ich den richtigen »Mutter«-Köder an den Haken stecke, werden Sie immer anbeißen.

Nein, ich weiß, was Sie versucht haben. Sie wollten mir beibringen, an das, was ich sage, zu glauben. Die Schranken und Fehler meiner Eltern zu akzeptieren. Aber jedesmal, wenn ich tatsächlich über diese Dinge nachdenke, scheine ich kleiner zu werden. Wenn ich ihnen etwas wegnehme, nehme ich mir selbst etwas weg. Und außerdem wird mir klar, daß ich mich nie geändert oder ernsthaft mit meinen Eltern gerungen habe.

Ich habe ihnen eigentlich fast immer alles erzählt. Aber in all diesen Fakten und Geschichten ist mein Leben gar nicht enthalten. Es scheint immer noch begraben zu sein. Die einzige lebendige Regung, die von diesen Fakten ausgeht, sind meine Träume. Und da sind meine Eltern und ich sehr viel aktiver und scheußlicher.

Trost habe ich darin gesucht, in die Tiefe zu graben, mich im Nest zu verkriechen und mit Ruhe zu umgeben. Ich glaube wirklich, ich habe mich in eine Höhle verkrochen, in Platos Höhle, denn ich schreibe und denke nur in Analogien. Jedes Ding ist wie etwas anderes. Sogar diese Aufzeichnungen sind verschleiert, nicht direkt. Vielleicht würden Sie es nicht verstehen. Hier ist noch eine Übersetzung. *»Yeck!«* So fühlen sich mein Mund, meine Augen, mein Gesicht und mein Geist an, wenn ich genug geschwelgt *[revelled]* (eine Fehlleistung – ich wollte schreiben »enthüllt« *[revealed]*) habe, um beim Herumtreiben nicht zu ertrinken.

DR. YALOM, 13. Januar

Eine recht distanzierte Stunde. Ich fühlte mich weit von Ginny entfernt, und ich glaube, sie fühlte sich vielleicht ebenfalls entfernt, allerdings weniger stark als ich. Es kostet mich auch beträchtliche Anstrengung, dies zu diktieren. Zwischen dem ersten und dem zweiten Satz lag eine Pause von fünf Minuten. Gleich zu Beginn stellte sie fest, daß sie die letzten Tage ganz außer sich gewesen sei und sich nervös und gespannt fühle. Ich fand nicht den passenden Einstieg, um sie oder mich an dem zu beteiligen, was vorging. Ich versuchte, bei der letzten

Sitzung anzufangen, aber sie erinnerte sich kaum an letzte Woche. Dann sprach sie über ihr Gefühl, sich nicht zu ändern. In ihren sexuellen Beziehungen mit Karl erreicht sie einen gewissen Punkt, kann über diesen aber nicht hinauskommen. Dasselbe in der Therapie mit mir. Ich versuchte, einige Beispiele dafür aufzuspüren, daß sie sich geändert habe, schlug sogar vor, eines der alten Tonbänder hervorzuholen, die wir vor einigen Jahren aufgenommen haben. Davon war sie gar nicht angetan und schaffte es dann auch, ein paar Dinge zu nennen, in denen ihrer Meinung nach eine Änderung eingetreten war. Ich glaube, ich versuche Ginny bei der Erörterung ihrer Fortschritte mehr zu meinem als zu ihrem Besten zu helfen.

Anschließend kehrte sie zu ihrer Beziehung zu Karl zurück. Gegenwärtig quält sie sich damit herum, daß sie nur die Stunden zählt und darauf wartet, daß ihr jemand sagt, es sei alles vorüber. Vor ein paar Tagen hat er sein Geschäft aufgegeben und einen neuen Job angetreten. Sie weiß, daß diese Veränderung etwas bedeutet, und wahrscheinlich bedeutet sie, daß er anfangen wird zu sparen, um nach Mexiko gehen zu können, und daß sie eines Tages von ihm erfahren wird, ob er beabsichtigt, sie mitzunehmen oder nicht. Wenn nicht, wird die Beziehung zu Ende sein. Von der Hilflosigkeit, die sich in ihren Worten zeigte, war ich überwältigt. Gleichzeitig wurde mir klar, daß sie auf ihre hilflose tragische Pose stolz war. Ich versuchte sie sogar noch zu ködern, indem ich sie das arme kleine Blumenmädchen nannte und ihr dann sofort vorschlug, wie eine Erwachsene zu entscheiden, was sie von der Beziehung erwarte. Muß sie denn keine Entscheidung treffen? Gibt es irgend etwas in der Beziehung, das *sie* wünschen ließe, sie zu beenden? Wenn zum Beispiel Karl sich weigern würde, sie zu unterstützen, oder wenn er ihr nie erlaubte, Kinder zu haben. Es war sehr schwer, sie soweit zu bringen, daß sie zugab, eine Entscheidung fällen zu können. Es ist ihr sogar unmöglich, Karl unverblümt zu fragen, ob er sie nach Mexiko mitnehmen wolle; sie glaubt, schweigend darauf warten zu müssen, daß er ihr Bescheid gibt.

Ich beendete die Sitzung mit einem Gefühl der Verzweiflung und Ratlosigkeit, weil ich nicht weiß, wie ich ihr Respekt vor den eigenen Rechten einflößen könnte. Einmal sagte sie, sie habe mich vor ein paar Wochen nach meinen Ferien zu fragen versucht, habe es aber nicht über sich gebracht; genauso ginge es ihr mit Karl. Ich schlug ihr vor, es noch einmal mit mir zu versuchen. Könne sie mich denn jetzt nach meinen Ferien fragen oder nach irgend etwas anderem? Sie fragte, was ich vom Verlauf der Sitzungen halte, aber da die Stunde schon um war, beschlossen wir stillschweigend, das nächste Mal an dieser Stelle fortzufahren.

GINNY, 13. Januar

Gegen Ende der Sitzung fing es damit an, daß Sie mich baten, Ihnen eine Frage zu stellen. Es war wie bei Kindern, wenn sie so tun, als ob sie Steine werfen, und dann wirft eines der Kinder wirklich. Als Sie sagten: »Fragen Sie mich nach den Ferien«, dachte ich zuerst, ich wäre zufällig auf eine wirkliche Information gestoßen, daß Sie einen längeren Urlaub anträten. Ich fühle mich immer prächtig, wenn ich so schwerfällig bin und nicht schon intuitiv alles weiß. Aber das war der realste Teil der Sitzung. Vor einigen Wochen habe ich Sie vis-à-vis mit den Augen gefragt, aber wenn ich rede, ist es, als säße ich allein in dem Faß, in das der Regen reinläuft. Oder eine kraftlose Schauspielerin, die von der Bühne ins Publikum spricht. Wegen der Lampen kann sie die Leute nicht sehen, aber sie weiß, daß sie da draußen sind und daß sie so tun muß, als streckte sie die Arme nach ihnen aus, als könnte sie sie berühren, als blickte sie ihnen direkt in die Augen. Wenn sie Hilfe braucht, muß sie sich diese Leute vorstellen. Bisher habe ich noch nie so zu Ihnen gesprochen, als ob Sie mir wirklich so nahe wären, wie Sie es sind.

Bei Karl versuche ich, rundum gut zu sein und meine Fehler dabei im Gehirn zu archivieren. Wenn ich bei Ihnen bin, versuche ich, ganz schlecht zu sein. Ich erzähle nur das

Schlimmste über meine Situation. Realistisch ist beides nicht. Das habe ich letzte Woche gemerkt.

Ich würde mich gern meinen Stimmungen hingeben und einfach von Ihnen profitieren. Aber statt dessen ertönt ein Leitmotiv, wenn ich die Türschwelle übertrete: »Ich bin nervös.« Und diese Ouvertüre läuft immer weiter, bis zur letzten Minute, wenn sich mit Ihrem Stichwort (»Fragen Sie mich etwas«) das Fallen des Vorhangs ankündigt und mir klar wird, daß wieder eine Woche Pause ist.

Ich gehe hinaus und lasse die Luft für mich nach Popcorn riechen. Und ich bilde mir ein, daß ich Hunger habe. Das ist wenigstens eine reale Empfindung. Also kaufe ich mir ein Lunch mit Black-and-White-Soda, mit Erwartungen, die bis in die Zeit zurückreichen, als ich fünf war. Und einen Hamburger. Und obwohl mir beides nicht schmeckt, muß ich trotzdem 1,79 Dollar bezahlen. Da schlägt es über mir zusammen wie eine Welle: daß ich hier für diesen Dreck mit Geld bezahle, Ihnen aber nie etwas gegeben habe. (Ich meine nicht Geld, das will ich Ihnen nicht geben. Ich meine wirkliche Gefühle.)

Vielleicht führen die schrecklichen Dinge, die ich in den Sitzungen sage, zu meinen Schuldgefühlen. Mit der Zauberei durch Worte hatten Sie recht. Aber als Sie es sagten, dachte ich, Sie meinten all die schlechten Metaphern, mit denen ich wirkliche Stellungnahmen verdecken wollte.

All diese Aufzeichnungen nach den Sitzungen sind Zauberei mit Worten, die ich verberge. Die ich niemand sehen lassen möchte.

Aber die größte Zauberei, die in meinem Leben je stattgefunden hat, waren nicht Worte, sondern wirkliche Gefühle und Handlungen, wie Tränen oder Prügel. Ich schweife ab. Ich habe keine Grundlage für meinen Text.

Ich bin in der Lage gewesen, die guten Dinge zu schätzen, die mir geschehen.

Eine ziemlich wichtige Sitzung. Ich hatte das Gefühl (aber das mag eine Täuschung sein), daß wir heute auf Neuland vorstießen. Aber dann fällt mir die Geschichte damals an der John-Hopkins-Klinik ein, da gab es Patienten, die kamen jahrelang, und fast jede Woche hieß es im Krankenblatt »leichte Besserung« oder »Besserung« – und dann, nach mehreren Jahren, sieht man, daß in Wirklichkeit gar keine Veränderung eingetreten ist. Aber selbst wenn man das berücksichtigt, habe ich das Gefühl, daß wir heute ein neues und fruchtbares Gebiet betreten haben.

Es begann damit, daß Ginny über eine schwere Migräne klagte. Ich drängte sie, einen Internisten aufzusuchen, woraufhin sie alsbald das Thema wechselte und von einer Diskussion mit einer Freundin erzählte, die lediglich einige Dinge bestätigte, über die wir in der letzten Sitzung gesprochen haben. Es ging darum, daß Ginny diese Freundin und ihren Mann einmal allein besuchen soll, denn wenn Karl da ist, kriegt man Ginny gar nicht zu Gesicht, in seiner Anwesenheit gibt sie sich völlig auf und wird zum gesichtslosen, stummen Schatten. Hier versuchte ich, ihr mehr als einmal klarzumachen, daß ich die Beziehung zu Karl für begrenzt halte, weil sie nicht sie selbst sein kann, und daß die Beziehung keineswegs gefährdet, sondern verbessert würde, wenn sie sich ändert, denn ich glaube, daß Karl (wie jeder Mann) zu einer voll entwickelten Frau eine stärkere Beziehung aufbauen kann. Ich erwähnte auch die entgegengesetzte Möglichkeit; es könne auch sein, daß Karl gerade darauf baue, daß sie bleibe, wie sie sei, und jede Veränderung ihn vertreiben würde. Das wäre aber meiner Meinung nach nicht besonders katastrophal, denn eine Beziehung, in welcher der eine Partner nicht zuläßt, daß der andere sich entwickelt, ist für beide kein besonders förderlicher Zustand.

Sie gab sich dann weiteren Selbstbeschimpfungen hin. So hatte sie gestern schwere Depressionen gehabt, und »um mit diesem Gefühl in der Nacht nicht allein zu bleiben«, hatte sie sich herausgeputzt und war zu einer Freundin Kartenspielen gegangen. Deswegen nannte sie sich leichtsinnig. Ich machte sie darauf aufmerksam, daß sie sich mit diesem Wort »leichtsinnig« wieder einmal selbst beschimpfe. Warum nicht »munter« oder »beweglich«?

Daraufhin blockierte sie für eine Weile. Dann fing ich wieder an, nach ihren Gefühlen mir gegenüber zu bohren. Sie erklärte, in ihren Berichten über die Stunde erwähne sie mich fast nie und es sei ihr aufgefallen, daß sie mich Freunden gegenüber nie als reale Person darstelle und so tue, als bestünde kaum eine Beziehung zwischen uns. Sie fügte hinzu, daß ihre Freunde neugierig seien in bezug auf mich und zum Beispiel wissen wollten, wie alt ich sei. Ich fragte, was sie ihnen gesagt habe, und sie sagte: »Achtunddreißig.« Ich sagte, das stimme fast genau, ich sei neununddreißig. Sie gestand jetzt, daß sie mich absichtlich dazu gebracht habe, ihr mein Alter zu verraten, ohne daß sie direkt zu fragen brauchte. Wir kehrten zum Ende der letzten Stunde zurück, als ich vorgeschlagen hatte, sie solle mich etwas fragen und wiederholte diese Aufforderung. Daraufhin fragte sie, was ich wirklich über die Stunden dächte, ob sie in Ordnung seien? Ich antwortete, daß sie darüber vermutlich sehr viel erfahren würde, wenn sie läse, was ich geschrieben hätte; im übrigen hätte ich gemischte Gefühle – gelegentlich sei ich ungeduldig oder pessimistisch, oft hätte ich ein gutes Gefühl dabei. Sie sagte, sie wisse noch nicht, was sie später darüber denken werde, daß ich gesagt habe, ich sei pessimistisch oder entmutigt. Ich wies darauf hin, das sei ja nicht oft so und ich hätte auch gezögert, es überhaupt zu erwähnen, denn sie stelle sich stets als so zerbrechliche Blume dar, daß ich befürchten müsse, diese Auskunft werde sie gänzlich niederschmettern und hilflos machen.

Ich fragte, was sie noch von mir wissen wolle. Da stellte sie die Frage, ob ich zwischen den Sitzungen an sie denke oder nicht. Ich versuchte, die Frage anders zu formulieren, indem ich sie fragte, ob sie wissen wolle, ob ich sie möge. Das brachte uns beide in Schwierigkeiten, und sie schien eine

Zeitlang dem Weinen nahe. Ganz abrupt erklärte sie dann, es sei ihr gleichgültig, ob ich sie »auf diese Weise« möge. Aber dann begann sie zu weinen und gestand, daß sie sehr viel an mich denke, an Teile meines Körpers und meine Haare. Sie sagte, sie könne sich gar nicht erklären, wie es geschehen konnte, daß ich ein so wichtiger Bestandteil ihres Lebens geworden sei. Wir geraten in eine Diskussion über die Tatsache, daß sie schon deshalb nicht gesund werden kann, weil sie mich dann verlieren würde, denn es sei unwahrscheinlich, daß wir unsere Beziehung weiter aufrechterhalten würden, wenn wir zwei gleichberechtigte Erwachsene wären. Gleichzeitig möchte sie aber, daß ich sie wie eine Erwachsene behandele. Daher sagte ich zu ihr (wobei ich fürchtete, wie ein schimpfender Vater zu reden), daß man sich auch wie ein Erwachsener benehmen müsse, um wie ein Erwachsener behandelt zu werden. Es hörte sich auch tatsächlich ganz scheußlich pedantisch an, aber ich wußte nicht, wie ich es hätte anders ausdrücken sollen. Ich glaube, dieser Versuch, ihr dabei zu helfen, sich mir gegenüber mehr als Erwachsene zu benehmen und mir auch Fragen nach meinem eigenen Leben zu stellen, könnte ganz nützlich sein; ich werde sie ermutigen, damit weiterzumachen.

GINNY, 20. Januar

Mein Gott! Gestern in der Sitzung habe ich zum erstenmal meine eigenen Methoden begriffen. Und warum ich mir selbst immer Niederlagen zufüge. Ich spiele dieses Kinderspiel, wo es heißt: »Geh fünf Schritte vorwärts«, aber wenn ich vergesse, »Darf ich?« zu sagen, werde ich wieder zurückbefördert oder gehe selbst wieder zurück. Nach der Sitzung habe ich meine Kraft ein wenig erprobt. Das hat die Sitzung gewissermaßen verlängert. Als zum Beispiel Karl am Abend noch lesen wollte, anstatt ins Bett zu kommen, aber damit nicht so recht herausrücken mochte, habe ich ihm klar gesagt, daß es außer Lesen und Schlafen ja noch etwas gibt.

In diesem Brombeergestrüpp gegen Ende der Sitzung, wo ich sagte: »Ich will nicht, daß Sie mich einfach so mögen, sondern (große Pause) daß Sie mich lieben«, habe ich halb zu weinen begonnen. Aber ich glaube, ich habe vor allem deshalb geweint, weil ich wieder bei meinem alten Sprüchlein: »Magst du mich, hast du mich auch wirklich lieb?« gelandet war. Ich weine und schäme mich, weil ich so wenig vorangekommen bin. Wie ein Kind, das mit fünf Jahren immer noch »Mama« sagt, vor Verzweiflung weint, weil es zwar »Mama« sagt, aber viel mehr damit meint.

Als ich zuhause war, fiel mir auf, daß meine Eltern für mich immer alles erledigen mußten, als ich noch klein war. Mich trösten, noch ehe es notwendig war, mir zu Essen geben, wunderschöne Geschenke für mich kaufen. Ich habe das Gefühl, als hätte ich nie um etwas gebeten. Um mich herum war immer alles im Überfluß vorhanden. Und genauso halte ich mich jetzt in der Umgebung der anderen auf – wie eine köstliche Obstschale, die auf dem Tisch wartet, mit Früchten, die schon ein wenig angefault sind.

Es scheint, ich bin wieder einmal bei dem Satz »Ich brauche« oder »Mögen Sie mich?« steckengeblieben. Vor drei Jahren war das revolutionär für mich. Fast wie die überschäumenden sexuellen Gefühle und das Erwachen, das ich jetzt spüre. Aber ich dehne das nicht aus und führe es auch nicht weiter.

Was mir dicht im Genick sitzt, ist mein katatonischer Schatten, der mich davon überzeugt, daß ich
mich nicht ändere.
Ich stolpere auch nicht vorwärts.
Ich mache überhaupt keinen Fortschritt.
Ich posiere nur, als Modell für meinen Schatten,
als Schatten für meine Silhouette.

DR. YALOM, 8. Februar

Ein Gefühl der Unzufriedenheit wegen dieser Stunde. Ich glaube, ich habe Ginny meine Wertvorstellungen allzu penetrant aufgedrängt. Ich war zu autoritär, zu befehlend und habe mich viel zu sehr aufs Antreiben und Predigen verlegt. Aber es war auch schwer, etwas anderes zu tun. Zu Beginn der Stunde erzählte sie von ihren zahlreichen Phantasien, in denen sie Karl verläßt und ein neues Leben anfängt. Immer wenn ich diese Phantasien höre, kann ich mich des Eindrucks nicht erwehren, daß es einen sehr starken Anteil bei ihr gibt, der ihn verlassen will, der mit der Beziehung unzufrieden ist oder sie als Fessel empfindet. Sie beschrieb einen Vorfall, der sich ereignete, als Karl ihr nahelegte, sich am Benzingeld zu beteiligen. Er verdient gegenwärtig etwa 90 Dollar die Woche, sie nur 30 Dollar. Sie kocht und kauft ein, wäscht und putzt, aber obwohl sie es ungerecht findet, daß sie sich auch noch am Benzingeld beteiligen soll, protestierte sie nur kurz und willigte schließlich ein.

Ich versuchte, ihr klarzumachen, daß ihre Bereitschaft, auf etwas einzugehen, was ihr in Wirklichkeit ungerecht erscheint, nur daher stammt, daß sie sich weigert, ihre eigenen Rechte anzuerkennen. Ich glaube, daß das auf die Dauer selbstzerstörerisch ist; sie sorgt beinahe automatisch dafür, daß Karl, sofern er eine wohlintegrierte Persönlichkeit ist, ihrer Beziehung überdrüssig wird. Nur wenn er jemand ist, der tatsächlich eine so selbstlose, entrechtete Freundin braucht, wird er bei ihr bleiben. Aber für sie ist beides zerstörerisch. Sie sagte, sie wolle diese Beziehung nicht auf die Dauer fortsetzen, aber sie sei in vielem auch wieder sehr schön. Ohne Karl wäre das Leben ein Abgrund; sie würde auseinanderbrechen ohne ihn. Ich sagte ihr, daß ich das für Unsinn halte, und sie stimmte mir zu, obwohl dieses Abgrund-Gefühl sehr real sei. Dann fragte ich sie, was sie tun müsse, um die Dinge zu ändern. In recht drastischer Weise beschrieb sie, was sie ihm alles sagen würde und was er darauf antworten werde, und das lief allgemein darauf hinaus, daß er die Rolläden herunterläßt und erklärt, sie müßten sich trennen.

Unglücklicherweise nahm die Sitzung eine Aura von Moralpredigt an, mit der ich sie ermunterte, Dinge zu tun, zu denen sie vielleicht gar nicht bereit ist; aber irgendwie will ich ihr unbedingt das Wissen und das Gefühl vermitteln, daß es ausschließlich in *ihrer* Verantwortung steht, ihr Leben zu ändern. Vielleicht ist Karl tatsächlich so borniert, daß sie sich trennen, aber ich glaube, das ist langfristig gesehen auch kein Beinbruch. Andererseits könnte ich mir vorstellen, daß Karl oder irgendein anderer Mann tatsächlich davon beeindruckt wäre, wie sie allmählich erwachsen und ein richtiger Mensch wird. Wenn ihm das zu kompliziert wird, na bitte! Ich glaube, daß Ginny auf die Dauer eine Menge Männer findet, die sie als eine in sich geschlossene Persönlichkeit zu schätzen wissen.

GINNY, 8. Februar

Ich kann mich nur mühsam an das erinnern, was geschehen ist. Es schien alles sehr direkt und geradlinig zu laufen (das ist auch so eine Redensart; als ob man sagte: »Wie geht's?«). Wenn ich so in eine Sitzung hineingehe, voller Leiden, die mich den ganzen Tag gequält haben, dann habe ich das Gefühl, ich leide unter einer Mangelerscheinung, Vitaminmangel zum Beispiel, und Sie müssen mir das Zeug verpassen, was meine Schmerzen vertreibt und die gesprungene Schallplatte daran hindert, ständig das gleiche zu wiederholen.

Ich glaube, Sie haben mich in dieser Sitzung einmal so kennengelernt, wie mich andere erleben, wie ich mich da verhalte. Ich versuche gar nicht, mit den Leuten zu kommunizieren, ich versuche, ihr Verhalten und ihre Probleme intuitiv oder durch Phantasie zu erraten, und improvisiere meine Antworten mit nervöser Energie. Ich denke dabei überhaupt nicht. Als ich zum Beispiel der festen Meinung war, Sie würden nur die Zeit von 1 bis 2 Uhr frei haben, und ein ganzes Labyrinth von Argumenten auf dieser Annahme erbaute. Ich entwickle mich gewissermaßen spiralig.

Zum erstenmal haben Sie bei der Behandlung nicht meine Partei ergriffen (Erinnern Sie sich?), als Sie sagten: »Jeder Mann würde eine Frau verlassen, die ihm nur ihre Oberfläche zeigt.« Das gefiel mir.

Ich glaube, Karl ist wirklich eine gute, starke Persönlichkeit. Und er ist nur deshalb ekelhaft, weil er nicht verliebt ist. Wenn er mich liebte, käme alles ganz von allein – auch das Benzin würde fließen, ohne daß ich deswegen beim Bundesgerichtshof vorstellig werden müßte. Ich glaube, ich bin wirklich verletzt, denn wenn ich kleinliche Regeln für Karl und mich aufstelle, will ich damit nur erreichen, daß sie an die Stelle von Liebe und Großzügigkeit treten.

Als ich es Karl schließlich sagte, war es ganz undramatisch. Er sagte, er schätze den Märtyrer sowieso nicht an mir. »Hinter jeder Märtyrerin steckt eine Xanthippe.« Er sagt, er wolle nur, daß man ihm Bescheid sagt, und das stimmt auch. Wenn ich ihm etwas sofort sage, ist er sehr zugänglich und friedlich und fängt auch keinen Streit an – vorausgesetzt, meine Stimme hat den Brustton der Überzeugung. Wenn ich meine Empfindung aber herunterschlucke und erst später damit ankomme, dann fällt er beim ersten schrillen Ton meiner Stimme über mich her, und jedes Argument, das ich hervorbringe, bleibt völlig wirkungslos.

Das Gespräch ging keineswegs so tief, wie ich es geplant hatte. Aber es war trotzdem besser, es herauszubringen.

DR. YALOM, 17. Februar

Unmittelbar nach der Sitzung mit Ginny hatte ich einen anderen Patienten, einige Schwierigkeiten mit dem Terminkalender kamen hinzu, und deshalb bin ich nicht dazu gekommen, etwas über sie zu notieren. Das Gespräch liegt nun schon einige Tage zurück, und es beginnt in der Erinnerung zu verschwimmen. Das Verblüffendste war, daß sie hereinkam und sofort rief: »Na, wollen Sie gar nicht wissen, was passiert ist?« Dann erzählte sie, daß sie mit Karl über die Dinge gesprochen hatte, die wir das letzte Mal erörtert hatten. Es war nicht allzu günstig gegangen, weil Karl sich darüber aufgeregt hatte, daß sie sich stets wie ein Märtyrer aufführte, aber ich glaube, eigentlich war es doch gut, denn für das Benzin braucht sie nicht zu zahlen und sie schien auch fest aufgetreten zu sein, jedenfalls ein wenig. Ich war ziemlich überrascht, daß sie so stürmisch hereinkam, denn ich hatte eigentlich gar nicht erwartet, daß sie die Dinge, die wir das letzte Mal besprochen hatten, auch tatsächlich ausführen werde.

Während des Gesprächs fragte ich, woran sie jetzt arbeiten wolle. Sie redete über ihre Sexualität und daß sie nicht in der Lage sei, etwas für sich zu verlangen. Ich fragte, was sie denn haben wolle. Was Ginny darauf erwiderte, war so brav, daß sie über sich selbst lachen mußte: sie wollte Karl nur darum bitten, daß er eine bestimmte Sache ein wenig länger machen solle, weil es sich angenehm anfühlte. Ich forderte sie auf, das mehrfach laut vor sich hin zu sagen, damit sie etwas Distanz dazu hätte und einsähe, wie absurd ihre Unfähigkeit sei, darüber zu sprechen. Aber sie konnte ihre Äußerung nicht ohne Fratzenschneiden oder komischen Akzent wiederholen.

Sie sagte auch, sie habe das Gefühl, was zwischen ihr und Karl sei, sei sehr wertvoll, und ich würde es ihr irgendwie wegnehmen. Als sie am Morgen in seinen Armen lag, wurde ihr klar, wieviel ihr das bedeutet und daß nichts anderes wirklich wichtig ist. Ginny war auch sehr stolz darauf, daß sie eine schwere Migräne in der Nacht ohne starkes Mittel überwunden hatte und über das Kopfweh siegen konnte, ohne heute von Tabletten halb betäubt zu sein.

Es ist erstaunlich, daß ich schon nach vier Tagen nicht mehr wirklich zurückkehren und nachvollziehen kann, welche Gefühle ich ihr während der Stunde entgegenbrachte. Alles verschwimmt in ein allgemeines Wohlgefühl, und ich erinnere mich nur, daß sie fröhlich und übermütig war in der

Sitzung. Natürlich freue ich mich immer, wenn ich sie so sehe. Jetzt erinnere ich mich, daß wir darüber sprachen, wie jung sie sich fühlt. Sie zeigt sich mir gegenüber oft als sehr junges Mädchen. Ich erinnere mich auch, daß sie wie üblich alle Verantwortung für die Therapiesitzungen übernahm, die sie für unbefriedigend hielt. Ganz offensichtlich ist sie manchmal unzufrieden mit dem, was ich ihr gebe, sie ging auch ein wenig auf diese Frage ein, indem sie zugab, daß sie sich manchmal wünscht, ich würde ihr mehr von mir zeigen. Ich fragte sie, welche Dinge sie wissen wolle, aber wir kamen damit nicht sehr weit.

GINNY, 17. Februar

Ich erwartete eine Überraschung, als ich gestern kam, etwas, das die Sitzung ein wenig verändern würde. Eine emotionale Aufgabe. Die Erwartung heilte eine Migräne. Meine Phantasie und Gelöstheit hielten Schritt, als ich in den langen Fußweg zur Klinik einbog. Auf dem Hinweg bin ich immer ganz »geheilt«, ich jubiliere innerlich und fühle mich ungefähr so schwer wie eine Daunenfeder.

Ich sage Dinge in der Therapie, die nicht wahr sind. Schon wenn ich sie sage, weiß ich, daß ich sie selbst nicht glaube, daß sie Sie verwirren werden. Zum Beispiel als ich sagte: »Sie sitzen mir gegenüber und sehen *nichts.*« So oft schon haben Sie mir gesagt, daß Sie mich nicht als Nichts betrachten. Wenn ich mich doch nur einmal dabei erwischte, wenn ich solche Dinge sagte, mir selbst widersprechen und sagen könnte: »Nein, nein, das meine ich gar nicht.« Vielleicht könnte ich dann ernst nehmen, was ich sage. Ich kämpfe nicht um meine Worte. Sie kommen einfach so. Deshalb neige ich dazu, ihnen nicht zu glauben. Und es setzt Sie in meinen Augen herab, wenn ich sehe, wie Sie meinen Worten so ernsthaft nachgehen – jedenfalls einigen meiner Worte.

Gestern haben Sie etwas gesagt, was mir noch nie in den Sinn gekommen ist und mir deshalb als Offenbarung erschien: wenn ich davor zurückschrecke, »solche braven Dinge« zu sagen, dann bedeutet das wohl, daß sie »nur ein Ersatz für böse Dinge sind, die verborgen bleiben«. Ich weiß nicht, ob es böse Dinge sind oder einfach stärkere. Wenn ich zum Beispiel zu K. nicht sage: »Ich liebe dich«, wenn mir danach ist.

Alle Kraft, die ich besitze, auch gestern, scheint beim Beobachten verschwendet zu werden. Aber es ist nicht die Beobachtung eines gegenwärtigen Augenblicks, sondern eine große Beobachtung der Erinnerung, Jahre voller Erfahrungen, die ich mit einem einzigen sarkastischen Satz etikettiere. Und wenn etwas Positives auftaucht, dringt es kaum in meine Sehweise ein. Ich bin, was ich sehe, nicht, was andere in mir sehen, sondern, was ich sehe. Ich fühle mich sehr entrückt. Vielleicht kann ich mich Ihnen deshalb mit Worten nicht nähern. Weil ich mir selbst mit Worten nicht nahe genug kommen kann. Wenn diese Aufzeichnungen etwas Intellektuelles wären, wäre das wenigstens etwas. Aber ich denke bei diesen Aufzeichnungen gar nicht. Sie kommen automatisch, und zwar so, als ob ich überhaupt kein Problem in die Behandlung brächte und auf Ihre überraschende Tagesordnung wartete, um den Tag zu retten.

In letzter Zeit haben Sie einen leichten Druck auf mich ausgeübt, bestimmte Dinge zu tun. Zum Beispiel über das Benzin nachzudenken. Ich finde das gut. Denn jede Kleinigkeit, die ich anpacke, gibt mir mehr, womit ich weiterarbeiten kann, mehr Ausgesetztsein, mehr Enttäuschungen, denn es ist immer noch etwas Abliegendes, nicht von mir Stammendes. Es kommt von Ihnen.

DR. YALOM, 24. Februar

Die Sitzung begann in tiefer Verzweiflung. Ginny erzählte, sie sei fast die ganze Nacht aufgewesen, wegen eines bestürzendes Vorfalls, bei dem es im wesentlichen darum ging, daß Karl zu ihr gesagt hatte, sie sei »sexuell ein langweiliger

Klotz«. Ich erinnere mich, daß Nietzsche einmal gesagt hat, daß man einen Menschen bei der ersten Begegnung vollständig durchschaue, dann aber diesen richtigen Eindruck allmählich wieder verwische. Meine erste Reaktion auf ihre Darstellung des Vorfalls war die, daß er völlig mit meinem ersten Eindruck von Karl übereinstimmte; es war eine scheußlich rohe Bemerkung, die bei Ginny ziemliche Wut hätte hervorrufen müssen. Sie fuhr fort, die Sache genauer zu beschreiben, ich wurde von ihrer Erregung mitgerissen und begann mit ihr gemeinsam darüber nachzudenken, wie sie aus der Sackgasse wieder herauskommen könnte, in die sie beide geraten waren. Es scheint, daß sie im Verlaufe des Abends, vielleicht unbewußt, seine Annäherungsversuche zurückgewiesen hatte, sich deshalb für seine Reaktion verantwortlich fühlt und sogar seine Definition von Langeweile voll akzeptiert. Sie fing sofort an, sich in jeder Hinsicht als langweilig zu empfinden, trotz der Tatsache, daß sie alles andere als langweilig ist. Sie ist lebhaft, phantasievoll, höchst schöpferisch und sehr munter. Tatsächlich hatte sie sich an diesem Tag zuvor irgendein kurioses Faschingskostüm angezogen, nur um Karl zu belustigen, und später waren sie zusammen mit den Teilnehmern eines Deutschkurses, den sie gemeinsam besucht hatten, fröhlich durch die Kneipen gealbert. Das steht alles in deutlichem Gegensatz zu ihrem Gefühl, sie sei langweilig.

Alles, was ich an dieser Stelle tun konnte, war, ihre Bereitschaft in Frage zu stellen, sich von einem anderen definieren zu lassen. Sie lebt in der ständigen Angst, daß Karl ihr plötzlich verkünden werde, er sei mit ihr fertig. Sie hatte große Angst, daß Karl letzte Nacht über ihre Beziehung nachdenken könnte, denn wenn er darüber nachdachte, würde das für sie das Ende bedeuten; deshalb wurde ihr klar, daß ein Teil von ihr seine Gedankengänge unterbrechen wollte. Wieder einmal erkennt sie nicht an, daß ihr in der Beziehung irgendwelche Rechte oder Wahlmöglichkeiten zustehen.

Allmählich kehrte ich aber zu meinen Gefühlen angesichts ihrer Wut zurück. In ihren Phantasien während dieser Nacht hatte sie sich erneut vorgestellt, daß sie Karl verläßt und daß sie sogar Selbstmord begeht. In einem Traum wurden Karl und sie verfolgt, und Karl wurde getötet. Ich wies sie darauf hin, daß sie Karl in diesem Traum getötet hätte, obwohl sie sich doch nicht berechtigt fühle, wütend auf ihn zu sein. Sie wies ihrerseits darauf hin, daß sie ja zusammengewesen seien und daß sie gebeten habe, sein Leben zu schonen, aber ich halte das für irrelevant. Entscheidend ist, daß sie einen Teil ihrer Wut durch ihre Phantasie ausdrückt, aber völlig unfähig ist, das bewußt zu tun. Während des Gesprächs fiel ihr ein, daß sie das flüchtige Gefühl, die stumme Hoffnung, gehabt habe, Karl werde sich am Morgen vielleicht entschuldigen. Ich versuchte, ihr den verborgenen Teil ihrer selbst zu zeigen, der sich beleidigt fühlte und eine Entschuldigung erwartete. Aber es gab keinen Weg, auf dem ich ihr dazu hätte verhelfen können, ihre Wut gegen Karl ganz offen zu erleben, nicht einmal durch Rollenspiel. Als Probespiel schlug ich ihr vor, sie solle versuchen, etwas von ihrer Enttäuschung über mich darzustellen. Das fiel ihr sehr schwer. Wir beendeten die Stunde mit dem Gefühl, daß sie wieder einmal versagt hatte. Ich versuchte, sie mit der Feststellung zu beruhigen, daß wir jetzt in eine für sie sehr kritische Phase eingetreten seien, an der wir für eine längere Zeit arbeiten müßten: ihre Unfähigkeit, Wut oder Aggression auszudrücken, und ihre Unfähigkeit, selbstsicher aufzutreten und ihre Rechte zu verlangen, fügen sich alle zu dieser »Gestalt« zusammen. Was sie daran hindert, Wut zu empfinden, ganz zu schweigen davon, diese Wut auch auszudrücken, ist etwas, mit dessen Erforschung wir noch nicht einmal begonnen haben. Ich habe das Gefühl, es gibt bei ihr ein übervolles, aber verschüttetes Reservoir an Wut, aber sie fürchtet sich davor, es anzuzapfen, weil sie Angst hat, den Hahn nicht mehr zudrehen zu können. Einmal neckte ich sie sogar mit der Frage: »Könnte es sein, daß die süße kleine Ginny jemanden ermorden möchte?« Aber ich erhielt keine Antwort.

Ein Teil von mir geriet während der Sitzung in echte Erregung, aber dieser Teil war völlig eingeschlossen von dem »Therapie«-Charakter, der auf dem Ledersessel sitzt, zuhört und denkt: »Vielleicht«. Und der jedesmal, wenn das Stichwort kommt, brav zu dem Schluß kommt, eigentlich habe sich immer noch nichts geändert, obwohl die Möglichkeit weiterhin besteht.

Als Sie mich drängten, meiner Wut nachzugehen, und ich konnte es nicht, war ich innerlich sehr unglücklich, fühlte mich aber gleichzeitig »sehr erwachsen«, wie ich da gleichsam draußen saß. Es war fast so, als ob Sie gleichzeitig mit einem Kind und einem der beiden Elternteile sprächen.

Ich hörte auf das kleine Ding da drinnen, und dann erzählte ich Ihnen wieder etwas ganz Abgelegenes. Innerlich war ich maßlos, sagte Dinge wie »Scheiß auf dich. Scheiß auf ihn.« Aber es blieb da drin stecken. Sprach niemals selbst, denn wenn es das täte, könnte es nicht dieselben Wörter verwenden wie ich oder den synchronisierten Konversationsstil.

Ich stelle mich selbst als schwerer, »stärker« und »konventioneller« hin als die kleine Wut oder Traurigkeit im Innern. Die bloß herauströpfeln, meine Augen naßmachen und ziemlich unzusammenhängend sein würde, die die Dinge angreifen würde, die mir im Kopf herumgehen. Genau, wie wenn Sie sagen: »Vielleicht ist Ginny so wütend, daß sie jemand töten will.« Ich bin Ihrer Meinung – wir sind wie zwei Frauen im Park, von denen eine ein Kind an der Leine hat. Da gibt es viele Dinge, mit denen das Kind spielen könnte, Schaukeln und Urwaldpfade, aber wir reden nur abstrakt über diese Dinge. Ich spüre ein leichtes Zerren an der Leine, wie ein Mann, der zum Angeln geht, um am Ufer mit einer Flasche Bier in der Sonne zu schlafen. Er spürt ein Zupfen, lächelt und döst und läßt den Fisch knabbern und wegschwimmen. Den kleinen Ruck spüre ich immer in unseren Sitzungen.

Manchmal, wie in der Nacht vor der Sitzung, bin ich verzweifelt und müde. Aber ich fange es nie, was da an der Angel angebissen und geknabbert hat. Ich werde nur wieder ruhig, und dann ist alles weg, die Angstgefühle, die Hilflosigkeit.

Sie haben mir viel Hoffnung und Zuversicht gegeben, als Sie sagten, daß Sie mich und meine Probleme jetzt sehr viel deutlicher sähen, daß wir erst am Anfang stünden und noch viele Möglichkeiten hätten. Das ist jetzt die Person aus dem Ledersessel, die sich bei Ihnen bedankt, während der kleine Schreihals in meinem Inneren immer noch brüllt: Scheiß auf dich. Scheiß auf ihn.

DR. YALOM, 3. März

Eine alltägliche Brot- und Butter-Sitzung. Ginny begann damit, daß sie mir erzählte, sie habe über den Inhalt unserer letzten Sitzung nachgedacht, vor allem über ihre Unfähigkeit, Wut zu äußern, was sie für eine wichtige Beobachtung hält. Sie ist nicht nur nicht in der Lage, ihre eigene Wut zu äußern, sie fühlt sich auch unbehaglich in der Gegenwart anderer, die sich ärgern können und dies auch tun. Sie beschrieb dann ein Gespräch, das sie nach unserer letzten Sitzung mit Karl gehabt hatte und bei dem er sie, wie schon öfter, danach gefragt hatte, worüber wir gesprochen hätten, ob wir auch über die vorhergehende Nacht gesprochen hätten. Das überraschte mich etwas, denn es scheint, als habe sich Karl sehr viel mehr auf ihre Beziehung eingestellt, als sie unterstellt. Er gab ihr eine hervorragende Gelegenheit, über ihre Ängste zu sprechen, was sie auch einigermaßen tat. Sie sagte, sie könne es nicht leiden, langweilig genannt zu werden, und er wies sie darauf hin, daß sie überhaupt nichts unternommen hätte, nachdem er das gesagt habe – sie habe nur dagelegen und sei noch mehr zum Holzklotz geworden. Das bestätigte für mich, was ich Ginny schon seit einiger Zeit zu erklären versuche: daß die Angst, ihre Wut zu zeigen, weil sie damit die Beziehung zu Karl (oder irgend jemand anderem gefährden könnte, in Wirklichkeit dazu beiträgt, ihre Befürchtungen Wirklichkeit werden zu lassen, d. h. die menschlichen Beziehungen zu verkrüppeln oder schwer zu beschädigen. Dadurch, daß sie ihre Wut und andere heftige Gefühle nicht äußert, sondern eindimensional bleibt, hindert sie die anderen daran, so tief und gleichberechtigt mit ihr zu kommunizieren, wie sie es sich wünscht. Wenn Karl sie verläßt, dann nicht, weil sie ihn mit ihrer Wut vertrieben hätte, sondern wegen ihres Mangels an Wut. Ich fragte, ob sie schon immer so gewesen sei. Ginny sagte »ja« und gab ein paar Beispiele dafür, daß sie jedesmal vor Angst gezittert habe, wenn sie ihrer Wut einmal Ausdruck verlieh. Sie wies darauf hin, daß, solange sie ein Kind war, meist ihre Mutter an ihrer Stelle Ärger geäußert habe.

Ich sagte, sie könne vielleicht damit beginnen, daß sie mir gegenüber ihre Gefühle zum Ausdruck bringt, was ihr vielleicht weniger schwerfiele als bei Karl. Sie nickte, als sei das sehr logisch. Aber als ich sie aufforderte, über die Dinge zu sprechen, die sie am wenigsten an mir leiden könne, fiel es ihr sehr schwer, überhaupt etwas zu sagen, obwohl wir das schon mehrere Male geübt haben. Was sie kritisierte, waren schlecht verhüllte Tugenden. Eines meiner Probleme sei zum Beispiel die Geduld, ich sei zu geduldig mit ihr. Die meisten Dinge, die sie sagte, beruhten darauf. daß sie unterstellt, ich sei allwissend. Sie behauptete, ich wisse doch in Wahrheit alles, was vorgeht, aber in der Gruppentherapie habe es Gelegenheiten gegeben, in denen sie wünschte, daß ich mehr auf die unmittelbaren Bedürfnisse einzelner Gruppenmitglieder einginge, selbst wenn das vielleicht nicht das gewesen sei, was diese langfristig brauchten. Ich erklärte, daß sie mir wirklich etwas zu viel Allwissenheit unterstellt und daß es tatsächlich Gelegenheiten gegeben habe, bei denen ich wirklich nicht gewußt hätte, was zum Teufel mit einigen Gruppenmitgliedern oder auch mit Ginny vorging. Sie tat so, als wäre das völlig neu für sie.

Dann erwähnte sie verschiedene andere Dinge; sie möchte, daß ich ihr meine Gefühle mehr zeige, daß ich strenger mit ihr bin, aber sie weiß nicht, ob das nicht genauso wie bei ihrer Mutter wäre in diesem Punkt. Noch einmal erwähnte sie, daß sie sich aufregt, wenn Karl nicht schläft, weil sie fürchtet, er denke daran, sie zu verlassen. Ich war frustriert, sah mich erneut in einem Circulus viciosus gefangen und konnte daher nur sagen, daß ihre Sorge, Karl könnte sie verlassen, sie nervös und ängstlich macht, was nur dazu beitragen könne, daß tatsächlich geschieht, was sie befürchtet. Ich frage, ob in ihren Gesprächen mit mir die gleiche Struktur erscheine: daß sie vor lauter Angst, ich könnte sie verlassen, vorsichtig sein müsse bei dem, was sie sagt. Sie leugnete das, fragte aber später, nur flüsternd, was denn nach dem Sommer aus unseren Sitzungen werden solle. Ich tat so, als hätte ich nicht verstanden, um sie dazu zu bringen, ihre Frage genauer zu artikulieren. Mit anderen Worten: ich wollte, daß sie Erfahrungen damit sammelt, geradeheraus zu fragen, ein Recht, das sie verlangen kann. Tatsächlich fragte sie mich: »Werden Sie mich auch nach dem Juni noch behandeln?« Ich sagte, das würde ich tun. Ich fragte, ob sie mich noch etwas fragen wolle, und sie antwortete »nein«. Sie sprach dann über einen Mangel an persönlicher Bindung mir gegenüber, der in Gegensatz zu ihrem starken Interesse an anderen Menschen in ihrem Leben stünde, wie zum Beispiel einigen ihrer Lehrer. Wenn sie die Therapie mit einer ihrer Freundinnen bespricht, beschreibt sie mich gewöhnlich in unpersönlichen Begriffen.

Irgendwie kamen wir dann wieder auf ihre sexuellen Beziehungen zu Karl zu sprechen und auf ihre Unfähigkeit, sexuelle Aktivitäten zu entfalten, obwohl ihr Karl vor kurzem »die Erlaubnis gegeben hat«, sexuelle Forderungen an ihn zu stellen. Sie erzählte von sexuellen Spannungszuständen während des Tages und davon, daß sie diese relativ leicht durch Masturbieren lösen könne, da ich ihr versichert hätte, es sei in Ordnung. Es scheint, als ob meine Versuche, das Masturbieren ein wenig von ihren Schuld- und Angstgefühlen zu entlasten, Erfolg gehabt hätten.

Ich hatte vorgehabt, sie nächste Woche zu sehen, obwohl unser regulärer Termin am Mittwoch mir nicht paßte, aber da sie das nicht erwartet und sich schon etwas anderes vorgenommen hatte, beschloß ich schließlich, daß wir diese Sitzung ausfallen lassen, weil die nächste Woche so hektisch sein wird.

GINNY, 3. März

Ich habe natürlich zu lange gewartet mit dem Schreiben. (Es ist jetzt Montag vormittag, fast eine Woche vorbei.) Ich erinnere mich, daß wir über Ehrlichkeit, Wut und Die-Dinge-frei-heraus-sagen gesprochen haben.

Die folgende Nacht konnte Karl nicht schlafen, was sich als ansteckender Zustand erwies. Ich konnte ihn weder beruhigen noch selbst schlafen. Die Angst und das Gefühl, ich müßte etwas unternehmen, waren zu stark, um mich schlafen zu lassen.

Ich kriege immer ganz schön Auftrieb und Hoffnung, wenn ich in der Therapie etwas höre, aber wenn die Gelegenheit kommt, wo es an der Zeit wäre, diese Dinge auch anzuwenden, bleibe ich bei den alten Verhaltensmustern. Sie liegen schon bereit, als Kontrolle im Hintergrund.

Als Sie mich aufforderten, Ihnen meine negativen Gefühle und Ansichten über Sie mitzuteilen, geschah das mehr intellektuell als gefühlsmäßig.

Ich weiß genau, wie man meine Mißerfolge beschreiben kann. Irgend etwas anderes zu beschreiben wäre eine völlig neue Erfahrung.

Während ich nach außen hin mit der Miene der Selbstlosigkeit auftrete, bin ich in Wirklichkeit viel egoistischer als Karl. Ich bin nicht im geringsten davon überzeugt, daß irgend etwas, was ich unternehme, irgendeine Wirkung auf ihn hat, sei sie nun gut oder schlecht. Deshalb spare ich meine Energien und halte uns beide so statisch wie mich selbst. Das mache ich auch mit Ihnen, ziemlich oft. Ich gebe Ihnen nur völlig abgenutzte Sätze, um damit zu arbeiten. Und dann ermutige ich Sie wieder, indem ich sage, ich wolle mir das nächste Mal mehr Mühe geben und die Dinge ernster nehmen. Als ich Sie zum Beispiel fragte, ob Sie die Behandlung fortsetzen wollen, wußte ich irgendwie, daß Sie das tun würden, und wenn nicht, konnte das nur mich verletzen, und ich würde wissen, wie ich diesen Schmerz nehmen und etwas daraus zu machen hätte, das ich ertragen* könnte. Und diese Art, Erfahrungen zu manipulieren, so daß sie alle von meinem großen Fiasko-Verdauungstrakt absorbiert werden, führt dazu, daß ich munter mit Leuten plappere, die niemals so real sind, wie sie in Wirklichkeit sind. Und mein Ich wird nur zur Hälfte verwirklicht und macht keinerlei Fortschritte.

Ich will versuchen, bessere Therapieberichte zu verfassen. Ich glaube, der Grund, warum sie mir so schwerfallen, liegt darin, daß ich nicht mehrere Ebenen habe (der große Gleichmacher ist die Angst), so daß ich stets das Gefühl habe, die Dinge, die ich in diesen Berichten bemerke, seien selbstverständlich oder schon ausgesprochen.

DR. YALOM, 17. März

Letzte Woche haben wir uns nicht getroffen. Ginny eröffnete die Sitzung mit der Feststellung, sie habe den letzten Mittwoch (unseren regelmäßigen Termin) mit Freunden verbracht. Eine ihrer Freundinnen, die gerade eine lange Therapie hinter sich hat, die ihr Verhalten ändern sollte, verbrachte etwa fünf Stunden damit, an Ginny herumzuarbeiten. Ginny fühlte sich völlig unterdrückt von diesem Mädchen. Ich hatte den Eindruck, daß sie indirekt sagen wollte, daß sie sich schon von mir unterdrückt gefühlt habe. Dann kehrten wir auf vertrautes Gelände zurück, d. h. Ginnys Unfähigkeit, Wut auszudrücken. Ich glaube, sowohl Ginny als auch mir wird es immer klarer, daß dies ein wichtiger Konfliktbereich ist. Außerdem wird deutlich, daß sie jedesmal, wenn sie nahe daran

* Im Original heißt es: »something I could bear«. Ginny scheint sich aber beim letzten Wort verschrieben zu haben, so daß im Manuskript nicht »*bear*« (ertragen), sondern »*bare*« (entblößen, nackt) steht; Anm. d. Übers.

ist, ihren Ärger zu zeigen, in Tränen ausbricht. Das ist ihr mehrere Male während dieser Woche passiert. Ich sagte ihr, daß ich ihr Verhalten für völlig erklärlich hielte, wenn man davon ausginge, daß sie ein mörderisches Quantum Wut in ihrem Innern beherbergt und schrecklich vorsichtig sein muß, daß davon nichts nach außen durchsickert. Das schien ihr nicht allzuviel zu sagen, aber sie redete ein bißchen über »kleine Verstimmungen, kleinlichen Ärger, Bröckchen und Brocken von Wut«, die sie gegenüber anderen empfindet. Sie drückt diese Dinge sehr zögernd und in rührend hilfloser Weise aus. Sie war zum Beispiel wütend auf das Mädchen, das sie fünf Stunden lang bearbeitet hatte und bestrafte sie damit, daß sie ihr nicht erzählte, daß sie eine Postkarte von einer gemeinsamen Freundin erhalten hatte. Normalerweise hätte sie es dem Mädchen sofort erzählt, aber diesmal erzählte sie es erst vierundzwanzig Stunden später. Sie sagte, sie wäre wohl ein hoffnungsloser Fall, der sich niemals ändert. Ich fragte, was sie unter »ändern« versteht. Eine Änderung ist in ihren Augen ein ungeheuer großes Ereignis, das sehr radikale Proklamationen mit sich bringt und dazu führt, daß sie eine völlig andere Persönlichkeit wird. Und davor hat sie natürlich Angst.

An dieser Stelle bemerkte sie, daß sie Schuldgefühle wegen der miserablen Berichte habe, die sie abgeliefert habe. Ich sagte ihr, wenn sie ihre Schuldgefühle wirklich abstellen wolle, solle sie bessere Berichte schreiben. Sie weiß das natürlich, möchte aber eigentlich hören, daß ich sie dafür bestrafe. Ich wollte gern etwas über die unterirdische Welt wissen, in der sie angeblich schreibt. Was hört sie da? Was geschieht da? Was sagt sie nicht in meinem Büro? Sie sprach dann über ihre sexuellen Gefühle, daß sie sich beim Eintreten sexuell stimuliert gefühlt habe und dies ein anderes Gefühl als sonst gewesen sei, ein erwachsenes sexuelles Gefühl. Irgendwie betraf es mich, aber sie brachte es weder über sich, das zu sagen, noch vermochte sie zuzugeben, daß sie in bezug auf mich sexuelle Phantasien hat, weil ihr das peinlich ist. Wahrscheinlich ist es sehr unfair von mir, über ihre sexuellen Phantasien mir gegenüber zu sprechen, während ich doch auch nicht bereit wäre, über meine sexuellen Phantasien ihr gegenüber zu sprechen. Eigentlich habe ich auch keine offenen Sexualphantasien über sie, aber ich kann mir leicht vorstellen, daß es angenehm wäre, Ginny zu berühren oder Ginny zu umarmen, obwohl die berufliche Rolle vermutlich so tief in mir wurzelt, daß ich Schwierigkeiten habe, diese Vorstellungen bis zum Beischlaf mit ihr auszudehnen. Ich glaube aber, ein Teil der Scham, die sie empfindet, resultiert aus der fehlenden Gleichberechtigung unserer Beziehung; in der ich von ihr erwarte, über Phantasien zu sprechen, ohne sie zu teilen; ihre Scham war also zu erwarten gewesen, und es war unfair von mir, daß ich sie drängte, darüber zu sprechen. Ginny läßt dauernd durchblicken, daß ich sie irgendwie härter anfassen, daß ich irgend etwas Dramatischeres tun solle. Manchmal habe ich das Gefühl, daß ein wirklich guter Therapeut Ginny zum jetzigen Zeitpunkt sagen würde, daß sie drei Monate Zeit hätte, um sich entweder zu ändern oder die Therapie zu beenden; ich frage mich, ob ich mich vielleicht deshalb weigere, unsere Beziehung als Hebel für die Forderung nach einer Änderung zu benutzen, weil ich Ginny so mag und so gern mit ihr arbeite. Behindere ich vielleicht ihren Fortschritt, weil ich nicht streng oder »therapeutisch« genug bin?

GINNY, 17. März

Ich habe das Gefühl, als hätte ich sehr viel geredet. Ich kam herein mit einer wilden nervösen Energie. Im Traum war ich eine vielgeliebte Frau gewesen, die Affären hatte, und das machte mich gleich beim Aufstehen glücklich, zufrieden und aggressiv. Als Sie fünf Minuten zu spät zu unserer Sitzung kamen, begann ich wütend zu werden, denn ich wollte Sie sehen, wollte nicht nach Hause geschickt werden. Ich malte mir aus, daß Sie mich halb vergessen hätten, zum Essen gegangen wären und später anrufen würden, um mir ausrichten zu lassen, ich solle morgen wiederkommen. Obwohl ich wußte, ich hatte keinen Grund, auf Sie ärgerlich zu sein, da Sie mir einen Gefallen tun wollten und nicht umgekehrt, wollte ich daraufhin sagen, Sie sollten die Sache vergessen, ich käme dann eben nächste Woche. Wie Sie sehen, entwickle ich Gefühle, aber sie gehen entweder von Phantasien aus oder münden in Phantasien.

Auf jeden Fall bin ich froh, daß ich in Ihrem Büro gesprochen habe. Oft sagen Sie: »Ich kann Ihnen nicht folgen«, und meist sind das die Gelegenheiten, wo ich Unsinn rede – Quatsch erzähle oder in Erinnerungen schwelge und meine Phantasien an die Stelle der Erfahrungen setze. Zum Beispiel, als ich sagte, ich fühlte mich wie eine fünfundvierzigjährige Frau, und es sei alles vorüber für mich.

Als ich Ihnen davon erzählte, wie Eve mir beizubringen versuchte, meine Gefühle und mein Selbst im Gespräch besser zur Geltung zu bringen, anstatt mich nur auf Impressionen und schnippische Antworten zu verlassen, konnte ich die Gefühle nicht richtig wiedergeben, die ich an jenem Tag gehabt hatte. (Wissen Sie, ich dachte, nur bei Ihnen säße ich so in der Falle, nur bei Ihnen und manchmal bei Karl hielte ich Dinge zurück. Aber nun stellte ich fest, daß ich das auch bei meiner besten Freundin tat und dabei ebenfalls erwischt wurde.) Die Angst, die mir das machte, konnte ich Ihnen nicht vermitteln. Aber vielleicht ist das gerade mein Fehler in der Therapie – daß ich denke, ich müßte alles reproduzieren, was ich erlebt habe, was ich glaube, was ich erlebt haben sollte. Erfahrungen andauernd ohne Erleichterung mündlich zu wiederholen. Meistens habe ich das Gefühl, ich enthalte Ihnen und mir das Eigentliche vor. Ich habe dieses kostbare Museum der Gefühle und verbanne meine sämtlichen Empfindungen in die wenigen spärlichen Exponate, anstatt sie strömen oder sich ändern zu lassen.

Damals, vor drei Jahren, als ich zum erstenmal mit Ihnen sprach, war die perfekte Gelegenheit. (Die intensive Therapie hatte mich reif gemacht, ich war dabei zu erwachen.) Seit jenem vibrierenden Augenblick, wo ich spürte, daß ich wahrhaft und mit aller Verletzlichkeit zu Ihnen sprechen konnte, scheinen alle meine Gefühle dahinzuschwinden. Seit ich in der Gruppentherapie zwei Jahre lang gespiegelt* worden bin, fühle ich mich bei Ihnen da drinnen stets befangen. Ich habe eine Vorstellung von mir, anstatt *mich selbst zu erleben.* Ich habe das Gefühl, ganz allgemein zu stagnieren, ruiniert zu sein. Immer wenn ich etwas sage, ist es entweder vorher ausgedacht oder ein Versprecher. In jedem Falle habe ich nicht das Gefühl, zu neuen Quellen vorzustoßen. Ich überrasche mich selbst meistens nicht, und ich bin sicher, Sie nicht zu überraschen. Deshalb ärgere ich mich über Sie, aber noch mehr über mich selbst. Ich bin diejenige, die den Strom staut und nur ein kleines Gefühlsrinnsal durchsickern läßt. Und wenn das geschieht, starre ich es an, bis es austrocknet, oder Sie tun das. Ich weiß nicht, was mich so eingeschüchtert hat. Vielleicht liegt es teilweise daran, daß ich mich durch die starken, strengen Augen von Karl sehe.

Von dieser Befangenheit bin ich befreit, wenn ich mit Karl oder Freunden herumalbere oder wenn Sie eine Frage stellen, die richtig ist. Wenn ich mich engagiere und nicht über jede Antwort und alles, was ich tue, erst nachdenke. Ich verpasse dann viel, aber ich fühle mehr und erinnere mich wenig. Ich komme glatt davon. Der Augenblick und die Erlebnisse sind vorbei, ohne bösen Widerhall.

Über ihre Reaktionen auf meine kontrollierten Gaben bei der Therapie brauche ich mich nicht zu wundern. Ich gebe Ihnen ja keine lebende Person, an der Sie arbeiten können. Jedenfalls sehe ich das heute so. Selbst wenn ich andere Dinge empfinde, werden sie von dieser anderen, kritischen Vorstellung meiner selbst überlagert, einer Vorstellung, die fest an ihrem Platz sitzt. Wenn ich so nervös wie heute bin, ist es wie bei einem Fernsehbild, das auf der Bildröhre auf und ab springt. Immer dasselbe alte Rührstück, aber das Bild steht nicht still.

Vielleicht bezieht sich auch die Phantasie, in der ich beim Beischlaf *rede,* auf die Therapie. Daß Sie mich überreden,

* Wörtlich; es handelt sich um eine Glaswand, durch die Ärzte die Sitzungen beobachten können, ohne selbst gesehen zu werden.

mich hinzugeben, meine Gefühle freizulassen, anderen Gefühlen außer dem der Niederlage Raum zu lassen. Wenn sie mich fragen: »Was haben Sie mir gegenüber für Gefühle?« dann folgt bei mir meist dieser kurze, harte Gedankengang: Aha, jetzt will er mich wieder dazu bringen, daß ich zugebe, ihm gegenüber sexuelle Gefühle zu haben. Keine (ist die kurze Antwort). Aber als Sie es heute sagten, habe ich darüber nachgedacht und erlaubte mir Phantasien, und da hatte ich solche Gefühle. Aber es strömte erst hinzu, als ich mich treiben ließ, es ist nichts, was fest in meinem Bewußtsein verankert wäre.

In der Therapie scheine ich mehr auf der Hut zu sein als irgendwo sonst. Obwohl ich weiß, daß Sie um meinetwillen froh wären, wenn ich mich ein wenig anders verhielte. Ich tue es aber nicht.

Ein Teil meiner Niederlage besteht darin, daß ich Sie täuschen kann und dafür nicht bestraft werde. Ich habe auf der Bühne gespielt, und äußerlich sind mein Gesicht und mein Körper immer da, wenn ich sie brauche. Sie stellen etwas vor, sie springen als Ersatz ein für Stärke und Emotion. Aber ich habe kein gutes Gefühl dabei. Nach der Behandlung bin ich allerdings meist etwas eher in der Lage, meine Aggressionen auszuspielen, die eine Strafe für mein Posieren sind.

DR. YALOM, 14. April

Ich habe Ginny drei Wochen nicht gesehen. Die beiden letzten Wochen bin ich in Boston gewesen. In der Woche davor wollte ich Ginny um elf treffen und um zwei an die Ostküste fliegen. Ich hielt bis Dienstag an diesem Plan fest, aber dann sah ich ein, daß ich unmöglich mit allem so rechtzeitig fertig werden konnte, daß ich noch das letzte Flugzeug nach Boston erwischte. Ich arbeitete den ganzen Dienstag bis tief in den Abend und beschloß dann nach langem Zögern, Ginny in der Nacht anzurufen und die Verabredung abzusagen. Aber noch am Telefon ließ ich sie wissen, daß ich trotzdem etwas Zeit für sie herausschinden wolle, wenn es sich um einen absoluten Notfall handle. An dieser Stelle antwortete sie, es sei schade, daß wir uns nicht sehen würden, denn sie könne mir einen guten Bericht geben. Es tat mir leid, das zu verpassen, denn ich war, ehrlich gesagt, einfach neugierig, was passiert war. Aber jedenfalls ist das der Hintergrund für die heutige Sitzung, die man vielleicht »Das Zwei-Tage-Hoch« nennen könnte.

Ginny erzählte vor allem, daß sie sich ein paar Tage außerordentlich wohl gefühlt hatte. Das habe wahrscheinlich am Sonntag abend begonnen, als Karl sie wieder einen langweiligen Klotz genannt und beschuldigt hatte, sich immer sofort schlafen zu legen und ihn gar nicht wirklich zu lieben, und sie ganz unvermittelt geantwortet hatte, wobei sie ihre Wut gegen seine setzte. Am nächsten Morgen war sie auch in der Lage, sich über einen Schüler zu ärgern, der nicht auf sie gehört und sich über ihren Job lustig gemacht hatte. Daß sie den falschen Jungen beschimpft hatte, machte gar nichts, denn sie hatte es geschafft, doch noch den richtigen zu erwischen und mit ihm zu schimpfen, obwohl er sie immer noch nicht beachtete. Daraufhin hatte sie angefangen, sich für sehr stark und fähig zu halten und sich sehr wichtig zu nehmen. Es scheint, als ob Ginny einen Blick auf ihre innere Stärke und Kondition geworfen und als ob die Tatsache, daß ich unser Treffen absagte, ihr plötzlich alles wieder genommen hätte. Sie sagte, sie habe das Gefühl gehabt, sie werde zu mir kommen und bei mir ihre Kräfte erneuern können, so daß der Strom weiter fließen könne, aber meine Abreise werde den Stromkreis unterbrechen. All das konnte sie mir am Telefon nicht richtig erzählen, denn als ich anrief, hatte sie nur ein paar Meter neben Karl gestanden, mit dem sie gerade gewürfelt hatte. Das hatte sie in eine schwierige Position zwischen den beiden Männern in ihrem Leben gebracht, und sie flüsterte nur ins Telefon, sie könne diese neuesten Veränderungen Karl nicht mitteilen, denn das könne er nicht verstehen.

All dies erzählte sie recht brillant. Ginny war sehr selbstbewußt, und obwohl sie über ihre guten Gefühle so sprach, als gehörten sie bereits der Vergangenheit an, schien mir, daß sie zumindest zum Teil noch durchaus gegenwärtig waren. Was sie sagte, brachte mich auf verschiedene Gedanken, und ich versuchte, diese Gedanken systematisch zu erforschen.

Zunächst fragte ich, ob sie sich über mich geärgert habe, weil ich die Verabredung abgesagt hatte. Damit konnte sie (natürlich) nicht sehr viel anfangen, und ich mußte ihr einige Dinge fast in den Mund legen, zum Beispiel: man könne doch erwarten, daß ich meine Zeit besser einteile, oder daß ich mich hätte bemühen können, die Sitzung doch zu ermöglichen, wenn mir wirklich an ihr gelegen sei. Einige dieser Dinge hatte sie tatsächlich gedacht, mich dann aber damit entschuldigt, daß ich allen hatte absagen müssen. Zuerst hatte sie gedacht, es sei darauf zurückzuführen, daß sie mich nicht bezahle, aber dann hatte sie diese Interpretation verworfen, weil ich auch allen zahlenden Patienten abgesagt hatte. Das macht mir übrigens klar, daß ich das Problem, daß Ginny nicht bezahlen muß, offenbar unterschätze. Für mich ist es nicht sehr wichtig, weil das Geld, das meine Patienten zahlen, ohnehin nicht direkt an mich, sondern an die Universität geht. Vielleicht habe ich das Ginny nicht hinreichend klargemacht, so daß sie sich mehr in meiner Schuld fühlt, als es tatsächlich der Fall ist.

Des weiteren versuchte ich zu ermitteln, was der Umstand bedeutet, daß ihre guten Gefühle verschwanden, als ich sie nicht sehen konnte. Ich sagte ihr, daß ich die Vorstellung eines Kindes hätte, das auf dem Sprungbrett tolle Sprünge macht und seiner Mutter ständig zuruft: »Schau mal, schau mal«, bis es dann nach einer halben Stunde plötzlich feststellt, daß die Mutter gar nicht richtig hingeschaut hat, was der ganzen Sache dann völlig den Reiz nimmt. Mit anderen Worten, es sei bedauerlich, daß Ginny sich nur *für mich* wohl fühlen wolle. Sie leugnete das und erklärte, sie fühle sich auch für sich selbst wohl, aber es fehle etwas dabei; meine Deutung war, daß sie das Gefühl habe, ich kümmerte mich nicht genug um sie.

In ihrem Leben entwickeln sich jetzt eine Menge anderer Dinge, die sie beunruhigen. Sie muß aus dem Haus ausziehen, in dem sie wohnt, denn ihr Hauswirt und seine Frau haben sich scheiden lassen und verkaufen alles, auch die Möbel, die Ginny im letzten Jahr benutzt hat. Ginny macht sich nun Vorwürfe, weil sie damit nicht in übermenschlicher Gelassenheit fertig wird. Sie hat sich erboten, ihrem Hauswirt, der krank ist, zu helfen, und macht sich wieder Vorwürfe, weil sie diese Aufgabe nicht mit völligem Gleichmut erfüllt. Dabei ist es doch ganz natürlich, daß man sich darüber aufregt, wenn man Dinge aufgeben muß, mit denen man gelebt, die man geliebt hat, wozu auch der Hauswirt selbst zählt. Es ist charakteristisch für Ginny, daß sie alles, was geschieht, als Zeichen ihrer Minderwertigkeit und fehlenden Geschicklichkeit interpretiert. Sie stopft alle Ereignisse ihres Tages in die Mühle der Selbstkritik, die von ihrem eigenen Selbsthaß in Gang gehalten wird. Ich erwähnte das und wies dabei auf einige »Soll«-Vorstellungen hin, die ihre Selbsteinschätzung bestimmen und ihr übermenschliche Forderungen aufbürden. Sie erzählte vom Besuch einer Freundin, und ich versuchte, sie dazu zu bringen, den Besuch aus der Perspektive ihrer Freundin zu sehen; Ginny ist sich durchaus bewußt, daß ihre Freundin viel von ihr hält. Ich weiß, daß Ginny sich dauernd mit einer Fülle von Anerkennung konfrontiert sehen muß – meine eigenen postiven Gefühle ihr gegenüber werden wahrscheinlich von den meisten Leuten geteilt, die in ständigem Kontakt mit ihr stehen; ich fragte daher, warum all diese positiven Gefühle, die andere ihr entgegenbringen, nie diesen harten Kern des Selbsthasses in ihrem Innern berühren. Ungefähr da beendeten wir die heutige Sitzung.

Vielleicht sehe ich jetzt schon etwas mehr Licht am Ende des Labyrinths. Die Tatsache, daß Ginny in der Lage war, ein Hoch von zwei Tagen zu erleben, ist sehr ermutigend. Manchmal kann ein Patient solche Erfahrungen innerlich als Bezugspunkt für künftige Fortschritte bewahren, so daß er sie als schon bekanntes Terrain wiedererkennt, wenn er erneut in die Nähe gelangt. Ginny tendiert jetzt freilich zum genauen Gegenteil. Wenn sie sich an diesen Gipfel erinnert, vergegenwärtigt sie sich sofort, wie tot sie sonst immer ist. Ich glaube aber, wir werden in Zukunft noch öfter zu diesem Punkt zurückkommen.

DR. YALOM, 21. April

Als Ginny heute kam, war sie sehr verstört. Außerdem kam ich zehn oder fünfzehn Minuten zu spät, was offensichtlich auch nicht gerade förderlich war. Andererseits war es vielleicht gar nicht so schlecht, denn es half ihr dabei, ihre Wut auf mich ein wenig zu mobilisieren. Die Architekten, die das neue Psychiatrie-Gebäude auf der anderen Straßenseite bauen, verfolgten mich, weil ich ein paar Tage nicht da bin, und hielten mich länger auf als geplant, aber meine Verspätung wäre keineswegs unvermeidlich gewesen. Jedenfalls hat Ginny tatsächlich das Gefühl, als wäre sie um einige Punkte zurückgefallen. Sie fühlt sich schlechter denn je. Sie steht unter erheblichem Druck. Innerhalb einer Woche muß sie eine neue Wohnung finden, all ihre Möbel werden unter ihr weg verkauft, Karl hat sich wegen ihrer Unachtsamkeit in der Küche verbrannt, seit drei Wochen hat sie nicht mehr schreiben können usw. usf. Ich war besorgt über ihre zunehmende Verzweiflung in dieser Woche und sagte ihr das auch. Ich bin sicher, daß sie sich sehr viel wohler fühlen wird, wenn die Aufregung sich wieder legt. Aber ich glaube, es ist jetzt wichtig, sich im klaren darüber zu sein, was sie sich in Zeiten der Belastung zufügt.

Es fängt damit an, daß sie sich für alle möglichen Leute einsetzt, dann schwimmt sie in Selbstmitleid und stellt sich so mitleiderregend dar, daß sie schließlich von anderen zurückgewiesen wird. Was diesmal anders ist, ist die Art ihrer Wut, die näher an der Oberfläche liegt. Für gewöhnlich schluckt sie alles tief hinunter und steht dann erstaunt und hilflos vor ihrem nie geäußerten, nie in Handlung umgesetzten Ärger.

Sie erzählte, daß sie ärgerlich darüber gewesen sei, heute zu unserem Treffen hier herauskommen zu müssen. Obwohl ich mich darum bemühte, sie aus dem Sumpf zu ziehen, habe sie eigentlich viel zuviel zu erledigen, als daß sie soviel Zeit aus ihrem Leben entbehren könne, und zu allem Überfluß sei ihr auch noch schlecht geworden im Bus. Außerdem sei sie mit dem Gedanken aufgewacht, ein Gewehr zu besitzen und Leute zu erschießen. Als sie die Sekretärin fragte, wo ich sei, hatte sie das Gefühl, es wäre eine würdige Krönung dieser Woche, wenn ich die Sitzung ausfallen ließe. Sie hatte Schwierigkeiten, das Fenster im Büro zu öffnen, und große Lust, das Glas mit der Faust einzuschlagen. Karl war rücksichtslos gewesen, er hatte sie gedrängt, Wohnungen zu besichtigen, als sie zu müde war, sich überhaupt zu bewegen; er hatte sie in eine Buchhandlung geschickt, obwohl sie nicht wollte, dann hatte er – allerdings scherzhaft – mit ihr geschimpft, weil sie das Essen nicht fertig hatte. Kurz darauf hatte sie versehentlich eine glühend heiße Pfanne auf dem Tisch stehen lassen, und er hatte sich verbrannt; einen Augenblick lang hatte sie das als poetische Gerechtigkeit angesehen, dann hatte sie sich dafür geschämt. (Offensichtlich handelt es sich keineswegs um »poetische Gerechtigkeit«, sondern darum, daß zerstörerische Impulse die Barrieren der Verdrängung durchbrechen.) Sie war sich im klaren darüber gewesen, daß es dumm sei, die Pfanne auf dem Tisch stehen zu lassen, sie hatte sogar darüber nachgedacht, daß es gefährlich sei, die Streichhölzer daneben liegen zu lassen, hatte es aber irgendwie geschafft, das Ganze in Minutenschnelle aus ihrem Bewußtsein zu verdrängen. Sie war heute böse auf ihren Vater und sogar auf mich, obwohl sie nicht in der Lage war, einigermaßen frei darüber zu sprechen. Es geschah so viel auf einmal, daß ich nicht recht wußte, was ich tun könnte, um ihr zu helfen; am Ende der Sitzung hatte ich das Gefühl, nicht besonders nützlich gewesen zu sein. Als Ginny hinausging, sah sie ziemlich niedergeschlagen aus und hatte möglicherweise das Gefühl, sie habe einen weiten Weg gemacht, um mich zu sehen, ohne wirklich davon profitiert zu haben.

Während des Gesprächs hatte ich ihr klarzumachen versucht, daß die Situation keineswegs so außer Kontrolle geraten sei, wie sie dachte: sie hätte immer noch die Möglichkeit, sich in jedem Falle frei zu entscheiden und könnte die Probleme einzeln angehen und sich den richtigen Schritt überlegen. Zum Beispiel mußte ein wenig Willenskraft genügen, um ihre Schlampigkeit abzulegen und die unaufgeräumte Wohnung in Ordnung zu bringen. Sie schien allerdings viel zu verstört zu sein, als daß solche praktischen Vorschläge irgendeine Wirkung hätten haben können. Sie behauptete auch, sie sei diese Woche viel zu gehetzt gewesen, um irgend etwas für mich zu schreiben – sie hätte alles, was sie sagen wollte, schon letzte Woche gesagt, und wenn ihr noch etwas einfiele, wolle sie es mir ins Gesicht sagen. Das hörte sich sehr herausfordernd an, und ich versuchte, ihr dabei zu helfen, dieses Gefühl noch deutlicher zu verspüren, aber sie wollte nicht. Ich glaube, daß sie durchaus Grund hat, wütend auf mich zu sein, weil ich vor einigen Wochen die Sitzung ausfallen ließ. Sie erklärte, sie habe gewußt, daß ich das sagen werde, aber es sei nicht wahr; es sei töricht, die Ereignisse von vor einem Monat heranzuziehen, wo doch jetzt so viele dringende Dinge in ihrem Leben passierten.

Jedenfalls hatte ich heute wieder einmal Kontakt mit der Ginny von früher, es war eine Rückkehr zum Pessimismus, zur Entmutigung und Verlegenheit auf meiner Seite, zu Ginnys Beschämung über ihre Schlamperei und Unordentlichkeit. Wir wurden beide in die Grube ihrer Selbstentwertung gezogen.

DR. YALOM, 5. Mai

Ginny fing damit an, daß sie ihren Bericht nicht geschrieben hätte. Sie hätte keine Zeit gehabt, ihn zu schreiben, sagte sie, fügte dann aber tonlos hinzu, sie habe sich aber sehr wohl die Zeit genommen, zum Pferderennen zu gehen. Als ich sie befragte, erklärte sie, sie sei wirklich zu beschäftigt gewesen, sie habe die ganze Zeit mit Packen und Umziehen zugebracht, und wenn sie sich mal etwas Freizeit gegönnt habe, sei das notwendig gewesen, um sich von der Hausarbeit zu erholen. Sie war deprimiert, es geschah nicht viel, alles, was zu sagen war, hatte sie schon in der letzten Sitzung gesagt. All das verstimmte mich ziemlich, und ich spürte den Drang, mit ihr zu schimpfen, weil sie ihren Bericht nicht geschrieben hatte, denn das ist schließlich Teil des Vertrages, den sie mit mir abgeschlossen hat. Ich zog sogar in Erwägung, ihr damit zu drohen, daß ich auch meinen Teil des Vertrages nicht einhalten würde, wenn sie ihren nicht einhielt. Aber damit würde das Schreiben äußerst zwanghaft und mechanisch, und ich zögerte auch deshalb damit, weil sie so schrecklich niedergeschlagen war. In den nächsten zwanzig oder fünfundzwanzig Minuten hatten wir eine äußerst langweilige Sitzung. Es war im wesentlichen ein Wiederkäuen von Dingen, die sie schon früher gesagt hat. Ich glaube, sie äußerte nicht einen neuen oder erfrischenden Gedanken. Im wesentlichen servierte sie eine unbeschreibliche Auswahl trübsinniger Krümel von ihrem selbst-verneinenden Smørgasbrød.

Ich suchte einen konstruktiven Einstieg in diesen Monolog, aber ich war ganz einfach nicht in der Lage, während dieses ersten Teils der Sitzung etwas zu ihr zu sagen. Es fiel mir einfach nichts Nützliches ein, es gab nichts, was ich hätte erforschen oder bestärken wollen; daher sah ich mich, sehr gegen meinen Willen, weitgehend zum Schweigen verurteilt. Ich sagte ihr, daß sie sich sehr kleinmädchenhaft benehme, daß sie schwach und ängstlich spreche und auch nichts Neues sage. Sie antwortete, indem sie mir zustimmte. Dann erzählte sie mir eine Phantasie, die sie am Morgen gehabt hatte. Sie handelte davon, daß ich sie in ein kleines Häuschen schickte und ihr befahl zu schreiben. Dann kam mein Assistent hinzu und hatte Geschlechtsverkehr mit ihr, was sich zu einer fröhlichen Balgerei entwickelte. Nach einiger Zeit ging der Sex mit dem Assistenten aber über bloßen Spaß hinaus, denn er entwickelte sich zu einem ununterbrochenen Geschlechtsverkehr am Rand einer Vergewaltigung. Sie war dann in Versuchung, mit ihm durchzubrennen, aber ich kam hinzu und überredete sie, zu bleiben und mit dem Schreiben noch mindestens einen Monat oder so weiterzumachen. Wir untersuchten diese Phantasie. Wollte sie wirklich, daß ich sie in dieser Form in einem hübschen kleinen Häuschen unter meine Obhut nahm und sogar noch für ihre sexuellen Bedürfnisse sorgte? Sie verlangte tatsächlich, ich solle eine Mutterrolle für sie übernehmen. Was sollte ich sie ihrer Meinung nach fragen? (Ich finde es stets sehr aufschlußreich, die Patienten danach zu fragen, welche Fragen sie gern von mir hören würden.) Sie sah sich außerstande zu antworten. Sie schlug lediglich vor, ich solle ihr weitere Dinge vorschlagen, die zu tun seien, oder genauere Fragen nach ihrem Stimmungsumschwung stellen. Sie wollte von mir hören, was sie tun soll.

In den letzten fünfzehn Minuten der Sitzung präsentierte ich mich in einer extremen Mutterrolle. Sie hatte zum Beispiel gesagt, sie habe es sehr schön gefunden, als ich ihr vorschlug, doch mit dem Zug zu fahren; letztes Mal war sie auch mit dem Zug gekommen. Ich fragte, ob sie heute auch mit dem Zug gekommen sei. Sie sagte nein, und ich fragte, warum nicht, und wir beschäftigten uns detailliert mit der Frage, warum sie heute den Zug verpaßt hatte. Ich fragte sie dann genau, was sie heute getan habe, und sie erzählte mir, wann sie aufgewacht sei und was sie gedacht habe. Ich fragte, was sie dann gemacht habe, und sie erzählte, wie sie sich gewaschen habe, wobei sie erwähnte, sie habe sich nicht sehr gründlich gewaschen. Ich verfolgte diesen Hinweis, indem ich sie fragte, ob sie es gern hätte, wenn ich sie wüsche. Sie sagte nein, aber sie würde es schön finden, wenn ich ihr eine »freie Dusche« gäbe. Das war eine merkwürdige Wortwahl, das »frei« ergab gar keinen Sinn; aber ich konnte darüber nichts weiter herausfinden. Dann erzählte sie, wie sie gefrühstückt habe. Sie habe gern Cornflakes und Erdbeeren essen wollen, sich das aber verboten, obwohl es bedeuten konnte, daß die Erdbeeren gar nicht gegessen würden und verfaulten. Sie sagt, das sei nur eine ihrer Methoden, mit deren Hilfe sie sich dessen beraubt, was sie eigentlich will. Früher habe ihre Mutter ihr bei der Entscheidung darüber, was sie essen wolle, geholfen. Ich fuhr noch eine Weile fort, sie in der Art zu befragen, und wir beendeten das Gespräch damit, daß ich vorschlug, sie *solle* die Erdbeeren morgen essen und sie *solle* das nächste Mal den Zug nehmen.

Damit wurde das Gespräch offensichtlich lebendiger. Einmal stellte sie fest, es sei ihr sehr heiß, sie spüre fast eine sexuelle Hitze. Und von da aus begann sie etwas zu sagen, was sehr interessant und faszinierend klang; sie hatte sich heute fast dazu entschlossen, nicht zuzulassen, daß ich sie bekäme, daß sie mich dadurch unter Kontrolle halten wolle, daß sie unberührbar bleibe. Sie erinnerte sich daran, daß sie so in der Gruppe gewesen sei – unnahbar und emotional unerreichbar. Ich fragte weiter, welche Gefühle ihr gegenüber dies in mir auslösen würde. Sie sagte, das einzige Wort, was ihr einfiele sei »voller Ehrfurcht«. Das scheint darauf hinzuweisen, daß sie dadurch, daß sie sich nicht berühren läßt und irgendwie tot bleibt, sowohl mich als vielleicht, durch ihre Frigidität, auch Karl unter Kontrolle hält. In diesem flauschigen Korb steckt eine fest geballte, trotzige Faust.

DR. YALOM, 18. Mai

Das war ein sehr gespanntes, beunruhigendes Gespräch. Zunächst einmal war heute der Tag, an dem wir unsere schriftlichen Aufzeichnungen aus den letzten Monaten austauschten. Ich habe darüber nicht allzuviel nachgedacht, sondern lediglich der Sekretärin gesagt, sie solle die Aufzeichnungen zusammenstellen. Heute morgen wollte ich einige Zeit darauf verwenden, meine Notizen noch einmal durchzulesen und vielleicht zu redigieren, um sie verständlicher für Ginny zu machen, da ich sie nach dem Diktieren nicht noch einmal überprüft hatte. Als ich zu lesen begann, wurde ich immer verlegener und fragte mich, was um alles in der Welt ich damit anrichten würde, wenn ich Ginny all das zu lesen gäbe, und was das für eine Wirkung auf sie haben würde. Ich löste all diese Probleme schließlich dadurch, daß ich meine Lektüre aufgab, nachdem ich einige Berichte gelesen hatte. Im Verlauf dieser Beschäftigung überflog ich auch einige von Ginnys Berichten, die ich aber nicht systematisch las, denn ich war der Ansicht, wir sollten das im Verlauf dieser Woche gemeinsam tun und das nächste Mal darüber sprechen. Eines fiel mir allerdings sofort auf, nämlich, daß hier in gewissem Sinne die Dinge vertauscht sind – Ginny geht stets davon aus, daß ich ihr überlegen sei, aber wenn man beobachtet, wie sie mit der Sprache umgeht, dann wird ganz deutlich, daß meine Sprache im Vergleich mit ihrer ungeschickt und phantasielos ist. Zu Beginn der Sitzung hatte ich immer mehr Bedenken, ob es gut sei, Ginny die Notizen zu geben, und sagte ihr, daß ich stets für sie zu sprechen wäre, falls die Berichte sie so aufregen sollten, daß sie mich anrufen müsse. Auch Ginny schien über die Aussicht der Lektüre beunruhigt zu sein und dachte kurioserweise darüber nach, ob sie nicht den Umschlag eines Comic-Hefts verwenden solle, damit Karl nicht wisse, was sie liest.

Ginny sah gut aus, als sie heute hereinkam. Sie hatte angerufen und darum gebeten, den Termin vorzuziehen und einen Tag früher kommen zu dürfen, denn Karl würde sie heute herfahren können. Die ganze Sitzung war sehr gespannt, ein großer Teil der Spannung war sexueller Natur. Ginny sprach über ihre intensiven sexuellen Gefühle, die um mich zu kreisen oder mich zumindest zu berühren scheinen. Als ich sie fragte, ob die Tatsache, daß sie sich sexy fühle, in irgendeiner Weise damit zusammenhänge, daß sie mich heute sähe, begann sie über das Masturbieren zu reden, wobei sie eine gewisse Dankbarkeit dafür ausdrückte, daß ich ihr Erlaubnis dazu gegeben hätte, fast so als sei ich ein geistlicher Ablaßhändler.

Dann erzählte sie, daß sie sich sehr aufgeregt habe, als sie mich gestern anrief, um den Termin zu ändern, es sei fast so gewesen wie damals, als ihre Mutter sie gezwungen hatte, am *Sadie-Hawkins-Day* Jungen anzurufen. Ich erinnerte sie daran, daß sie in der letzten Sitzung darüber gesprochen habe, mit meinem Delegierten oder Assistenten Geschlechtsverkehr zu haben. Sie sagte, wenn sie Karl alles erzählen könnte, was sie mir erzählt habe, dann würde sie sich sehr viel wohler fühlen und sich vielleicht auch größere sexuelle Freiheit erlauben können, wenn sie mit ihm zusammen sei. Ich fragte, ob es eine Fortführung dieses Gedankens sein könne, daß sie sich noch weiter lösen könnte, wenn sie sexuelle Beziehungen zu mir hätte. Sie sagt, sie denke manchmal darüber nach, erlaube sich aber eigentlich nicht, länger darüber zu grübeln oder zu phantasieren. Ich äußerte die Vermutung, daß dies auf einer subintellektuellen Ebene geschehe, weil die sexuelle Spannung sie überflute, wenn sie das Büro betrete. Ich warf die Frage auf, ob die Spannung, die vorhanden war und die sie heute zu hemmen schien, vielleicht dadurch angetrieben werden könne, daß sie darüber spricht.

Es fiel uns schwer, die Stunde herumzubringen. Die Zeit schien sich nur so dahinzuschleppen. Vielleicht lag es daran, daß wir darauf warteten, die Berichte zu lesen. Wir erörterten, wie sie in ihrem Minikleid aussah, das sie für allzu kurz hielt; sie genierte sich darin. (Tut mir leid, daß ich es angezogen habe, oder tut mir leid, daß ich darunter keine langen Hosen angezogen habe.) Ich fragte, welche Reaktion auf ihr Kleid sie bei mir vermute. Sie ging darauf nicht ein, und ich erzählte ihr gratis, daß ich keines der unschmeichelhaften Dinge bemerkt hätte, von denen sie sprach, daß es meiner Meinung nach gut aussehe. Ich warf auch die Frage auf, ob ihre heutige sexuelle Hochspannung etwas mit Karl und mir zu tun habe, damit, daß wir heute beide in Palo Alto seien; sie scheint sich zwischen uns sehr gefangen zu fühlen. Das sagte ich aber nicht, ich bin sicher, es wäre von geringem Nutzen gewesen.

Ich bin recht neugierig auf ihre Berichte und auf ihre Reaktion auf meine. Die nächste Woche scheint weit weg zu sein.

GINNY, 18. Mai

Ich hätte meinen Bericht schreiben sollen, bevor ich Ihre Berichte las. Jedenfalls hatte ich in der letzten Sitzung eine Phantasie – sie gehört zu meinen unanständigen Träumen. Wissen Sie, ich war so nervös, und ich dachte, wenn ich vorher oder einfach während der Sitzung masturbiert hätte, hätte mich das entspannt und ich hätte mich den anstehenden Problemen widmen können. Dieser groteske Gedanke hatte einen bestimmten Hintergrund, eigentlich war es ein Plagiat einer Szene aus der *Geschichte der O,* wo es ein Mädchen im Beisein eines Mannes auf einem Drehstuhl macht. Das war aber nicht genau das Gefühl, das ich hatte. Ich weiß gar nicht, ob alles, was ich jetzt geschrieben habe, der Realität entspricht oder nur ein schlauer Zeitvertreib ist, um mich nicht konzentrieren zu müssen. Wenn ich leer laufe, versuche ich, meine Gedanken an Dinge zu hängen, die ich in Büchern gelesen habe – sekundäre Erlebnisquellen.

Andererseits ist es eine reale Tatsache, daß ich Sie sehr oft herbeiphantasiere, wenn ich intime Dinge tue. Und weil bei mir alles so transparent ist, kann ich nicht einsehen, daß es einen Unterschied macht, wenn Sie nicht wirklich, sondern nur in meinem Bewußtsein anwesend sind. Sie erscheinen zum Beispiel manchmal bei mir zu Hause. Ich spreche mit Ihnen. Als ich an diesem Tag in die Sitzung kam, war es wie Bauchweh. Ich dachte, es wäre einfach ein praktisches Heilmittel. Ich hatte all diese nervöse Energie und keinen Zufluchtsort. Und ihr Büro ist wie ein Zufluchtsort für mich – wo ich einiges von dem sagen kann, was ich sagen muß, wo ich Amnestie genieße ohne Angst vor einem Urteil. Wenn ich mich sonst manchmal zurückziehen muß, stelle ich Sie an der Schlafzimmertür oder neben meinem Bett auf. Als eine Art psychologischer Rausschmeißer. Sie wachen über mich, beschützen mich und hören zu. Oder wenn ich weglaufe, sind Sie immer der einzige, der wunderbarerweise die Adresse und die Postleitzahl herausfindet. Ich wußte, daß es Sie wahrscheinlich glücklich machen würde, wenn ich Ihnen meine Phantasien erzählte, aber ich konnte nicht. Einerseits, weil ich wußte, daß meine Phantasien abscheulich sind, aber vor allem, weil sie ein wenig geschwindelt waren und ich sie selbst etwas sensationeller machte und vielleicht sogar fälschte, um damit die Leere der Sitzung zu füllen. Dennoch habe ich stets das ganz einfache Gefühl, daß Sie sowieso immer da sind. Vielleicht auch die Angst, am nächsten Tag einen völlig fremden Arzt aufsuchen und ihm meinen Schoß zeigen zu müssen – hübsch offen für ihn sein zu müssen – haha. Gynäkologen sind eine ganz andere Sache.

Ich habe sechs Tage gewartet, ehe ich das schrieb. Das war das letzte Mal, daß ich das mache. Von jetzt ab werde ich die Sache wirklich ernst nehmen.

In Ihren Aufzeichnungen nennen Sie mich Ginny. Ich dagegen rede einfach mit Ihnen. Aber vielleicht muß ich deswegen vorsichtiger sein bei dem, was ich sage; Ihre Notizen sind ein Tagebuch und meine sind nur ein Telefongespräch, bei dem ich mir ständig bewußt bin, daß ich mit Ihnen verbunden bin und daß jemand mithören kann.

III Sommer

(26. Mai bis 22. Juli)

DR. YALOM, 26. Mai

Dies war das erste Gespräch, seit Ginny und ich Gelegenheit hatten, die Aufzeichnungen des anderen zu lesen. Ich habe diesem Tag mit einiger Unruhe entgegengesehen. In erster Linie fragte ich mich, ob nicht bestimmte Teile meiner Aufzeichnungen eine negative Wirkung auf Ginny haben könnten. Außerdem war ich selbst etwas verlegen, nachdem ich beide Berichte gelesen hatte – einige meiner Bemerkungen wirkten so, als stammten sie von einem Erstsemester, und meine Sprache war im Vergleich mit ihrer ungeschickt. Das einzige, was mich rettete, war die Tatsache, daß meine Berichte ihr gegenüber nichts als positive Gefühle enthielten, denn das sind auch meine wahren Gefühle. Sie kam jedenfalls ziemlich aufgekratzt herein. Ich machte den Vorschlag, die Sitzung auf Band aufzunehmen, falls wir später darauf zurückkommen wollten. Sie meinte, ich sollte die ersten Minuten erst einmal zuhören, dann wäre ich möglicherweise enttäuscht und würde es mir noch einmal überlegen, ob ich die Sitzung aufnehmen wolle. Dann erzählte sie, welche Katastrophen sie seit unserer letzten Begegnung heimgesucht hatten: Krätze, eine Pilzkrankheit an der Vagina, eine Fleischwunde am Fuß, gewaltige Arztrechnungen und schließlich der Umstand, daß Karl diese Woche nicht viel außer Haus gewesen war, so daß sie meine Berichte ganz hastig und ihre eigenen fast gar nicht gelesen hatte.

Ihre erste Reaktion bestand (nicht völlig unerwarteterweise) darin, ihre Arbeit gegenüber meiner herabzusetzen. Sie hatte das Gefühl, einen Kursus belegt und eine schlechte Hausarbeit eingereicht zu haben. Sie sagte, ihre Papiere seien im Vergleich mit meinen mickerig und kurz, während ich bereit gewesen sei, tiefer in die Dinge einzudringen. Sie wies darauf hin, ich hätte dadurch, daß ich in der dritten Person geschrieben und von »Ginny« gesprochen hatte, mehr Freiheit beim Schreiben gehabt, während sie an mich geschrieben und das Pronomen »Sie« gebraucht habe. Diese Beobachtung verblüffte mich ziemlich, denn das hatte ich vorher noch nicht bemerkt; dieser Umstand ist aber sehr bezeichnend für die psychotherapeutische Beziehung überhaupt. Ich wäre nie auf die Idee gekommen, den anderen direkt anzusprechen. Und was bedeutete es, daß sie mich mit »Dr. Yalom« anredete, während ich sie »Ginny« nannte? Wird sie mich jemals ganz ungeniert beim Vornamen nennen können?

Ihre Empfindungen hinsichtlich der Berichte waren im wesentlichen positiv; sie sagte sogar, sie hätten sie so ermutigt, daß sie sich entschlossen habe, keinen Ganztags-Job anzunehmen, was sie gezwungen hätte, die Behandlung zu unterbrechen. Ich grübelte darüber nach, welche Aspekte meiner Notizen diese Reaktion hervorgerufen haben könnten, aber sie antwortete einfach, sie habe das Gefühl, jetzt zur zweiten Phase ihrer Beziehung zu mir fortschreiten zu können. Sie erinnerte sich an einige ihrer früheren Lehrer und sagte, wenn sie sich entschlossen hatten, ihr ein symbolisches Festessen zu geben, sei das für gewöhnlich das erste Anzeichen für das Ende der Beziehung gewesen. In gewissem Sinne seien auch die Berichte ein solches Festessen. Sie hat sie offensichtlich sehr schnell gelesen, sich ganz auf die positiven Aspekte konzentriert und so offenbar das Gefühl gewonnen, daß sie sich keine allzu großen Sorgen darüber machen muß, mich für sich zu gewinnen, und daß sie in ein neues Stadium mit mir eintreten kann. Sie hob mehrfach hervor, daß sie keine Zeit gehabt habe, sie sorgfältig zu studieren, weil sie sie ummöglich in der Nähe von Karl habe lesen können, sie seien so inkriminierend. Sie vermittelte mir das Gefühl, als ob wir politische Verschwörer in einem Komplott oder ein Liebespaar wären, das eine Affäre hat, die vor Karl vollständig verborgen werden müßte. Offensichtlich enthält das einen Kern von Wahrheit, denn wenn Karl alles lesen würde, was sie über ihn gesagt hat, könnte er Einwände schon gegen die bloße Tatsache haben, daß sie sich überhaupt so offen über ihr Privatleben äußerte. Ich glaube aber, das wäre auch schon alles, worüber er sich beklagen könnte. Es ist offensichtlich, daß die Drohung einer Entdeckung bei ihr eine Überreaktion auslöst; die Heimlichkeit bei alledem, das sorgfältige Verstekken der Aufzeichnungen in ihrem Zimmer, das Herzklopfen, wenn sie sie heimlich liest, aus Angst, daß Karl hereinkommen und sie dabei erwischen könnte.

Im großen und ganzen war das Gespräch ziemlich unproduktiv, abgesehen davon, daß wir uns gegenseitig unsere Reaktionen auf die Berichte vermittelten. Ginny machte es Spaß, darüber zu reden, wie leicht sie jetzt manche Dinge tun könne, die ihr früher als größere Hindernisse erschienen waren. Wenn zum Beispiel früher die Küche ein Chaos war, pflegte sie darüber zu jammern, daß der Tisch schmutzig war und daß sie jemand sei, der solche Unordnung verursache. Jetzt hat sie, beinahe erstaunt, festgestellt, daß sie den Tisch säubern kann, indem sie ihn einfach rasch abräumt.

Wir sprachen über Geld. Erniedrigung ist ihr Schatten: stets ist er da, wenn sie den Hauswirt bittet, den Boiler zu reparieren, in der öffentlichen Klinik kostenlose medizinische Behandlung verlangt und wenn sie ihre Uniform als Verkehrslotse für Schulkinder anzieht und dabei ständig leise betet, daß keiner ihrer Freunde sie sehen möge. Das Gefühl, sich ständig erniedrigen zu müssen, ist tief in ihr verwurzelt. Ich versuchte, ihr verständlich zu machen, daß sie selbst es ist, die sich erniedrigt, und daß sie Dinge tun müsse, auf die sie stolz sein könne, wenn sie stolz auf sich sein wolle. Ihre schlechte Lage beruht zum großen Teil auf einem Mangel an Geld, ein Problem mit relativ einfacher Lösung. Ich fragte, ob sie ernsthaft daran gedacht habe, ihr schriftstellerisches Talent auszunutzen. Ich hielt also wieder einmal meine persönliche Predigt, noch dazu ohne hilfreichen

Text, denn ich konnte nur sagen, daß ich ihr zutraute, einen Weg zu finden, auf eine Weise Geld zu verdienen, die ihren Fähigkeiten angemessen sei, aber ich konnte keinerlei konkrete Vorschläge hinzufügen.

GINNY, 26. Mai

Er wollte das Tonband anstellen. Ich habe mir nicht die Mühe gemacht, darüber nachzudenken oder zu fragen warum. Ich habe mich davon nicht abhalten lassen, mich weiter zu demütigen, indem ich meine sämtlichen Krankheiten aufzählte, die in keiner Weise kritisch waren, die aber aufgezeichnet wurden, damit man sie wieder abspielen kann. Wir waren wie Dick Cavett und sein Gast in der Talk-Show.

Ich erzählte von meinem praktischen Arzt, und daß ich glaube, er verlangt zuviel Geld von mir. Ich wollte gewissermaßen Ihren sachverständigen Rat, aber ich war immer noch unsicher, als wir darüber gesprochen hatten. Vielleicht, weil reden nicht handeln ist. Heute morgen träumte ich, daß ich ihn zur Rede stellte und wurde wach davon. Meistens traue ich jedermann, denn ich bin viel zu abhängig, als daß ich mir Mißtrauen leisten könnte. Ich reagiere auf andere, anstatt als erste zu handeln. Sie setzen mich irgendwo hin und bestimmen meine Grenzen und Schranken. Wenn sie böse sind, hält meine Widerstandskraft meist länger durch als die ihre, bis sie wieder fort sind. Aber dieser Arzt drang immer tiefer in meine Alpträume vor. Vor allem, weil ich diesen Schnitt hatte, der sich entzündete. Sie sind niemals ein böser Arzt in meinen Träumen, nur einmal, als ich sicher war, daß Sie den Leiter meiner Encounter-Gruppe, M. J., nicht leiden konnten, und ich wußte, wie unrecht Sie hatten, weil Ihr ganzer Hintergrund und Ihre Philosophie sich mit seiner, wenn auch kurzlebigen, Magie und dem Psychodrama nicht abfinden konnten.

Vielleicht als Ergebnis der Lektüre Ihrer Aufzeichnungen habe ich sensorische Träume gehabt, in denen ich schwebte, vor und zurück. Ich bin sicher, sie spiegeln irgendwo Glück wider.

Als wir über die Berichte gesprochen haben, bin ich ein wenig zu lässig darüber hinweggegangen. Sie haben Ihr Gesicht verdeckt und Ihre Brille abgenommen. Und dabei halbüberrascht und schockiert gelacht, und ich wußte, Sie waren wirklich schockiert, aber ich ging nicht darauf ein. Sie hatten in Ihre Berichte viel mehr hineingelegt als ich, viel mehr gesagt. Und ich bin einfach darüber hinweggehuscht, ohne Ihnen zu danken. Ich durfte das meiner Meinung nach, denn ich hatte mir fest vorgenommen, sie *nächste* Woche ganz bestimmt genau anzusehen.

Ich glaube, ich nuschle, wenn ich mit Ihnen rede. Ich verschlucke manchmal die »g's«. Nur, damit ich noch schlampiger bin.

Obwohl ich immer sagte, daß ich Sie gern für Ihre Mühe entschädigen würde, weiß ich manchmal ganz genau, was Sie wollen, und gebe es Ihnen doch nicht, sondern starre auf Ihren Schuh oder den Tisch. Sie wollen, daß ich freier spreche und nicht damit anfange, Gedanken zurückzuhalten, aber es sieht nicht so aus, als ob ich mir das abgewöhnen ließe. Ich übernehme keine Verantwortung für das, was ich sage, vielleicht sind deswegen meine Aufzeichnungen nicht so vollständig wie Ihre.

In der Sitzung war ich mir bewußt, daß ich optimistisch war, aber das lag nur daran, daß ich allen wirklichen Anforderungen entzogen war und mich wohlfühlte. Wir sprachen darüber, was ich *nächste Woche* tun würde, nicht was ich sofort tun mußte. Ich kann sehr glücklich sein, wenn ich mir Dinge vorstelle, die mir noch nicht direkt im Genick sitzen.

Gestern habe ich Ihnen gesagt, wie ich es anfangen müßte, etwas zu tun. Für gewöhnlich sagen Sie es mir. Im Mittelpunkt stand der Küchentisch. Mein Übungsplatz. Aber es war tatsächlich eine Offenbarung, als ich zum erstenmal merkte, daß es einen Weg gibt. Daß ich die Kleinigkeiten bewältigen kann, ohne daß sie sich gegen mich auftürmen.

Indem ich die Dinge aufschiebe, staue ich mein aktives Leben zurück. Und wenn ich dann am passivsten bin, ergreifen viele von den Dingen, die ich nicht getan habe, und alle, die ich getan habe, plötzlich die Macht, wirbeln herum und bilden einen trägen Strudel. Manchmal mag ich die Therapie, weil ich das Gefühl habe, in dieser Zeit bin ich vollständig sicher. Ich brauche mich nur darauf vorzubereiten, etwas zu tun, aber ich brauche es jetzt noch nicht zu tun.

Ich weiß, daß Karl meine Trägheit, mein Zurückschrecken, meine Scheinaktivitäten haßt. Ich hasse sie auch, aber ich sitze irgendwie fest. Ich fange viele Dinge mit Energie an, aber ich scheine jedesmal kurz vor der Vollendung, vor dem eigentlichen Ziel plötzlich abzubremsen. Auf diese Weise wird der Küchentisch zu einem riesigen Tafelberg voller Staub und Tumbleweeds, die mir ins Gesicht geweht werden, gleichgültig, wie hoch ich mich aufrichte. Ich weiß, daß mein Problem damit zu tun hat, daß ich Handlungen und Gefühle aufstaue. Manchmal bin ich schrecklich nervös. Etwas in mir möchte etwas tun. Diese Wünsche in mir sind wie ein Pferd in der Startmaschine, als stünde die Zeit in diesem Augenblick still, die rote Fahne ist oben, das Pferd gespannt und straff. Wenn das Pferd zurückgehalten wird und sich innerhalb des Gatters zu sehr anstrengt, wird es sich entspannen, wenn das Gatter endlich hochgeht und das Rennen beginnt und wird ein schlechtes Rennen laufen oder zumindest einen schlechten Start haben. Der Jockey muß wissen, wann er das Pferd unter Druck und in Spannung versetzen muß, erst Sekunden, bevor das Gatter sich öffnet, damit das Pferd wirklich schnell läuft. Während ich im Wartezimmer sitze und auf Sie warte, wächst die Spannung in mir. Und wenn ich in Ihr Büro komme, bin ich meistens bloß froh, aus der Startmaschine und aus der Anspannung heraus zu sein und für uns beide ein langsames Rennen zu laufen.

sie von mir hätte erwarten können, vor allem in Hinsicht auf meine Berichte, aus denen ja hervorgeht, wie fehlbar ich bin. Darauf konnte sie keine Antwort geben, außer daß sie sagte, sie habe gern jemand bei sich, wenn sie Angst habe, wie Vater oder Mutter, die sie zu sich ins Bett geholt hätten. Ich warf die Frage auf, ob sie sich über den Verlust meiner »Vollkommenheit« so aufgeregt habe. Das leugnete sie, obwohl sie an einer Stelle bemerkte, daß sie einmal, als sie die Berichte nur durchgeblättert habe, um ihr Gedächtnis aufzufrischen, den plötzlichen Wunsch verspürt habe, sie dramatisch auf den Boden zu werfen. Bei einer anderen Gelegenheit, gegen Ende der Stunde, sagte sie etwas, aus dem hervorzugehen schien, daß sie sich darüber ärgerte, daß ich in ihrem Bewußtsein eine so große Rolle spielte, während sie in meinem nur eine geringe spielte. Das verblüffte mich. Es war das genaue Gegenteil von dem, was sie sonst immer sagt – für gewöhnlich stellt sie sich als so völlig unwichtig dar, daß sie überhaupt keiner Aufmerksamkeit wert ist. Ich bin der Ansicht, daß ihr primärer Wunsch darauf gerichtet ist, alleiniger Empfänger meiner Aufmerksamkeit zu sein. Und das andere Gefühl, das Gefühl, klein oder unbedeutend zu sein, ist nur eine Methode, ihre Gier zu kompensieren.

Ich bedauerte es außerordentlich, daß ich die Sitzung nicht auf Band aufgenommen hatte. Es fällt mir schwer, sogar jetzt, unmittelbar danach, ihr Aroma einzufangen, und ich würde sie gern noch einmal überarbeiten. Natürlich bin ich besorgt, daß sie sich wegen der Berichte irgendwie schlecht fühlt. Andererseits bin ich auf anderer Ebene völlig davon überzeugt, daß sie unsere Arbeit vorantreiben werden. Als sie sagte, sie habe den Eindruck gehabt, daß ich bei meiner eigenen Therapie an ähnlichen Problemen gearbeitet hätte, bestätigte ich dies und fragte, was sie darüber denke. Sie wich der Frage aus. Unglücklicherweise muß ich jetzt eine Unterrichtsstunde geben und diesen Bericht beenden, obwohl ich weiß, daß ich nur einen kleinen Teil der Stunde erfaßt habe.

GINNY, 2. Juni

Sie hatten recht. Ich will dies nicht schreiben. Ich habe das Gefühl, einen Freund aufgegeben zu haben, als ich Ihnen die Aufzeichnungen zurückgab. Einen Freund, der nur zu einem kurzen Besuch gekommen war. Gleichzeitig war ich erleichtert, daß die Sache vorbei war. Ich habe gesagt, ich wollte sie irgendwann einmal zurückhaben, um sie noch gründlicher zu studieren, aber das ist wohl nur mein »Ich-werde-morgen-weinen«-Alibi. Was mich zusammenzucken ließ und woran ich jetzt gerade denken muß, ist die Stelle, wo Sie über den Zyklus meines Selbstmitleids und über das Hineingesaugtwerden sprachen. Das heißt, mich als langweiligen Klotz zu betrachten. Die Aufzeichnungen sind sehr inkriminierend für mich. Ich glaube nicht, daß ich wirklich völlig so bin, wie ich von mir oder von Ihnen geschildert werde. Karl würde mich bestimmt binnen einer Minute verlassen, wenn es so wäre. Und doch ernähre und füttere ich die »arme kleine Ginny« dieser Berichte, sorge dafür, daß sie jede Woche hierher gebracht wird, und halte die weniger bekannten stärkeren Elemente in mir auf Entfernung. Es ist leichter, getreten zu werden, als der zu sein, der tritt.

Ich sitze hier und versuche mir vorzustellen, wie Sie sagen: »Sie wissen, daß ich Sie mag, Ginny.« Dann werde ich zimperlich und sage: »Sie Idiot.« Aber weiter komme ich nicht.

Diese schlechte Nacht war nicht der Brennpunkt der Woche, ich frage mich, warum wir nur darüber gesprochen haben in der Sitzung. Ich hätte damit aufhören sollen.

Als ich zur Sitzung kam, fühlte ich mich ruhig und aufgeschlossen. Aber ich versetze mich zurück in diese Nacht letzten Samstag, und es war, als ob man in einen Brunnen springt, in dem man schon einmal gefangen war. Ich fing damit an, die Situation darzustellen – das war so, sehen Sie –, und plötzlich war ich genau wieder da, wo ich anfing.

Als ich gestern ging, war mir klar, daß Sie oder ich in den

Aufzeichnungen nichts schreiben können, was durch Zauber etwas Ungeschehenes ändern und ihm einen Sinn geben könnte. Jetzt, wo ich Ihre Berichte gelesen habe, weiß ich, daß Sie sich hineingesaugt fühlen. Aber ich kann mit gesprochenen *Worten* zu keiner Lösung kommen. Das konnte ich noch nie. Wir knabbern an kleinen Ködern, die richtigen Fische sind viel weiter unten. Die kleinen Dinger, die wir fangen, werfe ich zurück.

Ich weiß, daß wir nur durch Reden weiterkommen können. Aber ich werde dabei immer befangener. Ich hatte wegen der Sitzung ein sehr ungutes Gefühl, weil ich mich nicht auf das konzentriert hatte, was Sie wollten. Wenn wir uns zweimal die Woche sähen, hätte ich wieder hineinspringen können. Aber vielleicht hätte ich nicht gewollt. Karl sehe ich jede Nacht und schiebe alles mit dem Versprechen auf, an unserem Leben zu arbeiten.

Aber ich glaube, daß Sie und ich immer noch etwas Verschiedenes wollen. Ich möchte gern sanft und ruhig sein und weinen, während Sie rationale Antworten und Führerqualitäten verlangen.

Der Rest des Tages hätte eigentlich schlecht und entmutigend sein müssen, aber ich ließ es nicht zu. Ich wollte den Tag auslöschen und umkehren und nicht im Kreis meinen Visionen nachlaufen. Ich habe es auch nicht getan.

DR. YALOM, 11. Juni

Für mich war das eine der am wenigsten engagierten und konkreten Begegnungen mit Ginny, die ich bisher hatte. Sobald sie mein Büro verlassen hatte, war sie auch aus meinem Bewußtsein verschwunden, und jetzt, ungefähr vier Stunden später, kann ich mich kaum an das Gespräch erinnern; nur daran, daß ich sehr das Gefühl eines Fehlens von Worten, eines Fehlens von Bewegung gehabt habe.

Der verblüffendste Teil der Sitzung kam gleich am Beginn, als Ginny zwei winzige Ginny-Bolzen auf mich abschoß. Erst sagte sie, am Telefon (als sie mich anrief, um einen anderen Termin auszumachen) habe es so geklungen, als ob ich sie diese Woche eigentlich nicht habe sehen wollen. Dann fügte sie hinzu, daß sie mit etwas ambivalenten Gefühlen gekommen sei, denn sie hätte statt dessen zum Pferderennen gehen können, heute sei der letzte Tag der Saison.

Dann sprach sie eine Zeitlang über ihre Depression, ihre Mutlosigkeit und darüber, daß die letzte Sitzung sehr schlecht gewesen sei. Ich hätte sie ständig gedrängt, bestimmte Antworten zu geben, die sie nicht kenne und nicht hervorbringen könne. (Das war tatsächlich außerordentlich zutreffend, da ich sie letzte Woche fast die ganze Zeit über in das Gebiet ihrer Gefühle hinsichtlich der Notizen zu steuern versucht hatte.) Ich machte in dieser Sitzung einige zarte Versuche, diese Frage weiterzuverfolgen, aber es scheint, als ob wir über die Berichte längere Zeit nicht mehr reden werden.

Sie erzählte mir dann, daß sie es sich zur Gewohnheit gemacht habe, Inventarlisten ihrer sämtlichen schlechten Eigenschaften anzulegen. Um ein paar originellere Sachen zu hören, drängte ich sie, einige gute Dinge aufzuzählen, die diese Woche geschehen seien. Nun, sie hatte mit der Theatergruppe geprobt und einen lustigen Mummenschanz für ihre Freunde geschrieben, der sich als ungeheuer komisch, aber ohne kommerziellen Wert erwiesen hatte. Als ich mich für ihre Schauspielerei interessierte, erzählte sie, daß sie manchmal mit Hilfe ihrer Mutter gespielt hätte, indem sie ihre Mutter bat, eine Szene zu beschreiben, und diese dann perfekt mimisch darstellte. Sie hat schon daran gedacht, berufsmäßige Schauspielerin zu werden; sie ist offenbar sehr begabt. Das aber konnte sie eigentlich nicht zugeben und leitete daher sofort einige subtile und raffinierte Manöver ein, die das unterminieren sollten, was ihr vielleicht an positiven Gedanken versehentlich entschlüpft war. Nachdem sie zugegeben hatte, daß sie recht gut schauspielern kann, fügte sie zum Beispiel sofort hinzu, daß sie einfach nur eine Rolle spielt, d. h. daß sie die Gefühle nicht so empfindet, wie sie sollte. Das wird allmählich sehr ermüdend für mich, und manchmal habe ich das Gefühl, als hätte ich meinen Erfindungsreichtum erschöpft, mit dessen Hilfe ich Ginny ermutige, sich selbst in anderem Licht zu sehen.

So beendeten wir die heutige Sitzung, ohne wirklich »Hallo« gesagt zu haben. Das einzig hoffnungsvolle Zeichen war das gelegentliche Aufflackern von Widerstand, zum Beispiel, als sie gleich am Anfang sagte, sie glaube, ich hätte sie heute lieber nicht sehen wollen. Ach, ja, sie ist auch fünfzehn Minuten zu spät gekommen, weil sie einen Bus genommen hat, der sie gar nicht pünktlich herbringen konnte. Sie war auch sehr bestimmt, als sie sich an einen Traum erinnerte, den sie letzte Nacht gehabt hatte: »Ich werde Ihnen davon erzählen, aber ich will nicht lange darüber reden.« Der Traum handelte davon, daß ich sie nicht zur individuellen Therapie empfangen konnte, daß ich ihr aber erlaubte, bei einer meiner Unterrichtsstunden dabeizusitzen. Im Unterricht schrieb ich ein paar Worte an die Tafel, die sie auf ihren Notizblock abschrieb. Es war irgendeine psychologische Fachsimpelei, wie die Namen verschiedener Krankheiten. Später tat sie mir dann leid, und ich traf sie zehn oder fünfzehn Minuten privat. Die Tatsache, daß wir beide Dinge schrieben, ich an der Tafel und sie auf ihrem Notizblock, rief mir den ganzen Komplex der Berichte ins Bewußtsein. Der Traum (und ihre ersten Kommentare) spiegeln die Angst, daß ich sie nicht sehen wolle, aber unter dieser oberflächlichen Sorge spüre ich die ersten zarten Halme ihres offenen Widerstandes gegen die Therapie.

GINNY, 11. Juni

Ich hatte eigentlich erwartet, daß ich über die Sitzung vom letzten Freitag enttäuscht sein würde. Aber statt dessen fühlte ich mich besser, als ich ging. Aber jetzt haben wir Montag, und ich erinnere mich nur noch an einige bestimmte Dinge.

Vor allem, daß wir uns über meine Tränen wegen *Lassie*

unterhielten. Ich dachte, das wäre schlecht, ein Beispiel für meine kindisch sentimentale Geisteshaltung. Aber Sie haben gesagt, manche Leute könnten nicht einmal das. Das frischte mich wieder auf, denn darüber hatte ich überhaupt noch nie nachgedacht, außer satirisch. Karl findet es zum Kotzen, wenn er mich bei den letzten fünf Minuten *Lassie* erwischt.

Ich glaube, als wir die Pluspunkte aufzählten, habe ich Sie eingewickelt. Es war, als ob man sich an die Handlung eines Romans erinnert, der nie geschrieben worden ist. Die Pluspunkte sind eine ziemlich entlegene Angelegenheit, da sie mich ja nicht stützen und motivieren können. Und es ist langweilig, darüber zu reden.

Als Sie sagten, ich sei nicht sehr echt, gefiel mir das. Ich glaube, ich nehme sogar meine eigene Langweiligkeit zu ernst. Es muß aber sehr unangenehm für Sie gewesen sein, wenn Sie dachten, ich mache Ihnen etwas vor.

Ich bin optimistisch aus der Sitzung hervorgegangen. Obwohl ich spürte, daß es Ihnen keinen Spaß gemacht hatte. Aber das hat meinen Spaß nicht vermindert.

DR. YALOM, 15. Juni

Runde 3 (oder war es schon Runde 4 oder 5) in der Ginny-wird-wütend-Serie. Ich kann es selbst noch nicht glauben, wie sehr ich Ginny heute unter Druck gesetzt habe, ich bin gespannt, was sie diesmal unternimmt und wie oft wir diesen Zyklus noch durchlaufen müssen.

Es fing damit an, daß sie völlig hoffnungslos und niedergeschlagen in mein Büro kam und sagte: »Letzte Nacht hatten wir wieder einen ›langweiligen Klotz‹.« (Sie bezog sich auf ein früheres Gespräch, als Karl sie beschuldigt hatte, sexuell ein langweiliger Klotz zu sein.) Der Tenor der Unterhaltung war der, daß Karl sie wegen ihrer zahlreichen Mängel rücksichtslos kritisiert hatte – was sie aus seiner Sicht für berechtigt hielt. Er verlangte irgendeine Form von Kommunikation mit ihr, irgend etwas Spontanes, alles, was er über sie gesagt hatte, war »absolut richtig«. Sie konnte nicht auf ihn eingehen oder nur so, als wäre sie jemand anderes, völlig gefühlloses. Es war ein totaler Alptraum, sie wartete nur darauf, daß es vorüber ginge, daß sie endlich in Gnaden entlassen würde. Seither wird sie von Phantasien heimgesucht, daß er sie verläßt, denn sie war völlig davon überzeugt, daß es diesmal »soweit wäre«. Sie kam heute in einer äußerst selbstkritischen und selbsterniedrigenden Stimmung zu mir, und ich wußte, daß ich mit in ihre Verzweiflung und Selbstverachtung gesaugt würde, wenn ich mich eine Weile mit ihr im Kreis drehte. Heute war es wichtig, erst zu denken und dann Gefühle zu haben.

Meine erste Reaktion bestand in dem Versuch herauszufinden, was sie zu Karl gesagt hätte, wenn sie nicht so gelähmt gewesen wäre. Darauf brachte sie wenig heraus, lediglich, daß eine »richtige Frau« vielleicht etwas mehr Selbstbewußtsein gezeigt hätte. Mehrere von ihren Bemerkungen wiesen darauf hin, daß sie eine ganze Menge Ärger und Wut in sich angespeichert hatte, mit diesen Empfindungen aber überhaupt nicht zurechtkam.

Eine chronologische Analyse der vergangenen Nacht machte deutlicher, was geschehen war. Das Drehbuch sah so aus: Von fünf bis sieben Uhr probierte Ginny ein neues Gericht aus, gebratene Schweinelende. Das Essen war ein halber Mißerfolg, eßbar, aber nicht interessant. Karl, der beim Abendessen sowieso immer liest, studierte während des gesamten Essens ein Kreuzworträtsel und schnauzte sie wie eine Kellnerin an; das Fleisch sei mies, sagte er, und die Kartoffeln nicht gar usw. Nach dem Abendessen sollte er sie zu einer Freundin bringen, damit sie duschen könne. (Sie kann sich zu Hause nicht duschen, weil immer noch braunes Wasser aus dem Hahn kommt, der nie repariert worden ist.) Er weigerte sich, sie zu Eve hinüberzufahren, so daß sie die Straßenbahn nehmen mußte. Als sie anschließend zurückkam, war er weg. Er hatte einen Zettel hinterlassen, daß er ein paar Biere trinken wolle in der Hoffnung, seine schlechte Laune hinunterzuspülen. Darüber war sie erleichtert. Als er zurückkam, war er sogar noch mehr verärgert, weil sie sich nicht für den Zettel bedankte. Er saß noch ein bißchen vor dem Fernseher, und kurz nach halb eins drehten sie den Apparat aus und schliefen in wenigen Minuten ein. Ginny sagt, sie wird um Mitternacht immer sehr müde, weil sie um halb sieben aufsteht. Jedenfalls war Karl auf sie böse, weil sie so schnell einschlief.

Als wir diesen Punkt des Gesprächs erreicht hatten, ging ich außerordentlich hart und sehr bewußt mit Karl ins Gericht. Ich wollte Ginny damit vom Kopf auf die Füße stellen und sie wenigstens einmal daran hindern, ständig an all die Dinge zu denken, die Karl an ihr bemängelt, damit sie aufhört, ständig mit dem Schatten der Angst zu leben, daß er sie plötzlich verläßt. Ich wollte, daß sie den Gedanken in Erwägung zieht, daß Karl einige schwerwiegende Fehler hat, und sagte deshalb zu ihr: »Wie lange wollen Sie Karl Zeit lassen, damit er sich wieder fängt?« Ich machte ihr so klar, wie ich konnte, daß sie jedesmal abschaltet, wenn sie Ärger hat. Sie kann ihre Wut nur passiv ausdrücken, indem sie zum Beispiel die Wohnung nicht saubermacht oder die Kleider nicht vom Stuhl nimmt. Sie sagt, sie sei noch nie in der Lage gewesen, die Wohnung sauberzumachen. Ich sagte, ich hielte das für lächerlich. Sie könnte es sofort, wenn sie wollte, tue es aber nicht, weil sie damit Ärger ausdrükken wolle. Wir nennen das passiv-aggressiv. An dieser Stelle brach sie plötzlich in Tränen aus und äußerte den Wunsch, wieder ein fünfjähriges Kind zu sein, so daß sie sich nicht darum zu kümmern brauche, irgend etwas für irgend jemanden zu tun. Ich beharrte darauf, von den Fehlern Karls zu sprechen, wobei ich ihr zahlreiche Ansatzpunkte gab. Wir stießen auf solche Dinge wie fehlende Intuition, seine Weigerung, auf sie einzugehen, sein dauerndes Lesen, vor allem beim Essen, sein Bedürfnis, alles unter Kontrolle zu behalten, ein Bedürfnis, das so tyrannisch ist, daß ihre Freundin Eve es nicht ertragen kann, wenn er da ist. Er kritisiert sie, sagte sie, weil sie sich nicht entwickelt, weil ihre Fähigkeiten nicht wachsen. Ich fragte sie, ob man es als Fortschritt für die eigene Persönlichkeit betrachten könne, wenn jemand dauernd an Kreuzworträtseln und Pferderennen herumknobelt. Es sieht nicht so aus, als ob er sich besonders entwickelt. Wir sprachen, d. h. ich sprach über seinen Mangel an Großzügigkeit, über die Tatsache, daß er immer noch Geld für den Brückenzoll von ihr verlangt, obwohl er 40 Dollar am Tag verdienen kann, wenn er sich zur Arbeit bequemt. Ich sagte ihr, daß wohl jede andere Frau auf seine Kritik am Abendessen mit der Gegenfrage geantwortet hätte, was zum Teufel er sich einbilde, wer er sei. Immer wieder fragte ich Ginny: »Ist das der Mann, mit dem Sie leben möchten?« Worauf sie antwortete, das brauche sie nicht zu klären, denn früher oder später werde er sie sowieso verlassen. Ich setzte sie weiter unter Druck. »Wollen Sie mit so jemandem Ihr ganzes Leben verbringen? Und wenn nicht, wie lange wollen Sie ihm noch Zeit lassen, sich zu ändern?« Ich erwähnte auch die Möglichkeit, daß sie ihn jeder Gelegenheit beraubt, sich zu ändern, weil sie ihm nie irgendein *Feedback* gibt, und ich bin sicher, daß sich daraus der größte Teil der Auseinandersetzung letzte Nacht entwickelt hat. Sie weinte noch ein paar Mal während der Sitzung. Wir sprachen darüber, daß er nie ihre Vorzüge oder Talente lobt. Nie sagt er etwas über ihre Schriftstellerei, ihre gelungenen Parodien oder ihre Schauspielerei; würde nicht jede andere Frau eine positive Reaktion auf diese Dinge verlangen und erwarten?

Meine ausführlichen Anweisungen hörte sie sich aufmerksam an und fragte etwas ängstlich, ob sie sie sofort in die Tat umsetzen solle, denn sie hätten in drei Tagen ein wichtiges Pokerspiel bei sich zu Hause. Ich habe allen Ernstes das Gefühl, wenn ich ihr gesagt hätte, sie solle nach Hause gehen und Karl sagen, er solle abhauen, dann hätte sie es noch am selben Tage getan. Sie wies aber darauf hin, daß es etwas forciert wirken würde. Das ist natürlich wirklich eine Gefahr für mich: Ginny ist so passiv und marionettenhaft, daß sie buchstäblich alles machen würde, was ich ihr sage, und das wird ihr auf die Dauer nicht dabei helfen, sich selbständig zu fühlen. Na schön, was solls, das ist eben ein Risiko, das wir eingehen müssen. Ich habe das Gefühl, ich glaube allmählich, wir müssen zuerst an ihrem Verhalten arbeiten und später an ihren Gefühlen. Jedenfalls war ich sehr wenig zartfühlend und ziemlich energisch in dieser Sitzung; ich erlaubte ihr nicht einmal, mir zu sagen, was sie über mein Auftreten dachte. Ich weiß nicht, was sie daraus machen wird, aber bisher hat sie diese Sitzungen immer am meisten geschätzt.

GINNY, 15. Juni

Ich nahm sehr viele Informationen und einige Kraft aus der Sitzung mit. Immer wenn das geschieht, frage ich mich, was ich ohne Sie und die Sitzungen anfangen sollte.

Ich hatte das Gefühl, wirklich da zu sein. Und gleichzeitig war es mir wenigstens diesmal gleichgültig, wie ich auf Sie wirkte. Am Ende wußte ich, daß ich Sie ärgerte, aber auch das war mir gleichgültig, obwohl ich es ziemlich satt hatte, so lauwarm zu sein.

Vor der Sitzung war ich so sehr in einer Phantasie verstrickt gewesen. Das ist meine Methode, mit den Dingen fertig zu werden. Die Phantasie ist unverwüstlich. Ich erwartete nichts von der Sitzung. Ich ging ganz blind hinein. Ich phantasierte so viel, daß ich gar nicht an die Sitzung dachte. Ich wollte nicht einmal von der Nacht vorher reden, weil alles so offensichtlich schien. Natürlich war ich froh, daß ich es dann doch getan habe, und ich glaube, nachdem ich einmal damit angefangen hatte, habe ich keinen Rückzieher mehr gemacht, außer gegen Ende.

Das Wort »Entrüstung«, das Sie gebrauchten, hat bei mir Funken geschlagen. Einmal, als mein Vater mit mir spielte, nahm er einen Nickel, der eigentlich mir gehörte (nur eine Kleinigkeit). Ich wollte das Geld zurück; er neckte mich damit, und als er es mir endlich gab, fing ich an zu heulen. Vielleicht aus Selbstmitleid wegen all der bösen Dinge, die ich in mir spürte, aus Entrüstung. Karl neckte mich auch dauernd. Ich würde lieber gar nichts als etwas Schlechtes von jemandem denken. Urteilsfähigkeit und alles andere verdrängen. Ich glaube nicht, daß Sie mich dazu bringen werden, über andere böse Gedanken zu äußern, obwohl ich es gern versuchen würde. Ich stamme aus der Bambi-Schule: Wenn du nichts Gutes sagen kannst, sag lieber gar nichts!

Die ganze Sitzung hindurch konnte ich Ihre Stimme hören, wie Sie durch Reibung meine Stimme zu berühren und entzünden versuchten. Ich leistete Widerstand, als Ihre Stimme immer stärker an meinen Ohren kratzte. Ich hatte Ihnen gegenüber feindselige Gefühle. Daß Sie mich manipulieren wollten. Daß Sie von mir verlangten, Ihnen wenigstens zum Schein etwas Wildheit zu zeigen.

Aber hinterher verspürte ich einen unglaublichen Wandel in mir. Es ist mir jetzt klar, daß jeder Ärger und jeder Streit mich lähmten. Ich habe Angst davor. Nachts lag ich unruhig, stumm und gespannt, ich wartete auf diesen Hinterhalt der Wut. Ich habe Angst vor jeder Auseinandersetzung. Aber jetzt (oder wenigstens drei Stunden nach der Sitzung), begrüße ich sie. Ich habe darauf gewartet. Als eine Gelegenheit, mich auszudehnen und zu mir zu finden. (Karl war fast ein wenig zu nett zu mir. Warum hat er nichts von dem getan, was typisch ist für ihn? Zum Beispiel über meine Hamburger herziehen, damit ich auf ihn losgehen und ihm eine schmieren kann?) Ich hatte das Gefühl, viel lebendiger zu sein, weil ich nicht nur ängstlich darauf wartete, beim ersten Zeichen von Ärger völlig leerzulaufen. Ich hatte das Gefühl, nicht kleiner, sondern größer als ich selbst zu sein. Es gab noch mehr Überraschungen. Einige Tage lang habe ich nicht phantasiert, denn alles um mich herum war angenehm und kräftig. Ich habe auch den Bericht nicht vollständig geschrieben, denn wenn wir eine gute Sitzung haben, scheint sich das, was geschehen ist, den Worten zu entziehen; aber es geht dafür weiter.

Seither habe ich natürlich längst wieder phantasiert und Angst gehabt und sehr viel gezögert. Ich brauche mehr als einen Anstoß. Aber selbst der kleine Schubser von Ihnen erlaubt mir, eine Weile zu rollen, frei von Angst und voller

Empfindungen. Das ist wunderbar. Warum schreien Sie nicht öfter?

DR. YALOM, 23. Juni

Alles ist ziemlich fröhlich und albern, und von beiden Seiten gibt es Koketterie. Zwischen Ginnys Verhalten und dem, was sie sagte, bestand ein offensichtlicher Gegensatz. Ihre Worte waren »down« – sie hoffte verzweifelt, daß ich wiederholen könnte, was ich letzte Woche mit ihr gemacht habe; aber ihr Verhalten war munter. Sie war ziemlich absurd gekleidet, mit derben Stiefeln und Overalls, die vom Farmer John persönlich zu stammen schienen. Während des Gesprächs erwähnte sie, daß ihr die Schuhe irgendwie peinlich wären, aber in allen anderen bekomme sie Blasen. Letztes Mal habe sie hübsch sein wollen und andere angezogen, aber dabei habe sie sich Blasen gelaufen. Auf die Bemerkung, sie habe das letzte Mal hübsch sein wollen, ging ich nicht ein; vielleicht hätte ich es tun sollen.

Ihre Äußerungen liefen im wesentlichen darauf hinaus, daß das, was wir das letzte Mal gemacht hatten, sehr hilfreich für sie gewesen sei. Sie hatte die ganze Woche über eine andere Grundeinstellung gehabt, vor allem gegenüber Karl. Sie hatte zwar keine Gelegenheit gehabt, sich mit ihm zu streiten, aber sie war dazu bereit gewesen, falls er sie irgendwie terrorisiert hätte. Es scheint, daß sich ihre Haltung Karl irgendwie mitgeteilt hat, so daß er die Woche über ganz anders war und vor allem selbstkritischer, als sie es sonst an ihm kannte. »Was bin ich doch für ein Schlamper«, sagte er zum Beispiel, oder: »Schau, was ich auf dem Tisch für Dreck gemacht habe!« Ein- oder zweimal hatte sie sich wirklich für sich selbst ins Zeug gelegt. Aber sie wußte, daß sie wehrlos war, wenn Karl sie irgendwie sexuell beleidigen würde. Ich versuchte herauszufinden, was für eine Art von Beleidigung das sein könnte. Sie sagte, er könnte sie beschuldigen, einen Orgasmus zu simulieren. Ich fragte, was sie ihm darauf antworten könnte. (Obwohl ich selten dazu rate, solche sexuellen Beleidigungen in Auseinandersetzungen zwischen Paaren zu verwenden, wollte ich ihr doch klarmachen, daß sie Munition zum Zurückschießen besitzt, wenn es dazu käme.) Ich wollte sie zu der Erkenntnis bringen, daß sie ebensoviel Recht wie er hat, mit unfairen Mitteln zu kämpfen.

In anderem Zusammenhang weigerte sie sich, ihr Recht darauf anzuerkennen, andere Menschen zu beurteilen. Sie sprach über ihre Schwester, die ihr sehr kritisch gegenübersteht; doch sie, Ginny, bringt es nicht fertig, ihr dementsprechend zu antworten. Schließlich mußte ich ihr als Sprachrohr dienen und sagen, daß ihre Schwester anmaßend ist und sich oft wie eine Ziege benimmt, und ihr dann empfehlen, mir diese Dinge nachzusprechen. Mitten in der Diskussion über ihre Schwester und Karl unterbrach sich Ginny und sagte: »Ich wünschte, wir könnten wieder das machen, was wir letztes Mal gemacht haben.« Ich fand das merkwürdig, denn ich war meiner Ansicht nach gerade dabei, das zu tun. Ich glaube, sie sagt »Tun Sie's« und »Tun Sie's nicht« im selben Atemzug.

Im Prinzip hat Ginny allerdings recht. Aktive Ausbildung in der Kunst der Aggression ist jetzt wahrscheinlich das Beste für sie. Wenn wir das ein paar Wochen hintereinander machen können, wird es ihr Selbstwertgefühl wahrscheinlich auf die Dauer verändern. Dennoch schrecke ich davor zurück, so autoritär zu werden, denn ich fürchte, daß das ihre Abhängigkeit nur vergrößert. Wenn ich ihr sage, sie solle aggressiv sein, so übermittle ich zugleich die Botschaft, daß sie sich mir unterwerfen soll. Es ist auch klar, daß sie mir immer nur jeweils eine Woche lang folgen kann.

Immerhin hat sie eine gute Woche gehabt, sie hat sogar Geld beim Pokern gewonnen, und erst in den letzten Tagen ist sie wieder abgefallen. Abfallen heißt, daß sie die letzten zwei Tage mit Tagträumen zugebracht hat, ebenso wie die ganze Woche vor unserer letzten Sitzung. Zu Beginn des Gesprächs sagte sie, sie habe allerdings überhaupt nicht geschrieben. Was nutzt es schon, wenn sie sich mit Karl über den Abwasch streitet, wichtig ist doch nur, daß sie nicht schreibt. Letzte Nacht allerdings *hatte* sie etwas geschrieben, was sie mir zeigen wollte, und es tat ihr leid, daß sie es nicht abgetippt hatte, aber es enthielt etwas Kritisches über Karl und deshalb wollte sie es nicht in seiner Gegenwart abtippen; sie will es später einmal mitbringen. Bei der Schauspielgruppe macht sie noch mit, abends spielt sie in den Stegreifstücken, und im Herbst kriegt sie damit vielleicht sogar einen Job. Es ist mir unvorstellbar, wie sie es fertigbringt, freiwillig und eifrig aus dem Stegreif zu improvisieren, eine der schrecklichsten Situationen überhaupt. Ich würde lieber mit dem Fallschirm über dem Ätna abspringen, als das zu versuchen. Es fällt mir sehr schwer, das mit dem Bild der »schüchternen« und »ängstlichen« Ginny zu vereinbaren.

Den letzten Teil der Sitzung konzentrierte ich mich ohne großen Einfallsreichtum auf das Schreiben. Was denn wohl nötig sei, sie zum Schreiben zu bringen? Was sie schreibe? Was sie nicht schreibe? Ich versuchte, sie dahin zu bringen, daß sie über den morgigen Tag nachdenkt. Wie würde ihr Tageslauf aussehen? Könnte sie um 10 Uhr anfangen zu schreiben, wenn sie wollte? Ich versuchte herauszufinden, was ihren Willen mobilisieren könnte. Darüber wurde sie wütend und zeigte echte Verärgerung, was mich überraschte. Jetzt, zehn Minuten später, denke ich fast mit Vergnügen daran, daß sie in der Lage dazu war. Sie sagte, sie glaube, sie werde morgen schreiben und um 10 Uhr anfangen. Ich schloß die Sitzung, indem ich »Schreiben Sie um 10 Uhr« auf ein Stück Papier schrieb, das ich zusammenfaltete und ihr gab. Im Spaß sagte sie, sie würde es sich an die Bluse stecken. Sie hält es für einen Spaß, aber ich nehme das sehr ernst, und ich habe so eine Ahnung, daß wir von diesem Stück Papier noch hören werden. Heute bin ich ziemlich begeistert und optimistisch, eindeutig *»high«* nach der Sitzung mit Ginny. Es war eine aufregende Stunde, und sie war wirklich ganz zauberhaft. Sie erzählte mir ein paar Anekdoten, lustige Streiche, die sie diese Woche gemacht hat, und es wurde mir klarer als je zuvor, wie viel Spaß es für Karl sein muß, mit ihr zusammenzuleben. Intellektuell habe ich das offenbar schon lange gewußt, aber ich sehe die spritzige, geistreiche Seite eben nur selten.

GINNY, 23. Juni

Zu richtig tiefen Gefühlen langts bei mir einfach nie. Ich habe so herumgetrödelt. Sie haben schon recht, die eigentliche Sache ist das Schreiben. Als Sie mich dauernd damit quälten, warum ich nicht schreibe, mußte ich eine Antwort finden, die ich Ihnen hinmurmeln konnte; aber ich glaube, ich hätte auch wütend werden können. Ich war nämlich wirklich sauer, weil sich das genau wie meine Eltern anhört, wenn sie sich darum bemühen, aus meinen »Gaben« etwas Konstruktives herauszuschmeicheln. Aber diese augenscheinlichen Talente lagern offenbar unter irgendeiner dicken Kruste und sind keineswegs leicht zu fördern. Trotzdem habe ich immer das Gefühl, ich müßte antworten. Ich fühle mich schon ganz verbogen von diesen ganzen »Ich werde dies tun, ich werde jenes tun«.

Wenn Sie solche auf der Hand liegenden Dinge über das Schreiben oder das Urteilen sagen, schalte ich einfach ab. Ich tu so, als ob ich zuhöre und Ihnen folge und trage auch meinen Teil zur Unterhaltung bei, aber in Wirklichkeit nehme ich davon nichts ernst und beziehe es auf mich. Ich möchte deshalb, daß Sie das Thema wechseln, aber dabei grinse ich bloß, anstatt zu sagen, daß ich mich langweile.

Auf dem Heimweg schlief ich im Bus ein und schreckte plötzlich hoch, bestürzt darüber, daß die Sitzung vorbei war. Es war keine schlechte Sitzung. Es war, als ob man im Restaurant das Falsche bestellt. Man hat eben bis zum nächsten Mal seine Chance verpaßt und muß verdauen, was man gegessen hat.

Die auf eine gute Sitzung folgende Begegnung scheint im Vergleich immer schlecht auszufallen. Weil ich weiß, daß die vorhergehende mich mit neuer Energie und Entschlußkraft erfüllt hat. Letztes Mal dagegen kam ich herein und war mein altes, unwandelbares Selbst – ein Schmetterling unter Glas. Und ich glaube, es ist nur ein Trick, über meine Muse (nein!), über mein Schreiben zu reden. Wenn es noch etwas Schlimmeres gibt, als meine Vergangenheit zu ergründen (ich weiß aus Ihren Notizen, daß Sie das nicht gern tun), dann ist es, über meine Zukunft zu reden. Es stimmt schon, wenn ich schreiben würde oder für mich eintreten könnte, ohne die Angst, mich durch Urteile oder Gefühle von anderen zu separieren, wäre das eine Verbesserung sowohl für mich als auch für die Therapie. Ich glaube zum Beispiel, daß es an Karl wirklich einige Dinge gibt, die ich nicht mag, gemein[t] unausgesprochene Dinge, die nur ein Teil von ihm sind. Aber vor den schlechten Dingen mache ich halt, verfalle in Traurigkeit und rede statt dessen von meinen schlechten Eigenschaften. Warum kann ich nicht ihm und mir einfach sagen, was ich nicht mag, was faul ist, was wir wegschmeißen und als Zeichen des guten Willens aufgeben sollten. Dann könnten wir uns realistisch fortentwickeln, und ich brauchte mich nicht zu schämen, weil ich jemand belaste. Ich würde einfach wachsen, und er auch. Wenn ich einfach zugeben könnte, daß es Dinge gibt, die ich an Karl nicht leiden kann und andere, die ich liebe, dann würde ich nicht versuchen, sie *alle* umzubringen.

So wie Sie verlangen, daß diese Notizen sich darauf beziehen, was in der Sitzung geschieht, möchte ich, daß die Sitzung sich an das hält, was ich tue. Es scheint, als lebte ich in der Therapie in einem Konditionalsatz; mein Leben baumelt an einem hängenden »wenn«. Wenn wir über das Schreiben reden oder darüber, was ich schreiben könnte, dann schwebe ich mit strahlendem Optimismus dahin, und erst, wenn ich zuhause bin und wenn es zehn schlägt und ich anfange, Stecknadeln in mich hineinzubohren oder mich in Mrs. Faultier zu verwandeln, wird mir klar, daß da ein Double von mir nach Palo Alto gefahren ist und eine Stunde mit jemandem geschwatzt hat, der so ähnlich ist wie mein Vater und die Ansicht vertritt, es wäre alles in Ordnung, wenn ich nur schriebe.

Natürlich habe ich mit diesen Notizen wieder zu lange gewartet, deshalb enthalten sie nur allgemeine Erinnerungen an die Sitzung und an mich selbst.

Ich wollte Ihnen letzte Woche wirklich sehr gern vorlesen, was ich in der Nacht davor in mein Tagebuch geschrieben hatte und worauf ich immer wieder anspielte. Dann hätten Sie wenigstens so einmal über diese Seite von mir erfahren. Und vielleicht hätten Sie gesehen, wie ungehemmt und leicht es war.

DR. YALOM, 30. Juni

Ich habe im großen und ganzen den Eindruck, daß ich eine Stunde verschwendet habe. Und Ginny, fürchte ich, hat mehrere Stunden verschwendet. Sie braucht etwa drei oder vier Stunden, um den Bus zu erreichen, vom Bahnhof hierher zu laufen und wieder zurückzukommen. Aber ich versuche natürlich, das Gefühl, meine Zeit verschwendet zu haben, zu rationalisieren. Was sage ich meinen Studenten immer? Ah, ja: solche Stunden dienen dazu, »die Beziehung zu stärken«. Therapie ist langsame Aufbauarbeit, die Monate und Jahre erfordert, man kann nicht von jeder Stunde greifbare Ergebnisse erwarten – es gibt immer Stunden voller Frustration, die man mit dem Patienten zusammen durchstehen muß. Wenn der behandelnde Arzt für jede Stunde Therapie eine persönliche Belohnung braucht oder erwartet, wird er entweder selbst verrückt oder er verlegt sich auf die »Sofortprogramme« der Durchbruchspsychotherapie, auf »Urschreie«, die selbst schon wieder eine Form von Irrsinn sind. Der reife Therapeut geht mit Überlegung und Geduld vor, erkläre ich meinen Studenten, und dasselbe sage ich heute auch mir. Aber es gibt Gelegenheiten, wo es schwerfällt, den rechten Glauben zu bewahren. Jedenfalls fing es damit an, daß sie mir erzählte, sie sei recht übel gelaunt, sie habe vor ein paar Tagen ihre Brieftasche verloren, was sie heute erst festgestellt habe. Ihre Herfahrt war unangenehm gewesen.

Als sie vor unserer Sitzung im Park gelegen hatte, war sie von einem fünfzehnjährigen Jungen sexuell belästigt worden und noch nicht einmal in der Lage gewesen, ihn fortzujagen! In der ersten Stunde einer Pokerpartie hatte sie 3 Dollar verloren und sich daraufhin in ihr Schlafzimmer zurückgezogen, wo sie schmollte und Trübsal blies, während das Spiel noch vier Stunden weiter ging. Außerdem hatte sie mehrere erfolglose Bewerbungsgespräche geführt usw.

Ich wußte kaum, wo ich anfangen sollte. Der rote Faden in allem, was sie sagte, war ein verschwommen empfundener Ärger. Einen Augenblick ließ ich meine eigene Phantasie spielen, und das neblige Bild, das mir einfiel, war ein breites Lavabett, in dem überall Wutblasen aufstiegen und an der Oberfläche mit einem Knall explodierten, während Ginny von alledem völlig verwirrt und überwältigt war. Ich entschloß mich, all diese Vorfälle zu untersuchen, damit Ginny die Spur ihrer Wut erkennen und womöglich noch einmal nachvollziehen könne.

Ich war auch sehr neugierig, ob meine »Schreiben-Sie-um-10 Uhr«-Notiz irgendeine Wirkung gehabt hatte. Ginny sagte, sie habe gestern und vorgestern geschrieben (ohne den Rest der Woche zu erwähnen). Sie zeigte eine Tendenz, ihre Leistung herabzusetzen, indem sie darauf hinwies, daß sie nur anderthalb Stunden habe schreiben können, obwohl sie in dieser Zeit sieben Seiten geschrieben hat. Ich köderte sie, indem ich über ihr Schreiben nörgelte. Warum sie letzte Woche nicht geschrieben habe? Warum schreibt sie nicht kontinuierlich? Ich hatte den Verdacht, wenn ich nur genug herumnörgelte, würde etwas von ihrem Ärger über mich an die Oberfläche steigen.

Dann redeten wir über die Pokerpartie und über ihre Wut auf eine Freundin, deren Verspätung Ginny vor den anderen damit entschuldigt hatte, daß sie Kuchen backe, und die dann ohne Kuchen aufgekreuzt war, weshalb sich Ginny wie ein Trottel vorkam. Wir redeten über ihren Ärger, daß sie in so kurzer Zeit so viel Geld verloren hatte; über ihren Ärger wegen einem ihrer Freunde, der eine Tür kaputtgemacht hatte, weshalb Ginny befürchtete, der Hausbesitzer würde sie hinauswerfen; über ihren Ärger, daß alle die ganze Nacht geblieben waren, und die Sorge, daß der Hausbesitzer Einwände dagegen haben könnte, daß sie so viele großartige, betrunkene Typen beherbergten; über ihren Zorn auf den kleinen Jungen, der ihr sexuell zunahegetreten war, und über ihre Wut auf sich selbst, weil sie nicht dazu in der Lage gewesen war, »Hau ab« oder »Verschwinde, du kleiner Widerling« zu ihm zu sagen. Statt dessen war sie lediglich aufgestanden und gegangen, und dabei hatte sie »Goodbye« gesagt und darüber nachgedacht, was ihre Freundinnen wohl zu ihm gesagt hätten. Dann natürlich hatte sie die Sache andersherum betrachtet und überlegt, wie unangenehm das für den Fünfzehnjährigen gewesen wäre. Dann redete sie über ihren Ärger mir gegenüber, vor allem darüber, wie sie sich am Ende der Stunde fühlen würde. Ich versuchte, sie dahin zu bringen, so zu tun, als wäre die Stunde schon zu Ende, als wäre es schon vier Uhr anstatt drei Uhr dreißig. Was würde sie mir dann gerne sagen? Das mochte sie nur zum Schein versuchen. Noch einmal drängte ich wegen des Schreibens, und beinahe wurde sie wütend, sagte dann aber nur: »O. K., schon gut, ich werde schon schreiben.« Was sie aber nicht sagte, war: »Rutschen Sie mir, um Himmelswillen, den Buckel herunter!« Das sagte ich an ihrer Stelle, und sie lächelte gezwungen. Es sieht so aus, als ob ihre Geduld allmählich etwas strapaziert würde, und ich halte das für richtig – wie lange schon dränge ich sie, ärgerlich zu sein und ihren Ärger zu zeigen?

Jedenfalls verabschiedeten wir uns beide mit einem unbestimmt unbefriedigten Gefühl. Eine Zeitlang forderte ich sie auf, die hellen, positiven Seiten ihres Lebens stärker zu beachten. Obwohl ihr heute alles grau in grau erscheine, habe sich doch ihr Verhältnis zu Karl sicher gebessert. Sie ist jetzt völlig überzeugt, daß er sie wirklich liebt. Sie ist in der Lage, ihm bei den verschiedensten Dingen zu widersprechen. Irgendwie ist sie auch in sexueller Beziehung freier geworden. Sie schreibt, sie ist nicht allein, sie hat mehrere Freunde, ich bestand darauf, daß diese Dinge viel zentraler für sie seien als die trivialen Angelegenheiten, von denen sie erzählt hatte. Darauf antwortete sie, sie habe mir gleich zu Beginn der Sitzung gesagt, daß diese Sachen trivial seien. Auch hier war sie beinahe wütend auf mich, und ich formulierte ihren Ärger für sie. »Das war dumm, was ich da gesagt habe. Sie haben das ja schon am Anfang der Stunde gesagt.« Wieder lächelte Ginny ein bißchen, in stillschweigender Zustimmung. Beim Diktieren beginnt sich diese Unterhaltung etwas besser anzuhören, als ich sie während der Stunde erlebt habe.

GINNY, 30. Juni

Ich fühlte mich leichtsinnig und frech, dabei wollte ich traurig und ehrlich sein. (Sie würden sagen: »Ginny, benutzen Sie doch andere Worte, die positive Seite von leichtsinnig und frech!«) Ich fühle mich ebenso lebendig wie tot durch meine Wut. Ich stecke mitten drin, und mein Magen dreht durch. Je mehr ich mir meines Ärgers bewußt werde, desto mehr Zunder schiebe ich nach. Dann wirft mir plötzlich irgend etwas in meinem Innern eine Decke über den Kopf, und ich renne richtungslos, aber in allgemeiner Panik in der Gegend herum.

Am Ende der Stunde, als Sie sagten, um 4 Uhr 20 passe es Ihnen eigentlich besser, zeigten Sie so viel weltmännische Selbstsicherheit, daß Sie mir zum Vorbild für jemanden wurden, der sich einsetzt für das, was er will. Ich sehe Sie gern als starke Persönlichkeit, die wie ein ganz normaler Mensch reagiert. Irgendwie lerne ich von diesen Begegnungen, auch wenn es nur Kleinigkeiten sind.

Wieder hatte ich heute das Gefühl, zu unterhalten, aber ich dachte nicht darüber nach, ob Sie überhaupt unterhalten sein wollten. Vielleicht sollte ich fragen, ob uns das irgendwie weiterbringt, anstatt in meiner Nervosität mit Vollgas dahinzurasen.

Wie kann ich zu tieferen Gedanken vorstoßen? Am Schluß

sagten Sie, daß in meinem Leben eigentlich alles einigermaßen in Ordnung wäre, daß ich aber stets nur die Kleinigkeiten hervorkramte.

Mit Ihnen zusammen kann ich mich nicht auf die Dinge konzentrieren, an die ich Ihrer Ansicht nach denken sollte. Ich entferne mich von der Person, mit der Sie reden.

DR. YALOM, 12. Juli

Letzte Woche habe ich mein Gespräch mit Ginny verpaßt. Ich hatte fast die ganze Woche über Besuch von zwei Kollegen, wir arbeiteten Tag und Nacht an einem Buch über Encounter-Gruppen, und als ich sah, daß wir mit dem, was zu tun war, nicht fertigwerden würden, begann ich die meisten Verabredungen abzusagen. Ich rief meine Sekretärin an und bat sie, Ginny anzurufen und festzustellen, ob sie vielleicht am Freitag kommen könne. Meine Sekretärin verstand mich falsch und sagte die Verabredung mit Ginny völlig ab, was ich gar nicht gewollt hatte. Später stellte ich fest, daß Ginny am Freitag nicht konnte. Nachdem ich das erfahren hatte, rief ich Ginny zu Hause an, um zu sehen, ob sie vielleicht zu einer anderen Zeit kommen könnte, konnte sie aber nicht erreichen. Es tat mir leid, daß es so gekommen war, aber gleichzeitig wußte ich, daß ich viel zu überarbeitet und gehetzt war, als daß ich ihr am Mittwoch viel hätte helfen können.

Als Ginny heute kam, erklärte ich ihr, was mit ihr passiert war. In ihrer Antwort lag keinerlei Anerkennung dessen, was ich gesagt hatte. Sie sagte vielmehr, sie sei schon seit einiger Zeit sehr deprimiert und fühle sich auch – in ihren Worten – »gelangweilt«. Als nächstes fragte sie mich, ob ich am letzten Montag im Kino gewesen sei, sie glaubte, mich dort gesehen zu haben. Ich sagte, daß ich nicht dort gewesen war. Dann gab ich eine orthodoxe, aber meiner Ansicht nach richtige Deutung: es klinge für mich so, als ob sie einige unausgesprochene Hintergedanken wegen meiner Absage hätte, weil sie sofort über ihre Depressionen gesprochen und sich eingebildet habe, sie habe mich im Kino gesehen, ja sogar gehofft habe, ich sei es gewesen, weil ich dann ihr Verhalten hätte beobachten können, weil ich hätte sehen können, wie sie Karl berührt, Cola trinkt, Popcorn und Schokoladeriegel ißt. Der Wunsch, mich zu sehen, war meiner Meinung nach vor allem ihrer Verletztheit darüber entsprungen, daß ich unsere gemeinsame Stunde abgesagt hatte. Das alles stritt sie ab und sagte lachend, ich hätte viel Phantasie, ich müsse wohl »einen Roman schreiben«.

Dann berichtete sie weiter in äußerst deprimiertem Ton, wie schlecht sie sich gefühlt habe. Merkwürdigerweise war der Inhalt des Gesagten zum Teil recht hoffnungsvoll: sie hat vielleicht eine Stelle bekommen, die sie wirklich haben wollte, Englischunterricht für Ausländer an einer Schule für Erwachsenenbildung. Obwohl es ziemlich sicher scheint, wird sie es erst in ein paar Tagen genau wissen. Da es unter all den Dingen, die sie hervorbrachte, keinen erkennbaren Grund für ihre Depression gab, war ich davon überzeugt, daß meine Absage letzte Woche wichtig war, und nahm mir vor, das heute hartnäckig zu verfolgen.

Als sie von ihrer Beziehung zu Karl erzählte, wie beklemmt sie sich fühlt und wie unfähig, ihm zu sagen, daß sie sich schlecht fühle, mußte ich an die Parallele zwischen Karl und mir denken. Immer wenn Ginny glaubt, bei Karl etwas falsch gemacht zu haben, hat sie Angst, daß er sie hinauswirft, und mit mir ist es dasselbe. Deshalb versuchte ich ihr dabei zu helfen, mir einige Dinge zu sagen, die sie weder Karl noch mir sagen konnte. Ich raspelte immer weiter auf ihren Gefühlen hinsichtlich meiner Absage letzte Woche herum. Sie wurde etwas ungeduldig dabei, aber ich beharrte darauf, und schließlich sagte sie, sie sei ein wenig enttäuscht gewesen. Ich sagte ihr, sie solle diese Enttäuschung jetzt einmal unter der Lupe betrachten und mir dann beschreiben, wie sie aussehe. Daraufhin gab sie zu, daß sie enttäuscht gewesen sei, weil meine Sekretärin angerufen hatte. Hätte ich denn nicht selbst anrufen können? Sie fügte hinzu, daß einige ihrer Freundinnen, die gerade bei ihr gewesen waren, als meine Sekretärin anrief, sie ausgelacht hätten, weil sie überhaupt einen Psychiater besucht; sie sagen, sie fühle sich nur wegen des Psychiaters so mies, und wenn sie aufhörte, mich zu besuchen, wäre sie wieder in Ordnung. Vor allem, sagte sie, sei es recht unbefriedigend gewesen, daß sie in der Woche meiner Absage nichts zu tun gehabt habe.

Wir drangen tiefer und tiefer in ihre Gedanken ein, und ich sagte ihr, sie habe jetzt die Erlaubnis, mich jede Frage zu fragen, die sie wolle. Wenn sie schon alle möglichen Phantasien hinsichtlich der letzten Woche hatte, warum überprüfte sie sie nicht einfach? Also fragte sie mich, was ich letzte Woche gemacht hätte, und ich sagte es ihr. Dann fragte sie, ob ich überhaupt neugierig sei, was aus ihr würde. Ich sagte, das sei so, was auch der Wahrheit entspricht. Immer wieder forderte ich sie auf, nach Dingen zu fragen, die sie wirklich wissen wollte. Sie fühlte sich blockiert und konnte nicht fortfahren. Ich sagte ihr, daß ich ihre Depression in Wahrheit für eine Reaktion auf meine Absage halte, daß sie möglicherweise eine lange Vorgeschichte habe und weit in ihr Leben zurückreiche und daß ich der Ansicht sei, sie wolle mir eigentlich sagen: »Sehen Sie nur, was Sie mir angetan haben!« Daß sie deprimiert sei, um mich zu bestrafen. Sie reagierte irgendwie zustimmend darauf. Ich warf die Frage auf, ob sie es mit Karl nicht so ähnlich macht. Um sie ein wenig zu erschüttern und den Rahmen zu wechseln, sagte ich: »Sie haben Ihre Aufgabe gelöst, ich fühle mich schuldig, weil ich Sie letzte Woche nicht kommen ließ. Ihre Depression hat funktioniert. Sie brauchen also nicht weiterzumachen. Gehen wir zur nächsten Episode über!« Darüber mußte sie lachen. Schon früher während des Gesprächs war sie immerhin schon in der Lage gewesen zu sagen: »Können Sie mir nicht helfen, können Sie mir nicht einen Zündfunken geben, der mich hier herausbringt?« Auch das war schon eine ungewöhnlich herzhafte Äußerung für Ginnys Verhältnisse.

Ich sagte ihr, daß ich mich ihr sehr viel mehr verbunden fühlen würde, wenn sie gleich beim Hereinkommen richtig losschimpfte, wenn sie sich über irgendeinen Fehler bei mir richtig aufregte, anstatt hereinzukommen, auf ihrem Hintern zu sitzen und so zu tun, als ob sie im Leichenschauhaus säße, um mich damit für die Verletzung zu bestrafen, die ich ihr zugefügt hätte. Ich sagte ihr, ich sei sicher, daß das bei Karl genauso wäre. Daß sie jedesmal, wenn sie sich in der Beziehung benachteiligt fühle oder die Beziehung unbefriedigend finde, bewußt dafür sorge, daß es damit ende, daß sie Karl ihre Gefühle nicht offenbare. Indem sie über ihr Leid nicht spricht, entfernt sie sich noch weiter von ihm als von mir.

GINNY, 12. Juli

Manchmal sind Sie zu intellektuell und unterstützen meine eigenen weithergeholten Analogien. Zum Beispiel, als Sie fragten, wie ich über die ausgefallene Sitzung denke. Und ob ich vielleicht deshalb geglaubt hätte, ich habe Sie im Kino gesehen, weil ich Sie nicht besuchen konnte? Das ist eine Art psychiatrischer Komödie, ein Manuskript, das wir gemeinsam verfassen. Wenn ich wirklich glaubte, daß Sie so denken, wäre ich sicher, daß unsere Unterhaltungen leeres Gerede wären.

Ich mochte das Grinsen nicht, das jedesmal auf meinem Gesicht erschien, wenn ich eine Ihrer Fragen beantwortete. Es ist, als ob ich ohne jeden Gesichtsausdruck verbittert wäre, wenn ich für mich bin. Aber sobald Sie mich aufrufen, mir eine Vorgabe und die Chance einer Antwort geben, wird mir ganz leicht im Kopf.

Die Methode, einen bestimmten Sachverhalt durch die Lupe zu betrachten und alle Gefühle herauszumeißeln, hat mir gefallen. Das ist, als ob man das Leben in Zeitlupe aufnimmt. Was ich gern mag. Ich glaube nur, der Anlaß war nicht bedeutend genug. Genaugenommen gab es zwei Seiten oder Gefühle, die ich dabei hatte. Ihnen habe ich die erzählt, von der ich annahm, daß Sie sie bei mir suchten – das heißt, daß ich enttäuscht und ein bißchen ärgerlich war, als Sie anriefen. Für einen Geizhals wie mich gab es aber auch noch eine Kehrseite der Medaille: ich war erleichtert, daß ich mir eine Fahrt gespart hatte. Ich hatte zwei Dollar gespart, hatte mehr Zeit, etwas anderes zu tun, und brauchte nicht in den Bus zu steigen.

Das einzige Mal, daß ich während der Sitzung überhaupt eine innere Regung bei mir spürte, war, als ich Sie verletzte, indem ich durchblicken ließ, es sei mir gleichgültig, ob ich Sie sehe oder nicht. Da fühlte ich mich schuldig, und es tat mir leid. Ich hatte etwas Abstand zu diesem Selbst, das so unfreundlich und ohne Gefühle ist.

Als Sie sagten, ich solle meine Fragen und Bedürfnisse zuerst bei Ihnen ausprobieren, ehe ich sie bei K. riskierte, war ich voller Hoffnung und hatte das Gefühl, am Beginn eines neuen Kapitels zu stehen. »Probieren Sie's erst bei mir!« sagten Sie, und das schien ein großartiges Abenteuer zu sein.

Aber ich überfliege alles immer nur flüchtig. Gegen Ende der Sitzung fühlte ich trotzdem wieder Leben in mir. Ganz gleichgültig, wie es mir geht, ich kann schon durch bloße Aufmerksamkeit wiederbelebt werden. Ihre Theorie, daß ich innerlich absterbe und Depressionen habe, um mich zu rächen und anderen Schuldgefühle aufzuzwingen, gefiel mir, und auch die Bemerkung, daß ich es jetzt geschafft hätte und mich mit etwas anderem beschäftigen könnte. Als Sie mir den Artikel über Hemingway gaben, um den ich Sie gebeten hatte, war das eine besondere Belohnung.

Ich weigere mich aber, die einzelnen Takte und Sätze unserer Sitzungen ernstzunehmen. Ich kann deshalb wohl gar keinen Erfolg bei meinen Aufzeichnungen haben, wenn ich so allgemein bleibe, hier und dort einen Gedanken aufgreife oder fallenlasse, die Gefühle noch ein paar Stunden nachwirken lasse und sie dann in der Woche ignoriere und mich nicht mehr daran erinnere.

DR. YALOM, 22. Juli

Ginny rief heute an und fragte, ob ich sie schon um 3 Uhr anstatt erst um vier empfangen könne. Zufällig paßte mir das, und ich stimmte zu. Es ist ungewöhnlich, daß sie so etwas macht, das sind genau die Bitten, die sie aus Angst nicht stellt. Sie eröffnete die Stunde mit der Feststellung, sie habe die letzten zwei Tage in schrecklicher Erstarrung verbracht, zuvor aber eine außerordentlich gute Woche gehabt. Sie wollte mir wohl von der schlechten Zeit erzählen, aber unwillkürlich interessierte ich mich etwas mehr für die gute. Sie sagte, in unserer letzten Sitzung habe es etwas sehr Erleichterndes für sie gegeben; das sei mein Hinweis gewesen, sie habe ihre »Aufgabe erfüllt«. Daß sie mich durch ihre Depression erfolgreich zu Schuldgefühlen veranlaßt habe, und meine Offenheit, als ich ihr vorschlug, ihren Gewinn aus diesem Manöver einzustreichen und ihre Energien dann etwas Neuem zuzuwenden. Wichtig ist dabei, daß ich etwas aussprach, was sie nur andeutete. Damit beraubte ich es seiner Kraft, denn um zu funktionieren, muß der Vorgang unbewußt bleiben.

Diese Woche bezieht sich ihr Problem auf die vierzehntägige Schulung, die sie gegenwärtig mitmacht, um später Englischunterricht geben zu können. Wegen ihres New Yorker Akzents hat sie bei zwei Gelegenheiten das Wort »Kuba« falsch ausgesprochen. Der Lehrer hat sie dabei ertappt, und jetzt ist Ginny davon überzeugt, daß sie bei der Schulung durchfallen wird, was eine Katastrophe größeren Ausmaßes wäre. Ich öffnete meine umfangreiche Grabbelkiste mit verschiedenen Methoden, um das Problem in den Griff zu bekommen, und probierte eine nach der anderen aus. Einige Ansätze waren relativ robust, andere waren etwas klapprige ältere Modelle, die ich im Rollstuhl hereinfahren mußte. Ich versuchte, ihr verständlich zu machen, daß es sich keineswegs um eine Katastrophe handeln müsse, die ihr ganzes Leben auf die eine oder andere Weise verändere. Ich versuchte herauszuarbeiten, daß es sich, gemessen an ihrem Lebenslauf im ganzen, um ein relativ triviales Ereignis handele, das vom Zentrum ihrer Persönlichkeit ziemlich entfernt sei. Ich versuchte, sie an andere Dinge zu erinnern, die in der Vergangenheit sehr wichtig erschienen sein mochten, jetzt aber beinahe vergessen waren, um ihr dabei zu helfen, auch von diesem jüngsten Zwischenfall den richtigen Abstand zu gewinnen. Ich fragte, warum sie glaubt, daß der Lehrer das Recht habe, völlig über sie zu bestimmen, und daß sie ein Nichts wäre, wenn er sie aus dem Kurs wirft. Ironisch schlug ich ihr vor, sie solle sich vorstellen, daß auf ihrem Grabstein stünde: »Hier ruht Ginny, die Mr. Flood bei der Schulung Englisch-für-Ausländer durchfallen ließ.« Ich versuchte es daneben mit einem anderen Ansatz, indem ich ihr unterstellte, daß sie die Situation vielleicht auch völlig falsch einschätze. Im Gegensatz zu Ginnys Befürchtungen scheint es mir keineswegs allzu wahrscheinlich, daß es dieser Lehrer tatsächlich darauf abgesehen hat, Ginny durchfallen zu lassen, nur um sich seiner Macht zu erfreuen. Ich deutete an, daß sie ja etwas tun könne, um die erwartete »Katastrophe« abzuwenden, da sie die Gefahr eines möglichen Mißerfolgs ja erkannt habe. Vielleicht hat der Lehrer nur noch keine Gelegenheit gehabt, Ginnys Stärken kennenzulernen; vielleicht würde er im Laufe der Schulung noch Gelegenheit finden, auch ihre Stärken, ihren Scharfsinn und ihre Ausdauer, schätzen zu lernen. Keiner dieser Versuche war sehr wirkungsvoll. Sie saß da wie eine Zehnjährige in einem gestärkten gelben Kleid und spielte Fangen mit mir, streckte mir die Zunge heraus und duckte sich jedesmal weg, wenn ich den Ball warf. Ich habe aber trotzdem den Eindruck, daß ich durch die bloße Intensität meiner Bemühung dazu beigetragen habe, sie zu beruhigen. Ach ja, ein weiterer Aspekt, den wir bearbeiten mußten, war der, daß sie Angst hat, daß Karl sie für dumm hält, wenn sie nicht in der Lage ist, im Unterricht bestimmte Fragen zu beantworten (Karl besucht die Schulung mit ihr zusammen). Ich fragte, wie das denn möglich sein solle. Es sei doch völlig unwahrscheinlich, daß Karl ihre Intelligenz nicht schätzen sollte, wo sie schon so lange zusammenlebten.

Ein weiteres Nebenthema der Unterhaltung war ein Aufsatz über Ernest Hemingway, den ich zusammen mit meiner Frau geschrieben und ihr am Schluß der letzten Sitzung gegeben hatte. Fast als erstes sagte sie, daß ihr der Aufsatz sehr gefallen habe. Später fügte sie hinzu, sie habe nicht verstanden, warum ich ihn mit meiner Frau zusammen geschrieben hätte. Ich schlug vor, sie solle mich alles fragen, was sie über meine Frau wissen wolle. Sie fragte: »Was lehrt sie?« Und ich antwortete: Französisch und klassische Philologie, dann fragte ich, ob sie noch etwas wissen wolle, und sie sagte: »Nein, das ist alles.« Sie sagte lediglich, es sei ihr gar nicht klar gewesen, daß auch meine Frau Professorin sei – sie hat sie einmal auf der Straße gesehen und glaubt jetzt, sie müsse ihr auch an der Universität schon begegnet sein. Ich versuchte noch ein paar andere Reaktionen aufzuspüren; ich hatte den Verdacht, es gebe da Eifersuchtsgefühle und spürte auch eine Spannung, aber sie konnte oder wollte nicht fortfahren.

Ein weiteres Thema war eine Phantasie, die sie letzte Nacht gehabt hatte und die davon handelte, daß sie krank und immer kränker wurde und Karl mit einem hübschen Mädchen davonlief, das er von seinem Job her kannte, daß ich Ginny in ein kleines Haus auf dem Land mitnahm, das eine Art Sanatorium darstellte, von einem Kollegen geführt, der ein guter Freund war und der ihr dadurch half, gesund zu werden, daß er sie ermutigte, Ärger auszudrücken und all die Dinge zu tun, die sie nicht tun kann, und daß ich sie manchmal besuchte. Ich machte ihr natürlich klar, daß eine solche Phantasie das Ergebnis einer guten Woche sei und daß es ihr gefährlich scheinen müsse, eine zu gute Woche zu haben, weil damit die Drohung verbunden sei, daß sie aufhören müsse, mich zu besuchen.

Ein Rest von Selbstkritik war in Ginnys Klagen zu sehen, daß sie nicht »ernsthaft« genug sei, daß sie nichts ernstnehmen könne, was sie tut, daß sie dazu neige, »frivol« zu sein, selbst in Bezug auf die Therapie. Es fiel mir sehr schwer, zu verstehen, was sie damit meinte, denn in meinen Augen ist sie sehr ernsthaft. Ihre Frivolität und ihr Sinn für Humor sind ein ganz wesentlicher Bestandteil ihres Charmes, und ich wäre sehr unglücklich, wenn sie versuchen würde, diesen Bestandteil durch einen chirurgischen Eingriff herauszuschneiden.*

* Die Tonbänder und Aufzeichnungen, die sich auf die drei folgenden Sitzungen beziehen, sind verlorengegangen.

IV Ein Winter geht vorüber
(26. Oktober bis 21. Februar)

DR. YALOM, 26. Oktober

Seit drei Monaten habe ich Ginny nicht mehr gesehen. Ich habe so in Arbeit gesteckt, daß ich nicht behaupten kann, daß ich sie vermißt oder viel an sie gedacht hätte, aber als sie wieder in mein Büro kam, stellte ich fest, daß es so etwas wie eine Ginny-Aura gibt, die an mir haftet.

Sobald ich mich gesetzt und fünf Minuten mit ihr verbracht hatte, fühlte ich mich in eine andere psychische Situation zurückversetzt, deren Terrain mir seit langem bekannt war – eine Gegend, die ich seit Monaten nicht mehr aufgesucht hatte. Ginny erzählte mir, was sie inzwischen alles gemacht hat. Drei Monate lang hat sie einen festen Job gehabt, bei dem sie vierzig Stunden in der Woche arbeiten mußte, bis sie schließlich aus Gründen, die sie nicht beeinflussen konnte, wieder entlassen wurde. Sie lebt noch immer mit Karl zusammen, und die Dinge haben sich gut entwikkelt. Sie haust jetzt nicht mehr im Schatten seines unmittelbar bevorstehenden Weggangs. Manchmal reden sie darüber, nach Südamerika zu gehen, unter der Voraussetzung, daß sie zusammen gehen. Sie ist sich aber nicht sicher, ob sie die Staaten wirklich verlassen möchte. Sie hat ein paar neue Freunde gewonnen, hat sich mit ihnen unterhalten anstatt mit mir, aber sie hat während meiner Abwesenheit in ihrer Phantasie auch mit mir viele Gespräche geführt. Nach diesem offensichtlich »guten« Bericht vertagte sie ihr Plädoyer und wandte sich der »schlechten« Seite ihrer Existenz zu. Sie hat das Gefühl, nicht wirklich authentisch gelebt zu haben, sondern einfach nur gemütlich und glücklich so weitergetrudelt zu sein. Ich schlug ihr vor, doch ihre Definition des Lebens einmal neu zu überdenken – vielleicht finde ihr eigentliches Leben gar nicht nur in ihren gequälten Augenblicken statt. Sie fragte, ob ich im Ernst spreche, ob ihr jetziger Zustand das sei, was Psychiater als Besserung ansehen. Ich sagte ihr, sie sei von der Krankheit »Über-Bewußtheit« betroffen, und sie gab zu, daß sie sich immer zu eindringlich beobachtet habe. Sie hat immer zu sehr dem Publikum angehört und ist zu wenig Mitglied des Ensembles gewesen.

Das Verhältnis zu Karl hat sich entschieden verbessert; dennoch hat Ginny immer noch das Gefühl, daß sie ihm nicht ganz gerecht wird, daß sie nicht dazu in der Lage ist, wirklich »ernsthaft« zu sein, und obwohl sie irgend etwas in ihrer Beziehung verändern möchte, vermag sie doch nicht zu sagen, was das ist. Auf Nachfrage sagte sie, sie wünschte, daß ihr Karl ins Gesicht sähe und ihren Namen sage. Sie sind dauernd zusammen, Tag und Nacht. Sie haben beide denselben Job als Lehrer in einem Bildungszentrum für Erwachsene, und soviel ich verstanden habe, sind sie dabei so beschäftigt, daß sie den ganzen Tag ohne besondere Belastung zusammen arbeiten können. Nachts ist es allerdings anders, weil das schmerzliche Thema Sex immer noch nicht gelöst ist. Ginny ist der Ansicht, sie müßte Karl gegenüber ehrlicher sein in bezug auf ihre sexuelle Insuffizienz, sie meint, sie müsse ihm alles sagen, während ich, ohne daß ich es ihr ausdrücklich erklärt hätte, durchaus der Meinung bin, daß es einige private Dinge gibt, die sie für sich behalten sollte. Sie möchte gern mit Karl in eine Encounter-Gruppe gehen, wo sie ihm ihre tiefsten Befürchtungen mitzuteilen vermöchte, ohne daß er sie leichthin abtun könnte. Ich schlug ihr vor, keineswegs völlig im Scherz, sie solle ihn in die nächste Sitzung mitbringen. Bei diesem Vorschlag geriet sie in Panik und wiederholte mehrfach, daß Karl nicht an Psychotherapie glaube.

Irgendwann meinte sie, sie sei noch dieselbe Ginny wie damals, als sie die Therapie anfing. Ich fragte, ob sie das wirklich glaube. Als sie wiederholte, sie glaube innerlich dieselbe zu sein, konnte ich nicht widerstehen, sie auf die Veränderungen hinzuweisen, die ich an ihr beobachtet hatte. Es stimmt schon, sagte sie, daß sich ihre Beziehung zu Karl geändert habe – er erledigt jetzt die Hälfte der Hausarbeit und sie braucht auch nichts mehr für das Benzin zu bezahlen –, aber diese Verbesserungen schiebt sie schnell von sich weg, indem sie erklärt, ohne mich wären diese Veränderungen nie erfolgt. Ich versuchte, ihr dieses Spielchen bewußt zu machen: daß sie sich weigert, ihre Gewinne anzuerkennen, indem sie sie mir zuschreibt. Gegen Ende der Sitzung war sie dann ziemlich böse auf mich und erklärte, ich wäre genau wie ihre Eltern, die sagten auch immer, es würde schon alles gut werden.

Sie erwähnte auch, daß sie Bedenken habe, weil ich ihre Aufzeichnungen veröffentlichen könnte, was mir das Stichwort gab, sie zu fragen, ob sie sich noch an unsere Abmachung erinnere. Sie erinnerte mich daran, daß ich versprochen hätte, die Aufzeichnungen ohne ihre Einwilligung nicht zu veröffentlichen, und fügte hinzu, daß sie auf keinen Fall unter meinem Namen veröffentlicht werden dürften, da Karl mich ja kenne. Das gelte auch im Falle ihres Todes. Im Scherz sagte sie, sie erhebe auch Anspruch auf die Filmrechte. Ich muß gestehen, als sie das sagte, war ich enttäuscht. Aber sie ist natürlich im Recht, obwohl sie ihre Ansicht im Verlauf der Zeit vielleicht noch ändert und wir die Aufzeichnungen doch noch, vielleicht beide unter einem Pseudonym, veröffentlichen können. Aber vielleicht vergessen wir sie auch einfach, denn ich glaube nicht, daß ihre Qualität eine Veröffentlichung unbedingt rechtfertigt.

Eine recht merkwürdige, rührende, verwirrte Stunde mit vielfacher Ebbe und Flut.

Ich hatte einen Gipsverband am Bein (eine Knieverletzung), das Büro war völlig umgeräumt und unordentlich, und ich saß an einem anderen Platz. Aber Ginny setzte sich und begann zu reden, ohne jede Bemerkung über die offensichtlichen Veränderungen. Sie ist der erste Mensch, der nicht sofort nach meinem Bein gefragt hat. Sie fing damit an, daß sie heute gern einmal nichts sagen würde – warum nicht einmal etwas anderes tun? Die ersten zehn oder fünfzehn Minuten waren ziemlich gezwungen. Ginny genierte sich offenbar, und als sie zu sprechen begann, spürte ich bei allem, was sie sagte, eine deutliche sexuelle Unterströmung. Sie sagte, Karl sei enttäuscht darüber, daß sie wieder zur Therapie ginge, er habe gewünscht, daß es ihr so gut ginge, daß sie mich nicht mehr aufzusuchen brauche. Später erwähnte sie, daß sie nicht fähig sei, mir ihre Gefühle zu zeigen, und fügte hinzu, daß sie uns beiden ihre Gefühle nicht zeige (mir und Karl). Verblüfft über diesen Hinweis auf »die beiden Männer« in ihrem Leben, fragte ich, ob ich als »der andere Mann« die Entsprechung zu Karl bilde. Natürlich stritt sie das ab. Später benutzte sie das Wort »uneinnehmbar« *(impregnable),* um ihre Haltung gegenüber uns beiden zu beschreiben, und das Wort weckte sofort Phantasien über Schwangerschaft *(pregnancy)* in mir. Dann ging sie auf die Ereignisse der letzten Woche ein, die alle auf eine ungewöhnlich gute Periode schließen ließen; sie war mit Karl nach Big Sur gefahren, und es war alles sehr glatt zwischen ihnen gegangen. Sie hatte sich gut amüsiert, doch irgend etwas fehlt in ihrem Leben, sie weiß aber nicht was.

Sie erzählte mir einen Traum, wobei sie freilich gleich darauf hinwies, daß er unwichtig sei. (Immer wenn ich das höre, spitze ich die Ohren; denn es bedeutet unweigerlich, daß ein wichtiger Traum kommt.) Der Traum: Da ist ein Psychiater und ein Mädchen, und das Mädchen benimmt sich sehr merkwürdig, es führt mit den Händen komische Dinge aus. Sie ist schizophren. Der Psychiater mag sie sehr und sorgt sehr lange für sie, und schließlich legt er ihr nahe, mit einem Jungen wegzugehen, der aus Vietnam zurückkommt. Der Junge ist eine Mischung aus ihrem Bruder, der in Vietnam gefallen ist (in Wirklichkeit hat sie gar keinen Bruder), und einem anderen jungen Mann. Zuerst geht alles gut mit dem Jungen, aber dann fängt er an, sehr gemein zu ihr zu sein, und sie wird immer mehr schizophren und endet schließlich als Katatonikerin. Ehe sie mit dem Jungen weggeht, bringt ihr der Psychiater im Traum noch bei, wie man eine Empfängnis verhütet, und fordert sie außerdem auf, sich nicht zu weit zu entfernen; später versucht sie, ein Rezept für Antibabypillen zu bekommen, fürchtet sich aber, weil sie weiß, daß der Psychiater Nachforschungen anstellen und sie mit Hilfe der Apotheken aufspüren wird.

Ich versuchte, mit dem Traummaterial zu arbeiten, aber Ginny leistete starken Widerstand. Es schien mich mehr zu interessieren als sie; ihr Widerstand erstickte ihre Neugier. Ich sagte ihr, daß mich der Traum an etwas erinnert, was wir schon oft diskutiert haben – ihr Glaube, daß sie meine Aufmerksamkeit und Zuneigung nur dann beanspruchen kann, wenn sie verrückt ist. Ich fragte: »Warum sollte ich Ihnen raten, keine Kinder zu bekommen und sich nicht zu weit zu entfernen? Wessen Stimme hat Ihnen das gesagt?« Sie sagt, sie wisse es nicht, es sei fast wie die Stimme ihrer Eltern, aber sie sei sicher, daß es nicht ihre Eltern wären. Sie sähen es gern, wenn sie heiraten würde; wir kamen zu dem Schluß, daß es die Stimme ihrer Eltern in der Vergangenheit gewesen sei, als sie noch ein Kind war, und daß diese Stimme immer noch in ihr lebendig sei. Das war alles. Wieder eine reiche Ader mit Traummaterial, die unerschlossen liegen bleibt.

Warum hat sie nichts über den Gipsverband an meinem Bein gesagt? Zuerst sagte sie, sie habe nicht gesehen, daß es ein Gipsverband sei, sie habe es nur für eine Bandage gehalten. Ich fragte, woran es sie erinnere. Sie sagte, es sehe unbequem aus – ich säße nicht in meinem gewohnten Anzug da, und sie könnte meine Figur besser erkennen – ob ich gestrickte Hosen anhätte? Einen Augenblick lang stellte sie sich vor, ich säße im Schlafanzug vor dem Fernsehgerät. Unter dem Schlafanzug sah sie etwas hervorschauen, was wie weißes Unterzeug aussah; das war ein Gipsverband. Ihre Assoziationen waren wirr und schwer zu verfolgen. Sie sagte nie deutlich, warum sie sich entschlossen hatte, den Gips zu ignorieren. Ich kann nur vermuten, daß der Gips und das darin befindliche Bein sie allzu nahe an die sexuellen Verbindungen zwischen uns heranbringt.

Unvermittelt erzählt sie mir, daß Karl zu ihr gesagt habe: »Wenn du jemals ein Kind hast, werden seine ersten Worte bestimmt sein: ›Ich kann nicht.‹« (Meine Eingebung davor war also richtig: das Wort *»impregnable«* war nicht ohne Bedeutung; es tauchte auch in dem Traum auf, und als sie sagte, es fehle etwas in ihrem Leben, dachte sie an das Fehlen von Kindern.) Karls Bemerkung über das ungeborene Kind war grausam – auf mehr als einer Ebene. Ich fragte, warum sie das Karl nicht gesagt habe; indem sie schwieg, hatte sie nur bestätigt, was er behauptet hatte: daß sie überhaupt nichts kann, daß sie nicht einmal in der Lage ist, ihren Unwillen zu äußern. Später sagte sie, es gefiele ihr, wenn ich so etwas sagte; das erwarte sie von mir. Ich nahm diese Einladung an, indem ich das Phantom von Ehe und Kindern noch weiter verfolgte, wobei ich Ginny zwang, sich damit zu beschäftigen, zusammen mit mir. »Was wollen Sie von Karl? Wollen Sie heiraten? Wollen Sie Kinder haben? Warum verlangen Sie nicht von ihm, daß er Sie heiratet oder zumindest klärt, welchen Status Sie haben? Wollen Sie durch Gewohnheitsrecht seine Frau werden?« Sie sagte: »Ach, der würde genau fünf Jahre und 360 Tage mit mir leben und sich dann, kurz bevor die Frist abläuft, schnell noch dünn machen.« »Wie kommen Sie darauf? Entweder ändern Sie die Situation oder hören auf, sich darüber zu beklagen.« Aber sie unterbrach mich mit einer Frotzelei: »Sie haben gut reden mit Ihrem Knie«, und wir brachen in Gelächter aus.

Sie sagte, sie wolle Karl eigentlich gar nicht heiraten; denn sie träume immer noch davon, mitten im Wald allein in einer Hütte zu leben. Ich ließ mich nicht ablenken und erklärte, daß dieser Traum romantisch und kindisch sei und daß sie in ihrer Phantasiewelt sowieso nie allein sei; es gebe da immer irgend jemand Großen und Starken, der auf sie aufpaßt. Wer ist dieser große starke Jemand? Warum sollte er sein Leben damit verbringen wollen, daß er auf sie aufpaßt? War es einmal ihr Vater gewesen? Ihr Vater kann nicht immer für sie da sein; eines Tages wird er tot sein, und sie wird weiterleben müssen. Das ließ ihr Tränen in die Augen steigen, und sie murmelte, sie wolle nicht so weit in die Zukunft sehen, aber ich versicherte ihr, daß das eine nackte Tatsache sei, an der sie überhaupt nicht vorbeikönne.

In einem früheren Teil des Gesprächs hatte ich das Gefühl, daß sie sich gegen mich auflehnt und mich ablehnt als einen verrückten Psychiater, der sie im Gegensatz zu anderen Psychiatern dazu auffordert, nach außen anstatt nach innen zu sehen. Als ich ihr sagte, sie schaue zu sehr nach innen, behauptete sie, sie schaue ganz oberflächlich nach innen und ich solle aufhören, sie zu kritisieren, weil sie so introspektiv sei. All das scheinen gesunde Symptome dafür zu sein, daß sie in der Lage ist, gegen mich Stellung zu beziehen. Sie erwähnte auch in der Sitzung, daß sie den Namen von Madeline Greer an einem der anderen Büros gelesen habe, und sagte, ich solle vorsichtig sein und nichts zu Madeline sagen, weil sie sie kenne. Das ist nun wieder so eine Ironie des Schicksals! Denn Madeline, eine Kollegin von mir, ist die einzige Person, die jemals etwas von Ginnys Aufzeichnungen gelesen hat. Wie sich herausstellt, trifft sich Madeline jetzt häufiger mit einem von Ginnys Freunden. Was tun? Ich schäme mich viel zu sehr, als daß ich Ginny etwas sagen könnte, und ich zögere auch, die Sache mit Madeline zu besprechen, denn ich habe Angst, ihr dabei noch mehr zu erzählen, als sie ohnehin schon weiß – ich bin mir nicht sicher, ob sie die Ginny aus den Aufzeichnungen mit jener Ginny in Verbindung bringt, die sie aus San Franzisko kennt.

GINNY, 1. November

Als ich zur Sitzung kam, hatte ich keine besonderen Probleme oder Beschwerden und dachte daher, daß alles ziemlich abstrakt bleiben würde. Aber ich genoß die Sitzung und fand sie hilfreich, vielleicht weil Sie einmal mehr geredet haben als sonst.

Natürlich reagiere ich nur dann richtig, wenn wir auf besonders sentimentale Themen stoßen. Zum Beispiel als Sie sagten, ich würde mein halbes Leben ohne meine Eltern zubringen müssen. Es stimmt schon, ich bin viel abhängiger von ihnen als die meisten Leute in meinem Alter, denn ich verstehe mich immer noch als Teil meiner Vergangenheit, ohne Rücksicht auf eventuelle Veränderungen oder Wachstum. Ich will damit sagen, ich habe keinen Beruf oder eine eigene Familie, die mich bestimmen. So fühle ich mich immer noch als freiberufliches Wunderkind.

Als Sie Ihr kleines Donnerwetter über meine »Besonderheit« losließen, war mir klar, daß es übertrieben war und Sie mich teilweise damit aufziehen wollten, aber es stimmt schon. Ich glaube, ich sehe mich wirklich so. Und diese Besonderheit veranlaßt mich auch, mich mit besonderen Phantasien von Verzweiflung und Einsamkeit zu belohnen, eine alte Jungfer, die sich in sich selbst verkriecht. Am meisten profitiere ich in den Sitzungen immer davon, wenn ich Ihnen etwas Konkretes erzähle, was ich getan habe, und Sie mir dann sagen, welche Alternativen ich in der betreffenden Situation gehabt hätte. Damit werden neue Verhaltensweisen verstärkt. Als ich Ihnen zum Beispiel erzählte, daß Karl gesagt hat, die ersten Worte eines Kindes von mir wären sicher »Ich kann nicht«, und meine einzige Reaktion war die, daß ich beleidigt war, und dann Angst und das Bedürfnis, mich an ihn zu kuscheln, um zu sehen, ob er mich noch mag. Immer wenn ich mich so hündisch benehme, muß ich mir vorstellen, das sei gar nicht mein wahres Ich, was da den ganzen Tag herumläuft, und erst wenn ich niemanden mehr hätte, an den ich mich ankuscheln kann, dem ich gefallen will, den ich brauche, könnte ich wirkliche Strafe und Erlösung finden. Damit halte ich mich davon ab, mein Verhalten täglich und sofort zu verändern. Nur wenn ich mit dem Alltagsleben experimentieren und meine alten Verhaltensmuster ändern kann, habe ich das Gefühl, Erfolg zu haben und gewachsen zu sein. Ich will eigentlich gar nicht ins Exil gehen und mich selbst kasteien. Ich mag Karl und meine Umgebung und brauche das alles.

DR. YALOM, 9. November

Eine glanzlose Stunde, die sich ohne wirkliche Höhepunkte mühsam dahinschleppte. Ginny begann damit, daß es ihr letzte Nacht aus einem ganz dummen Grund sehr schlecht gegangen sei. Es fing damit an, daß Karl erklärte, er fühle sich ziemlich mies, weil er sich Sorgen um seine Zukunft und seine Karriere macht. Das war, kurz bevor sie ins Bett gingen. Kaum war sie im Bett, begann sie sich vorzustellen, daß er sie verläßt, und regte sich bei dem Gedanken, ganz allein zu sein, schrecklich auf. Dieser Vorfall bildete für den Rest der Sitzung den entscheidenden Akzent, denn ich dachte dabei sofort daran, daß sie hätte herausfinden müssen, worüber Karl sich Sorgen machte, und daß sie dann hätte versuchen müssen, ihm irgendwie zu helfen. Als ich das andeutete, stellte sie die Gegenfrage: »Was hätte ich tun können? Was hätte Ihre Frau denn gemacht?« Ich stöhnte: »Oh nein!« Und daraufhin drehte sie alles ins Scherzhafte und sagte: »Was hätte wohl Mrs. Nixon zu Präsident Nixon gesagt?« Ich glaube, ich bin deshalb nicht auf ihre Frage zurückgekommen, weil ich einerseits nicht einsah, was es Ginny nützen könnte, zu erfahren, was meine Frau gesagt hätte, aber andererseits auch, weil Ginny nach einem Detail aus meinem Privatleben gefragt hatte, dessen Preisgabe ich ausweichen wollte. Jedenfalls gelangten wir so zu der Feststellung, daß sie und Karl sich nie wirklich über persönliche Probleme unterhalten. Es fiele ihr gar nicht ein, mit Karl gemeinsam über seine Zukunft nachzudenken, und ich glaube, daß das zumindest teilweise auch die Ursache dafür ist, daß sie von ihm nie erfährt, wie sich ihre gemeinsame Zukunft gestalten wird. Es gibt in ihrer Beziehung strenge Regeln, die jedes ernsthafte persönliche Gespräch verhindern, während sie sich andererseits oft stundenlang sehr brillant über irgendwelche Ideen unterhalten. Ich spürte, daß sie von mir eine Anweisung erwartete, wie sie dieses Verhaltensmuster in ihrer Beziehung zu Karl aufbrechen könnte. Ich fragte, was sie von ihm wissen wolle, was sie unmittelbar auf die nach meiner Ansicht zentrale Frage brachte: Was bedeutet ihre Beziehung für Karl? Wie lange und wie intensiv will er sich darauf einlassen?

Dann erzählte sie von einer literarischen Party, bei der sie sich wegen der Gegenwart einiger älterer Gäste wie eine Zehnjährige benommen hatte; sie gefror nach außen und innen, weil sie das Gefühl hatte, keinerlei Substanz zu besitzen. Wenn Karl und die anderen nicht dagewesen wären, hätte sie sich einfach irgendwie zusammengerollt und in Luft aufgelöst, denn sie war der festen Überzeugung, sie sei bestenfalls dazu in der Lage, die Ideen anderer Leute von sich abprallen zu lassen. Ich erklärte ihr, daß ich vom Gegenteil überzeugt sei, daß sie eine außerordentlich kräftige Substanz habe, die man jederzeit spüre und anerkenne. Wenn sie die »Erwachsenen« reden hört, kann sie sich zwar nicht mit ihnen unterhalten, ist aber sehr wohl dazu in der Lage, sich zurückzulehnen und sich im Inneren darüber lustig zu machen. Ihr Verhalten erschien mir gar nicht so unvernünftig; warum soll sie sich in Gesellschaft genauso wie alle anderen verhalten? Jetzt stellte sie mir eine Falle, indem sie fragte, wenn sie eben so sei, warum sollte sie sich dann in der Beziehung zu Karl ändern? Ich entschlüpfte ihr mit knapper Not, indem ich darauf hinwies, daß man sich in Gesellschaft durchaus anders verhalten könne, aber wenn man in enger Beziehung zueinander steht, müsse man sich im allgemeinen über private Dinge unterhalten, es sei denn, man müsse ums Überleben kämpfen oder arbeite so intensiv zusammen, daß man sich auch ohne Worte versteht. Sie und Karl redeten so oft mit anderen über ihre intimsten Gedanken und erforschten sie auch beim Schreiben, daß es mir unvorstellbar erscheine, daß sie zusammenbleiben könnten, ohne irgendwann auf irgendeiner Ebene ein wenig persönlicher miteinander zu kommunizieren.

Ginny sagte, die letzte kleine Veränderung in ihrem Leben sei zustandegekommen, als ich sie gezwungen hätte, mit Karl über das Benzingeld zu reden – es sei schmerzhaft gewesen, aber eine sehr wichtige Verschiebung in ihrem Verhältnis. Sie möchte, daß ich sie erneut zu so etwas zwinge.

Zwischendurch hatte ich heute das Gefühl, daß Ginny mir praktisch nichts mehr zu sagen hat, was darauf hinweisen könnte, daß es ihr vielleicht besser geht, daß sie die Therapie vielleicht schon bald beenden wird. Es gibt zwar immer noch Problemzonen, aber im großen und ganzen nimmt ihr Leben allmählich befriedigende Züge an.

GINNY, 9. November

Ich brachte heute das Thema »Unterhaltung« zur Sprache – daß ich zum Beispiel nicht in der Lage bin, mit Karl über ernste Dinge zu reden. Das ist Teil meines eindimensionalen Wesens; ich glaube, so wie ich mich ihm gegenüber verhalte, benehme ich mich auch zu Ihnen. Zu wissen, was Karl denkt ... was denken Sie denn? (Ich hätte fragen sollen.) Und wie lange werden Sie beide bleiben? Natürlich habe ich bei Karl mehr Angst, denn hier sind ein größerer Teil meiner Zeit, lebenswichtige Organe und Gefühle betroffen.

Als Sie mich fragten, ob ich in der Gruppe irgend etwas gelernt hätte, überraschte mich das. Meine Erfahrungen sind niemals ein Sprungbrett für Fortschritte. Die Gruppe bot mir vor allem Gesellschaft für den Augenblick, aber wir haben da doch nie sehr viele Fragen wirklich beantwortet, und auf die Fragen, die mir gestellt wurden, bin ich nie sehr genau eingegangen. Auf dem Wege der Vernunft versage ich meistens, ich bin mehr so eine Art Zirkelschluß in Form eines Grinsens. Zweimal gab es gestern eine Pause zwischen uns, aber es waren leere Pausen – Sie fragen, was los ist, und ich sage nichts.

Ich war froh, daß Madeline mit Ihnen gesprochen hat, und ich stellte mir vor, daß sie mich »süß« genannt hat (aber ich habe Sie natürlich nicht gefragt). Aber wissen Sie, ich verwechsele immer ein ernstes Gespräch mit einer Beichte. Als ich sie auf der Party traf, benahm ich mich wie eine gelähmte Naive (meine Mutter sagte immer, ich könne auf jeder Party meine Rolle als »Luftloch« spielen, aber ich solle dabei öfter den Platz wechseln, damit es die anderen nicht merken). Und als Karl Sie auf der Party erwähnte und Madeline interessiert schien, erzählte ich ihr, daß ich Sie jetzt seit drei Jahren aufsuche und dieses Jahr für Sie schreibe. Ich wollte das gar nicht sagen und hätte es auch nicht nötig gehabt, aber wenn mir nichts anderes einfällt, erzähle ich einfach alles, was den anderen interessieren könnte.

Was Sie gestern über offene Aussprachen sagten, war richtig, aber es hatte keine gefühlsmäßige Kraft, reichte nicht weiter als ein Zeitungsartikel. Weder Sie noch ich kamen bis zu mir durch. Aber ich fühlte mich nicht sehr schuldig.

Als ich zum Bahnhof ging, war ich optimistisch, ich bildete mir ein, ich hätte schon mit Karl gesprochen und es ginge alles in Ordnung. Dann phantasierte ich weiter, Sie hätten dienstlich verreisen müssen und die nächste Sitzung verschoben, daraufhin hätte ich Sie angerufen und erzählt, daß alles in Ordnung sei.

Merken Sie, wie mein Bewußtsein herumspielt und aller ernsthaften Arbeit aus dem Weg geht?

Obwohl wir so äußerlich blieben, als wir uns über meine »Abwesenheiten« unterhielten, gefiel mir das. Aber es ist mir klar, daß ich ständig einen festen Rahmen brauche, um mich für eine Realität zu halten, um »anwesend« sein zu können. Ich kann mich nicht zum Reden zwingen, auch wenn ich spüre, daß anderen mein Schweigen unbehaglich ist. Ich kann nicht geben. Die anderen müssen mir etwas geben. Ich weiß, das ist nicht wichtig, aber ich halte mich selbst für verzogen, weil ich in ganz gewöhnlichen Situationen nicht einmal das Minimum bringe.

DR. YALOM, 16. November

Ein einigermaßen zielstrebiges Gespräch, das zugleich sehr unbequem für mich war. Ich fühlte mich wie ein *Cheerleader* oder ein Sekundant im Boxring, der Ginny anzutreiben versuchte. Sie kam in erster Linie zu mir, um mir zu erzählen, daß sie meinen Vorschlag von letzter Woche nicht befolgt hatte – sie hatte es nicht fertiggebracht, mit Karl über die Frage einer Heirat zu sprechen –; dabei war ihr ironischerweise eine Gelegenheit zufällig beinahe in den Schoß gefallen. Eine ihrer Freundinnen hatte Karl und Ginny bei einer Party in die Ecke gedrängt und halb im Scherz gefragt: »Na ihr zwei, wann werdet ihr denn heiraten?« Karl sagte sofort, er sei an der Ehe nicht interessiert und sein Verhältnis zu Ginny würde er auch nicht eine »Ehe« nennen. Die Gelegenheit, noch in dieser Nacht mit ihm darüber zu reden, hatte Ginny versäumt, weil sie ganz spontan alle Gäste der Party dazu eingeladen hatte, bis vier Uhr früh noch bei ihnen zu Hause einen Fernsehfilm anzuschauen. Karl war deswegen so wütend auf sie, daß der Abend schließlich damit endete, daß um ihn wieder zu besänftigen, schließlich sie sich entschuldigen mußte, anstatt umgekehrt.

Es gab noch weitere beunruhigende Zwischenfälle; vorletzte Nacht zum Beispiel hatte Karl angefangen, wegen irgendeinem Fehler beim Essenkochen an ihr herumzumäkeln, und hatte dann ihre sämtlichen Fehler aufgezählt. Sanftmütig hatte sie allem zugestimmt, was er sagte und ihm praktisch dafür gedankt, daß er sie darauf aufmerksam machte. Ich versuchte, mit ihr zu erörtern, welche alternativen Möglichkeiten sie bei dem Gespräch gehabt hätte, wobei ich vor allem die Frage aufwarf, warum ihre Beziehung so definiert war, daß er das Recht hatte, sie zu kritisieren, ohne daß sie ihrerseits dieses Recht in Anspruch nehmen dürfte. Sie sagte, sie hätte ihm natürlich einiges darüber sagen können, was er vielleicht falsch macht, aber das sei sinnlos, denn er habe tatsächlich recht gehabt mit seiner Kritik. Ich mußte es ständig wiederholen: es geht nicht darum, ob er recht hat oder nicht, sondern darum, aus welchem Grunde ihr Verhältnis sich so definiert. Ich übte Rollenspiel mit ihr, indem ich wiederholte, was Karl gesagt hatte und sie dann aufforderte, anders darauf zu reagieren. Daraufhin fing sie an, sich zu entschuldigen, sie habe ihm doch nur ein schönes Essen zubereiten wollen, ob er vielleicht lieber bloß Hamburger essen wolle, die könne sie ohne Fehler machen. Ich sagte ihr, das sei doch sehr indirekt; könne sie nichts Persönlicheres sagen? Dann spielte sie in der Sicherheit meines Büros ihre Rollen. Sie sagte Karl, er habe sie gekränkt; warum müsse er sie unbedingt fertigmachen, bevor sie ins Bett gingen? Dann entzog sie sich dieser unbequemen Szene, indem sie scherzhaft bemerkte, sie käme sich vor, als ob ich eine Samurai-Schulung mit ihr mache und ihr zeigte, wo sie die Füße hinsetzen und wie sie das Schwert halten müsse.

Sie erzählte von einem anderen Vorfall diese Woche, bei dem sie ganz spontan zu Karl gesagt hatte: »Ich liebe dich«, und Karl hatte keine Antwort gegeben. Ich fragte, warum sie glaubte, sein Schweigen nicht untersuchen zu dürfen. Sie behauptete, sie wisse die Antworten schon – er liebt sie eben nicht und wolle sie nicht heiraten. Dann stellte ich zweierlei fest. Erstens, wenn das zuträfe, wolle sie dann noch mit Karl zusammenbleiben? Sei dieses »lieblose« Verhältnis alles, was sie vom Leben erwarte? Und zweitens glaubte ich überhaupt nicht daran, daß sie in der Lage sei, Tatsachen festzustellen. Ich erinnerte sie daran, daß sie zum Beispiel lange nicht dazu in der Lage gewesen sei, den Termin unserer Sitzungen zu verlegen, weil sie dachte, das würde mich ärgern, daß sie dann aber, als sie endlich den Mut gefunden hatte, mich zu fragen, festgestellt habe, daß ihre Erwartungen völlig falsch gewesen seien – dasselbe könne sehr wohl auch bei Karl der Fall sein. Sie nimmt viele Dinge einfach nicht wahr, zum Beispiel die Tatsache, daß er schon einen beträchtlichen Teil seines Lebens als Erwachsener mit ihr zugebracht hat. Und so ging es weiter. Ich gab ihr einen Schubs und noch einen Schubs und noch einen, doch endlich »etwas Persönliches« zu Karl zu sagen. Ich habe einige Befürchtungen, was daraus werden wird, vielleicht verlange ich etwas von ihr, was sie nicht kann, vielleicht ist diese Beziehung zu Karl besser als überhaupt keine. Ich glaube, eine gewisse Rolle spielt dabei im Hintergrund der Gedanke, daß mir Madeline erzählt hat, sie habe Karl gleich bei ihrer ersten Begegnung für eine außerordentlich feindselige Person gehalten. Vielleicht habe ich übertriebene Beschützerinstinkte gegenüber Ginny, aber es sieht so aus, als ob er sie von vorne bis hinten beschummelt, und irgendwie möchte ich sie vor diesem Kerl retten oder wenigstens das Verhältnis so verändern, daß es etwas erträglicher für sie wird.

GINNY, 16. November

Vielleicht ist es ganz gut, daß ich mich nicht mehr allzu genau daran erinnere, was gestern geschehen ist. Als ich auf Sie gewartet habe, sah ich ein Mädchen, das tränenüberströmt das Zimmer ihres Therapeuten verließ und dachte: Das waren also die guten alten Zeiten, meine eigene Vergangenheit, »nasse Taschentücher und große Probleme«.

Jedenfalls war es mir gelungen, selbst voller Angst zu sein, als wir anfingen. Ich war völlig sicher, daß ich nichts zu erzählen hätte, daß ich mich übergeben müßte. Daß ich Ihnen höchstens Dinge erzählen könnte, die ohnehin schon passé waren, an denen nichts zu ändern war. Und als wir anfingen, zu reden, wußte ich, daß ich weinen würde, vor allem, wenn ich von dem Abend erzählte, wo Bud uns über die Ehe ausfragte. Ich redete und redete, aber innerlich gespannt, voll hämischer Freude, voll Zittern. Das hielt ich eine ganze Zeitlang durch, bis ich den Funken schließlich mit meinen eigenen Tränen löschte. Wissen Sie, ich interessiere mich weniger für die Gespräche selbst als vielmehr für die Gefühle, die sie auslösen. Die Tränen sind sehr viel leichter zu ertragen als das Wissen, was dahintersteht.

Dann kehrten wir zu unserem alten Thema zurück: »Warum kann ich nicht offen sprechen?« Diesmal übernahmen Sie die Rolle von Karl, aber ich spielte meine nie richtig. (Dabei fällt mir ein, daß ich Sie ja dauernd darum gebeten habe, mir Gelegenheit zum Ausprobieren zu geben, was ich tun würde.) Ich weiß, daß ich in Ihrem Büro in Sicherheit bin, aber ich gebe mir keine Mühe. Aber wenigstens vermitteln Sie mir das Gefühl, daß ich nie hinausgeworfen werde oder einen Tritt bekomme. Als Sie zum Beispiel sagten: »Sie werden nie für sich selber eintreten, wenn Sie nicht merken, daß Sie die Situation überstehen können, daß Sie auch etwas zu sagen haben«, da wußte ich, daß das wichtig war, daß ich mir das merken müßte und darüber nachdenken, aber ich legte es mit dem Vermerk »ein andermal« zu den Akten.

Irgendwie hatte ich das Gefühl, ein paar Schritte näher an die Startlinie herangekommen zu sein, von der wir anfangen könnten. Obwohl ich am selben Tag noch hätte anfangen können, unterließ ich es. Ich wußte, nachdem ein bestimmter Punkt überschritten war, redete ich nur noch weiter. Wie gewöhnlich rationierte ich meine Reaktionen und Gefühle. Ich war unfähig, mich zu konzentrieren. Vielleicht hätte ich Ihnen sofort Bescheid sagen sollen, als ich abschweifte, dann hätten wir darüber sprechen können. Statt dessen schaute ich zu, wie Sie sich abmühten, mich anzustacheln und in Bewegung zu setzen. Aber ich fühlte mich längst gemütlich und warm, als wäre ich soeben ins Bettchen gelegt worden.

Als ich immer wieder sagte: »Ich habe das Gefühl, ich bin tot«, hatte ich wirklich das Gefühl, tot zu sein. Das war alles sehr ärgerlich für Sie, und ich schämte mich, weil es mir so oft als Entschuldigung herausrutschte. Ich weiß, wenn ich aufhören könnte, mich wie tot zu fühlen, wäre ich offener für die darunterliegenden Gefühle.

Sie schienen sehr unzufrieden mit dem zu sein, was Sie »Entschuldigungen für die Vergangenheit« nannten.

DR. YALOM, 23. November

Eine scheußliche Sitzung mit Ginny heute, und, was noch schlimmer war, sie kam unmittelbar nach einer ebenso schlechten Sitzung mit einer anderen Patientin. Die andere Patientin war sehr feindselig und ablehnend, sie schwieg und mißtraute mir, während ich versuchte, sie zu irgendeiner Aktivität zu provozieren.

Bei Ginny fehlte überhaupt alles, woran man sich hätte halten können, woran man hätte arbeiten können. Allmählich überwältigte mich das Gefühl, Ginny zu keinerlei Änderung verhelfen zu können; sie selbst will sich nicht ändern. Am Ende der Stunde hatte ich das Gefühl, vor einer völlig glatten Felswand zu stehen, in der sich nur ein winziger Riß befand, auf den man sich hätte stützen können, und das war meine Bemerkung, Ginny sei deshalb unglücklich, weil sie nicht wisse, ob Karl sie je heiraten würde, warum sie ihn denn nicht frage? Das schien die einzige therapeutische Stütze zu sein, und auch die war schon ziemlich schmal geworden.

Sie kam herein. Der erste Satz war, sie habe sich großartig gefühlt, bis sie in dieses Zimmer gekommen sei. Dann erzählte sie, daß sie ihre Geschichte abgeschlossen habe und jetzt bei den Zeitschriften herumschickte. Es war offensichtlich, daß sie sich schämte, weil sie immer noch mein Rezept nicht beachtet und offen mit Karl geredet hatte. Um zu verhindern, daß ich sie ausschimpfte, offerierte sie eine Bestechung in Gestalt ihrer Geschichte. Das hätte ich ihr natürlich sagen können, aber was soll's? Den größten Teil der restlichen Stunde verbrachten wir damit, daß sie darüber lamentierte, nicht »ernsthaft« sein zu können, daß sie lieber gar nichts sagen sollte, weil sie nur so daherredete, ohne ernsthaft an etwas zu arbeiten. Sie und ich waren dabei beide so unpersönlich und kühl, daß ich sie schließlich aufforderte, mir eine direkte Frage zu stellen. Schließlich fragte sie: »Wie lange werden Sie die Behandlung noch fortsetzen, mich kommen und erzählen lassen, es ginge mir gut?« Ich versuchte, ihr offen und ehrlich zu antworten, indem ich sagte, ich wolle das mit ihr durchstehen und nähme ihre Versicherungen, daß alles in Ordnung sei, solange nicht ernst, wie es noch so offensichtliche Zonen der Unzufriedenheit in ihrem Leben gebe. Sie schien sich über diese Mitteilung ziemlich zu freuen, ganz wie ein kleines Kind. Später sagte sie, sie finde sich selbst zum Kotzen, sie sei mir nicht »ebenbürtig«, sie komme sich wie eine Hochstaplerin vor, selbst das Lächeln in ihren Mundwinkeln sei gefälscht. Ich konnte ihr überhaupt nicht helfen. Ich wiederholte nur immer wieder die Frage: »Wollen Sie sich ändern?« Vielleicht ist der Status quo nur allzu bequem. Ich habe das Gefühl, als ob die ganze Verantwortung für eine Änderung in meinen Schoß gelegt würde. Sie verlangt sogar von mir, ihr ein Ziel zu setzen. Ich muß das mit immer neuen Worten vier oder fünf Mal gesagt haben, aber ohne Erfolg. Heute hatte ich zum erstenmal das Gefühl, daß ich das Ende der Therapie zu offen gelassen habe. Vielleicht hätte ich einfach einen Termin setzen sollen, vier Monate, sechs Monate. Das würde unsere Arbeit sicher beschleunigen. Ich frage mich manchmal, ob sie möchte, daß ich das tue. Vielleicht hat sie heute darum gebeten.

GINNY, 23. November

Ehe ich hineinging, hatte ich Angst, es gebe nichts, worüber man reden könne, aber dann dachte ich, das würde sich schon irgendwie von selbst lösen. Das hätte es auch getan, wenn ich nicht so geschwätzig und steif gewesen wäre. Von Anfang an entschuldigte ich mich. Ich brachte es nicht fertig, spontan zu sein und die schlechte Situation zu verbessern oder mir einen Ausweg einfallen zu lassen. Vielleicht habe ich in der Sitzung dasselbe gemacht, was ich jetzt tue – nur egoistisch über mich selbst geredet. Diesmal war es besonders unbehaglich.

Als ich sagte, ich wollte, daß Sie mich heilen und mir Ziele setzen, meinte ich damit nicht Hausaufgaben, die mich während der Woche beschäftigen – das wäre zu direkt und kleinlich; ich wollte vielmehr dort im Sprechzimmer etwas tun. Alles, was geschieht, beruht auf dem Bedürfnis, mit Ihnen über das zu reden, was Sie für wichtig halten. Sie sind der Zeremonienmeister. Deshalb gebe ich Ihnen die Schuld, wenn wir dauernd in den alten Wunden herumstochern, in den alten offensichtlichen Problemen – liebt er mich oder mag er mich wenigstens, wird Karl mich verlassen? Es ist, als ob man mit einer immer gleichen Scharade stets ein und denselben Satz illustriert.

Innerlich war ich gestern ein Vakuum. Mein Leben ist wie ein trockener Wüstenstrauch gegen einen Grenzzaun geweht worden, wo ich Atem hole vor dem nächsten Aufruhr und Sturm. Jetzt, da ich ohne Ihren Zuspruch zuhause sitze, fallen mir viele Dinge ein, die ich sagen könnte. Über die Langeweile und den Druck, der auf diesem Leben lastet. Wie Karl manchmal vor dem Insbettgehen die Wände mit den Augen mustert, unsere Wohnung ansieht und sagt: »Ich hasse diese Bude. Ich hasse sie.« Und ich glaube einfach nicht, daß er nicht in Wirklichkeit mich mustert und das Haus nur als Sündenbock benutzt, um mir das zu sagen. Das versetzt mich nicht gerade in eine Stimmung von Liebe und Hingabe, und selbst wenn ich in der Lage bin, den Arm auszustrecken und ihm scherzhaft zu sagen, daß solche Bemerkungen vor dem Zubettgehen ziemlich gemein sind und nicht gerade zur Liebe stimulieren, bleibt mir doch eine Beunruhigung und Unzufriedenheit, daß er solche Sätze sagt, ihre Wirkung kennt und trotzdem so wenig Rücksicht auf unsere Beziehung nimmt. Und dann fällt mir ein, daß er selbst auch gute und schlechte Tage hat und manchmal ausflippt. Vielleicht hatte ich gestern gar keine Probleme zu lösen. Ich hatte das Gefühl, unser beider Zeit zu verschwenden.

Als Sie nach Zielen fragten, wurde mir klar, daß ich völlig außerhalb jedes Selbst bin. Ich gab höfliche Antworten. Ich hätte genausogut mit einem Studienberater sprechen können.

Ich gab mir überhaupt keine Mühe, Ihnen zuzuhören, obwohl es mich durchaus interessierte, was Sie sagten, zum Beispiel über mein Sparkonto. Ich benutze mein Sparkonto wie mein Talent. Ich lasse es stehen und Zinsen sammeln, ich habe Angst, es auszugeben, außer gelegentlich in winzigen Portionen, ich warte die ganze Zeit auf eine große Notlage, wo ich meine Seele und mein Geld plötzlich brauche. Wieder einmal vertage ich alles. Ich spare mich selbst für die Krise oder das Verhängnis auf.

Als ich an die Aufzeichnungen dachte, fühlte ich mich doppelt elend. Es gibt so wenig, womit wir arbeiten können, wenn wir uns nur über die Dinge unterhalten, die nicht geschehen sind, anstatt über Dinge, die versucht worden und schiefgegangen sind. Aber ich war ein wenig wütend darüber, daß die ganze Sitzung auf dem falschen Bein begonnen hatte, weil ich nicht mit Karl geredet habe. Ich glaube, ich habe selbst dafür gesorgt, indem ich Ihnen kindischerweise, um Ihnen einen Gefallen zu tun, von meiner Geschichte erzählt habe. Aber konnten Sie nichts dagegen tun?

Früher waren Sie dazu in der Lage, meine Spannungen abzubauen und immer wieder etwas anderes zu versuchen, wenn die Dinge nicht vorangingen. Die Sitzung heute war wie ein Gespräch, bei dem ich mich um eine Stelle bewarb, die ich gar nicht haben wollte.

So eine Sitzung ist immer ansteckend, und als wir die Hälfte hinter uns hatten, wurde mir klar, daß ich mich hinterher dafür bestrafen würde, was auch geschehen ist. Und deswegen bin ich deprimiert, weil ich nicht damit aufhören kann, weil ich es nicht fertigbringe, Sie um Hilfe zu bitten, daß Sie mir weiterhelfen.

Eigentlich sollte ich wütend werden, wenn Sie mich dauernd mit dem Status quo ködern, wenn Sie sagen, ich wäre vielleicht ganz glücklich. Wahrscheinlich soll ich an der Stelle immer hochhüpfen und sagen: »Nein, nein, es ist miserabel.« Aber das tue ich nicht, und das soll wohl heißen, es ist alles in Ordnung. Sie sagen selbst, es sei kein sehr befriedigender Zustand, aber es mache mir vielleicht nichts aus.

Ich möchte mein Leben mit Karl nicht aufgeben, obwohl Sie und meine eigenen Worte in diese Richtung drängen. Ich erzähle Ihnen nie von den guten Zeiten, weil sie ganz von selbst kommen, ganz natürlich – und dann sind sie wieder verschwunden. Und auf beiden Seiten davon steht unser Schweigen, unsere Unfähigkeit, uns klar zu sagen, daß wir uns brauchen und daß wir uns lieben ...

Ich war bloß Wachs in diesem Sessel, wo ich versuchte, Gefühle und Form vorzutäuschen.

DR. YALOM, 30. November

Eine sehr traurige kleine Stunde. Es scheint alles immer trostloser zu werden. Ich fühle mich entmutigt und unfähig, ich weiß nicht, welchen Weg ich jetzt einschlagen soll. Ab und zu gibt es einen Hoffnungsschimmer, der mich dann aber doch nicht weiterbringt. Manchmal glaube ich, wir beide laufen einer Illusion nach; wir wissen beide, daß es hoffnungslos ist, aber keiner wagt es auszusprechen.

Sie begann damit, daß sie erzählte, ein paar Tage nach der letzten Sitzung habe sich eine ihrer besten Freundinnen darüber beschwert, daß sie, Ginny, nie wirklich etwas von sich erzählt. Ihre Freundin weiß nie, was sie gerade denkt oder empfindet. Seitdem hat Ginny versucht, etwas offener zu sein, hat dabei aber das Gefühl, unter Zwang zu stehen, obwohl ihre Freundin es nicht als Ultimatum dargestellt hat. Das ist eine offensichtliche Parallele zu dem, was ich ihr in den letzten Monaten gepredigt habe. Das ist zumindest ein Hoffnungsschimmer, denn – wie sie später erklärte – hat sie auf diese Weise noch jemanden außer mir, bei dem sie ein neues Verhalten erproben kann.

Dann erzählte sie mir, wie elend sie sich seit der letzten Stunde gefühlt habe, die für uns beide so schrecklich war. Unmittelbar danach hatte sie das grauenhafte Gefühl, daß alles zu Ende sei, so als ob sie auf der Stirn ein Zeichen erhalten hätte, das sie nie mehr beseitigen könnte. »Warum haben Sie sich nicht gesagt: ›Na schön, die Stunde war ein Fehlschlag! Was soll daran endgültig sein?‹«

Dennoch interessant, etwas, womit ich meinen Appetit auf intellektuelle Anregung stimulieren konnte. Seit der letzten Stunde wird sie ununterbrochen von Phantasien verfolgt, von denen die meisten sich auf ihr zukünftiges Leben beziehen. Sie ist dann dreißig, vielleicht auch fünfunddreißig Jahre alt. Sie lebt allein, elend und unglücklich. Sie hat einen miesen Job, zum Beispiel in einem Warenhaus. Manchmal erhält sie Besuch, ich oder ihre Eltern besuchen sie vielleicht einmal, dann endet ihre Phantasie in einem langen Weinkrampf, bei dem sie großes Selbstmitleid empfindet. Als sie mir das beschrieb, fragte ich mich dauernd, was für eine Funktion diese Phantasie wohl erfüllt. Die Phantasie muß ein Wunsch sein. Welcher Wunsch konnte das sein? Ich vermute, daß sie mit ihrem eigenen Unglück mich und ihre Eltern und Karl ebenfalls unglücklich machen möchte. Diese Phantasie enthält zweifellos ein beträchtliches Stück Feindseligkeit. Ich erzählte ihr von einer Szene aus einem Stück von Beckett, wo einer der Protagonisten sagt, er hoffe, seine Eltern seien im Himmel, er hoffe aber auch, daß sie sehen könnten, wie er in der Hölle schmachtet. Keine dieser Deutungen, die auf Feindseligkeit abhoben, machten irgendeinen Eindruck auf sie. Aber als ich sie im Verlauf des Gesprächs noch etwas weiter trieb, gab sie schließlich zu, daß sie gedacht habe, ich hätte das letzte Mal vielleicht etwas anderes versuchen sollen, hätte Entspannungsübungen vorschlagen sollen oder vielleicht solle sie lieber überhaupt eine Verhaltenstherapie machen. Das grenzte schon fast an Kritik. Ich wies sie darauf hin, aber damit löschte ich sie schon wieder aus.

Wir schlossen die Sitzung mit dem vertrauten Thema ihrer Unfähigkeit, offen mit Karl zu reden. Karl kann zur Zeit keinen Job finden. Er bewirbt sich immer erneut, erhält eine Ablehnung nach der anderen und wird dabei immer depressiver. Sie ist stolz darauf, daß sie ihn in dieser Woche, als er auf dem Bett lag, gefragt hat, was denn los sei. Er sagte, er sei nur etwas niedergeschlagen, aber es habe mit ihm zu tun, nicht mit Ginny. Ich fragte, warum sie ihm in der ganzen Zeit nicht öfter Gelegenheit gegeben hat, über die Dinge zu reden, unter denen er offenbar leidet. Mir kommt es so vor, als wäre sie ein Kind, dessen Vater arbeitslos ist, das über diese Erwachsenendinge aber nichts erfahren soll. Sie sagte, so käme ihr das auch vor. Jede Veränderung vernichtet sie geradezu. Sie erinnert sich, daß sie schon mit fünf Jahren völlig hysterisch wurde, als sie erfuhr, daß ihr Vater seinen Job bei Sears aufgegeben hatte. Ist sie einfach nicht in der Lage, irgendeine Veränderung ihrer Beziehung zu Karl zu verkraften? Sie weiß, daß sie auf eine Krise zurasen. Karl kann ganz offensichtlich nicht mehr lange arbeitslos sein, und wenn er nicht bald einen Job findet, wird etwas geschehen, vielleicht wird er die Stadt verlassen, vielleicht wird er sie verlassen. Aber sie wagt nicht zu fragen.

In den nächsten drei Wochen hat sie als Aushilfe über Weihnachten einen Ganztags-Job und wird mich in dieser Zeit wahrscheinlich nicht aufsuchen. Ich habe mir darüber keine besonderen Gedanken gemacht, weder in der einen noch in der anderen Richtung. Ich bedaure es ein wenig, sie nicht zu sehen, andererseits bin ich zur Zeit so entmutigt und pessimistisch, daß ich auch ganz erleichtert war.

Sie bemühte sich, mir etwas näherzukommen, indem sie mich ganz direkt ansah und sagte, wenigstens sei sie in der Lage, soviel Kontakt mit mir herzustellen.

DR. YALOM, 18. Januar

Einen Monat habe ich Ginny nicht gesehen. Über die Weihnachtstage hat sie in einer Buchhandlung gearbeitet. Schon nach wenigen Minuten stecken wir wieder im alten zähen Sumpf. Mit Ginny zusammenzusein ist ein einzigartiges dramatisches Erlebnis. Es ist, als ob sie ihr eigenes graues Bühnenbild mitbringt und gleich in den ersten Augenblicken der Sitzung fest installiert. Und schon bald bin ich in das Stück verwickelt. Ich nehme die Welt genauso wahr wie sie: Ich beginne, ihre Hoffnungslosigkeit zu teilen. In der heutigen Sitzung nahm sie folgende Gestalt an: »Ich werde niemals glücklich werden mit Karl, denn ich kann keinen Orgasmus haben, und ich kann keinen Orgasmus haben, weil mich diese Stimmen auslachen, wenn ich versuche, einen Orgasmus zu haben.« Die »Stimmen« sind natürlich nur das Gekreisch ihres Selbsthasses, und je mehr sie versagt, beim Orgasmus und sonst überhaupt, desto durchdringender und lauter wird dieses Kreischen. Da beißt sich die Schlange in den Schwanz. Und es gibt keinen Ausweg. Und nach zehn, fünfzehn Minuten komme ich ins Schwimmen. Und ich bin hilflos und reizbar.

Ich sage ihr, daß sie vielleicht nie einen Orgasmus beim Geschlechtsverkehr haben wird, daß wahrscheinlich fünfzig Prozent aller Frauen der Welt keinen Orgasmus haben, daß sie nicht das ganze verdammte Problem an der Frage aufhängen soll, ob sie ihren magischen Orgasmus erreicht. Natürlich, darauf hat sie sofort eine fertige Antwort, in aller Demut: das waren die Frauen der älteren Generation, die keinen Orgasmus hatten, während alles, was sie in den Zeitschriften liest, ganz klar beweist, daß die Frauen heute Orgasmen hätten. Es hört sich fast komisch an, aber irgendwo hat sie recht. Ich habe mich in eine unhaltbare Position manövriert. Meine Absicht bestand natürlich darin, die positiven Aspekte ihres Lebens stärker hervorzuheben: sie arbeitet und verdient Geld, ihre Beziehung zu Karl ist aufgeblüht, er ist sehr liebevoll und zärtlich geworden, aber sie sagt, sie könne sich nicht vorstellen, ihn zu heiraten, weil sie keinen Orgasmus mit ihm haben könnte. Das geht über meinen Verstand. Sie baut ihre Position noch weiter aus, indem sie darauf hinweist, wieviele Ehen geschieden werden, weil die Partner nicht zueinander »passen«. Ich würde sie gern darauf aufmerksam machen, daß damit nicht unbedingt ein fehlender Orgasmus gemeint sein müsse, aber was soll's, das bringt uns nicht weiter.

Letzte Nacht wurde sie von einem plötzlichen Weinkrampf gepackt, den sie sich nicht erklären konnte. Heute hat sie Kopfweh. Als sie letzte Woche anrief, war sie froh, daß ich erst diese Woche einen Termin für sie frei hatte. Ihre Gefühle, mich wieder zu besuchen, sind offenbar gemischt, aber wir konnten das nicht weiter verfolgen.

Dann beschrieb sie eine immer wiederkehrende Phantasie, die sich auf Karl und ihre Freundin bezieht; sie wünscht, ihre Freundin würde sie einladen und sie bitten, Karl nicht mitzubringen. Sie stellt sich vor, wie sie sich über ihre Freundin ärgern und was für böse Dinge sie ihr sagen würde. Dann wieder stellt sie sich vor, wie sie voller Selbstmitleid abends allein zuhause sitzt, während Karl im Spielsalon ist. (Die einzige Ursache derartiger Phantasien besteht darin, daß Aggressionen gegen sie es ihr erlauben, mit vollem Recht ihrerseits aggressiv zu sein, wenn auch nur in der Phantasie.) Als mechanistische Erklärung sagte ich ihr, daß man ihr gesamtes Verhalten als Ausdruck unterdrückten Ärgers deuten könne. Ich sagte ihr, daß ihre Phantasien, ihre Unfähigkeit, irgendwie selbst für sich zu sorgen, ihre Überängstlichkeit, ihre Ehrfurcht vor mir, ihre Weigerung, irgend jemanden wehzutun, ihre Weigerung, herauszufinden, was Karl eigentlich vorhat, daß all das aus ihrer unterdrückten Wut stammt. Sie reagierte darauf mit der Feststellung, das sei ein sehr schönes langes Gespräch gewesen. Ich wies darauf hin, daß sie unter all den Dingen, die sie hätte sagen können, ausgerechnet ein Kompliment gewählt habe. Das leuchtete Ginny irgendwie ein und weckte Interesse bei ihr, bei mir übrigens auch. Dennoch wurde uns beiden klar, daß wir über ihre unausgesprochene Wut schon unzählige Male gesprochen haben, öfter jedenfalls, als mir lieb ist. Ich muß wirklich schon dauernd an das Wort »Zyklotherapie« denken. Ginny scheint demgegenüber der Ansicht zu sein, daß ihre Wut allmählich etwas näher zur Oberfläche kommt, daß ihr der schwelende Zorn gegenwärtiger ist als in der Vergangenheit. Ich weiß nicht, ob das wirklich der Fall ist oder ob mir Ginny ihren Ärger nur angeboten hat, um meine allgemeine Mutlosigkeit zu lindern.

Während dieser Sitzung war ich innerlich nicht sarkastisch. Ich konzentrierte mich auf das, was ich sagte und dachte, und das gab mir Kraft. Ich scheine mich also doch nicht immer hängen zu lassen. Ich redete über viele Dinge – die Ferien, meine Arbeit, die neuen Schuhe, das Bett, Eve. Dr. Yalom packte dann alles zu einem Paket zusammen. (Ich werde Sie ganz bewußt von jetzt an Dr. Yalom nennen. Wenn ich Sie unmittelbar anspreche, wirkt es so, als ob Sie mir direkt gegenübersäßen, und dann bemühe ich mich nur, Ihnen zu gefallen und Sie zu erfreuen, und wenn ich Sie kritisiere, geschieht es mit einem Augenzwinkern. Vielleicht schafft Ihr richtiger Name etwas Distanz, so daß ich aufhöre, eine Rolle zu spielen.) Es ist mir klar, daß ich versuche, Dr. Yalom Komplimente zu machen. Zum Beispiel gegen Ende, als ich sagte: »Diese Sitzung war wunderbar lang«, und Dr. Yalom deswegen hochging. Es war mir gar nicht aufgefallen, aber jetzt ist mir klar, daß ich damit das zu umgehen versuchte, was er mir gerade vorgeworfen hatte und so reagierte, als ob schon alles vorbei und der Kreis wieder geschlossen sei.

Es wurde auch das Thema Ärger wieder behandelt. Wenn ich darüber nachdenke, fällt mir noch mehr dazu ein, ich verstehe jetzt zum Beispiel mein nervöses, kindisches, berserkerhaftes Verhalten bei der Arbeit. Ich habe immer eine Frage zuviel gestellt und damit in aller Sanftmut alle gegen mich aufgebracht. Ich konnte mich nicht normal unterhalten, sondern mußte immer noch etwas weiter gehen. Ich war wie ein Schatten, der einen dümmlich grinsenden Körper in einem Minenfeld hinterläßt. Ein dampfgefüllter Punchingball.

Ich wußte immer, daß es ein Fehler war, sich zu weit vorzuwagen, aber es schien aussichtslos, mich zu bremsen. Vielleicht genieße ich diesen Selbsthaß.

Während der Sitzungen machte ich das auch, aber einiges davon muß Ihnen wohl ehrlich vorkommen, denn Sie scheinen nicht unmittelbar ärgerlich darüber zu sein. Zum Beispiel, als ich Ihnen sagte, ich käme gern zur Therapie, denn ich hätte einen Drugstore gefunden, wo es gute Black-and-white-Sodas gibt, und einen Discountladen. Dr. Yalom wehrt sich nicht, rettet seine Zeit nicht vor meinem Geschwätz. Ich entblöße mich, ich exponiere mich, nur um zu sehen, wie sehr ich mich erniedrigen kann. Ich habe keinen Plan innerlich, ich bewahre mein *Selbst* nicht oder das Selbst, das ich zu bewahren versuche, ist schon ein Fossil. Bei der Arbeit hatte ich immer Angst aufzufallen und tat genau, was man mir vorschrieb – ich übernahm nie die Verantwortung für irgendein eigenes Engagement. In den Sitzungen warte ich wohl auch darauf, daß Sie den Stein ins Rollen bringen. Ja wirklich, genau so ist es.

Unmittelbar nach der Sitzung dachte ich an ein Bild von mir, das ich Ihnen gern schenken würde, eine symbolische Geste, glaube ich, denn am Schluß dachte ich wieder nur, wie ich Ihnen gefallen und mich bei Ihnen einschmeicheln könnte, denn es ist ein sehr schönes Bild.

Ich bin froh, daß ich wieder über das Chaos in meinem Bewußtsein gesprochen habe, die verwickelten, durcheinanderschreienden Stimmen, die mich bombardieren, wenn ich mit jemandem schlafe, und ich hoffe, daß er genauso wie ich, als ich es zu erklären versuchte, kapiert hat, daß das große Problem nicht länger im Orgasmus oder dessen Fehlen besteht, sondern in der Verwirrung und dem Haß, den ich auf mich häufe, mit dem ich erfüllt bin. Selbst wenn es mir Spaß macht und ich große Lust empfinde, zum Beispiel danach, wenn Karl noch in mir ist und ich noch einmal erregt werde, ist es eine heimliche Lust – ich glaube nicht, daß Karl das billigen oder verstehen kann, er würde sich nur fragen, warum ich nicht mit ihm zusammen gekommen bin, warum ich so herumgetrödelt habe. Er würde es nur als Ersatz ansehen, was es in gewisser Weise auch ist, eine Situation, in die ich mich irgendwie selbst gebracht habe. Besonders, weil es früher alles ganz unkompliziert war.

Als wir über das »Nicht-zueinander-passen« sprachen, dachte Dr. Yalom, glaube ich, daß ich ihn auf den Arm nehmen wollte, was aber gar nicht der Fall war. Ich war überzeugt von dem, was ich sagte, er ist sich gar nicht im klaren darüber, daß ich auch im technischen Sinne völlig kindisch bin oder bleibe oder sein möchte. Er wird mich aber nie davon überzeugen, daß *dieser* Teil des Lebens – Sex – nicht einer der wichtigsten ist. Ich komme nicht dadurch an ihm vorbei, daß ich ihn ausstreiche und mich ganz auf den Küchentisch konzentriere. Karl ist sicherlich mit seiner Schulmeisterei oft genug im Unrecht, im Bett ist er aber fast immer in der Lage, frei zu sein und zu vergessen, ja zu verzeihen. Da kommt es dann überhaupt nicht darauf an, wie oft ich ihm Essen und Bücher und Worte serviere, wenn ich mich ihm nicht bedingungslos und vollständig hingeben kann, ohne das Gefühl, nur die Imitation einer Frau zu bieten.

Ich konzentrierte mich völlig, bis Dr. Yalom das Thema Sex verließ und auf meine Beziehungen im allgemeinen einging. Das schien dann plötzlich ein viel zu großes und weites Feld zu sein, auf dem ich mich nicht zurechtfand und worüber ich nicht nachdenken konnte. Aber ich will es diese Woche versuchen. Ich werde Proben abhalten, wenn es nötig ist, denn er wird wieder und wieder davon anfangen. Ich glaube, dadurch, daß bei mir soviele Themen der Zensur unterliegen, lasse ich Dr. Yalom nicht sehr viel Spielraum. Ich weigere mich, über etwaige Fehler meiner Eltern zu reden. Immer wenn er mich in Versuchung führt, oder ich mich selbst, wenn ich zum Beispiel sage: »Die häßlichen Frauen haben mich wieder mit sarkastischen Bemerkungen verfolgt«, dann fragt er mich: »Wer sind diese häßlichen Frauen? Kennen Sie sie?«, und dann wird die Sache unklar, und wir gehen weiter. Wir sind beide »ganz ehrlich«. Gib einem Psychiater bloß keine ehrliche Chance.

Er redet immer von Selbstbehauptung gegenüber anderen, doch ich fühle mich sicherer, wenn ich an Selbstbehauptung im Inneren denke. Meine eigenen Gedanken kontrollieren. (Auf diese Weise werden bloß meine eigenen Innereien in Mitleidenschaft gezogen.) Ich weiß, daß es Dr. Yalom mißbilligt, daß ich davon rede, meine Gedanken kontrollieren und konzentrieren zu wollen, während ich gleichzeitig immer noch Hasch rauche. (*Ich* gönne ihm seinen Sherry.) Wenn ich Hasch rauche, bekommen die trockenen Gedanken und Sätze in meinem Kopf Geschmack und Gefühl. Die Gedanken, die auftauchen, waren vorher schon da, sie werden nur losgelassen und werden lebendig, sie dürfen herumtoben und sind plötzlich faszinierend und wirklich. Die brodelnden Zutaten sind schon im Topf, warum soll man sie ignorieren?

Beobachten Sie eigentlich gerade ein Phänomen, das sich nicht ändern wird, oder glauben Sie, ich könne mich ändern? Ich weiß, Sie sagen: »Ja, aber nur mit kleinen Schritten.« Und allmählich gelange ich zu der Einsicht, daß das gut für mich wäre, denn es sind gerade die kleinen Dinge, die sich vor meine besseren Gefühle drängen und mich dermaßen frustrieren, daß ich sterben könnte.

Zusatz zum 18. Januar

Ich sagte Ihnen schon, daß ich hnen etwas von dem zeigen wollte, was ich schreibe, wenn ich in meiner frustrierten, öden Stimmung bin. Hier ein Beispiel von dem, was ich kürzlich geschrieben habe:

> Ich habe einen Spaziergang zu einer Straße gemacht, die hinter Garagen geschützt liegt, eine Art verwilderter Marstall. Kein Verkehr walzt die Stille nieder. Die einzigen Laute kommen von den Vögeln in der Nähe von den weit entfernten seelenlosen Nebelhörnern. Die Straße führt hügelan. Es ist eine Privatstraße, die hinter Himbeersträuchern verborgen liegt. Grünes und gelbes Gras, dem Unkraut verwandt, versteckt sich hier. Auch ich verstecke mich. Ich bin gekommen, um Schutz zu suchen. Von hier oben sehen die Stadtteile an der Bucht wie Muscheln aus, die vom Wasser nur wenig bedeckt werden, denn die scharfen Konturen der Innenstadt versinken alle im Nebel, nur ein einzelner weißer Turm ragt hervor wie Kinderspielzeug im Sand. Bis die Nacht hereinbricht.

Ein paar Tage, bevor ich meine Periode bekomme, werde ich immer verrückt. Vielleicht ist es der Unterschied zwischen Arbeit und Nichtarbeit. (Ich bin jetzt arbeitslos.) Mein Körper ist flink und ausdauernd, aber an drei Stellen fängt er an, schlaff und träge zu werden. Ich habe heute mindestens zwei komplette Tennisausrüstungen in meinem Inneren, aber keinen Partner, und die Spaziergänge, jedenfalls dieser, sind dadurch begrenzt, daß sie kein Ziel haben. Karl ist ein Rätsel. Ich weiß nicht, ob ich nur meine eigene schlechte Laune auf ihn projiziere oder ob sein eigener Geiz bei ihm durchschimmert. Er kann fünfzehn Dollar beim Kartenspielen verlieren, aber wenn ich ihn bitte, mit mir Essen zu gehen, wo er nicht einmal zahlen, sondern nur mitkommen soll, macht er ein angewidertes Gesicht. Dann werde ich auf mich selbst wütend, es ist meine eigene Schuld, wenn ich ihm das Essen hinstelle, wenn er arbeitslos ist. Daß ich überhaupt so auf Flucht und Müßiggang fixiert bin. Diese kopflastige Suche nach Zeitvertreib, die mich von anderen abhängig macht. Und ständig diese vage Angst.

Ich habe Larry wiedergesehen (einen ehemaligen Liebhaber), der mir einen unvollständigen Eindruck davon verschaffte, wie es ist, wenn man wieder schön ist und geliebt wird. Steif stand ich neben ihm und habe gelächelt, ich erlaubte mir nur winzige Schrittchen mit sofortigem Kontrolllauf. Wut auf andere lasse ich in mir pochen und wachsen wie sexuelle Erregung. Und Widerwillen und Haß. Damit prügle ich mich in den Schlaf. Und stammele halbe Silben an Gott, wünschte, er würde meinen Geist von all diesen Anklagen und Bildern reinigen. Mein Verhalten ist eine träumende Wiedererinnerung der schlimmsten Szenen.

Das Fehlen von Initiative und eigenen Überzeugungen führt dazu, daß ich mich gerade dann am meisten als Opfer fühle, wenn man mich nett behandelt, denn dann denke ich: »Wie nett von Ihnen, wie gnädig, daß Sie mir diesen Film, diesen Anruf, dieses Kleid schenken, ich würde mich am liebsten zusammenrollen, voller Bereitschaft loszuspringen und fest zuzubeißen.«

Aber ich wehre diese überreifen Gedanken ab. Ich mache lieber diesen köstlichen griechischen Tomatentopf, denn wenn ich das liebe kleine Mädchen spiele, finde ich Erlösung und die Gnade der Vitamine.

DR. YALOM, 25. Januar

Eine merkwürdig verspielte, lockere Sitzung mit Ginny. Das verblüfft mich um so mehr, als ich außerordentlich nervös vor der Sitzung war. Drei Stunden vor Ginny hatte ich eine sehr aufregende Sitzung mit einer anderen Patientin, die schließlich damit endete, daß ich mich zu etwas hinreißen ließ, was ich sonst stets zu vermeiden trachte – daß ich unverantwortlich und vielleicht sogar zerstörerisch handelte, weil ich völlig die Beherrschung verlor. Die Patientin rannte aus dem Büro. Danach hatte ich Schuldgefühle, weil diese Patientin unter Depressionen und Schlaflosigkeit leidet und zusätzliche Aufregung bestimmt das letzte ist, was ihr guttut. Natürlich kann ich das alles auf verschiedene Weise rationalisieren: mein Wutausbruch kann ihr helfen, ihre Verachtung und ihr Ärger hätten auch die Geduld des Hl. Franziskus auf die Probe gestellt, ein Therapeut ist auch nur ein Mensch. Trotz alledem war ich ziemlich erschüttert, als sie ging, und hegte ernste Befürchtungen, daß sie etwas Dramatisches tun könnte, vielleicht sogar einen Selbstmordversuch unternehmen.

In den zwei Stunden zwischen dieser Sitzung und Ginnys hatte ich eine Sitzung mit den Psychiatern der Klinik, so daß ich keine Gelegenheit hatte, über den Vorfall nachzudenken. Erst als ich auf Ginny wartete, fing ich an darüber zu brüten und war anfangs ziemlich abgelenkt. Dennoch war es sehr beruhigend, Ginny zu sehen, und allmählich vergaß ich Ann, die andere Patientin. Ich glaube, Ginny ähnelt Ann so wenig, sie ist so wenig bedrohlich, so dankbar für jede Kleinigkeit, die ich ihr gebe, daß ich schon deshalb ruhiger wurde, als ich mit ihr zusammen war. Mein Leben ist wie das Drama »Rosenkranz und Güldenstern«; hinter der Bühne gibt es immer ein anderes Stück, in den Kulissen warten stets noch andere Schauspieler. Ich könnte auch ein Drehbuch schreiben, in dem Ann die Hauptrolle spielt und Ginny nur einen kleinen Auftritt hat. Das ist das letzte, schreckliche Geheimnis des Psychotherapeuten – die Dramen auf den anderen Bühnen.

Ich schreibe dies erst am nächsten Tag, daher fällt es mir schwer, die Reihenfolge der Ereignisse klar in den Kopf zu bekommen. Woran ich mich am stärksten erinnere, wenn ich so an die Stunde zurückdenke, ist der Umstand, daß mir Ginny viel erwachsener, weniger grinsend, blühender, attraktiver vorkam. Und daß ich ihr das alles sagte. Ich ermutigte sie, mir Fragen zu stellen, als wäre das für Erwachsene eine adäquatere Form des Zusammenseins. Sie brachte das Gespräch sehr schnell damit in Gang, daß sie mich fragte, ob etwas nicht in Ordnung sei. Ich bestritt das, erzählte ihr aber später, daß eine andere Patientin mich aufgeregt habe. Ihre Reaktion war merkwürdig. Es war, als ob sie traurig darüber wäre, daß sie sich nicht vorstellen konnte, daß ich auf *sie* böse werden könnte, und ich bestätigte das. Dann fuhr sie fort, mir die Phantasien zu beschreiben, die sie die ganze Woche gehabt hatte und die fast genauso waren wie die von der Woche zuvor – dauernd konstruierte sie Situationen, in denen sie auf andere böse sein konnte. Ich glaube, unsere Einblicknahme in ihren verborgenen Ärger war nützlich, denn jetzt haben wir eine klarere Vorstellung davon, was diese Sintflut von Phantasien bedeutet.

Ihr dauerndes Grinsen und die Tatsache, daß sie sich wie ein kleines Mädchen fühlt und benimmt, sind ihr sehr bewußt. Heute hat sie tatsächlich fast während der ganzen Stunde nicht gegrinst, und ich hatte das deutliche Gefühl, sie habe sich verändert. Sie sagte, sie habe erheblich zugenommen, und machte daraus natürlich sofort etwas Negatives, indem sie ihre irrationale Überzeugung äußerte, sie werde bald dasselbe Gewicht wie ihre Mutter haben. Sie leidet unter der Vorstellung, daß sie alle unvorteilhaften Eigenschaften ihrer

Mutter, aber keinen von ihren Vorzügen geerbt haben könnte. Das ist ein typisches Beispiel für ihr magisches Denken. Ich reagierte nur damit, daß ich ihr sagte, wie irrational ich das alles fände, und daß sie jeden Faktor sofort in einen für sie negativen verwandele. Ich wiederholte, daß sie in Wahrheit viel besser aussähe. Ich ertappte mich sogar dabei, daß ich fast mit ihr sprach, als wollte ich sie verführen. Es war mir interessant zu beobachten, daß ein Freund, der unmittelbar nach ihrem Weggehen zu einem Schwatz hereinkam, eine Bemerkung über das »attraktive Mädchen« machte, das gerade hinausgegangen sei.

Eine andere Frage, die sie mir stellte, war die, ob ich nicht bitte so tun könnte, als wäre ich zwanzig Jahre jünger. Ich sagte, das wäre ziemlich schwierig für mich. Dann verlangte sie quasi ernsthaft von mir, ich solle ihre Woche für sie planen und ihr genau sagen, was sie tun solle. Ich ging auf ihren Tonfall ein und machte verschiedene Vorschläge: ein offenes Gespräch mit Karl, zwei Stunden Schreiben am Tag, Aufhören zu grinsen. Bei einem anderen Thema wurde klar, daß sie ihr Verhältnis zu Karl in einem für meine Augen merkwürdigen Licht sieht. Karl ist sehr deprimiert, er ist arbeitslos, und Ginny hat jetzt das Gefühl, er werde sie dafür verantwortlich machen, so als ob sie ihn »heruntergezogen« hätte. Meiner Meinung nach ist es viel wahrscheinlicher, daß er genau den gegenteiligen Standpunkt einnimmt, d. h. jetzt, wo alles andere zusammengebrochen ist, ist sie das einzige, was ihm geblieben ist. Es gibt sogar einige Anhaltspunkte dafür, daß er diese Haltung tatsächlich einnimmt, denn in letzter Zeit ist er sehr viel zärtlicher zu ihr. Am Ende der Stunde bat sie, meine Aufzeichnungen aus der letzten Zeit lesen zu dürfen, und ich versprach, sie für nächste Woche zusammenzustellen. Eine erfrischende, lockere, freie Sitzung mit Ginny.

Ich glaube, ich habe der Therapie diesmal nicht sehr erwartungsvoll entgegengesehen, denn ich hatte keine bestimmten Probleme und wußte nicht, was ich sagen könnte. Vor der Sitzung war ich, wie ich Ihnen schon sagte, wie in Trance, als ob ich stundenlang vor mich hinstarren könnte. Aber schon nach zehn Minuten fing die Sitzung richtig an.

Dr. Yalom benahm sich merkwürdig. Er war tief in den Sessel gerutscht und lächelte, und wenn ich eine Pause machte, bedeckte er seinen Mund mit der Hand. Später sagte er mir, daß er nervös sei und warum, was ich interessant fand. Ich malte mir die Szene kurz aus, wie so ein Mädchen ständig sarkastische Bemerkungen macht, bis er schließlich böse wird. Ich fragte mich, warum so etwas zwischen uns nie geschehen war – obwohl ich ständig langsam im Kreis ging. Und sarkastisch bin ich doch auch ganz schön, weiß Gott, vielleicht nicht ihm gegenüber, aber mir. Er sagte, es werde schwer sein, meine Wut zu entdecken (das klingt wie ein großartiger Satz). Mit anderen Worten: er kann auf mich nicht böse sein, solange ich nicht (wie dieses andere Mädchen) ununterbrochen mit ihm böse bin. Der Gedanke war sehr erregend. Dann wurde mir klar, wie beschränkt unser Drehbuch war – wegen mir und wegen der Behandlungssituation. Ich sitze da oben auf meiner Stange, wo man mich nicht berühren kann, es sei denn mit bestimmten zarten Gefühlen, Anspielungen und Launen. Vielleicht steckt deshalb diese kläffende Hündin in meinem Inneren, weil ich mich mit allem Schlechten selbst versorgen muß, mit dem ganzen *Feedback* harter Schicksalsschläge. Ich bin nicht einmal einem Zehntel der Emotionen ausgesetzt, die andere Leute erleben. Ich beneide Menschen mit Emotionen und Mädchen, die aus der Praxis ihres Psychiaters rennen oder mit körperlicher Gewalt hinausgeworfen werden.

Ich redete einfach immer weiter, ohne Rücksicht darauf, wie es aufgenommen wurde, und hatte daher die schlimmsten Befürchtungen. Irgendwelche neuen Gefühle erforschte ich nicht. Dr. Yalom saß ruhig da, aber mit ständig wechselndem Gesichtsausdruck, so daß ich dachte, ihm würde schwindlig von meinem Gerede und dem Suchen nach einem Thema. Als ich ihn fragte, worüber er nachdenke, sagt er, ich mache den Eindruck, als ob es mir besser ginge. Er könne besser auf mich eingehen als sonst. Wenn er gesagt hätte, ich wäre grauenhaft und redete Unsinn, hätte ich das genauso geglaubt. Als ich fragte, warum ich einen besseren Eindruck mache, hatte ich keine Hintergedanken. Er sagte, es sei deswegen, »weil Sie ernsthafter sind. Sie benehmen sich, als wären Sie zehn Jahre älter geworden, Sie sind aufgeblüht«. Ich hatte ihm gerade erzählt, daß ich seit der letzten Sitzung sechs Pfund zugenommen habe. Er sagte etwas, was ich gern wörtlich zitieren würde, aber ich habe es in meiner Erinnerung schon verfälscht, so etwa: »Sie sehen besser aus, blühender und weiblicher, und Sie grinsen nicht.«

Ich erlaubte mir nicht, darauf sinnlich zu reagieren oder länger darüber nachzudenken, erst später. Wir hatten über dieses wütende Mädchen gesprochen und wie sie seine ärgerliche Reaktion ausgelöst hatte. Ich sagte, auf diese Weise löst sie wenigstens eine Reaktion aus, und er sagte: ja, aber auf Sie brauche ich nicht so zu reagieren. Da gibt es andere Möglichkeiten. (Pause.) Ein Teil von mir war gerührt, geschmeichelt und aufgeregt über die positiven Schlußfolgerungen, die sich daraus ziehen ließen, und über das Kompliment. Aber ein anderer Teil von mir machte sich sehr sarkastisch darüber lustig, er äußerte nichts, was man hätte hören können, denn er ist so an seine eigenen Witze gewöhnt, daß er gar nicht sagen mußte: »Ja, mein Junge, das sagen sie alle.«

Später hatte das alles eine gute Wirkung, ich fühlte mich irgendwie besser, ernsthafter, vollständiger und voller Freude. Als ich auf dem Heimweg langsam durch den Wald ging und an Stanfords Grab vorbeikam, war ich nicht mehr die geniale Naive, die ich sonst immer bin. Ich war mehr ein weiblicher Typ, der mit der einen Hand Hors d'oeuvres verspeist und aus einem Kristallglas trinkt und (in der anderen Hand?) Dr. Yalom, seine Frau und ein paar Freunde hat und dabei viel spricht und sehr reif ist. Die Welt schien klarer zu sein, ich war konzentriert und lebendig. Die Normalzeit geht zu Ende, deshalb war es um 17 Uhr 15 tatsächlich noch heller als sonst. Die Welt war hell. Als ich nach Hause kam, war ich fröhlich und hatte lauter Unsinn im Kopf, und als Karl mich auf meinen Hängebauch tatschte und ich ihm eine Frotzelei an den Kopf warf, fragte er: »Na, was hat dein Neurosenzüchter heute gesagt?« (Zu diesem Zeitpunkt marschierte ich bereits im Paradeschritt durchs Zimmer.) Er hat mir gesagt, wie weiblich ich sei, gab ich zur Antwort. »Ach, das sind also die Dinge, die er dir sagt«, gab Karl genauso scherzhaft zurück.

P. S. Schlüsselworte der Sitzung – Rhythmus und *Timing*. Es wird wohl immer einen Konflikt geben zwischen den Idealen von Offenheit, Liebe und Reaktionen im Bauch, d. h. also den schwierigen allgemeinen Dingen (wie ich sie mir aus der Entfernung vorstelle und erträume) und den erreichbaren Zielen der Therapie (die anderen gehören vielleicht eher in das Reich des Glaubens). Dennoch glaube ich an die ersten, vielleicht als Schutzschild, um an den kleinen, den erreichbaren Dingen nicht arbeiten und irgendwelche Fortschritte nicht zugeben zu müssen. Dr. Yalom versucht mir immer klarzumachen, daß alle Leute sich verbergen. Na schön, vielleicht tun sie es. Aber sie haben nicht alle Angst. Ich habe Angst, wenn ich mich verstecke. Dr. Yalom versucht, mich mit meiner Miesmacherei zu versöhnen.

DR. YALOM, 1. Februar

Eine andere Art Sitzung als letzte Woche. Keine spielerisch-verführerischen Stützpfeiler im Gespräch, aber wir waren ziemlich entspannt und packten die Sache sehr erwachsen an. Sie kam herein und sagte (welche Überraschung), sie habe eine gute Woche gehabt. D. h. nein, eigentlich fing sie das Gespräch doch pessimistisch an. Als erstes erzählte sie, daß sie versucht habe, mit Karl zu reden, und daß es fehlgeschlagen sei. Als sie den Vorfall beschrieb, wurde deutlich, daß sie zwar tatsächlich versucht hatte, ein persönliches Gespräch mit Karl zu führen, aber auf ziemlich negative, kritische Weise, und daß es sehr schlecht gelaufen war. Sie hatte eine seiner Kurzgeschichten gelesen und dann gesagt, er redete genauso autoritär wie die Figuren in der Geschichte. Er hatte defensiv reagiert, nach konkreten Beispielen gefragt und schließlich gesagt, er sei viel zu mürbe, als daß sie ihn so beunruhigen dürfte. Daraus zog sie den Schluß, wenn er sich schon so aufrege, daß er nicht darüber reden könne, wäre er für andere, wichtigere Dinge sowieso viel zu nervös. Alles andere, was sie über die Woche berichtete, war im allgemeinen hingegen ziemlich ermutigend. Sie war mit einem anderen Pärchen nach Yosemite gefahren und hatte ein fabelhaftes Wochenende verbracht. Karl war nicht mitgekommen, weil er schreiben wollte. Als sie nach Hause kam, sagte er ihr, wie leer sein Leben ohne sie gewesen sei. Es ist mir (und auch Ginny) ziemlich klar, wie unvermittelt sich ihr Verhältnis verändert hat. Sie hat nicht mehr Angst, daß er plötzlich sagen könnte, daß er sie verläßt; sondern umgekehrt wird ein Schuh daraus: sie ist offenbar auf dem aufsteigenden Ast, und er braucht sie mindestens genauso wie sie ihn.

Das einzige, was ihr wirklich noch Schwierigkeiten macht, sagte Ginny, ist die schreckliche Angst vor der Nacht und dem Sex. Ich versuchte zunächst, die Sache rational anzufassen, indem ich ihr klarmachte, daß es dabei nur um einen kleinen Prozentsatz ihres Lebens ginge, ein paar Minuten oder höchstens ein, zwei Stunden. Hier bezog sie ungewöhnlich tapfer gegen mich Stellung, stemmte sich gegen den Boden und erwiderte, das sei eine irregeleitete Ansicht bei mir, in allen bekannten Zeitschriften würde eine gegensätzliche Auffassung vertreten. Sie stoppte mich ziemlich clever. Dann erforschte ich mit etwas größerem Ernst (denn ich nehme Ginny jetzt sehr viel ernster), was denn eigentlich mit Karl im Bett vorgeht. Wir haben das schon mehrfach besprochen, aber diesmal verstand ich es besser. Mit ihrem früheren Freund gab es keine nächtlichen Ängste, denn er masturbierte sie meistens. Anfangs war ihre Beziehung zu Karl sexuell befriedigend, sehr natürlich. Sie brauchte ihn nicht zu bitten, sie zu masturbieren. Dann begann sie sich zu verkrampfen und der Circulus vitiosus war fertig: die Spannung blockierte ihre Spontaneität, sie hatte Angst und beschimpfte sich wegen ihres Mangels an Spontaneität, und weitere Spannung entstand. Bei Karl ist das Problem für sie, daß sie Angst hat, ihn um Hilfe zu bitten, weil sie irgendwie denkt, er könnte sich weigern, bestimmte Dinge zu tun, weil er sie als Niederlage oder billigen Ausweg ansähe. Den Unterschied zwischen den beiden Männern erklärte sie damit, daß der erste Freund Jude gewesen sei und Juden sexuell überhaupt mehr Verständnis und Skrupel hätten und sich Mühe gäben, es dem Mädchen recht zu machen, weil sie mit ihren jüdischen Müttern selbst so viele besondere Konflikte hätten. Was sollte ich zu diesen klugen Ausführungen sagen? Sie stürzte mich in Erinnerungen an meine eigene Mutter.

Ich kam wieder hoch und drängte sie, ihre Ängste genauer zu erforschen; wovor genau hat sie Angst? Es ist klar, daß Karl nichts tun wird, was sie verletzen könnte; was hindert sie also wirklich daran, ihn zu bitten? Sie beschrieb, was für gewöhnlich nachts vorging. Sie gehen ins Bett und halten einander bei den Händen, wobei jeder für sich liegt, und sie hat Angst, irgend etwas zu ihm zu sagen. Wenn sie ihn um etwas bitten würde, dann darum, sie beim Namen zu nennen, sie anzusehen oder in den Arm zu nehmen. Ich versuchte, sie dazu zu überreden, ihm irgendwie entgegenzukommen, den Arm um ihn zu legen, ihn zu küssen oder ihm zu sagen, daß sie Angst hat und gern in den Arm genommen werden möchte. Genau diese Art Gesten machen ihr am meisten Angst. Dann platzte sie, halb im Spaß, damit heraus, sie würde nichts dergleichen versuchen, wenn ich zwei Wochen nicht da wäre. Ich hatte ganz vergessen, daß ich weg mußte. Aus allem, was Ginny sagte, zog ich den Schluß, daß sie befürchtete, dies sei der letzte Schritt ihrer Behandlung. Ich fragte, was denn aus uns würde, wenn sie fähig wäre, ein intimes Gespräch mit Karl zu führen? Worüber würden sie und ich dann reden? Ich sagte das halb im Scherz, halb im Ernst, denn ich glaube, das ist ein äußerst kritischer Punkt. Sie möchte lieber in Behandlung bleiben, als gesund zu werden und auf mich zu verzichten. Sie gab freilich eine recht interessante Antwort. Sie meinte, sie wäre dann so ähnlich wie ihre Freundin Eve. Wenn sie das je überwinden würde, müßte sie ernsthaft über ihre Stellung in der Außenwelt nachdenken, ihre Fäuste gegen die Außenwelt schlagen, einen Beruf und den Platz finden, an den sie im Leben gehört. Ich war verblüfft über diese Reaktion, denn sie bedeutet, daß Ginny sich der Vorstellung nähert, daß sie ernsthaft über diese Dinge nachdenkt. Ich glaube, seit ich sie kenne, habe ich noch nie so stark das Gefühl gehabt, daß sie sich wirklich verändert hat. Plötzlich geht sie mit raschen Schritten voran.

Und alles das folgt auf die »blühende« Sitzung der letzten Woche. Dabei fällt mir plötzlich ein Vorfall aus meinem Jahr in London ein. Aus meiner Analyse mit Dr. R. ist mir irgendwie am stärksten der Augenblick in Erinnerung geblieben, als er mich – ganz selbstverständlich – als hochintelligent bezeichnete. Irgendwie bedeutete das mehr als alle anderen ausgetüftelten Erkenntnisse, die er zu bieten hatte. Ich frage mich, ob es nicht mit Ginny genauso ist, ob sie nicht aus allem, was wir miteinander erarbeitet haben, schließlich vor allem den einen Tag in Erinnerung behalten wird, wo ich sie blühend und attraktiv nannte! Sie hat sich in so völlig anderer Richtung bewegt als jene Patientin, die ich vor meiner letzten Sitzung mit Ginny angebrüllt hatte. Ann hat mich angerufen und gesagt, daß sie die Behandlung jedenfalls zunächst einmal abbrechen wolle. Ich glaube, bei ihr habe ich wirklich versagt, aber ich bin ganz erleichtert, daß ich sie zunächst eine Zeitlang nicht mehr sehen werde. Bei Ginny hingegen werde ich etwas vermissen, wenn wir uns nächste Woche nicht sehen. Sofort fällt mir die Reaktion eines Kollegen ein, als ich vor einem Jahr einige meiner Berichte über Ginny mit ihm besprach. Sein erster Kommentar war: »Ich glaube, Sie sind ein wenig in Ginny verliebt.«

Diesen Bericht zu schreiben ist schwierig. Wir sprachen über meinen Versuch, mit Karl zu reden und darüber, daß ich mir Sorgen mache, weil die Sache ins Auge ging. Und die ganzen übrigen Rückschläge. Daß ich mich immer damit entschuldigt habe, wie stark und unerschütterlich er ist, und das zum Anlaß genommen habe, meine eigenen Schwächen zu verstecken. Jetzt sitzen wir im selben Boot, er ist genauso nervös wie ich, aber ich bin immer noch unfähig, offen mit ihm zu sprechen, leide immer noch unter dem Druck und der Angst. Vielleicht weil die Sorgen von Karl als natürliche Reaktionen auf seine Arbeitslosigkeit erscheinen, während meine angeboren zu sein scheinen. Wenn es um die Außenwelt geht oder darum, die Dinge anzupacken, ist Karl sehr gesund. Sie verspotten mich und fragen, ob Kreuzworträtsel, Pferderennen und Kartenspielen sehr gesunde Beschäftigungen seien. Ich glaube schon, daß sie das sind, wenn man aus dem Leben ein Spiel macht, gegen die Langeweile in Wettbewerb tritt. Lediglich Karls verschleppte physische Krankheiten sind ein Symptom dafür, daß er sich mit etwas herumschlägt. Ich habe fast nie irgendwelche körperlichen Krankheiten und mußte immer wieder die perfekte Krankenschwester bei seiner Genesung spielen. Seine Krankheiten, ob sie nun psychische oder physische Wurzeln haben, blokkieren unser Leben und werfen einen Schatten auf alle Pläne.

Der Haupteindruck, den ich aus der gestrigen Sitzung mitnahm, war der, daß ich nicht bereit oder dazu in der Lage war, über meine Zukunft nachzudenken. Und daß ich Ihre Fragen nicht beantworten kann und selbst keine stelle.

Sie haben mir empfohlen, diese Woche an kleinen Dingen zu arbeiten. Ich werde es versuchen.

Aber die Verschwommenheit der Sitzung hat mich sentimental und benommen gemacht. (Aber das hat vielleicht doch mehr damit zu tun, daß ich versuche, Arbeitslosengeld zu kriegen und jeden Tag Schlange stehe.)

Ich ärgerte mich darüber, daß ich Ihnen von meinem

Freund erzählt habe, der beim Autofahren Hasch raucht. Das lastete auf meiner Stimmung, ich fühlte mich beschmutzt und wie ein Verräter. Ich mußte wissen, daß das ein gefundenes Fressen für Sie war und daß Sie es mißbilligen würden. Immer wenn so etwas vorkommt, spüre ich einen riesigen Generationsunterschied zwischen uns, und Sie kommen mir wie meine Eltern vor. Außerdem war es eine überflüssige Angelegenheit. Ich versuchte wieder mal, Sackgassen-Konversation zu machen.

Ich habe da dieses Bild von jemandem, der nirgendwo hingeht und dabei noch trödelt. So habe ich mich auch benommen. Weil ich fatalistisch bin, mag ich auch nicht über Sex reden. Und weil sich ein großer Teil meines Geplappers gestern darauf bezog, ist es auch kein Wunder, daß es mich störte. Es ist, als ob Worte das falsche Medium dafür wären, der Gegenstand wird zermatscht und erniedrigt dabei, es sieht so aus, als ob man sich darum bemühe, aber in Wirklichkeit tut man das gar nicht. Es wird eine pornographische Angelegenheit mit viel Schwarz und Weiß, statt all der schönen Dinge und Obertöne, die wir dabei erleben. Karl und ich können uns sehr flüssig unterhalten; wir gehen sogar ganz wundervoll aufeinander ein, machen witzige Bemerkungen, lachen und sind glücklich. Und dann geht das Licht aus, und es gibt keine Brücke. Zwischen dem Reden und Metaphern-Verstreuen am Abend und dem Miteinander-Schlafen, wo ich irgendwie das Gefühl habe, daß wir uns völlig fremd sind und Karl mich nicht mag, gibt es keine Dämmerung.

Es war sehr tröstlich, als Sie sagten, ich schiene einem Anfang näher als gewöhnlich zu sein.

Ich glaube, ich wollte diesmal dieselben Dinge von Ihnen hören wie letzte Woche. Daß ich hübsch wäre und aufblühte. Und als ich sie nicht erhielt, hatte ich das Gefühl, zurückgefallen zu sein, flachbrüstig zu sein – bildlich gesprochen.

Ein richtiger Fehlschlag. Eine der peinlichsten, mühseligsten und geistlosesten Stunden, die ich je mit Ginny verbracht habe. Die Vorgeschichte war die, daß ich eine Woche verreist war und sie am Freitag letzter Woche absagte. Sie begann damit, daß die beiden letzten Wochen nicht schlecht gewesen seien, daß sie sich einige Tage völlig wohl gefühlt habe. Sie wisse nicht, wie diese Zeitspanne begonnen oder geendet habe, sondern nur, daß sie in dieser Zeit ihre entfremdende Selbstbeobachtung verloren hat und überdies in der Lage war, zu schreiben und mit einiger Gelassenheit zu leben. Heute morgen ist sie viel zu früh aufgewacht und fühlte sich außerordentlich schlecht. Den ganzen Tag ist sie nervös, unruhig, wirr und unkonzentriert gewesen. Sie sagte, sie habe den Eindruck, daß sie sich nicht zusammennehmen könne, daß die Leute sie im Bus angestarrt hätten, daß sie wie eine Schlampe aussähe. Trotz der vielen Dinge, die sie erwähnte, hatte ich das Gefühl, es gäbe wenig, womit ich arbeiten könnte. Ich wählte natürlich die Tatsache, daß sie zu früh aufgewacht sei und sich schlecht gefühlt habe, und warf die Frage auf, was das mit ihrem Besuch bei mir zu tun haben könne, erhielt aber kaum Informationen. Genauer gesagt, ich erhielt so wenig Informationen, daß ich überzeugt war, daß dies das wichtigste Gebiet war, das es zu erforschen galt.

Ich setzte meinen Eindruck daraus zusammen, daß Ginny sich wohlfühlte, solange ich weg war, und dann am Freitag absagte, als sie hätte kommen können (obwohl es etwas unbequem für sie gewesen wäre). Heute war sie offensichtlich durcheinander. Ich fragte, ob sie eigentlich lieber nicht hier wäre. Von da an wurde die Stunde immer schlimmer. Erst am Ende der Stunde erfuhr ich, daß sie irrtümlich verstanden hatte, ich wolle nicht mehr, daß sie komme. Als all meine Versuche, sie in Bewegung zu setzen, fehlschlugen, wollte ich sie dahin bringen, daß sie sich mit der Frage auseinandersetzt, warum sie die Therapie fortsetzt. Was möchte sie an sich ändern? Diese Frage ist ein todsicheres Mittel, um

Ängste zu wecken. Meine Analytikerin in Baltimore, eine reizende alte Dame, pflegte mich damit immer auf Trab zu bringen, wenn ich bei der Therapie die Ohren hängen ließ. Ginny sagte, sie werde nur wenige Wochen brauchen, um mir einen Aufsatz von 250 Worten zu liefern, warum sie mich aufsuche. Ganz offenbar war sie böse, und zwischen uns war weniger Wärme und größere Spannung als vorher. Wenn ich meine Brille abnahm und sie ansah, sei mein Gesicht genau wie das vieler anderer Leute im Bus, stellte sie fest. Recht mühselig fand ich heraus, was sie damit meinte: daß ich nicht mehr so sehr Dr. Yalom war und auch nicht mehr ein so wichtiger Freund. Früher hatte sie mich als besonders engen Freund angesehen, ohne einen qualitativen Unterschied zu anderen Freunden dabei zu machen.

Die Veränderung in ihrem Verhalten war anscheinend dadurch ausgelöst worden, daß ich bei unserer letzten Sitzung vorgeschlagen hatte, wenn sie ihre Unfähigkeit zum Orgasmus tatsächlich als das Hauptproblem ansehe, solle sie doch eine besondere Hypnose-Behandlung oder die Sexualtherapie von Masters und Johnson als Möglichkeit in Betracht ziehen. Als ich diesen Vorschlag heute wiederholte, merkte sie mit Erstaunen, daß sie ihn buchstäblich ohne darüber nachzudenken beiseitegeschoben hatte; vielleicht ist sie also wirklich nicht an einer Veränderung durch die Therapie interessiert.

Einmal sagte sie, sie wolle keine Sexualtherapie, weil das bedeuten würde, daß sie mit jemand anderem anfangen müßte, und mit mir will sie keine, weil es ihr zu peinlich wäre, in erster Linie über dieses Material zu reden (dabei reden wir die ganze Zeit darüber). Sie sagte, sexuell sei alles noch genauso wie vor ein paar Jahren, sie scheine in diesem Bereich überhaupt keinen Fortschritt gemacht zu haben und habe deswegen Schuldgefühle, weil sie sich in der Therapie nicht genug Mühe gegeben habe. Ich fragte, ob sie deswegen nicht vor allem über mich enttäuscht sei, weil ich ihr hätte helfen sollen, aber das bestritt sie.

Ich stellte fest – was vielleicht ein wenig gemein war –, sie habe heute morgen vor allem deshalb Angstzustände gehabt, weil sie ein Symptom vorzeigen müsse, wenn sie mich aufsuche. Sie gab zu, daß sie mich vielleicht bewußt habe wütend machen wollen. Sie wisse, daß jeder auf jemanden wütend werden müsse, der eine Stunde lang so wie sie daherrede. Irgendwie war das alles nicht sehr überzeugend. Ich war von dem, was in der Stunde geschah, verwirrt und sagte ihr das mehrere Male, aber wir kamen wenig voran. Es wurde noch schlimmer. Sie reagierte mit einigen sinnlosen Bemerkungen darüber, daß sie entschlossen sei, eine gute Woche zu verleben, mit interessantem Material für die nächste Sitzung. Immer weiter schraubten wir uns hinunter, und ich fühlte mich außerordentlich unfähig und entmutigt.

So viel über diese unglückselige Sitzung! Ginny ist überzeugt, daß sie das alles mit ins Zimmer gebracht hat, weil sie den ganzen Tag schon so unkonzentriert war. Vielleicht ist das richtig. Aber ich bin ebenfalls ziemlich unkonzentriert gewesen und erinnere mich ganz zwangsläufig daran, daß ich vor ein paar Stunden eine ganz ähnliche Sitzung hatte; ich muß also wohl mindestens teilweise die Verantwortung für diese nutzlose Stunde übernehmen.

Am Schluß gab ich Ginny unsere Berichte der letzten sechs Monate; wir werden sie beide bis zur nächsten Woche lesen.

GINNY, 21. Februar

Ohne mich im geringsten disziplinierter zu zeigen als ein Stückchen Kaugummi, habe ich einen Teil Ihrer Berichte gelesen, noch ehe ich den über die letzte Sitzung geschrieben hatte. Dadurch kommt etwas Farbe in meinen andernfalls wohl ziemlich bitteren Bericht.

Wenn ich mich an die Sitzung erinnere, bin ich auf uns beide ein wenig böse. Ich war wütend, weil Sie so lange versuchten, in meine leblose Stimmung einzudringen. Ich glaube, es war ganz natürlich, daß Sie für meinen schlimmen Fuß den passenden Schuh suchten, indem Sie verschiedene

Argumente anboten: war ich deshalb so nervös, weil wir zwei Wochen hatten ausfallen lassen? War es meine Schwester? Oder Karl? Ich erwies mich als bereitwilliger Partner. Wie sich herausstellte, waren meine Laune und alle Gefühle die Ouvertüre zu einer meiner seltenen Erkältungen; der Mann von Bayer hätte uns das sagen und uns von dem Thema befreien können.

Ich kam bereits geschlagen zu Ihnen, und dann sagten Sie, die Therapie käme nicht voran. Sie fragten, ob ich es überhaupt noch als Therapie ansähe. Ich glaube, ich sagte »Nein«, ohne nachzudenken. Und ich schlug vor, zweihundertfünfzig Wörter über meine Ziele zu schreiben. Wenn Sie mehr als ein Freund wären oder wenn ich Sie als Freund betrachtete, würde uns das irgendwie weiterbringen?

Ich las nur wenige Aufzeichnungen diese Nacht, aber es war genug, um mich in Blei zu verwandeln. Ich fühlte mich so bleiern schwer, daß ich ins Bett gehen mußte. Merkwürdig, Ihre Seite der Aufzeichnungen flößt mir die Furcht ein, daß alles ganz aufgedeckt sei. Auf meiner Seite hingegen ist alles ganz fröhlich, etwas kryptisch, und nichts wird einfach ausgedrückt. Mitte der Woche schien mir alles ganz öde, als ich Ihre Aufzeichnungen las. Ich schämte mich. Letzte Woche hatte ich Sie vorsichtig beschuldigt, die Therapie beenden zu wollen. Sie sagten, ich legte Ihnen die Worte in den Mund, aber wenn ich die Aufzeichnungen lese, wird mir klar, daß Sie sich langweilen und deprimiert sind, daß Sie sich in meinem eigenen statischen Sturz befangen fühlten.

Ich konnte mich darauf nicht lange konzentrieren. Dann fiel mir eine Szene mit M. J. ein, dem Leiter der Encounter-Gruppe. Er sprach mit einem Mädchen, das ein sehr viel elenderes Leben gehabt hatte als ich. Sie hatte es sehr schön dramatisiert, so daß wir es alle fast miterlebten und starke Sympathien empfanden. Dann sagte M. J., sie habe zwanzig elende Jahre hinter sich, und sie werde noch einmal zwanzig elende Jahre erleben, sie lägen direkt vor ihr. Er lud sie ein, mit ihm zu tanzen, und versuchte, sie zum Lachen zu bringen, aber sie hielt an ihrem geheiligten Image des Elends und ihren alten Gewohnheiten fest. Er scharwenzelte um sie herum wie ein Frosch, lud sie ein, ohne Schmerz und Erinnerungen zu tanzen. Irgendwie begriff sie, was sie getan hatte, ein unwillkürliches Lächeln huschte über ihre Züge, und von da an änderte sich ihr Leben tatsächlich. Sie sorgte dafür, daß es sich änderte. Ich war damals noch ein Schwamm, der sich nie genug mit Mitleid vollsaugen konnte. Sie sagten mir, ich säße in einem Loch und käme wohl nie heraus. Da saß ich bloß genauso da wie in Ihrem Sprechzimmer. Kein Witz schien zu passen. Aber wenn wir im Gleichschritt gehen, können wir uns vielleicht aus dem Sumpf ziehen. Es würde mir sogar Spaß machen, ein Päckchen Spielkarten mitzubringen, und wenn wir hängenbleiben, könnten wir die Stunde wenigstens mit einem Spiel beenden.

Deshalb sagte ich diese Woche ganz mechanisch, daß ich mich ändern würde, mich dazu zwingen würde. Das habe ich nicht getan. Trotzdem fühle ich mich viel lebendiger.

Wegen dieser Sextherapie. In den letzten zwei Wochen habe ich gedacht, wie schön das wäre, aber in der Sitzung konnte ich die Verantwortung nicht übernehmen, aus mir herauszugehen und zu fragen, was Sie genau damit meinten und was ich dabei tun müßte. Deshalb spielte ich Ringelreihen. Es war, als ob man einer Dreijährigen eine Sextherapie vorschlägt.

Wenn ich mich konzentrieren will, schickt mir die Verschwörung in meinem Innern kleine Bilder, die mich in die Irre führen. Anstatt Ihre Fragen zu beantworten, sah ich in Ihr Gesicht und verglich es mit jenem attraktiven bärtigen Burschen, den ich kaum kenne. Und weil Sie sich wie ein Korpsstudent in den Sessel flegelten oder wie jemand, der gemütlich ein Buch liest oder Bier trinkt, fiel es mir leicht, abzuschweifen. Wenn ich hätte laut phantasieren können, wäre sicher etwas geschehen, aber nein, ich probiere zwar eine Menge Haltungen und Gefühle an, aber ich kaufe keine. Und bleibe deshalb vor Ihnen und vor mir ein Nichts. Zum Beispiel, als ich Ihren Socken sah. Ich kam mir vor wie ein Hundchen, ich hätte mich am liebsten auf alle Viere niedergelassen und in den Strumpf gebissen, den Sie verkehrt herum angezogen hatten. Und solche leichtsinnigen Gedanken laufen mir alle paar Sekunden über meinen erwachsenen Weg.

V Ein letztes Frühjahr
(29. Februar bis 3. Mai)

DR. YALOM, 29. Februar

Während der Woche haben Ginny und ich unsere Aufzeichnungen gelesen. Es war mir nicht ganz wohl dabei, als ich zur heutigen Sitzung ging, ich hatte mir zwar einige Zeit reserviert, um die Berichte zu lesen, aber durch unvermeidliche Umstände (zum Beispiel auswärtigen Besuch) war meine freie Zeit erheblich eingeschränkt worden, daher hatte ich die meisten, vor allem meine eigenen bloß überfliegen können. Das war besonders deshalb bedauerlich, weil Ginny sämtliche Aufzeichnungen mit größter Sorgfalt gelesen hatte. Im Gegensatz zum letztenmal hatte sie sie mehrfach gelesen und konnte sogar einzelne Sätze zitieren.

Es war eine bewegende und sehr intensive Stunde für mich und, wie ich glaube, auch für Ginny. Verblüffenderweise tat sie diesmal in der Sitzung etwas, das sie sonst vor allem in ihrer Beziehung zu Karl tut; sie tanzt von der Bühne der realen Empfindungen weg. Erst als ich sie dazu zwang, hat sie die positiven und negativen Aspekte ihrer Gefühle mir gegenüber geäußert. Zuerst kamen die negativen. Sie resultierten daraus, daß ich ihre ersten Aufzeichnungen Madeline Greer, der Sozialarbeiterin, die mit Karl bekannt ist, gezeigt habe. Natürlich beeilte ich mich, Ginny zu versichern, daß Madeline seit einem Jahr keine Berichte mehr gesehen habe, daß es völlig undenkbar für mich gewesen wäre, sie ihr noch zu geben, nachdem ich entdeckt hatte, daß Madeline eine Bekannte von Karl ist, und daß selbstverständlich Madeline auch abgelehnt hätte, sie zu lesen. Ginny war offensichtlich mißtrauisch geworden, und es war wohl ihr gutes Recht, über die professionelle Leichtfertigkeit böse zu sein, mit der ich das Material zu diesem »interessanten Fall« an eine Kollegin weitergegeben hatte. Ich glaube, ich wäre unglaublich verletzt und wütend gewesen, wenn mir das widerfahren wäre. Sie berichtete mir aber nur von einem kurzen Aufflackern von Ärger. Größeres Mißtrauen zeigte sich vielmehr in ihrer Bemerkung, sie bedaure es, mir von einem Freund (einem Soziologiestudenten) erzählt zu haben, der jeden Morgen einen Joint raucht, weil ich das gegen ihn verwenden könnte.

Aufgefallen war ihr vor allem der dauernde Wechsel in unseren Sitzungen – nach einer guten Sitzung habe sie mich das nächste Mal unweigerlich immer »enttäuscht«. Auch wies sie auf die Diskrepanzen unserer jeweiligen Einschätzung bei einigen Sitzungen hin, die sie für gut, ich aber für schlecht gehalten hatte. Sie war sehr unglücklich darüber, als sie entdeckte, daß sie mich viel mehr entmutigt und deprimiert hatte, als ich sie hatte glauben machen. Ich fragte, ob sie nicht auch ein paar positive Dinge wahrgenommen habe, die ich geschrieben hätte. Das gab sie zu, indem sie sagte, einige Bemerkungen von mir hätten sie sehr glücklich gemacht. Nur ganz allmählich, schrittchenweise, gelangten wir zu jenem Teil meiner Aufzeichnungen, der ausschließlich positiv war. Bei ihr sah das so aus, daß sie die Idee vertrat, ich hätte mehr über mich als sie über sich offenbart. Dabei bezog sie sich auf den Punkt, wo mein Kollege gesagt hatte, ich sei wohl ein wenig in Ginny verliebt. Sie pirschte sich sehr vorsichtig an das Thema heran, sie fragte, wer wohl dieser Analytiker gewesen sei, und stellte fest, es sei sehr mutig, daß ich so offen und ehrlich gewesen sei. Das eigentliche Zentrum der Angelegenheit, das Wort »Liebe«, vermied sie hingegen. Als ich sie ganz direkt nach ihrer Reaktion darauf fragte, sagte sie mit offensichtlicher Erregung, sie habe sich unwürdig gefühlt und wolle sich jetzt ganz bestimmt für mich ändern. Wir sprachen darüber, daß sie die Berichte zu Hause gelesen hatte, wo sie sie jederzeit schnell in die Schublade stecken mußte, wenn sie Karls Schritte hörte. Wie schon vor einigen Monaten stellte ich fest, das höre sich wie ein Roman an, bei dem die Heldin hektisch ihre Liebesbriefe versteckt, wenn sich ihr Ehemann nähert.

Ein weiteres Beispiel für den therapeutischen Nutzen der Aufzeichnungen ergab sich aus ihren Gefühlen hinsichtlich einer Veröffentlichung. Wir sprachen darüber, aber sie fragte mich nie direkt, ob ich vorhätte, sie zu veröffentlichen. Und als ich sie ohne Umschweife danach fragte, warum sie die Frage nicht stelle, nahm sie einen großen Anlauf, um die Frage zu formulieren. Daraufhin sagte ich ihr, daß ich natürlich nichts ohne ihre Zustimmung publizieren würde. Dann erzählte sie von ihren Phantasien, daß sie die Aufzeichnungen mit Benzin überschütten und bei mir im Büro verbrennen wollte, fügte aber hinzu, daß sie vor allem Angst habe, Karl zu verletzen, weniger Angst hingegen, zu viel von sich offenbart zu haben. Sie fügte hinzu, daß mein Stil sehr viel besser geworden sei im Vergleich zu den ersten Aufzeichnungen. Sie fragte auch, ob ich ernsthaft daran dächte, der Therapie ein zeitliches Limit zu setzen, damit sie sich eventuell auf ein paar Monate harter Arbeit einstellen könnte. Ich sagte ihr, ich wäre mir noch nicht sicher, aber ein logischer Termin wäre Ende Juni, denn im Sommer werde ich drei Monate fort sein. Sie umging es, das Thema einer Beendigung der Therapie noch weiter zu verfolgen, und fragte statt dessen, wohin ich fahren wolle, und auf diese Weise blieb unausgesprochen, was es für sie bedeuten würde, wenn wir nach weiteren vier Monaten aufhören würden. Ich habe den Verdacht, daß ihre Ausweichmanöver und meine eigene Unentschlossenheit dabei hinter unserem Rücken zu Komplizen wurden.

Als letztes erwähnte sie, daß sie eine Nummer der Zeitschrift *Sports Illustrated* mit meinem Namen darauf im Wartezimmer habe liegen sehen. Sie fragte, ob ich sie lese, Karl lese sie ebenfalls. Ich sagte, ich sei durchaus an Sport interessiert, die Zeitschrift gehöre aber doch eher meinem Sohn als mir. Dennoch freute ich mich darüber, daß sie mir eine Frage von Person zu Person stellte. Es war wieder einmal eine Sitzung, wo ich das Gefühl hatte, Ginny sei eine durchaus erwachsene Frau. Das Grinsen war weg, sie war wesentlich weniger verlegen als früher, und unsere wechselseitige Ausstrahlung war positiv. Sie erzählte, daß alle kleinen Probleme jetzt verschwunden seien; das Stadium des Benzingelds, der Pokerkatastrophen, der mißglückten Mahlzeiten und unaufgeräumten Tische hat sie hinter sich gelassen. Nun ging es um die größeren Dinge – ihr Leben, ihre Rechte, ihre Zukunft mit Karl. Im Bus hat sie sich heute sogar zum erstenmal vorgestellt, wie es wäre, wenn Karl und sie in Zukunft in getrennten Wohnungen lebten und sich nur zu Verabredungen träfen. Interessant ist auch, daß meine Bemerkung, ihr Bedürfnis nach Phantasien, in denen andere sie ungerecht behandeln, rühre wohl daher, daß sie den Wunsch habe, sich zu Recht über andere ärgern zu können, diese Phantasien sehr wirkungsvoll gedämpft hat. Sie hat sie seither nicht mehr gehabt.

Eine gute Sitzung, voll harter Arbeit, die ich mit einem Gefühl der Erleichterung beende, denn um der Wahrheit die Ehre zu geben, ich konnte mich kaum noch an den Inhalt der Berichte erinnern, die sie gelesen hatte. Ich war so ehrlich mit ihr, wie ich es überhaupt bei irgend jemand sein kann.

GINNY, 29. Februar

Ganz gleich, was geschehen mochte, so eine Sitzung wie das letzte Mal wollte ich diesmal nicht wieder erleben, ich stellte mich daher innerlich darauf ein, ruhig und konzentriert zu sein. Mit den Vorbereitungen dazu fing ich schon am Vorabend an. Ich las noch einmal die Berichte, anstatt fernzusehen. Es war eine weniger emotionale Lektüre als beim erstenmal. Ich notierte Zitate, die mich berührten. Ich wußte, daß Madeline aufs Tapet kommen würde, und versuchte, mir das heiße Aufflammen in Erinnerung zu rufen, das mich verletzt hatte, als ich zum erstenmal las, daß Sie ihr die Aufzeichnungen zeigten. Außerdem hatte ich den Bericht verlegt, den ich für Sie geschrieben hatte. Es hat sich herausgestellt, daß ich ihn in der Schublade versteckt hatte, wo eigentlich meine Unterwäsche liegt, aber diese Schublade ist dermaßen überfüllt mit anderem Krempel, daß der Bericht in das Schubfach darunter geschoben wurde, das Karls Wäschefach ist. Der Bericht für Sie war aus meinen Schlüpfern in seine Unterhosen gewandert. Heute habe ich die Berichte in seinem Fach entdeckt. Thomas Hardy hätte seinen Spaß an dieser Ironie.

Die Sitzung fing mit Verspätung an, denn anstatt vor Ihrer Tür meinerseits die Initiative zu ergreifen, wartete ich, daß ich geholt würde. Ich hatte mich, jedenfalls für meine Begriffe, etwas sorgfältiger als gewöhnlich gekleidet. Ich war deswegen ein wenig verlegen, denn ich fürchtete, Sie könnten das als Schmeichelei verstehen. Aber die Sprache kam nicht darauf, und so ging es vorüber. Ich versuchte, am Drücker zu bleiben, und fragte deshalb sofort nach den Berichten. Aber da waren Sie schneller. Wir haben beide dieselbe Beobachtung gemacht hinsichtlich dieses Pendeleffekts von guten und schlechten Sitzungen. Sie sagten, Sie seien enttäuscht über meine Zurückhaltung, sowohl in den Sitzungen als auch bei den Aufzeichnungen. Darauf habe ich keine Antwort. Ich habe nur an der Oberfläche Muskeln; nur die kann ich benutzen. Die oberste Schicht. Das ist der Unterschied zwischen uns, denn ich bin ganz sicher, daß ich nicht tiefer vorstoßen kann ohne Tränen oder Emotionen. Ich spüre einen inneren Widerstand, wenn Sie mehr verlangen, als ich geben kann. Ich gehe davon aus, daß dieses ganze Arrangement dazu da ist, miteinander reden zu können. Und in der Therapiesituation, wo wir beide gemütlich, wie Freunde in unseren Ledersesseln sitzen, könnte ich nur mit Mühe in meine gewohnte Panik verfallen. Ich bin nicht gewohnt, meine Worte sehr tief in meinem Innern zu finden, sie sind vor allem Oberflächenenergie und Improvisation. Bei dem Gedanken, den Durchbruch nur damit erreichen zu wollen, daß ich rede und Fragen beantworte, verliere ich einfach den Mut.

Dann kam die Rede auf Madeline. Noch einmal waren Sie

enttäuscht: über mein Mißtrauen. Das bedeutet mir nichts; denn es ist nicht so, daß ich in der Erwartung, Sie wirklich verletzen zu können, bewußt ein negatives Gefühl bei mir in Gang gebracht hätte. Deshalb läuft es wie Wasser an mir herunter, wenn Sie sagen, ich müsse Ihnen geradezu mißtrauen. Es ändert meine Gefühle Ihnen gegenüber gar nicht. In meinem Mißtrauen liegt keine Abneigung. Das ist etwas, was vorüber ist. Ich bin entmutigt. Weil ich Ihnen nicht mißtraue.

Obwohl ich das Gefühl hatte, Ihnen in der Sitzung ins Gesicht sehen zu können, brachte das nichts, denn ich hatte nichts Neues zu sagen.

Wir sprachen darüber, ob man die Therapie auf vier Monate beschränken sollte, damit wir zu einem Ende kämen, wenn Sie nach Europa gehen. Das scheint noch so weit entfernt, daß es mir keine Angst macht. Ich fühle mich so gebunden und offen zugleich, daß ich mich wohl kaum dazu zwingen könnte, die folgenden Monate zu den konzentriertesten, wichtigsten vier Monaten zu machen und all meine offenen Enden zusammenzubinden. Ich sehe schon, daß ich es nur mit einem Winseln zu Ende bringen werde.

Als Sie von Ihrem Kollegen sprachen und wir das Thema Liebe berührten, wurde mir klar, wie abwesend ich war, denn bei diesen Worten spürte ich, wie ich zurückkehrte und wieder verletzlich wurde. Ich kitzelte mich mit ein paar Gefühlen und Empfindungen und hörte dann wieder auf.

DR. YALOM, 7. März

Eine merkwürdige Stunde. Es begann wie ein trockener Spaziergang durch die Wüste. Alles war verlassen und leer, aber irgendwo gab es einen Duft, ein angenehmes Aroma. Die Landschaft, in der wir uns bewegten, veränderte sich mit der Zeit, aber das Aroma ist geblieben und am Ende waren wir, glaube ich, sehr eng und fest miteinander verbunden. Sie begann mit einem Paradoxon. Einerseits hatte sie sich vor ein paar Minuten übergeben, weil ihr auf den Stufen zu meinem Büro plötzlich übel geworden war, andererseits hatte sie eine relativ gute Woche gehabt. Ich versuchte, so gut ich konnte, die Ursachen dieser Übelkeit aufzuspüren, und rannte dabei aus einer Sackgasse in die nächste, bis ich schließlich so erschöpft war, daß ich mich mit der lahmen Begründung zufriedengab, die Ursache wäre in einer kostenlosen Gesichtsmaske zu suchen, die sie in einem Kosmetiksalon in Palo Alto hatte machen lassen. Pflichtschuldigst erkundigte ich mich, warum sie ausgerechnet heute, als sie auf dem Weg war zu mir, die erste Gesichtsmaske ihres Lebens über sich hatte ergehen lassen. (Schließlich bin ich kein Trottel, geschah das vielleicht für mich?) Nein, meine unausgesprochene Frage wurde delikat verneint; denn sie erzählte ausführlich über ein Sonderangebot von Kosmetika, von dem sie schon seit langem habe Gebrauch machen wollen. Ich versuchte, den schmalen Pfad zu entdecken, der zu ihren Gefühlen bei dem Gedanken, die Therapie im Sommer zu beenden, führte, aber wir kamen darauf erst später zurück, wo es sich dann als Schlüssel zu erstaunlich reichem Material erwies.

Sehr viel Widerstand, aber sehr sanfter Widerstand. Ginny sagte, daß bei mir alles sehr gut und warm und angenehm sei, daß sie sich wohl fühle und keine Angst habe, daß es aber einfach nichts zu sagen gäbe. Karl hat einen Teilzeit-Job. Fast beiläufig erzählt sie, daß sich ihre Beziehung entschieden verbessert habe. Wie ein nebensächliches Detail streut sie mir die Tatsache hin, daß sie sich sexuell jetzt viel besser verstünden und auch häufiger intime psychologische Gespräche führten. Es erstaunt mich immer wieder, wie das bei den Patienten abläuft. Sie vergessen, daß wir monatelang gearbeitet haben, um diesen Punkt zu erreichen, und erzählen mir dann beiläufig, als wäre es nur so eine Laune von ihnen, welche Fortschritte sie gemacht haben.

Dann fragt sie, ob sie noch vier Monate kommen dürfe, auch wenn sie weiterhin nichts zu sagen hätte. Eindringlich frage ich sie, was sie davon hält, im Juni aufzuhören, was ich durch die Worte »nur noch vier Monate« sogar noch verstärke. Sie sagt, sie hätte keine sehr heftigen Empfindungen dabei, stelle sich vielmehr vor, wie lustig es sein werde, mir in Zukunft Briefe zu schreiben, und malt sich aus, wie sie mich besuchen wird, wenn sie als berühmte Frau wieder hierherkommt. Mit dieser Phantasie war eine lebhafte Gefühlsaufwallung verknüpft, und ihre Augen füllten sich mit Tränen. Mehrfach stieß ich sie in diese Tränen zurück, die zu fragen schienen: »Werden Sie sich die Zeit nehmen, mich zu empfangen?« Sie sagte, die Vorstellung, mich zu besuchen, mache ihr Freude. Ob es möglich wäre, daß es dazu käme? »Was sollte Sie daran hindern?« fragte ich. Nachdem sie all meine Berichte gelesen habe und mich so lange kenne, habe sie meine Antwort doch erwarten können. Ja, das sei ihr bewußt.

Wir sprachen noch einige Zeit über ihr Schreiben. Sie sagte, seit etwa vier Wochen sei sie völlig blockiert gewesen und habe buchstäblich nichts geschrieben, habe es aber gar nicht besonders vermißt, denn ihre Tage seien ziemlich erfüllt. Sie vermißt das Schreiben nur dann, wenn sie das Gefühl hat, sie habe nichts Wichtiges zu tun und verschwende ihre Zeit, aber mit Karl ginge alles so gut, daß sie sich von ihrem Leben auf angenehme Weise beansprucht fühle. Ich fragte mich, ob ich mich nicht so mit ihrem Schreiben identifiziert habe, daß sie es jetzt als meine und nicht als ihre Sache betrachte. Vielleicht schreibt sie nicht, um zu vermeiden, daß ich Befriedigung darüber empfinde. Aber ich ignorierte meine innere Stimme und schlug statt dessen – wie der Vater eines Kinderstars aus Hollywood – vor, einen Stundenplan aufzustellen und morgen früh gleich zwei Stunden Schreiben einzuplanen. Ginny schien dafür empfänglich. Sie beendete die Stunde mit einer Frage, die ungewöhnlich direkt war. Wie wäre es, wenn sie mich mehr als einmal die Woche besuchte? Vielleicht sei der Abstand von einer Woche zwischen den Gesprächen zu lang (ihre frühere Therapeutin hatte gesagt, wenn sie nicht dreimal die Woche bei ihr wäre, brauche sie gar nicht zu kommen). Das macht mir klar, wie sehr der

Gedanke, endgültig aufzuhören, sie trifft. Sie weigert sich zu glauben, daß sie mit der Therapie aufhören könnte, und stellt sich vor, daß sie mich auch weiterhin besuchen wird, wenn ich von meiner Ferienreise im Sommer zurückkomme. Ich glaube, mir geht es genauso, denn ich kann mir nicht vorstellen, sie in Zukunft nicht mehr zu sehen.

GINNY, 7. März

Es ist schwer, etwas anderes über die Sitzung zu schreiben als das, was wir während der Sitzung schon erörtert haben.

Das wichtigste war, als wir über meine konkreten Empfindungen sprachen und nicht über zufällige Gedanken. Da landete ich sofort sehr unsanft auf dem Boden. Wenn ich daran denke, daß ich Sie verlassen soll, werde ich sehr traurig. Und doch habe ich halb mit dem Gedanken gespielt, sofort mit den Sitzungen aufzuhören und nur noch zu kommen, wenn ich etwas Neues zu sagen habe. Ich weiß nicht, warum ich das gesagt habe und mich dann im selben Atemzug fragte, ob sich bei der Therapie vielleicht etwas ändern würde, wenn ich zweimal die Woche käme. Beides waren Methoden, meine bisherige verhärtete Einstellung gegenüber der Therapie aufzubrechen oder zu bestechen. Es ist genauso, als ob man weiß, daß einen der Mann verlassen wird, wenn man nichts unternimmt.

Zum erstenmal haben Sie mich gefragt, ob ich noch weiter über ein bestimmtes Thema reden wolle, meine Übelkeit. Aus meinen Aufzeichnungen müssen Sie erfahren haben, daß ich Ihnen gelegentlich den Vorwurf mache, unergiebige Themen immer weiter zu verfolgen.

Die Gesichtsmaske habe ich machen lassen, weil sie sich anbot, als ich auf dem Weg in Ihr Büro bei Macy's vorbeistolperte. Und die ganzen Düfte, Eyeliner und Lippenstifte verursachten schließlich eine gewisse Müdigkeit und Übelkeit bei mir.

Es ist ein großer Unterschied, ob ich Ihnen etwas erzähle

– zum Beispiel über den Jungen, der mich begrapscht hat, die Kosmetikdame, die neue Frisur – oder ob ich etwas erlebe. Es ist, als ob ich zwar anwesend wäre, aber zugleich noch ein Dolmetscher, der nur ein Drittel von dem übersetzt, was hin wie her gesagt wird. Und solange er nicht übersetzt, kann ich Pause machen (obwohl ich gespannt bleibe). Vielleicht fürchte ich, daß sich die Dinge nach der Therapie für mich verschärfen. Ich glaube, ich kann ganz masochistisch heiter sein, bei meinen eigenen Streichen und Phantasien und meinem eingebildeten Elend in Ohnmacht fallen. Und jetzt werde ich von der Therapie und von Ihnen so verhätschelt und beruhigt, daß ich auch dann, wenn ich ganz verzweifelt darüber bin, daß ich auf der Stelle trete und Sie zum Gähnen bringe, am Schluß doch sehr verjüngt und glücklich bin, weil ich in Ihrer Nähe sein durfte und eine Audienz bei Ihnen hatte, Papa Yalom. Bis zu dem Zeitpunkt, wo ich meine Aufzeichnungen mache. Da zwinge ich mich dann zum starren Blick nach innen und pessimistischen Vorhersagen. Aber warum sprudele ich auf einmal so über und streife es im nächsten Augenblick als unrealistisch wieder ab?

DR. YALOM, 15. März

Ginny versicherte mir gleich eingangs, daß sie gestern eine Weile geschrieben habe, zog dieses »Angebot« aber rasch wieder zurück, indem sie mir versicherte, es seien nur ein paar kleine, einfallslose Notizen gewesen. Schluß damit! Schluß mit diesem schamlosen Menuett von Übertragung und Gegenübertragung. Dies ist der letzte Tanz. Sie kann nicht länger der Schriftsteller für mich sein, der ich immer werden wollte. Ich darf nicht zur Mutter für sie werden, die sich als ihre Tochter verwirklichen möchte. Also legte ich die Karten auf den Tisch. »Warum quälen Sie mich mit Ihrer schriftstellerischen Begabung?« (Warum lasse ich mich quälen?) »Warum warten Sie immer bis zum Tag vor Ihrem Besuch, anstatt während der Woche zu schreiben?« (Warum will ich überhaupt, daß sie so viel schreibt?) »Schreiben Sie jetzt nur noch für mich?« (Warum nicht? Ich lasse ja deutlich genug spüren, daß es mir gefällt!) Sie gab keine Antwort, aber das war gleichgültig, ich sprach genauso gut zu mir selbst.

Wieder erwähnte sie ganz beiläufig einige offensichtlich positive Entwicklungen. Karl war zum Beispiel wütend auf sie und erklärte, er wolle nicht mehr mit ihr essen gehen, weil das Geldverschwendung sei und er nicht einsähe, warum er sein Geld zum Fenster hinauswerfen solle (und das einen Tag, nachdem er 25 Dollar beim Kartenspielen verloren hatte). Ginny hat sich anscheinend behauptet und gesagt, sie würde trotzdem gern essen gehen. Wozu solle sie denn arbeiten und Geld verdienen, wenn sie trotzdem nicht die Dinge tun könnte, die sie tun wolle? Und dann verließ sie das Haus und führte den Hund aus. Als sie zurückkam, malte sie sich aus, daß Karl sie vielleicht endgültig verlassen würde, aber sehr zu ihrer (weniger zu meiner) Verwunderung war er ganz im Gegenteil sehr besorgt und bedauerte den Vorfall sogar. Sie schien darüber verblüfft, deshalb erklärte ich ihr, daß sie um so eher als selbständige Persönlichkeit anerkannt werde, je mehr sie dazu in der Lage sei, sich ihm zu widersetzen. »Niemand mag einen Wackelpudding«, sagte ich, und das war wohl mein Aphorismus für diesen Tag. Wir lachten beide darüber. Ein anderer Vorfall bezog sich auf ihre sexuelle Beziehung. Einen Abend hatte sie sich erotisch stimuliert gefühlt und sich hübsch angezogen, aber Karl war an dem Tag sexuell offenbar uninteressiert, was sie so weit beunruhigt hatte, daß sie mitten in der Nacht aufwachte. Sie erzählte Karl, was sie so irritiert hatte, und er nahm es sehr ernst und redete sehr lange mit ihr darüber.

Danach schien sie regelrecht zu wachsen, sie reckte sich und suchte weitere Themen, über die sie reden könnte. Schließlich mußte ich zugeben, daß sie offenbar Fortschritte mache, und zum erstenmal stimmte sie zu. Es steht außer Frage, daß sie sich immer wohler in ihrer Haut fühlt. Sie sagte, sie sei enttäuscht, daß die Therapie sich so entwickeln müsse, sie hatte irgendeinen wunderbaren Durchbruch erwartet, mit Donner und Blitz. Ihr Leben beginnt zwar, sie mehr zu befriedigen, aber es enthält kein »Geheimnis«. Andere Leute führen ein Doppelleben, betrügen, haben Affären oder Abenteuer, sie leben dramatisch, während es in ihrem Leben keinerlei vergleichbare Aufregung gibt. Und außerdem bietet es ihr nie die Möglichkeit, sich zu entscheiden, denn sie hat bei allem, was sie tut, immer nur eine Möglichkeit. Ich versuchte, das logisch mit ihr zu erörtern. Ganz augenscheinlich eröffnen sich doch bei allem verschiedene Alternativen für sie. Sie bildet sich nur ein, keine zu haben. Aber damit kamen wir nicht sehr weit.

Dann erzählte sie, daß ihre Mutter sehr enttäuscht über sie sei. In ihren Augen hat sie keine berufliche Karriere vor sich, sie ist nicht verheiratet und hat keine Kinder: also auf der ganzen Linie ein Versager. Ich untersuchte das Thema Ehe und bedrängte sie wieder einmal, darüber nachzudenken, ob sie nicht heiraten und Kinder haben wolle, und wenn dem so wäre, was sie dafür tun wolle. Würde sie mit Karl zusammenbleiben, wenn sie mit Sicherheit wüßte, daß er ihr diese Dinge nie bieten würde? Obwohl wir noch ein paar Minuten Zeit hatten, ergriff sie ihre Handtasche und machte sich zum Aufbruch fertig. Es war ganz offensichtlich, daß ich sie zu sehr unter Druck setzte, dennoch schalt ich sie, weil sie Karl ihre Zukunftshoffnungen nicht mitteilt, während sie doch möchte, daß er die seinen mit ihr teilt. Sie hat noch nie im Ernst mit ihm darüber gesprochen, daß sie Kinder haben möchte, und ihn auch noch nie auf die Frage einer Ehe festgelegt. Vielleicht ist es töricht und unrealistisch, wenn ich von ihr erwarte, daß sie ihn mit der Frage von Ehe und Kindern konfrontiert. Vielleicht tut sie das viel sensibler und wohldosierter. Andererseits ist sie schon siebenundzwanzig, die Jahre, in denen sie Kinder haben kann, sind schon zur Hälfte vorüber, und ich dachte, ich könnte noch ein paar Ängste bei ihr aufscheuchen, wenn ich in dieser Angelegenheit bei ihr auf den Busch klopfe. Nächste Woche werden wir sehen.

Nur um ihr Selbstbewußtsein noch weiter zu stärken,

fragte ich, ob sie mich heute irgend etwas fragen wolle. Sie stellte die Frage, wie ich die Stunde fände, und ich sagte, alles sei sehr gemütlich und bequem und sie suche nach Themen, über die wir reden könnten. Das verstand sie sofort als Kritik und sagte, nächste Woche wolle sie sich wirklich Mühe geben, Themen zu finden, an denen wir arbeiten können. Sie erwähnte indirekt die Frage einer Beendigung der Therapie, als sie sagte, sie sei gestern sehr deprimiert gewesen (wir treffen uns gewöhnlich am Dienstag, aber diese Woche erst Mittwoch, weil ich an einer Ausschußsitzung teilnehmen mußte). Sie fragt sich, ob ein Ende ihrer Besuche bei mir nicht ein großes Loch in ihrem Leben hinterlassen wird.

GINNY, 15. März

Je zahmer die Sitzungen werden, um so schwieriger werden die Berichte. Die meiste Zeit genoß ich die Dinge, die wir sagten – was ich mit Karl diese Woche besprochen und gemacht hatte. Und dann, fünf Minuten vor fünf, als ich schon gehen wollte und Sie uns noch ein paar Extra-Minuten gaben, hatte ich das Gefühl, daß all diese positiven Dinge wieder den Bach 'runter gingen, weil Sie Dinge wieder hochbrachten, die ich unter anderen Umständen erlebt hatte, und weil ich das zuließ. Zum Beispiel, daß ich zu meinen Fortschritten nichts zu sagen weiß, daß ich glaubte, keine Alternativen und kein verborgenes Ich zu besitzen, daß die Sachen langweilig sind, die ich schreibe usw. Da habe ich mich zu billig verkauft. Ich habe die negativen Dinge hochgespielt.

Als ich nach Hause kam, wurde mir klar, daß ich Ihnen Munition gegen meine Mutter geliefert hatte (sie schreibt übrigens, daß meine Briefe ihre ziemlich abgewrackte Existenz erhellen). Auch daß ich sagte, Karl und ich seien langweilig (»immer noch der Erste«, würden Sie sagen), ist wohl ein Verrat an meinen Beziehungen. Ich hasse es, die Leute bei der Therapie in Gute und Böse einzuteilen. So lagern sie aber in meinem Bewußtsein. Und das Dümmste ist, daß ich zum Beispiel Liebesbriefe auch mag, daß Briefe mein Leben erhellen, daß Karl und ich tatsächlich langweilig sind, genauso wie Sie und ich langweilig sind. Warum können die Dinge nicht einfach so sein, wie sie sind? Ohne schlecht oder böse zu sein?

Und dann meine Fortschrittskontrolliste:

Karriere

Ehe

Kinder

Sie haben das meiner Familie angelastet, aber dieser kleine Test ist mir selbst eingefallen. Meine Mutter hat nie dergleichen gesagt. Ich nenne nur solche äußeren Einschätzungen meiner Person mit dem Namen »Mutter«. Aber das ist unfair. *Ich* spiele die Mutter. Und bremse damit meine tägliche Realität. Natürlich wäre es der Familie schon recht, wenn wenigstens schon einer von zwei oder zwei von drei Punkten abgehakt werden könnten, wenn das Vögelchen siebenundzwanzig wird.

Jedenfalls schien das alles in den letzten fünf Minuten zu geschehen, als ich meinen Anker wieder in den Schlamm fallen ließ.

Ich habe trotzdem das Gefühl, daß gestern ein guter Tag war. Die Therapie hat mich nicht aus der Bahn geworfen. Ich habe den Tag genossen, bis ich nach Hause kam.

DR. YALOM, 4. April

In den letzten zwei Wochen habe ich Ginny nicht gesehen. Die eine Woche war ich außerhalb, und die andere hat sie abgesagt, weil sie gearbeitet hat. Sie kam ein paar Minuten zu spät, sah mich auf meinem Stuhl sitzen und fragte vorsichtig, ob sie draußen warten solle. Später erzählte sie mir, sie sei enttäuscht über ihre Lahmheit; sie wäre gern mit dem herzhaften Ausruf: »Junge, bin ich froh, Sie zu sehen« oder so ähnlich ins Zimmer gestürmt. Sie hatte an diesem Tag mehrfach angerufen, ohne mich zu erreichen, und meine Sekretärin wußte nicht genau, ob ich sie erwartete. Sie hatte deshalb den Bus bestiegen, ohne zu wissen, ob ich wirklich da sein würde. Ich vermute, sie war ziemlich wütend auf dem Weg, und wegen der Wut hatte sie Schuldgefühle, so daß sie beinahe Angst hatte, als sie mich beim Hereinkommen sitzen sah.

Dennoch fing sie sofort an, über ihr Verhältnis zu Karl zu berichten, das gerade starken Belastungen ausgesetzt ist. Allem Anschein nach hat Karl sich plötzlich und drastisch verändert, und zwar infolge einer explosiven Auseinandersetzung mit Steve, einem engen Freund. Es scheint, daß Steve eine sehr kritische, einschüchternde Persönlichkeit ist, der arg über Karl herfiel. Sie gerieten in heftigen Streit. Karl wurde so wütend, daß er hinausrannte, um Dampf abzulassen. Er entschloß sich, klein beizugeben, und ging wieder hinein, um die Unterhaltung etwas versöhnlicher fortzusetzen, aber Steve demütigte ihn nur noch weiter. Als Steve gegangen war, brach Karl zusammen, weinte eine Zeitlang und war von da an sehr viel mehr bereit, seine Gefühle unter die Lupe zu nehmen. Er sprach ziemlich lange mit einem Freund, der den Vorschlag machte, Ginny und Karl sollten gemeinsam in eine Encounter-Gruppe in Berkeley gehen. Sehr zu Ginnys Überraschung war Karl sehr aufgeschlossen gegenüber dieser Idee. Ein Ergebnis war, daß Karl sehr viel offener gegenüber Ginny geworden ist; er ist liebevoll, zärtlich und nett zu ihr gewesen und war in der Lage, Dinge zu sagen, die er nie zuvor gesagt hat. Er hat zum Beispiel zugegeben, daß es in der Vergangenheit Zeiten gegeben hat, wo er sie innerlich sehr abgelehnt hat. Allmählich kommen die ganzen unausgesprochenen Grundlagen dieser Beziehung ans Tageslicht und können untersucht werden. Ginny ermutigt Karl dabei, aber im großen und ganzen sagt sie selbst nicht mehr als zuvor. Das sagt sie jedenfalls mir.

Trotz dieser recht positiven Neuigkeiten fehlte es der heutigen Sitzung an Kraft. Ginny schien gespannt, etwas abwesend, irgendwie entmutigt, weil sie nicht näher herankam, aber ich fand nichts, womit ich die Dinge hätte in Bewegung bringen können. Ich war sogar mit daran schuld, daß ihre Stimmung gedrückt blieb. Ich glaube, ich habe etwas an mir, was die Leute hindert, unverfälschte Freude und Enthusiasmus zu zeigen.

Im letzten Monat hat sie gearbeitet und geschrieben, eine sehr gute, zwei passable und eine ganz schreckliche Woche gehabt. Letztere deshalb, weil sie wegen einer Schwellung auf der Wange geglaubt hatte, Krebs zu haben, und völlig in Panik geraten war, bis ein Arzt ihr versichert hatte, es sei eine gutartige Geschwulst.

Einmal fragte sie, ob ich sie für einen hoffnungslosen Fall hielte. Ich sagte, das sei ganz und gar nicht so, aber dabei war ich nicht ganz ehrlich, denn ich war besorgt und beunruhigt darüber, daß zwischen uns alles so tot schien. Sie sagte, sie halte sich deshalb für hoffnungslos, weil so viele gute Dinge geschähen, sie aber emotional nicht so darauf reagiere wie sie sollte. Langsam und unerbittlich drehen die Räder der Veränderung sich weiter; irgendwie spiele ich eine Rolle dabei, oft weiß ich gar nicht wie, aber Ginny verändert sich Stück um Stück, langsam entwickelt sie sich und wächst. Ihre Beziehung zu Karl, von der ich freilich nur durch eine unzuverlässige Zeugin erfahre, vertieft sich ganz offensichtlich und gewinnt an Bedeutung.

Dann sagte sie, sie wünschte, sie könne immer so sein wie in der Encounter-Gruppe von M. J. Dort habe sie so leicht eine enthusiastische Rolle spielen können. Ich stimmte ihr zu, daß es recht leicht sei, auf einer Ferienreise eine Rolle zu spielen, und sie spürte sofort meinen Tadel. Aber sie ist genau wie ich der Ansicht, daß ihr Rollenspiel in der Encounter-Gruppe absolut keine Außenseite hatte, die man hätte verallgemeinern können; ihr Verhältnis zu anderen wurde trotz der ersten schönen Tage voller Emotionen nicht wirklich berührt.

Einiges Übertragungs-Material tauchte auf, auf das ich aber nicht zu reagieren wußte. Als ich aufstand, um eine Pfeife zu stopfen, fragte sie verführerisch: »Würden Sie einer Dame einen Tiparillo anbieten?« Später erwähnte sie einen Freund, der ihr aus Deutschland geschrieben und sich über die dortige Bürokratie und die sonstigen Lebensbedingungen beschwert hatte. Das schien relevant zu sein im Hinblick auf die Distanziertheit unserer Beziehung und wies vielleicht auch auf ihren Wunsch hin, daß ich im Sommer nicht nach Europa ginge, aber sie schien nicht allzu interessiert daran, auf meine Nachfragen einzugehen.

Alles in allem eine Sitzung, die für mich persönlich enttäuschend war, denn wir blieben distanziert und unengagiert, aber gleichzeitig war ich zufrieden, weil sie mir Neuigkeiten über ihre Fortschritte nach außen erzählte.

GINNY, 4. April

Ich habe diese Niederschrift aufgeschoben, sehen Sie sie also aus einer Distanz von etwa sechs Tagen. Zu Beginn der Sitzung dachte ich, daß Sie anders aussähen, als ob sie ärgerlich oder unfreundlich wären. Seit unserer letzten Sitzung waren drei Wochen vergangen, aber diesmal gingen Sie darauf nicht ein.

Ich war innerlich ganz darauf eingestellt, daß Sie mir Unrecht tun würden, denn ich war fest überzeugt, daß Sie nicht da wären. Den ganzen Nachmittag hatte ich mein Black-and-white-Soda (in der Milchbar der Universität) mit kleinen Phantasiebröseln gemischt. Mein eifriges, zehnfach fruchtbares Hirn machte sich zum geheimen Mitwisser sämtlicher möglicher Gründe für Ihre Abwesenheit, weil der Tag der Therapie verschoben worden war. Im Bus hatte ich Sylvia Plaths *The Bell Jar* angefangen, das mich sehr beeindruckte. Ich war fest entschlossen, alle Leiden der Heldin nachzuempfinden. Ich steckte mehr in ihrer als in meiner Haut.

Ich weiß nicht mehr recht, was dann geschah, außer daß ich am Ende wie schon zuvor das Gefühl hatte, an denen, die mir am nächsten stehen, Verrat geübt zu haben.

Ich erzählte Ihnen von der letzten Woche und vor allem

vom Wochenende, wo Karl und Steve diesen schrecklichen Streit hatten, bei dem plötzlich so vieles klar wurde; ich habe Ihnen alles über die Reaktionen von Steve und Karl erzählt, und wie das unser Leben verändert hat. Aber auch hier hatte ich nicht den Eindruck, als wären das mehr als nur Ideen in meinem Kopf. Meine Gefühle oder Reaktionen auf solche Dinge bleiben immer irgendwo stecken. Wenn ich je Gelegenheit hatte, so richtig loszuzwitschern über eine Veränderung, dann war es letzte Woche, als die Dinge endlich mal in Bewegung kamen. Aber anstatt mich richtig darüber zu freuen, grübelte ich über die Probleme nach und tat so, als läge das, was geschehen war, schon lange zurück. Sie sagten mir immer wieder, daß wir jetzt, wo die Schleusen der Ehrlichkeit und des Leids geöffnet worden seien (von Karl), wohl schwerlich in unsere frühere Existenz zurückfallen könnten und die Zeit gekommen sei, mit Karl zu reden, nicht mehr nur zuzuhören. Das war ein guter Rat. Aber dann fragen Sie immer: »Was möchten Sie ihm denn sagen?«, und das bringt mich ganz aus der Fassung. Ich habe eine Fülle von Fehlern und Schwächen, und ich glaube, ich kann nicht den Mund aufmachen, ohne darüber zu reden, deshalb konnte ich Ihnen wieder einmal keine Antwort geben. Ich glaube, ich muß mich sehr ändern für Karl, aber zum jetzigen Zeitpunkt muß ich vor allem dasein und zuhören. Ich beneide ihn darum, wie er sich von seinen Empfindungen durchdringen läßt. Ich glaube, er arbeitet an etwas anderem, einem größeren Problem als unserer Beziehung. Vielleicht ist es seine Familie oder etwas anderes aus der Kindheit, Dinge, die sehr wirr und tief in seinem Innern begraben sind. Es wäre unfair und egoistisch, wenn ich jetzt bestimmte Handlungen von ihm verlangte; außerdem glaube ich, daß seine Gedanken ohnehin zu uns hinführen. Der Streit hat unsere Beziehung geöffnet, und ich sehe jetzt Dinge bei Karl, deren Existenz ich lediglich vermutet hatte.

Ich erwähnte auch die Beule in meinem Gesicht (»Beule« *[bump]* hört sich immer noch verführerischer an als »Klotz« *[lump]*). Diese Beule läßt meinen besten Momenten die Luft ausgehen, und wenn ich flach am Boden liege, fühle ich mich damit konkav. Ich glaube, ich war ein bißchen hypochondrisch bei Ihnen. Ich halte mich immer zurück. Wenn ich Ihnen einfach meine schlimmsten Befürchtungen hingeschwemmt hätte, das hätte wenigstens geholfen. Mit Ihrer Bemerkung, in diesem Teil des Gesichts sei nichts zu befürchten, haben Sie mich ein wenig beruhigt.

DR. YALOM, 11. April

Ginny eröffnete die Sitzung ganz ungewöhnlich. Sie las mir etwas vor, was sie geschrieben hatte, während sie auf mich wartete. Es handelte sich im wesentlichen darum, was sie an diesem Tag gedacht hatte, was ihr bei einem Einkaufsbummel durch den Kopf gegangen war. Es war eine rührende kleine Vignette, voller glänzender Metaphern. Es machte mir sehr viel Spaß, ihr zuzuhören, als sie es vorlas, und ich bin wieder ganz überzeugt, daß sie sehr viel Talent hat. Andererseits dachte ich aber auch, daß es alles sehr nichtig sei, und ich fragte mich, ob sie je ein größeres, verbindlicheres Thema anpacken könnte. Unsinn, damit versuche ich ja nur, populär ausgedrückt, Ginny »auf meinen eigenen Trip zu bringen«, wenn ich eine Arbeit nur nach dem Gewicht der Themen beurteile, die sie behandelt. In den letzten Monaten habe ich mich tief in die Lektüre von Heidegger versenkt, nur weil er sich mit der grundlegendsten Frage von allen beschäftigt – der Bedeutung des Seins –, aber diese Lektüre ist eine Strafe für mich, denn seine Sprache und sein Denken sind grauenhaft undurchsichtig. Warum erwarte ich denn von anderen, daß sie sich mit ebenso gewaltigen Themen beschäftigen?

Sie hat mir das freilich nicht nur vorgelesen, um sich mit mir darüber zu freuen. In ihren Notizen erwähnt sie die Tatsache, daß sie sich um mehrere Stellen beworben hat, wodurch die Therapie möglicherweise sehr schnell zu Ende sein könnte, und sie erwähnte auch, daß Karl sehr ernsthaft daran denkt, eine Therapie zu beginnen. Wie es der Zufall so will, denkt er dabei *natürlich* an Madeline Greer, den einzigen Menschen auf der Welt, der einige dieser Berichte gelesen hat. Ich glaube, es wäre sehr peinlich für Madeline, wenn sie Karl behandeln würde – im Bewußtsein, daß sie ein Geheimnis vor ihm hat. Als ich Ginny diese Befürchtungen mitteilte, gewann sie den Eindruck, Karls Behandlung im Wege zu stehen. Natürlich steht das alles in gar keinem Verhältnis mehr zueinander, denn warum muß er denn ausgerechnet Madeline besuchen? Das Verrückteste daran ist, daß Madeline hier in Palo Alto ist, während es Hunderte von ausgezeichneten Therapeuten in San Franzisko gibt.

Ginny sah heute sehr hübsch aus, ordentlich gekämmt, mit einer attraktiven Bluse und einem langen Rock. Der Mann von der Hausreinigung hatte unsere Sessel ziemlich dicht nebeneinandergestellt, wie ich bemerkte, und ich fand es sehr gemütlich, so nahe bei ihr zu sitzen, während ich mich gestern, bei einem männlichen Patienten, sehr unbehaglich gefühlt hatte, so in der Nähe, und deshalb die Sessel auseinandergerückt hatte. Sie sprach noch ein wenig über die Beule auf ihrer Backe. Diesmal stand ich auf, um sie anzufassen; denn ich wollte sehen, was eigentlich los damit war, denn ihr Arzt hat angedeutet, daß es doch eine Wucherung sei, und ich geriet jetzt selbst in Sorge, daß es sich um einen Nebenhöhlentumor handeln könnte. Es scheint nichts zu sein, vielleicht eine Entzündung der Tränendrüsen. Aber Ginny hat die Sache natürlich über alle Maßen aufgebauscht und bildet sich ein, ihr Gesicht werde von Krebs zerfressen.

Sie befindet sich immer noch in einem eindeutigen Stimmungshoch. Mit ihr und Karl geht es immer besser, obwohl sie auch ihre Tiefpunkte haben. Ich bemühte mich, ihr klar zu machen, daß sie mit ihm einen Aufschwung erlebt habe, bei dem sie die Regeln, worüber man sprechen kann und worüber nicht, neu definiert hat, und daß sie deswegen jetzt stärker sein müßte. Und daß sie jetzt, wenn etwas schief geht, eindeutig das Recht hat, zu sagen: »Es klappt nicht mehr alles so wie vor einigen Tagen – laß uns darüber reden.« Ich sagte, ich wisse nicht, was sie eigentlich daran hindere, das zu Karl zu sagen – es sei denn »die nackte Angst«. Sieh an, da mache ich also Witze und kluge Sprüche mit Ginny und genieße es, sie zum Lachen zu bringen!

Wir sprachen darüber, daß Karl mit einer Behandlung beginnen wolle, während sie jetzt kurz vor dem Abschluß steht. Sie ist ein wenig böse darüber, daß Karl gerade jetzt mit der Therapie beginnt; sie hat vielleicht Angst vor den neuen Ansprüchen, die er an sie stellen wird. Sie malt sich sogar aus, daß er hier vor der Tür stünde, und sprach deshalb im Flüsterton. Ich fragte, was er da wohl hören würde, und sie sagte: »Na, wenn er hören würde, wie ich sage, daß ich völlig unbeweglich bin und mich nie ändern werde, wie gerade eben, dann wäre wohl alles aus.« Damit wurde wieder einmal deutlich, wie unsicher Ginny diese Beziehung empfindet, so als ob eine einzige Bemerkung des Menschen, dem man sich doch offensichtlich tief verbunden fühlt, genügte, um die Beziehung zu sprengen. Als ich es so formulierte, erkannte sie die Unsinnigkeit ihrer Ausage, aber es überzeugt sie noch nicht sehr.

Karls Entschluß, eine Therapie aufzunehmen, führte uns zu einem weiteren interessanten Problem: der Therapeut wird ihm helfen, alle Fehler von Ginny zu sehen, genau wie ich bei der Therapie alle Fehler von Karl kritisiert habe. Als ich darüber nachdachte, mußte ich zugeben, daß Ginny vielleicht recht hat damit. Ganz offensichtlich hatten wir uns auf die negativen Charakterzüge von Karl konzentriert, weil Ginny mir diese als Problem präsentierte, während ich sie von mir aus nie nach den positiven Seiten bei Karl fragte. Als ich sie heute danach fragte, erwähnte sie einige. Sie ging sogar noch weiter und sagte, sie habe die ganze Zeit das Gefühl gehabt, daß ich eigentlich wünschte, daß sie Schluß mit Karl mache. Das bedeutet, daß sie ziemlich lange, viele, viele Monate lang, das Gefühl gehabt haben muß, mir Widerstand zu leisten, indem sie bei ihm blieb. Das schien mir wichtig, ich blickte in mich hinein und dachte lange darüber nach. Ich sagte ihr, und das ist meine ehrliche Überzeugung, daß ich nie eindeutig gewollt habe, daß sie mit Karl Schluß mache, sondern stets gehofft hätte, daß sie dieses Verhältnis positiver gestalten könne, als es lange gewesen sei. (Ich möchte in Klammern hinzufügen, was ich ihr nicht gesagt habe: daß ich mich auch nicht besonders aufregen würde, wenn sie Schluß mit ihm macht – jedenfalls solange ihre Beziehung so bleibt, wie sie ist. Denn Ginny ist so gewachsen, daß sie zu anderen, vielleicht tieferen Beziehungen fähig ist.) Ich wollte, daß sie erkennt, daß es ein Unterschied ist, ob ich sie auffordere, ihn zu verlassen, oder ob ich ihr klarzumachen versuche, daß sie das *Recht* hat, ihn zu verlassen. Wenn sie erst einmal eingesehen hatte, daß es ebenso ihre wie Karls Entscheidung war, ob sie zusammenblieben oder nicht, brauchte sie nicht mehr unter dem Damoklesschwert einer Entscheidung von Karl zu leben, die jeden Augenblick, bei jedem falschen Wort oder jeder falschen Handlung herabsausen und ihre Verbindung auf ewig zerschneiden konnte.

Als letztes tauchte ein Problem auf, das schon oft hochgekommen ist, bei dem ich aber bisher noch keinen Ansatz gefunden habe. Sie erzählte, wie empfindungslos sie sei. Sie wäre gern hereingekommen und hätte recht fröhlich gesagt, daß Karl tatsächlich eine Therapie beginnen will: »Was sagen Sie nun?« Sie beklagt sich, daß sie mir zu wenig Empfindungen zeige. Was soll ich damit anfangen? Ich glaube, ihre Klage ist bis zu einem gewissen Grade berechtigt, denn sie ist immer noch ungewöhnlich sanft und mild bei mir. Sie verliert nie die Geduld und ist oft ziemlich kindlich. Andererseits mag ich Ginny aber auch sehr, und wenn sie sich anders verhielte, würde sie eine Rolle spielen. Es gibt wechselseitig starke Strömungen zwischen uns, und wenn ich es recht überlege, beurteilt sie sich viel zu hart und ungerecht. Immer wieder sagte ich ihr: »Und wenn Sie es in einem anderen Tonfall gesagt hätten, was würde das denn bedeuten? Für mich hieße es nur, daß Sie versuchten, jemand anderes zu sein als Sie sind.« Ständig wiederholt sie, daß sie so, wie sie ist, nicht mit sich zufrieden ist, daß sie nicht spontan genug sein könne. Um sich zu bestrafen, erinnert sie sich sogar daran, daß es ihr in ihren früheren Encounter-Gruppen oft nicht gelang, spontan zu reagieren. Ich versuchte, ihr klarzumachen, wie absolut unwichtig das im Vergleich zu den Veränderungen ihres realen Lebens ist, die sie in diesen ganzen langen Monaten mit Karl und mir vollzogen hat. Ich glaube, das ist auch wieder so ein Zirkel, denn wir haben schon so oft darüber gesprochen. Einmal erzählte sie vom Besuch bei einer Freundin, die ein Kind hat von achtzehn Monaten. Sie war verblüfft, daß das Kind sie bat, bestimmte Dinge immer und immer zu wiederholen. Ginny meint, so ähnlich ginge es ihr in der Therapie. Es gibt bestimmte Dinge, die sie gern sagt, und andere, die ich immer wieder tun soll. (Psychotherapie und Zyklotherapie.)

Schließlich versuchte ich ihr noch klarzumachen, daß wir wirklich in ein paar Monaten aufhören würden. Das hat sie noch nie richtig akzeptiert; ihre Vorstellung, mir lange Briefe zu schreiben, ist nur eine andere Methode, das Ende der Therapie und unseres »Wir« zu verdrängen. Ich glaube, in den kommenden Sitzungen werde ich immer mehr Zeit auf ihre Empfindungen wegen des Endes der Therapie verwenden müssen, auf ihre positiven Gefühle mir gegenüber, aber auch auf die, die mit Karl zusammenhängen, dessen Eifersucht ich gelegentlich erregt habe. Sie überraschte mich mit dem Vorschlag, die eine oder andere Sitzung könnten sie und Karl vielleicht gemeinsam besuchen. Ich glaube, ich werde darauf eingehen – es könnte eine konstruktive Hilfe sein, um die Therapie zu beenden.

GINNY, 11. April

Ich hatte den Eindruck, Sie waren wirklich verblüfft, als ich Ihnen sagte, daß sich auch Karl in Behandlung begeben wolle. Vielleicht hätte ich mißtrauisch werden sollen, als Sie sich so unnachgiebig dagegen wehrten, daß er Madeline regelmäßig besucht. »Es ist so weit weg ... sie ist ja nicht die einzige Therapeutin ...« Es war, als ob ich die einzige Primadonna bleiben sollte, und das ist falsch – denn ich bin jetzt ziemlich stabil, Karl hat Probleme, er braucht jetzt Hilfe. Ich fühle mich schuldig, weil der einzige Mensch, dem Karl wirklich traut, Madeline, in gewisser Weise für ihn verloren ist. Ich möchte sehr gern, daß Karl eine Therapie beginnt, obwohl ich ein wenig Angst davor habe. Ich glaube, wenn wir beide in Therapie wären, würden wir beide mehr über unser Leben nachdenken. Ich hoffe, daß Karl mich herausfordert und nicht nur verdammt.

Wir sprachen darüber, wie ich mich verändert habe. Immer wieder komme ich auf dieses alte Ich, das muß sehr entmutigend für Sie sein. Als Sie davon sprachen, wie ich mich geändert hätte, dachte ich, warum nur kann ich nicht einfach glücklich sein, warum muß ich »nach Strohhalmen greifen«, in die Vergangenheit zurückkehren und mit den Encounter-Gruppen anfangen, um zu zeigen, wie schlecht alles geht? Sie sind überzeugt von Ihrem Argument, daß Sie K. und mich keineswegs trennen, sondern mir nur klarmachen wollen, daß ich ihn verlassen *könnte,* wenn ich wollte, daß ich selbst die Wahl hätte und nicht nur zu reagieren brauchte, wenn er etwas tut. Gut, aber ich bin ebenso überzeugt von meiner Position. Ich fühle mich so eingeengt, ich wünschte, ich hätte die Freiheit, mich anders zu verhalten, als ich es tue – ich wünschte, ich hätte Geheimnisse, könnte überschwenglich sein, ohne Widerhall in den Echokammern, ich wünschte, ich brauchte nicht immer mit mir zu reden und mir zuzuhören.

Die Tagebuchnotiz habe ich Ihnen vorgelesen, um Sie zu beeindrucken, um Ihnen zu gefallen, um Ihnen zu zeigen, was ich so mit leichter Hand hinwerfen kann. Ich habe nur fünf Minuten von der Einkaufszeit dazu abgezweigt.

DR. YALOM, 19. April

Eine lustige, kabarettistische Stunde. Sehr merkwürdig, sehr verwirrend. Ginny kommt herein und sagt ganz enthusiastisch, sie wolle mir eine Satire vorlesen, die sie geschrieben habe. Dann las sie mir eine Parodie unserer letzten Sitzung vor, die sie letzte Woche verfaßt hat. Es war unglaublich komisch. Während sie vorlas, mußte ich lauthals lachen. Andererseits steckte sie auch voller Anspielungen auf sexuelle Gefühle mir gegenüber, auf ihr Bedürfnis, sich mitzuteilen, mir von sich zu erzählen. Ich fragte sie, ob es fair wäre, wenn ich den Inhalt der Satire im weiteren Verlauf der Stunde zur Analyse heranzöge. Sie behandelte das alles sehr ausweichend und leichtsinnig. Wir gebrauchten mehrfach dieses Wort »leichtsinnig«, und es gab tatsächlich eine leichtsinnige, fast frivole Atmosphäre. Einmal sagte sie sogar, sie hätte Lust, Saltos für mich zu schlagen oder auf dem Schreibtisch zu steppen. Ich habe sie noch nie so aufgedreht erlebt.

In der Tat hat es für sie einige positive Entwicklungen gegeben – sie hat jetzt für die nächsten vier Monate einen gutbezahlten Teilzeitjob in der Forschung, wo sie mit Kindern arbeiten kann; sie war in der Polyklinik, wo sie eine Volldiagnose und ein erstklassiges Gesundheitszeugnis erhielt (die Beule auf ihrer Backe war ohne Bedeutung); sie hat ohne Schwierigkeiten schreiben können, und auch sonst ging alles in Ordnung.

Andererseits gibt es auch eine Schattenseite; denn Karl wird offensichtlich immer elender. Er hat sich zeitweise völlig von ihr zurückgezogen, leidet unter Weinkrämpfen und Depressionen, will zeitweise mit niemandem reden. Nur sehr zögernd hat er mit Überlegungen angefangen, wie und wo er sich in Behandlung begeben könnte. Auch ihre Eltern sind sehr deprimiert, weil ihre Schwester mit einer schweren Krankheit einen Rückfall erlitten hat.

In mancher Beziehung waren ihr Leichtsinn und ihre Euphorie also nicht ganz echt. Ich vermute, daß sie zwar an der Oberfläche einige Schuldgefühle zeigt, aber im Inneren die Tatsache genießt, daß die anderen leiden, wo es ihr so blendend geht. Einmal verglich sie sich mit einer Wasserspinne, die ungehindert auf der Oberfläche dahingleitet, während andere, zum Beispiel ihre Eltern, ihre Schwester und Karl halb unter Wasser dahintreiben wie Blechbüchsen, von denen die Farbe abgeht, oder wie vergiftete Fische unter der Oberfläche. Das war eine jener Gelegenheiten, wo ich deutlich sah, was mit ihr vorging, es aber dennoch vorzog, keine Deutung herbeizuzwingen. Ich spürte, daß ich allzu leicht ihre Schuldgefühle entzünden und einen Großbrand von Depressionen bei ihr auslösen könnte. Es ist nur allzu menschlich, wenn die Niedergeschlagenheit der anderen einen in Hochstimmung versetzt. Ich glaube, Karl und sie befinden sich auf einer Schaukel, die es unmöglich macht, daß sie beide gleichzeitig oben sind. Karl streitet und schimpft noch mit ihr, aber sie braucht diese Kritik jetzt nicht mehr allzu ernst zu nehmen; in gewisser Weise hat sie jetzt, was sie so lange gewollt hat – seine Depression ist für sie die beste Garantie, daß er sie nicht verlassen wird. Ihr Glück macht sich überall bemerkbar: wenn sie von der Arbeit kommt, dreht sie das Radio an, sie ist voller Leben, besucht Freunde und schreibt eine Menge lustige Briefe. Ich fürchte, daß sie einem Abschwung unausweichlich entgegengeht und nach dieser Sitzung vielleicht wieder Depressionen hat. Aber langfristig befindet sie sich meiner Meinung nach in einer klaren Aufwärtsbewegung.

Es fiel mir schwer, herauszufinden, was ich in dieser Stunde für sie tun konnte; wenn ich ihre Fröhlichkeit analysiert hätte, wäre es wohl nur zu deren Auflösung gekommen. Ich versuchte, den sexuellen Gefühlen nachzugehen, die sich in ihrer Satire geäußert hatten. Völlig vergeblich. Sie schlidderte weg, indem sie behauptete, das seien nur Phantasien, sie lasse sich einfach treiben, wenn sie schreibt, das habe nicht viel zu bedeuten. Dann sagte sie, sie habe doch ein paar angenehme Phantasien über mich. Wenn wir uns zum Beispiel auf gesellschaftlicher Ebene begegneten, würde sie gern den Arm um mich legen, um meine Nähe zu spüren, und mit mir spazierengehen.

Noch einmal sprachen wir über Karl, und was sie tun könnte, um ihm zu helfen. Ich versuchte, ihr ganz vorsichtig klarzumachen, daß sie ihm vielleicht gerade jetzt besonders helfen könne. Daß sie, indem sie offener und direkter mit ihm spricht, auch über ihre negativen Gefühle, vielleicht am besten ihre Liebe beweisen könne. Ich denke dabei an die Gruppentherapie für Drogenabhängige, an das *Synanon*-Spiel, bei dem die gröbsten Angriffe als »harte Liebe« bezeichnet werden. Sie verstand mich recht gut, denn eine ihrer Freundinnen verhält sich so gegenüber ihrem Mann.

Sogar auf sexuellem Gebiet zeigt sich ein Ausweg für sie. Vor kurzem hat sie es eines Morgens fertiggebracht, mit Karl darüber zu sprechen, daß sie kurz vor einem Orgasmus sei und den auch erreichen könne, wenn er sie nur berühren würde. Er reagierte ganz nüchtern darauf und sagte: »Warum hast du das nicht gesagt, ich kann doch nicht Gedanken lesen.« Ich hob hervor, daß sie den schwierigen ersten Schritt damit hinter sich habe und es in Zukunft einfacher für sie wäre, auszusprechen, was sie brauche, oder noch besser, seine Hand dorthin zu führen, wo sie sie haben wolle. Darüber wollte sie ganz einfach nicht mit mir reden, denn sie unterstellte, jede Erörterung würde alles verderben; auch das mußte ich also fallenlassen. Am Schluß der Stunde war mir nicht wohl, weil ich nicht mehr wußte, in welche Richtung ich mich bewegen sollte, um ihr zu helfen. Meine Gefühle sind sehr ambivalent. Ich freue mich sehr darüber, daß sie so glücklich wirkt und sich wohlfühlt, und vor allem habe ich auch das Gefühl, daß das meiste davon auch eine solide Basis hat, dennoch habe ich das unangenehme Gefühl, daß das alles sehr schnell wieder in sich zusammenbrechen könnte, weil sich ein Wohlbefinden, das auf dem Unglück anderer basiert, bei Ginny sehr schnell verflüchtigen dürfte. Nun, wir werden ja sehen.

Ginnys Satire

The Misfit (Die Niete)

Um Sie mit meinem eingebildeten Ich vertraut zu machen, mit dem ich Sie immer so quäle, habe ich mir eine Parodie unserer letzten Sitzung ausgedacht.

Auftritt von links: eine überschäumende Blondine, atemlos, nach Worten ringend. Kocht schließlich über, verschüttet ihre Worte, wie eine überheizte Espressomaschine den Kaffee.

Doktor: Atmet tief ein und macht sich auf ein Abenteuer gefaßt. Teuflisches Glitzern im Auge.

Mädchen: Zeigt eine Beule in ihrem Gesicht. Weil sie so winzig ist, tritt der Doktor heran, um sie zu berühren. Er berührt das Gesicht des Mädchens, dann ihren Hals und den Wuschelkopf.

Mädchen: Schreckt hoch, beugt sich zurück. Erklärt mit einem wilden Schrei, dies sei ihr zweiter Frühling. Erzählt ihre vielen Phantasien vom Petting mit dem Doktor in der blauen Stunde in Cocktailbars.

Doktor: Würde sie gern unterbrechen mit Fragen und Deutungen, aber das Mädchen sprudelt immer neue Intimitäten hervor. Während der Sitzung wechselt ihre Gesichtsfarbe von Elizabeth-Arden-Rosa zu tödlichem Weiß, während ihre Seele alle Höhen und Tiefen von Tod und von Liebe durchrast. Schließlich bricht sie leise weinend zusammen und erzählt, daß ihr Freund sie vergöttert, jetzt ganz ehrlich mit ihr sein wolle und ihr einen Massagesalon kaufen wird (um bei der Steuer Verluste abschreiben zu können). Und daß sie das alles gar nicht verdiene. Der Doktor sagt ihr, sie sei sogar noch blühender als letzte Woche. Dann gibt sie ihm den Bericht über die Therapie, fünf Seiten einzeilig beschrieben, jede Geste, jeder Seufzer, Gedanke und Traum ist verzeichnet.

Als sie geht, ist sie stärker als tausend Gesichtsmasken, sie fühlt sich entspannt und jung. Jetzt wird es mit Siebenmeilenstiefeln vorangehen. Diese Woche läßt sie sich nicht in der Küche einsperren, und ihr Tisch wird nicht mehr aussehen wie ein Schlachtfeld. Ihr Schweigen wird immer rein sein. Sie wird vorankommen in der Welt.

Der Doktor trägt sie zur Tür. Er würde gern zu seinem Schmorbraten nach Hause gehen, aber er traut sich nicht. Er muß so viel schreiben. Seine Gedanken fliegen. Er hat so viel erfahren von dem Mädchen, fast zuviel.

Sie geht an Stanfords Grab vorbei, und die Frühlingssonne blinkt ihr aus jeder Baumkrone entgegen. Sie fühlt sich eins werden mit den Kakteen und Palmen.

Im Greyhoundbus hält ihr ernstes Gesicht alle Angehörigen der Dritten Welt, die im Bus sitzen, in respektvoller Entfernung. Fahr nur Greyhound, mit den Minderheiten werden wir schon fertig! Sie nimmt eine ganze Bankreihe für sich und schläft ein. Ihre Träume wiederholen wie Tonbandgeräte die Stimme ihres Doktors und seine Berührungen. Während der Bus davonbraust, leistet sie sich den heiligen Schwur, all ihre Bücher »ihrem Doktor« zu widmen. Und dann, damit die Leute nicht denken, ihr Gynäkologe oder Chiropraktiker seien gemeint, singt sie ein kleines Lied: *»to Dr. Y. / who gave me the freedom to cry, / the oomph to fly, / and ten reasons not to die.«*

Verfasserin: *Miß Fits*

* Für Dr. Y., der mir die Freiheit zu weinen und die Kraft zu fliegen und zehn vernünftige Gründe gab, warum man nicht sterben soll.

GINNY, 19. April

Gestern dachte ich, wir wären fast wie zwei Freunde, die sich besuchen. Außer, daß ich nur über meine Probleme gesprochen habe. Ich war richtig glücklich und hätte mich wohl noch unbeschwerter gefühlt, wäre es keine Therapiesitzung gewesen. Ich war begeistert, daß sie so über mein Stück lachten. Und dann wollten Sie natürlich wissen, ob es fair wäre, es als Beweismaterial und Anregung für die Sitzung zu nehmen. Und ich habe Sie daran gehindert, zu tun, was Sie wollten. Was ich geschrieben hatte, war eine überlebensgroße Parodie, mit der ich mich gleichzeitig offenbarte und schützte. Außerdem war ich schrecklich sarkastisch, was für mich das Einfachste ist. Erst später im Bus wurde mir klar, daß ich Sie vielleicht enttäuscht hätte, weil ich Ihnen die Sache erst schmackhaft machte und dann nicht darüber reden wollte.

Ich versuchte, von meiner Energie etwas abzuzweigen, indem ich an Karl dachte und Schuldgefühle bei mir suchte, aber das blieb alles ohne hinreichende Empfindungen. Wahrscheinlich fühle ich mich gar nicht wirklich schuldig. Ich begrüße sogar, was geschieht, weil es uns hilft.

Ein Teil von mir kritisiert die Sitzung als oberflächlich; aber jener andere, lachende und entspannte Teil genießt es unendlich.

Ich hatte gestern, bis Sie es sagten, gar nicht den Eindruck, daß ich besonders aufgedreht wäre. Aber gegen Ende der Sitzung wurde ich schal. Ich bin zu träge, um für eine Sache zu kämpfen, um einen geraden Weg zu suchen und mich daran zu halten. Statt dessen bin ich mit den alten Hüllen zufrieden, in denen ich mich verstecken kann.

DR. YALOM, 23. April

Eine der langweiligsten Stunden, die ich je erlebt habe. Die Minuten dehnten sich endlos. Es war, als hätten wir plötzlich absolut nichts mehr zu reden. Es war, als hätte Ginny unsere sämtlichen Gespräche des letzten Jahres noch einmal durchgekramt, die langweiligsten Passagen herausgesucht und einen großen Ball daraus geformt, den sie heute eine Stunde lang durch mein Büro rollte. Ich fühlte mich nicht besonders wohl, weil ich schlecht geschlafen hatte und fragte mich die ganze Zeit, ob ich vielleicht schuld sei. Aber ich glaube nicht. Ich hatte heute sehr viel zu tun, und allen anderen Dingen war ich durchaus gewachsen. Sie brachte einfach nichts ein, woran wir hätten arbeiten können, und ich konnte ihr auch nicht helfen, ein Thema zu finden. Genauer gesagt: sie kam herein und sagte sofort, sie wisse nicht, worüber sie reden solle, sie habe darüber nachgedacht, aber schließlich aufgegeben und sich entschlossen, gar keinen besonderen Plan zu machen. Ich schlug vor, einen Blick auf den Kalender zu werfen und einen Zeitplan zu machen; es stellte sich heraus, daß wir noch etwa acht Sitzungen haben. Sie wollte sich dessen versichern, daß sie mich im Herbst besuchen könnte, um den

Sommer mit mir zu besprechen und daß sie mir nach Europa schreiben dürfte. Dann fragte sie scherzhaft, ob sie einige der Juni-Stunden gegen einige September-Stunden tauschen könne. Ich sagte ihr, daß ich sie gern im September empfangen würde, aber nur, um den Sommer mit ihr zu besprechen. Ich versuchte, ihr klarzumachen, daß wirklich »Schluß« ist im Juni.

Dann erzählte sie, daß Karl seine Therapie begonnen hat und daß es so aussähe, als ob sie nützlich sei. Sie fragt sich, ob sie nicht eifersüchtig werden wird, wenn Karl so viel Aufmerksamkeit erhält; vielleicht wird sie künstlich ein paar überzeugende Beschwerden erzeugen müssen. Danach kam ein ziemlich großes, leeres Loch. Jedesmal, wenn sie etwas erwähnte und ich es zu fassen versuchte, verschwand es einfach vom Erdboden. Die Fröhlichkeit der letzten Sitzung hat noch einige Tage vorgehalten. Sie weiß, daß sie die restliche Zeit, die uns noch bleibt, zu etwas Sinnvollem verwenden sollte. Ihre Freunde bestürmen sie, sie solle eine vernünftige Einstellung zu ihrer Mutter und ihrem Vater finden. Na schön, ich versuche also herauszufinden, was das heißen soll, »eine vernünftige Einstellung«. Sie hat keinerlei Vorstellung. Je mehr ich dränge, um so klarer wird mir, daß da nichts zu holen ist. Einer ihrer Freunde besucht eine Encounter-Gruppe und lernt dort »wer er wirklich ist«. Ich versuchte, das mit ihr zu erforschen, aber sie sieht die Hochstimmung der Encounter-Gruppen nicht länger als etwas für sich Positives an. Sie erzählte, sie habe auf einige Beleidigungen nicht reagiert, die ihr Karl an den Kopf geworfen hat – aber auch das war schales und wenig nahrhaftes Material. Sie sagte, sie habe das Gefühl, sie müsse mehr tun, von ihren Gaben Gebrauch machen, häufiger gerade sitzen ... ich weiß schon gar nicht mehr, wovon sie eigentlich redet und versuche krampfhaft, mich mit diesem dauernden »Muß« auseinanderzusetzen, das sie mit sich herumschleppt, wobei ich mich frage, ob das nicht in Wirklichkeit die Stimme ihrer Mutter ist.

Ich glaube, ich würde gern hören, daß eigentlich alles in Ordnung ist – zu meiner eigenen Beruhigung. Aber soweit ich es beurteilen kann, geht tatsächlich alles gut, so gut, daß sie Mühe hat, sich weiter als Patientin darzustellen. Es gibt nur noch einige kleinere Problemzonen, mit denen sie nicht zufrieden ist, zum Beispiel ihre gelegentliche Unfähigkeit, Karl zu widersprechen und ein paar beunruhigende Träume, von denen einer lesbische Motive enthielt. Aber ich habe nie sehr viel mit Ginnys Träumen gearbeitet, denn sie versteckt sich dahinter und ich will Ginny finden, nicht sie verstehen. In diesem Stadium der Therapie durchschaute ich den Traum, den sie mir anbot: es war der Gesang der Lorelei, mit dem ich in eine endlose Therapie gelockt werden sollte. Ich verschloß meine Ohren und sagte ihr, daß sie immer solche Träume haben werde – das sei bei allen Menschen so. Ich weiß eigentlich selbst nicht, was ich von ihr hören wollte. Vielleicht sind wir einfach fertig, und ich ziehe die Sache zu lange hinaus. Jedenfalls bin ich ziemlich sicher, daß sie nach diesem Gespräch einen ziemlichen Absturz erleben wird. Ich habe das Gefühl, daß ich nichts getan habe, um ihr zu helfen; alles, was ich versuchte, geschah nur mit halbem Herzen, weil ich schon im vornherein überzeugt zu sein schien, daß es nicht viel nützen würde.

GINNY, 23. April

Die Nacht, die darauf folgte, hat die Sitzung ganz durcheinandergebracht. Oder genauer gesagt, diese Nacht hat der Sitzung allen Spaß wieder genommen. Als ich am nächsten Morgen aufwachte, habe ich Sie gehaßt. In der Sitzung war ich leichtsinnig, fröhlich und sentimental, innerlich keineswegs sicher, ob eigentlich alles gut ging. Ich fragte Sie, um es herauszufinden. Ich brachte nichts Neues, sagte nur immer ja. Ja, ich war glücklich, ja ich war traurig. Es waren alles mehr Anekdoten als Gefühle, ein puppenhafter Zustand.

In dieser Nacht jedenfalls kam plötzlich alles hoch, wovor ich immer schon Angst gehabt hatte. K. fragte, warum ich so schüchtern sei, wenn wir zusammen sind, warum ich so viel

Angst hätte, mit ihm zu reden, und wenn ich so viel Angst hätte, wie ich es dann so lange ausgehalten hätte mit ihm? Das waren alles Dinge, die ich mich immer schon gefragt hatte, aber Sie haben mir gesagt, ich machte mir für nichts und wieder nichts Vorwürfe. Die schreckliche Stagnation der letzten Therapiemonate ist nicht spurlos an mir vorübergegangen. Genau wie in der Sitzung kann ich auch zu ihm nichts sagen, ohne es mir zuerst im Kopf vorzuspielen, mit einer Fülle von Stimmkonserven und Gelächter im Hintergrund. Wenn ich in der Sitzung den Kopf hängen lasse, fragen Sie: »Woran denken Sie gerade?« Und mein Kopf schnellt hoch, ich grinse und sage irgend etwas. Ist das vielleicht Fortschritt? Sie hätten mir eine knallen oder mich hinauswerfen sollen. Ich hätte das lieber von *Ihnen* ertragen, meine Leidensfähigkeit bei *Ihnen* erprobt, mit dem ich nicht alle Gefühle, Möbel und Essen teile. Ich hätte lieber das durchgestanden, als Testfall gewissermaßen, als jetzt in der Nacht zu ertrinken. Die kleinste Andeutung von Schweigen, Kritik oder eigenen Bedürfnissen bei K., und schon explodieren riesige Ängste in mir, und ich habe das Gefühl, als ob sich ein Anker herabsenkte, der mich acht Stunden lang in Totenstarre versetzt. Ich kann nicht schlafen, ich stelle mir die schlimmsten Situationen meines Lebens vor, selbst während etwas geschieht und etwas von mir verlangt wird, habe ich zahllose Phantasien. Ich hasse alle positiven Elemente, mit deren Hilfe ich den Tag überstehe. Ich marschiere im Gleichschritt mit jener ärmsten Ginny in den Nächten vor einer Prüfung im College oder irgendeiner anderen Prüfung, bei der etwas von mir verlangt wurde.

Ich habe gezögert, das niederzuschreiben, denn es hatte nichts mit Ihnen oder der Sitzung zu tun und ist oder sollte zumindest gegen mich gerichtet sein. Sie sind nur ein Komplize, weil Sie diese quirlige Stunde mit mir geteilt haben.

Ich habe vergessen, worüber wir in der Sitzung gesprochen haben. Ich fragte, wie Sie mich ändern würden, aber das war nur Füllmaterial. Sie sagten, ich könnte selbstbewußter sein, es fiele mir schwer, an etwas Böses zu denken. Was für ein Witz!

Einmal oben, einmal unten. Ginny hat wirklich recht, die Sitzungen alternieren regelmäßig in ihrer Bedeutung. Es war eine merkwürdige Sitzung: einerseits war ich sehr fleißig (d. h. ich tat das, was ich mit meinen Patienten tun soll – was immer das sein mag; ich arbeitete, weil ich etwas hatte, wo ich meine Zähne eingraben konnte), aber auf der anderen Seite war ich wegen Ginny ziemlich verzweifelt. Es drängte sich mir der Gedanke auf, daß sich vielleicht doch überhaupt nichts geändert hat, daß sie vielleicht immer noch so jämmerlich dran ist, wie sie immer gewesen ist, daß die Behavioristen vielleicht recht haben: daß ich mich nur mit ihrem Verhalten beschäftigen sollte, indem ich ihr Anweisungen gebe, wie sie sich verhalten und wie sie sich ändern soll. Dieser Eindruck, daß es alles zu viel für mich sei, hielt während der ersten 15 oder 20 Minuten an, dann erschien mir allmählich alles wieder etwas sinnvoller.

Das Ereignis, das die ganze heutige Sitzung bestimmte, lag bereits eine Woche zurück und fand unmittelbar nach unserer letzten Sitzung statt. Damals hatte Karl, als er nachts mit ihr im Bett lag, gefragt: »Ginny, warum hast du Angst vor mir?« Anscheinend war sie mit der Situation nicht fertig geworden. Sie konnte keine Antwort geben, er bedrängte sie immer mehr, sie hatte schließlich das Gefühl, eine völlige Versagerin zu sein, und alles wurde nur noch schlimmer. Nun, dazu hatte ich eine Menge Einfälle, die ich ihr fast alle mitteilte. Zunächst sagte ich ihr, daß das die lange erwartete Einladung seinerseits war. Sie habe sich immer beklagt, daß sie mit Karl nicht wirklich reden könne, daß sie auf ihren Gefühlen und Ängsten immer sitzengeblieben sei, weil Karl das gewollt habe, und jetzt habe er ihr endlich unzweideutig Gelegenheit zu einer offenen Aussprache gegeben. Ich versuchte es mit Rollenspiel, indem ich ihr Vorschläge machte, was sie hätte antworten können; ich versuchte, ihr bei der Formulierung dessen zu helfen, wovor sie eigentlich Angst hat. Was war das für eine Angst, die sie lähmte und stumm machte? Sie sagte, daß sie Angst hätte, daß er sie verlassen könnte; aber weil er sie wegen jeder Kleinigkeit kritisiert, hat sie auch Angst vor seiner Gegenwart. Bei unserem Rollenspiel gab ich fast jeder ihrer Aussagen eine Verstärkung. Denn beinahe jede Äußerung ist besser als Stummsein, als dieses Nichts, dieser Schatten, der sie so oft für ihn gewesen ist, wie ich annehme. Vielleicht habe ich sie allzu hart 'rangenommen, aber ich versuchte immer wieder, ihr klarzumachen, daß sie so viel zu sagen hat, was Karl gern hören würde. Aber ich glaube nicht, daß ich sie damit sehr unterstützt habe. Ich fragte, ob sie das Rollenspiel fortsetzen oder lieber darüber reden wolle, warum sie vor mir Angst hat – denn dabei konnten wir näher an eine Situation des realen Lebens herankommen. Sie sagte, das letztere wäre ihr lieber. Ich fragte sie also, warum sie vor mir Angst habe; ob das damit zu tun habe, daß ich sie gelegentlich satt haben müßte, weil sie sich nicht ändere oder sich so verhalte wie letzte Woche? Hatte sie das Gefühl, daß nach der letzten Woche etwas Schlimmes geschehen würde? Daß ich sie bestrafen würde, weil sie nie etwas ernst nimmt? Ich gab zu, daß ich manchmal, zum Beispiel nach der letzten Woche, sehr verärgert sei. Aber das sei keine grundsätzliche Einstellung.

Dann gab ich ihr eine Deutung, die meiner Ansicht nach zutreffend sein könnte: ihr dauerndes Versagen bei Karl ist ein Versuch, mich durch magische Kräfte an ihrer Seite zu halten. Sie weigert sich, zu wachsen und sich zu verändern, und das ist eine Reaktion auf das bevorstehende Ende unserer Therapie. Sie lächelte und sagte: »Ich wußte, daß Sie das sagen würden.« Aber wir kamen nicht viel weiter damit. Wir überlegten auch, ob sie Karl vielleicht vertreiben möchte. Ich gab ihr einige spezifische Anweisungen, wie sie reagieren könne, wenn er sie kritisiert. Warum ist er ihr gegenüber überhaupt immer so kritisch? Warum ist sie nie in der Lage, ihn zu kritisieren? Ich fragte sie, was sie gern sagen würde, wenn er sich darüber beschwert, sie wasche das Geschirr nicht richtig ab. Sie sagte, manchmal würde sie gerne sagen: »Leck mich am Arsch!« Ich sagte ihr, wenn ich er wäre, würde ich lieber das als gar nichts hören. In der ewigen Karusselfahrt unserer Zyklotherapie hielt ich Ginny also wieder einmal eine aufmunternde Predigt und schickte sie mit riesigen Boxhandschuhen zurück in den Ring. Sie gibt mir das Gefühl, daß sie sehr hilflos ist.

Ich schlug ihr vor, doch einmal ernsthaft darüber nachzusenken, ob sie Karl nicht nächste Woche zu mir mitbringen wolle. Sie ließ erkennen, daß sie das vielleicht wirklich tun wird, wenn er dazu bereit ist. Das könnte eine faszinierende Stunde werden!

GINNY, 3. Mai

Die Sitzung war nützlich für mich. Sie haben eine aktivere Rolle übernommen. Nachdem ich Ihnen von dem Fiasko erzählt hatte, als Karl mich fragte, warum ich Angst hätte, führten wir ein Rollenspiel durch. Als Karl mich fragte, erstarrte ich einfach zu Eis, und von dem, was ich vielleicht gedacht habe, sagte ich nichts. Mein Gehirn stand auf Fernsteuerung, ich war viel zu sehr damit beschäftigt, mich innerlich selbst zu vernichten, als daß ich irgend etwas hätte beitragen können.

Aber diesmal, als Sie mich fragten, warum ich Angst hätte, durfte der Satz wie durch Zauberei zu mir vordringen. Ich weiß auch, auf welchem Wege: für einen Augenblick habe ich aufgehört, im Innern zu plappern, und mein Kopf war leer, so daß sich dort etwas Besseres festsetzen konnte. Sie haben mir Mut gemacht, als Sie sagten, alles, was ich auf die Frage von Karl sagen würde, könne eine Antwort sein, solange ich nur den Mund aufmache und die Dinge nicht in mir eingrabe.

Ich wußte nicht, daß Sie denken würden, ich hätte das Fiasko mit Karl nur aufgebaut, um zu zeigen, daß ich Sie und die Therapie brauche. Aber je mehr ich darüber nachdenke, desto plausibler erscheint es mir, daß Sie so etwas annehmen. Aber diesmal haben Sie, glaube ich, unrecht. Ich habe die schlechte Angewohnheit, daß ich mich nicht sehr klar ausdrücke. Daß ich den Faden verliere. Diese ganze Therapiesitzung war ein leichtsinniger Umweg, bei dem ich den richtigen Weg gar nicht finden wollte. Ich konnte Karl nicht antworten; ich antworte Ihnen meistens nicht. Jetzt geht es mir besser. Ich mag es nicht, wenn man über mich herfällt. Wenn ich bei Ihnen mehr Erfolg gehabt hätte, hätte ich auch bei Karl mehr Erfolg und umgekehrt. Ich versage nicht etwa deswegen so oft, weil ich die Pattsituation aufrechterhalten wollte, in der wir waren.

Als Sie mir sagten, daß Sie die letzte Sitzung so ärgerlich gefunden hätten, machte mir das großen Eindruck. Nicht sofort (da fand ich es hübsch, daß Sie »ärgerlich« sagten). Aber seither habe ich darüber nachgedacht (ich fühle mich sehr mies, weil Sie »ärgerlich« sagten). Ich denke nur an mich selbst. Ich denke an meine Vorstellung von dem, was ein anderer denkt. Wenn ich Ihre Gefühle nur kennte, anstatt sie zu erraten. Ich weiß schon, was Sie sagen werden: »Fragen Sie doch!«

Um wenigstens teilweise meine Schuldgefühle wegen der Attacken abzubauen, denen ich Sie fortwährend aussetze, stellte ich mir (natürlich!) vor, daß ich diesen Sommer ein Tagebuch für Sie führe. Das wäre besser als die Berichte. Und um es Ihnen im Herbst überreichen zu können, müßte ich Sie ja mindestens einmal besuchen. Aber die Vorstellung verliert schon wieder an Reiz, wenn ich daran denke, wie ich andere Leute piesacken würde, wenn ich darüber redete. Ich bin ganz froh, daß ich es nicht schreiben muß.

Ich weiß nicht mehr, wessen Vorschlag es gewesen ist, Karl mitzubringen. Wahrscheinlich Ihrer. Ein großzügiges Angebot. Gestern dachte ich, es wäre eine phantastische Sache. Wenn Sie sich daran erinnern, wieviel Angst ich davor früher hatte, können Sie vielleicht ermessen, in welche Begeisterung Sie mich gestern versetzt haben. Dann machten Sie sich über meine schlimmsten Ängste lustig – Sie meinten, Sie könnten Karl ja mit vorgehaltener Flinte fragen, wann er mich heiraten wolle. Es ist komisch, als V. (die frühere Therapeutin) einmal eine gemeinsame Sitzung mit meinen

Eltern und mir veranstaltete, habe ich kein Wort gesagt. Ich war wie eine kleine Gottheit, deren Bild an der Wand hängt. Die anderen spürten meine Anwesenheit, spürten, wie ich glühte und beiden Parteien applaudierte, die sich von zwei Seiten um mich bemühten.

Als ich nach Hause kam, dachte ich daran, daß mir nur noch vier Sitzungen blieben. Ich könnte es nicht ertragen, auch nur eine davon zu verlieren oder teilen zu müssen, wieder die unbefleckte Naive zu spielen, nachdem ich endlich einige Trippelschrittchen darüber hinaus gelangt bin. Ich möchte, daß es wirklich gut wird, wenn Karl dabei ist.

Ich werde mir wie eine Märtyrerin vorkommen, die eine Sitzung opfert, weil es eine gute Tat ist. Dennoch träume ich von einer wirklich guten Sitzung mit uns allen dreien.

VI Jeden Tag ein wenig näher
(10. Mai bis 21. Juni)

DR. YALOM, 10. Mai

Jetzt kommen die Dinge in Gang. Es geschah heute etwas völlig Neues. Ginny hat Karl mitgebracht. Ich war den ganzen Tag sehr müde gewesen, weil ich die Nacht zuvor nur wenig geschlafen hatte und trabte daher etwas schläfrig ins Wartezimmer, um Ginny in mein Büro zu holen. Da sehe ich plötzlich neben ihr diesen Mann sitzen, und es dämmert mir, daß das Karl ist. Gegen Ende der letzten Sitzung hatte ich ernsthaft vorgeschlagen, sie solle ihn mitbringen, aber da sie von ähnlichen Angeboten in der Vergangenheit nie Gebrauch gemacht hatte, hatte ich eigentlich nicht erwartet, daß sie tatsächlich den Mut haben würde, diese Einladung auszusprechen und daß Karl sie annehmen könnte. Ginny hatte nie geglaubt, daß Karl den Vorschlag akzeptieren würde, wenn wir bisher darüber gesprochen hatten. Jetzt jedenfalls war er da. Meine Erschöpfung und Schläfrigkeit verschwanden im Nu, und für die gesamte Stunde glitt ich auf einer Welle gespannter Aufmerksamkeit dahin. Es war tatsächlich eine der interessantesten Stunden, die ich seit langer, langer Zeit erlebt habe.

Karl war völlig anders, als ich erwartet hatte. Ich hatte ihn mir immer mit großer Sicherheit als dunkelhaariges, unfreundliches, bärtiges Individuum vorgestellt, das mir gegenüber verschlossen, herausfordernd oder sogar feindselig wäre. Statt dessen war er das genaue Gegenteil: ein außerordentlich gutaussehender, blonder Mann mit langem, glattem Haar, der angenehm offen, frei und höflich war. Ginny war ordentlich angezogen und gekämmt, und es bereitete mir großes Vergnügen, mit diesen beiden außerordentlich attraktiven Menschen zusammen zu sein, die, ganz unabhängig von dem, was sie sonst noch zu sagen hatten, offensichtlich sehr warme, herzliche Gefühle füreinander hegen. Gelegentlich spürte ich während des Gesprächs leise Regungen von Eifersucht, denn ich hatte Ginny immer als *meine* Ginny empfunden und muß jetzt plötzlich erkennen, was für eine wirklich irreführende Illusion das gewesen ist. Sie gehört Karl so viel mehr als mir. Er lebt den ganzen Tag mit ihr zusammen, nachts schläft er mit ihr, und ich habe sie nur eine Stunde in der Woche. Aber das sind nur flüchtige Nebengedanken. Ich interessierte mich sehr für Karl, und er hatte den größten Anteil an unserem Gespräch. Zu Beginn der Unterhaltung trank ich meinen Kaffee, und sofort zeigte sich seine deutliche Selbstsicherheit, als er fragte, ob er auch eine haben könne. Ich bemerkte meine Nachlässigkeit, daß ich ihm keine angeboten hatte, und führte ihn zur Kantine, wo er sich mit einigem Aplomb selbst bediente.

Ich begann mit dem Vorschlag, einige der Probleme, die es zwischen ihnen gibt, gemeinsam zu betrachten, und wir gerieten schnell in ein fruchtbares Gespräch. Mit erfrischender Offenheit stellte Karl seinen Ärger über Ginnys Fehler – die Abwaschberge, die verdorbenen Mahlzeiten usw. – dar. Er wünscht sich, daß sie geschickter und effektiver wäre. Ginny konterte mit der Feststellung, daß die Küche heute blitzsauber wäre, und darauf hob Karl seine Forderungen auf eine etwas höhere Ebene: er forderte, sie solle Probleme in der Außenwelt anpacken können. Allmählich hörte ich aus seinen Äußerungen etwas heraus, was Ginny bereits erwähnt hat, was ich aber nie recht wahrgenommen habe. Was Karl ihr eigentlich sagt, ist folgendes: »Sei jemand anderes, als du bist. Sei anders. Sei genauso wie ich!« Ich wartete auf eine passende Gelegenheit und teilte Karl meinen Eindruck dann mit. Ich versuchte, sehr vorsichtig dabei zu sein, damit er sich nicht angegriffen fühle; denn ich nahm an, daß er sich hier, wo Ginny und ich soviel Zeit zusammen verbracht haben, wie ein Außenseiter vorkommen und sich entsprechend unbehaglich fühlen müsse. Er akzeptierte aber meine Deutung mit außerordentlicher Leichtigkeit. Später gelangten wir dann zu dem Schluß, daß er nicht nur an Ginny klare Idealvorstellungen, die er auch ausführlich entwickelte, sondern auch an sich selbst strenge Maßstäbe anlegt und immer dann besonders heftig reagiert, wenn er an ihr Dinge bemerkt, die er auch bei sich selbst nicht mag. Er lehnt ihre Fügsamkeit und Passivität ab und hat mit Sicherheit einen Horror vor den Spuren dieser Eigenschaften bei sich selbst.

Auf Ginny war ich heute stolz. Sie machte den Mund auf und blieb Karl nichts schuldig, sie erwähnte sogar das Thema, daß er sie verlassen könnte, aber sie sagte es so hastig, daß es beinahe übergangen wurde. Ich zögerte, die Sache aufzugreifen, denn das Ende der Stunde war schon allzu nahe, um ein so explosives Thema noch anzupacken. Ginny machte deutlich, daß er sie einschüchtert, und er gab zu, daß er sie einschüchtert, vielleicht sogar absichtlich. Er ist schnell von Begriff; er sah ohne weiteres ein, daß die Maßstäbe, die er für Ginny setzt, ihren Preis verlangen: sie unterdrückt bestimmte Teile ihrer selbst, die er gern sehen würde. Ich glaube, das war eine wichtige Einsicht für Karl – er hörte es, und ich glaube, er hat es aufgenommen.

Karl ist keineswegs eine verschlossene, defensive Persönlichkeit, und ich glaube, er könnte bei einer Therapie gut vorankommen. Anscheinend hat er einige gravierende Identitätsprobleme und leidet unter dem unerbittlichen Drang, die Person sein zu wollen, die sich seine Eltern seiner Meinung nach wünschen. Vor ihm liegt eine Fülle therapeutischer Arbeit, aber er besitzt beträchtliche Ich-Stärke.

Ich bin sehr neugierig auf Ginnys nächsten Bericht, denn ich frage mich, was ihr dieses Zusammentreffen hinsichtlich ihrer Übertragung auf mich bedeuten mag und was sie sich dabei dachte, als sie Karl und mich vis-à-vis sah. Irgendwie habe ich Karl immer unterschätzt, ich habe seinen Wert nicht recht erkannt und nicht begriffen, welche positiven Möglichkeiten er Ginny bietet. Umgekehrt ist mir klargeworden, welche Anziehungskraft Ginny in vielfacher Hinsicht auf Karl ausübt.

Gegen Ende der Stunde suchte ich nach einer Bestätigung für meinen Eindruck, daß die Stunde konstruktiv gewesen sei und fragte, ob sie auch sonst so freimütig miteinander sprechen könnten. (Ob ich wohl je werde auf Beifall verzichten können?) Natürlich sagten sie nein, sie könnten jetzt viel freier sprechen. Ich versuchte, diese neuen Möglichkeiten in die Zukunft hinein zu verlängern, indem ich Ginny fragte, ob sie es Karl auch in Zukunft sagen könne, wenn sie sich irgendwie von ihm unterdrückt fühle. Sie sagte ja, das könnte sie.

GINNY, 10. Mai

Das war lustig, als Sie um die Ecke bogen und mir Guten Tag sagen wollten und dann plötzlich Karl sitzen sahen.

Natürlich hatte ich nicht darüber nachgedacht, was geschehen würde und hatte das Unvermeidliche einfach ignoriert. Ich war stolz auf euch beide. Aber mein eigenes Schweigen schien manchmal fast wie ein Eingeständnis von Schuld, deshalb plapperte ich munter drauflos.

Ich habe sehr viel gelernt. Einen Augenblick lang glaubte ich, mein Verhalten Karl gegenüber voll zu verstehen. Ich habe mir nie vorgestellt, daß Karl so unzufrieden sein könnte mit mir, wie er sagte. Und später grübelte ich darüber nach, so daß ich abgelenkt und wütend war. Ich sah nur noch, daß ich mich völlig in Gemüseputzen, Kochen und Waschen bzw. in die Vorwürfe wegen diesbezüglicher Mängel verstrickt hatte und daß dieser ganze Full-time-Freizeit-Job überhaupt nicht anerkannt wurde. Ich weiß, daß ich selbst in der Therapie immer übertrieben und meinen Standpunkt als den allein richtigen dargestellt habe, und vielleicht hat Karl ebenfalls übertrieben, als er jetzt jemand hatte, der ihm zuhörte.

Sie haben immer wieder hervorgehoben, daß es sehr einseitig wäre, wenn Karl der einzige wäre, der kritisiert. Meine

Gedanken waren alles nur Reaktionen auf Dinge, die er irgendwann über mich gedacht hatte. Seine gesamten Bestrebungen waren auf ihn selbst gerichtet, während meine auf uns gerichtet waren.

Ich habe nie den Eindruck gehabt, daß mich Karl unterdrückt, aber vielleicht ist es tatsächlich der Fall. Ich glaube, Sie irrten sich, als Sie sagten, ich ließe manchmal ganz bewußt etwas Schmutz in den Gläsern, um ihn damit dort zu treffen, wo es wehtut. Natürlich habe ich immer alle Leute damit geärgert, daß ich alles nur halb tue, nichts richtig zu Ende bringe. Aber diese Nachlässigkeit ist unabsichtlich. Ich hole auch nur halb Luft und atme niemals vollständig aus.

Was in der Sitzung diskutiert wurde, erfüllte uns auch nachher noch. Aber als wir das Gesagte noch eingehender erörterten, geriet ein Großteil meines Optimismus plötzlich in einen schrecklichen Strudel. Karl ist der Ansicht, daß meine Angst davor, daß ich ihn verlassen könnte, ihn in seiner Entfaltung behindert; er muß befürchten, daß ich völlig auseinanderbrechen würde. Ich solle mein eigenes Leben führen, verlangte er. Er hält diese Schwäche für das Verächtlichste an mir. Er will, daß ich ein eigenes Leben habe – und ich ergänzte den Satz beinahe mit den Worten: »Damit er keine Angst hat, mich zu verlassen.«

Plötzlich schienen die Plätze vertauscht. Ich hatte immer geglaubt, daß ich Sie vor Karls Beleidigungen in Schutz nehmen müsse. Aber er fand Sie phantastisch und intelligent. Ich platzte fast, als er den Wunsch aussprach, noch einmal wiederzukommen. Er hielt es für eine Schwäche von mir, daß ich ihn nicht habe mitnehmen wollen.

Es hat mir schrecklich gefallen, und ich war Ihnen sehr dankbar. Sie schienen mein wahrer Freund zu sein.

Ich hatte eigentlich gar keine Ahnung, was mir bevorstand, obwohl die Tatsache, daß ich gerade selbst mit einer Gruppentherapie begonnen habe, die Nervosität, die ich sonst vielleicht empfunden hätte, wohl etwas gedämpft hat. Dennoch hatte ich das Gefühl, ein neues Gebiet zu betreten, das ich nicht überblicken konnte, das ich eigentlich nie richtig wahrgenommen hatte und von dem ich jetzt vielleicht erfahren würde, ob es wirklich existierte. Gleich nachdem wir Ihr Büro betreten hatten, sah ich Ihren Kaffee und bat ebenfalls um eine Tasse; ich glaube, ich war dabei weniger an dem Kaffee interessiert als vielmehr an der Gelegenheit, die richtige Haltung zu finden.

Unsere Sitzordnung erwies sich schließlich als Dreieck, bei dem Sie die Spitze bildeten, weil Sie vor der Stirnwand saßen. Ich fragte mich, ob ich nicht bei Ginny oder sie neben mir sitzen sollte, aber bald war ich froh, daß wir uns, durch den ganzen Raum getrennt, gegenübersaßen. Ich konnte dadurch sehr viel freier sprechen, und fühlte mich in genau dieser Entfernung von Ihnen beiden sehr wohl. Ich hatte Platz, um mich zu bewegen, und was immer ich sagte, auch wenn es vorher noch nie gesagt worden war, schien nicht direkt gegen Sie oder Ginny gerichtet zu sein, sondern wurde wie ein dicker Ball aus Worten in den Raum geschoben, so daß sie Zeit hatte, sich darauf vorzubereiten.

Ich hatte vor allem Angst, daß wir auf Seitenwege geraten und versuchen könnten, unsere größeren Gefühle in die Schachteln des kleinen täglichen Ärgers zu packen; denn das war in der Therapiegruppe geschehen und hatte dazu geführt, daß ich keinen rechten Kontakt mit den anderen bekam und das Gefühl hatte, wegen Kleinigkeiten reizbar und hysterisch zu sein. Aber als wir anfingen, uns zu unterhalten, spürte ich, daß ich das Wesentliche und genau das sagte, was ich empfand. Manchmal fragte ich mich, warum ich nicht schon früher dazu in der Lage war, diese Dinge zu sagen. Ihre wenigen Kommentare trugen immer dazu bei, uns in die unerforschten Ecken zu schubsen. Ich glaube, ein Teil meiner Gelöstheit entsprang der Entdeckung, daß es keine Konfrontation zwischen Ginny und Ihnen, der von Ginny mehr über mich wußte als ich von Ginny über mich wußte, auf der einen Seite und mir auf der anderen Seite geben würde. Ich hatte mich entschlossen, auf keinen Fall zu kämpfen, wenn es so kommen würde. Mein Selbstvertrauen ist kürzlich mit gutem Ergebnis auf die verschiedenste Weise erschüttert worden, aber der Gedanke an eine Stunde voller Aufregungen und Verlegenheit und die nächsten Tage – oder wie lange es sonst dauern mochte, das alles zu verarbeiten – war wenig anziehend. Als ich sah, daß es dazu nicht kommen würde, hatte ich das Bedürfnis zu geben.

Von Zeit zu Zeit hatte ich Sorge, ich redete zu viel, aber ich hatte auch Angst, diese wichtigen Dinge vielleicht so nicht wieder sagen zu können. Immer noch beunruhigt mich der Gedanke, daß ich nicht mehr der Zuhörer bin, der ich früher gewesen war. Ich hatte stets angenommen, daß man mir die Tür einrennen würde, wenn ich mich zurückzöge und die Leute ausschlösse, aber ich glaube, statt dessen wird man oft einfach selbst ausgesperrt. Während der Sitzung hatte ich aber stets das sichere Gefühl, daß ich gehört wurde, und das machte mich beinahe betrunken.

Andererseits stelle ich jetzt beim Schreiben fest, daß ich mich mehr mit meinen eigenen Motiven und Reaktionen als mit Überlegungen darüber beschäftige, was Ginny von alledem denkt oder dachte. Ich nehme an, eines Tages werde ich mich irgendwie mit der Frage auseinandersetzen müssen, ob ich alle Leute so behandle oder jedenfalls jede Geliebte, oder ob ich nur Ginny so behandle. Wenn das letztere der Fall sein sollte und wenn das bedeuten würde, daß ich sie verlassen müßte, so wäre das aus zwei einander entgegengesetzten Gründen schwierig. Einerseits hätte ich irgendwie Angst, dem Leben wieder allein gegenüberzustehen, aber auf der anderen Seite habe ich das Gefühl, in der Falle zu sitzen, weil ich mir vorstelle, daß Ginny zusammenbrechen würde, wenn ich sie verließe, daß es unendlich grausam wäre, wenn ich sie allein ließe, nachdem wir so lange Zeit zusammen gewesen sind und ich zugelassen habe, daß sie ihren ganzen Tageslauf nach mir ausrichtet. Ich hätte um ihretwillen Angst, wenn ich sie um meinetwillen verließe, und so bewege ich mich vorwärts und rückwärts in einem Raum, wo es mich nicht mehr hält; gleichzeitig habe ich Angst vor dem, was ich auf der anderen Seite der Tür finden könnte – unser Zimmer ist doch wenigstens vertraut und oft auch beruhigend –, aber auch Angst vor dem, was sich in diesem Zimmer abspielen könnte, wenn ich gegangen bin. Über einige dieser Dinge haben Ginny und ich gesprochen, nachdem wir Ihr Sprechzimmer verlassen hatten, aber ich weiß dennoch nicht, was ich tun soll. Wenn sie mich ärgert, denke ich oft, wie auch jetzt, daß ich sie nach oberflächlichen Maßstäben beurteile, die ich inzwischen überwunden haben sollte. Ich sage mir selbst, daß ich denke, was ich denke, weil sie einem bestimmten High-school-Stereotyp von *»coolness«* nicht entspricht, das ich nicht abgeschüttelt habe, obwohl es ihrer und meiner unwürdig ist; aber ich weiß zu wenig über mich selbst oder über das Leben, um sagen zu können, ob ich in diesem ganzen Geröll nun einen Diamanten entdeckt habe oder nur den Abglanz einiger Sonnenstrahlen in einer Glasscherbe.

DR. YALOM, 24. Mai

Nach der letzten Sitzung war ich mir nicht ganz sicher, ob ich Ginny heute allein oder Ginny und Karl zu erwarten hatte, aber sie erschienen wieder beide, und zu meiner Überraschung übergab mir Karl eine lange Aufzeichnung, um die ich gar nicht gebeten hatte. Ginny erklärte ziemlich entschuldigend, daß ihre noch ziemlich schwammig und durcheinander sei und erst noch getippt werden müsse. Sie schien ganz ungewöhnlich verstört und äußerst unsicher, ob sie mir ihren Bericht überhaupt geben solle. Dieses Eröffnungsgambit erwies sich als ziemlich genaues Indiz für ihr weiteres Verhalten während der Sitzung.

Wir begannen damit, daß Ginny feststellte, das letzte Gespräch sei sehr gut und während der Sitzung auch angenehm gewesen und sie hätten danach noch sehr viel geredet. Sie weiß nicht, welchen Widerhall unsere Besprechung sonst noch hatte, aber es ist ihr aufgefallen, daß sie mehr miteinander gesprochen und gestritten haben. Als ich nach dem Inhalt dieser Diskussionen fragte, erhielten wir schnell einiges wichtige Material. Das Gespräch fand hauptsächlich zwischen Karl und mir statt, während Ginny sich weitestgehend auf Nebenlinien bewegte. Später erklärte sie, sie sei müde und etwas unkonzentriert gewesen, denn sie habe leicht geschwollene Augen gehabt und außerdem einen neuen Job. Aber das war nicht alles.

Karl ging sofort darauf los, daß er Angst habe, sich von Ginny zu trennen, weil sie daran zerbrechen könnte. Wenn es je ein zentrales Problem für zwei Menschen gegeben hat, dann war es dies – Ginny und ich haben so oft schon darüber gesprochen, warum sie nicht mit Karl über die Zukunft ihrer Beziehung reden könne. Es war ein faszinierendes Erlebnis, den beiden zuzuhören, wie sie ganz selbstverständlich ein Thema erörterten, das Ginny Monat für Monat nicht anzurühren gewagt hatte. Karl hatte Angst, daß Ginny unter ihren Depressionen zerbrechen würde, wenn er sich von ihr trennt, und daß ihn die Schuldgefühle überwältigen würden, wenn er sieht, was er angerichtet hat. Ich fragte nach den Auswirkungen, die eine Trennung auf ihn haben würde, und er gab zu, daß er auch um sich selbst Angst habe; er hat noch nie gern allein gelebt und weiß nicht, ob er das möchte. Andererseits reizt ihn die Herausforderung, denn er hat das Gefühl, daß es in gewisser Weise ein Fehler sei von ihm, daß er nie ganz allein zurechtkommt. Nach meinem Dafürhalten ist es eine etwas magere Basis für eine Beziehung, wenn man nur deshalb zusammenlebt, weil man Angst hat, auseinanderzugehen, und das sagte ich auch. Man kann sich schwer vorstellen, daß etwas Bestand hat, was auf einer so dürftigen Grundlage ruht.

Die ganze Sitzung hindurch versuchte ich Ginny zum Reden

zu bringen, damit Karl erfuhr, was sie dachte und weniger darauf angewiesen war, ihre Gedanken zu lesen. Ein Beispiel für dieses Gedankenlesen hatte es gerade kürzlich bei einem langen Streit gegeben, der zu kompliziert war, als daß er hier diskutiert werden könnte, bei dem es aber darum ging, daß Ginny mit Freunden weggehen wollte, während Karl sich weigerte, dann aber doch zustimmte, als er Ginnys langes Gesicht sah und merkte, daß sie sich fürchterlich aufregte. Es endete damit, daß ihnen beiden der Abend verdorben war. War es ihnen denn nicht möglich, dem anderen ausdrücklich mitzuteilen, wie wichtig man eine Sache nahm und dann eine gemeinsame Entscheidung zu treffen, die sowohl den Bedürfnissen des einen wie denen des anderen ausreichend Raum ließ? (Das ist leichter gesagt als getan, sagte ich zu mir selbst und dachte an vergleichbare Katastrophen mit meiner Frau.)

Ich stellte die Frage, ob Ginny vielleicht Kapital daraus schlägt, daß sie so zerbrechlich scheint, weil das eine Methode sein könne, um Karl an sich zu binden. Ganz offensichtlich war sie böse, daß ich das sagte. Eigentlich ist das eine Parallele zu der Deutung, die ich ihr schon oft über die Beziehung zu mir gegeben habe, d. h. daß sie krank bleiben muß, um mich zu behalten. Bei einer Gelegenheit während der Sitzung wies sie eine Behauptung von Karl mit großer Heftigkeit zurück, und dabei zeigte sich eine fast energische Ginny, die keineswegs so zerbrechlich war. Als er nämlich behauptete, sie verstünde einfach nicht, wie wichtig ihm ein bestimmter Aufsatz sei, an dem er gerade schrieb, da fuhr sie ihn beinahe wütend an: »Woher weißt du denn das?« Und dann demonstrierte sie ihm, daß ihr seine Probleme völlig bewußt waren und daß sie, allerdings vergeblich, versucht hatte, ihm die eigenen Sorgen wegen des Aufsatzes mitzuteilen. Nachdem ich Ginny so oft aus den Kulissen heraus souffliert hatte, war es mir jetzt eine große Befriedigung, sie für sich kämpfen zu sehen.

Karl kehrte zum Thema von Ginnys Unfähigkeit zurück. Er erinnerte an eine Party, bei der sich Ginny kürzlich ziemlich dumm angestellt hatte, weil sie einen Scherz nicht begriff, den alle anderen offenbar verstanden hatten. Noch jetzt in meinem Sprechzimmer war Ginny schrecklich verlegen – sie wußte nicht, warum sie den Scherz falsch verstanden hatte. Auch Karl war sehr verlegen. Genau genommen waren wir alle drei in einem Durcheinander von Verlegenheit befangen. Ich hatte keine Ahnung, wie ich dieser peinlichen Szene noch eine konstruktive Richtung geben sollte, außer dadurch, daß ich erklärte, diese Wünsche nach Veränderung hätten immer nur eine Richtung: Karl verlangt, daß Ginny sich ändern solle, aber sie verlangt nie etwas Vergleichbares von ihm. Sie sagte, das einzige, was sich ändern sollte bei Karl, wäre seine dauernde Kritik an ihr, und damit hatten wir endgültig einen gordischen Knoten beisammen. Karl sah verlegen aus, und er war es auch; ich versuchte herauszufinden, warum. Ich glaube, er fängt allmählich an zu begreifen, daß seine Forderungen an Ginny unrealistisch und unfair sind. Aber wir konnten das nicht sehr vertiefen.

Ich warf die Frage auf, warum Ginny eigentlich nicht in der Lage ist, Karl zu kritisieren, woraufhin sie beide übereinstimmend erklärten, bis vor zwei oder drei Monaten sei er noch völlig unzugänglich gewesen. Hätte sie es tatsächlich versucht, wäre er nur irrational wütend geworden. Deshalb konnte es nur eine unterwürfige, ins Nichts versinkende Ginny bei ihm aushalten. Ich fragte weiter, ob ihre sogenannte Unfähigkeit nicht auch eine Folge dessen sein könne, daß sie ihn nicht offen zu kritisieren vermag. Ob das passiv-aggressive Verhalten nicht ihre einzige Form der Vergeltung sein könne – daß sie einfach immer weiter diese Kleinigkeiten tut, die ihn in Rage versetzen. Diese Deutung wurde von Karl geschluckt, denn sie unterstützte, was er immer angenommen hatte – daß Ginny, wenn sie wollte, durchaus in der Lage sei, die Hausarbeiten zu machen. Ginny nahm die Deutung mit einem müden, blassen Lächeln entgegen. Alles in allem hat die Sitzung sie aufgeregt, glaube ich. Ich versuchte, das gegen Ende der Stunde zu überprüfen und fragte sie, ob sie das Gefühl gehabt habe, hier von zwei Männern in die Zange genommen zu werden, die offenbar gut miteinander auskamen. Hat sie das Gefühl gehabt, bei dem Dreieck ein wenig ausgeschlossen zu sein? Sie wich mir ebenso aus wie der Frage und schien sich gegen Ende der Sitzung beinahe aus dem Zimmer wegzuschleichen. Im Gegensatz dazu bedankte sich Karl sehr herzlich und schüttelte mir die Hand.

Obwohl ich nicht besonders zufrieden aus der Sitzung hervorging (es vergingen zehn Minuten, ohne daß ich etwas von der Energie der letzten Stunde zurückgewann), ist es doch offensichtlich, daß diese Begegnungen zur Verbesserung der Beziehung zwischen den beiden beigetragen haben: sie werden sich in Zukunft nicht mehr so fremd und verschlossen gegenüberstehen und auch nicht mehr in so hohem Maße darauf angewiesen sein, sich auf Gedankenlesen und Herumraten zu verlassen. Manche Regeln dieser Beziehung sind auf Dauer geändert. Wir vereinbarten, daß sie die nächsten beiden Sitzungen zu zweit kommen sollten, die letzten beiden Sitzungen sollte Ginny dann für sich allein haben. Ich wünschte, ich hätte schon vor längerer Zeit damit begonnen, die beiden zusammen hierher zu bitten. Jetzt geht alles viel schneller voran.

GINNY, 24. Mai

Ich glaube, ich habe meistens Karl reden lassen. Ich war sehr müde und spürte das Heraufziehen einer Migräne, die sich bis zum Abend völlig ausgewachsen hatte. Manches, was ich sagte, schien aus dem Nichts zu kommen (zum Beispiel, als ich erzählte, ich hätte wieder begonnen zu arbeiten), aber ich war konfus und wußte einfach nicht, wie ich mich an der Sitzung beteiligen sollte.

Sie erscheinen jetzt viel entschiedener in diesen Sitzungen, wenn Sie Fragen stellen und Dinge zusammenfassen. Natürlich gibt Ihnen Karl auch sehr viel mehr Informationen als ich es je getan habe.

Ich fand es komisch, daß eine meiner wichtigsten Phantasien (allein zu sein, allein zu leben) auch bei Karl eine so große Rolle spielt. Es ist, als ob man unsere höchst intensive Beziehung an einem sehr unrealistischen Maßstab mißt. Und dann darüber schimpft, daß wir beide so schwach sind, jemanden zu brauchen. Als ich zuhörte, wie Karl das sagte, konnte ich mich mit ihm identifizieren, und es wurde mir klar, was für eine üppige Weide das für wilde Spekulationen ist.

Karl glaubte nicht, daß ich diejenige sein könnte, die geht, und das stimmt mit meiner eigenen Einschätzung überein. Wenn ich mit Ihnen darüber geredet habe, haben Sie immer gesagt: »Nun, warum könnten Sie es nicht sein, die ihn verläßt?«

Es scheint, daß meine häuslichen Beziehungen fast die ganze Zeit über, wo ich bei Ihnen in der Therapie war, statisch geblieben und nicht vorangekommen sind, daß sowohl Karl als auch ich mich in einem stummen Gefängnis befanden und jeder für sich seine Wunden leckte.

Karl schien dasselbe zu erleben, was auch ich in der Therapie durchgemacht habe, diese Zweifel an dem Wert unserer Beziehung, die bis zu dem Punkt gingen, wo man nur noch zu einem Urteil gelangen konnte: Trennung. Dennoch versuchen wir beide, diese Richtung zu meiden, denn grundsätzlich mögen wir uns. Dieses Dilemma von Diamant oder Milchflasche hat mich bewegt. Welches von beiden bin ich? Ich glaube, im Zeitalter der Plastiktüten ist eine richtige gläserne Milchflasche auch schon ein Wertgegenstand.

Die Sitzung schien einige wichtige, kritische Themen sacht zu berühren, aber es schien, als ob wir eher geneigt wären, nett zueinander zu sein und den Schorf auf den alten Wunden nur anzusehen, ohne den Versuch, sie neu zu infizieren.

Ich wäre gern zehn Minuten mit Ihnen allein gewesen. Denn Karl und ich hatten in den beiden letzten Wochen auch über Sex geredet und dabei einen kleinen Durchbruch erzielt. Aber ich hatte den Eindruck, daß ich während der Sitzung darüber nicht reden könnte. Ich war die quietschende Tür zum Zimmer der Verschwörer. Nützlich war vor allem Ihre Aufforderung, wir sollten einmal überprüfen, wie wir uns gegenseitig unsere Gefühle mitteilen. Ich glaube, bei alledem verloren wir nicht den Sinn für Humor. Ich war sehr überrascht, als ich hörte, daß Karl der Ansicht ist, ich interessierte mich nicht für das, was er schreibt. Ich dachte, ich hätte viel konstruktives Interesse gezeigt. Tatsächlich hat er seit einiger Zeit seinen Stil geändert. Er schreibt jetzt nicht mehr so persönlich und direkt, sondern eher professionell und abstrakt (er schreibt jetzt für einen kommerziellen Markt, für *Playboy* – aber trotzdem). Mir hat sein früherer Stil auch besser gefallen, denn ich giere geradezu nach Einblicken in seine Kindheit und seine Erinnerungen, und ich bin darüberhinaus auch der Ansicht, daß die mehr persönlichen Elemente, seine Aufzeichnungen über die eigene Kindheit und Jugend ihm auch geholfen haben, ein Gespür für seine Phantasie und deren vernachlässigte Inhalte zu gewinnen. In dieser Nacht damals hatten uns Freunde besucht und Karl beim Schreiben gestört, aber ich wußte nicht, daß ich dermaßen in Ungnade bei ihm gefallen war, daß er so wütend auf mich war, daß er sogar annahm, ich interessierte mich nicht für seine Arbeit, weil ich meinen Freunden nicht gesagt hatte, sie sollten nicht kommen. Wenn ich wüßte, daß ich stumm attackiert werde, würde ich mich schon wehren.

Die beiden letzten Sitzungen haben mich befähigt, mehr für mich einzustehen, denn ich sehe, daß Karl die Dinge ernst nimmt und ständig irgendwelche Urteile über mich fällt, daß meine Ausweichmanöver und mein Schweigen nicht etwa bloße Leerstellen, sondern dicke schwarze Minuspunkte für mich sind. Schon die Tatsache, daß wir zusammen hierherkommen, führt uns enger zusammen. Wir sind bei allem viel zartfühlender – beim Streiten und beim Reden usw.

Ich wünschte nur, ich hätte früher damit angefangen. Dann hätte ich meinen Kuchen nämlich immer schon »gleichzeitig bekommen und essen« können. Und mit euch beiden zusammen sein können.

KARL, 24. Mai

Beim zweiten Mal war ich wohl allzu zuversichtlich und wollte einfach eine Wiederholung der Woche zuvor, die so vieles bewirkt hatte. Ihre Gegenwart war mir weniger bewußt, und ich hatte das Gefühl, im Mittelpunkt der Bühne zu stehen, wo ich mich fast immer zu halten versuche, wenn ich mich erst einmal sicher fühle in einer Situation. Ich mußte aber feststellen, daß ich meine Gefühle nicht unmittelbar umsetzen konnte, daß die Diskussion immer wieder auf Abwege geriet und Themen künstlich erzeugt wurden, weil wir uns bei einem Therapeuten befanden; es war der gleiche Tonfall wie bei manchen Gesprächen mit Freunden, die Ginny mag und ich nicht. Einige Dinge, die aus der Sitzung hervorgingen, schienen freilich sehr tief zu gehen – ich denke vor allem an Ihren Hinweis, daß Ginny vor allem deshalb in der Küche usw. so schlampig ist, weil sie damit gegen bestimmte Wertvorstellungen protestieren will, nach denen ich sie beurteile, die sie selbst aber nicht akzeptiert; wobei sie sich davor fürchtet, mich direkt anzugreifen. Obwohl dieser Satz etwas wirr ist, habe ich die Sache wohl richtig begriffen.

Ich glaube, ich habe nie gelernt, was ich von anderen Menschen zu erwarten habe. Letzte Nacht habe ich Karten gespielt und kam gegen elf Uhr nach Hause. Ich schämte mich, daß ich zum Kartenspielen gegangen war, denn ich hätte arbeiten müssen, und es war ein Abend, den ich hätte mit Ginny verbringen können. Ich hatte Angst, in meine alten Gewohnheiten zurückzufallen. Wir redeten mehrere Stunden lang, und ich kam wieder etwas ins Gleichgewicht. Ich war wieder etwas zuversichtlicher, daß ich erreichen könnte, was ich mir vorgenommen habe. Ohne Ginny hätte ich die Nacht vergrübelt und mir immer weiter eingeredet, daß ich nutzlos sei und letztendlich scheitern müsse. Ich sagte ihr das auch, und es war, als ob ich Zuckerguß über einen Kuchen träufelte. Wo war ich all die Jahre gewesen, fragte ich mich. Warum hatte ich niemals wahrgenommen, welchen Wert es hat, wenn man getröstet wird und Dinge mitteilen kann? Und daß es das ohne sie nicht gäbe für mich? Da ich eben erst zu verstehen beginne, was Ginny für mich tun kann, fange ich auch eben erst an zu verstehen, was ich für sie tun kann.

Ich glaube, das ist auch schon alles, was ich zu sagen habe, denn was ich bisher gesagt habe, ist von erheblicher Tragweite gewesen. Ich weiß nicht recht, was ich hinzufügen sollte. Sie werden mich nur noch einmal und Ginny nur noch zweimal sehen, und ich nehme an, daß Sie sich vielleicht dafür interessieren, wie sich unsere Beziehung zwischen unseren Begegnungen entwickelt und was zwischen Ginny und mir geschieht. Aber ich kann das nicht wirklich beurteilen, denn ich stehe dem allen zu nahe und möchte, daß das auch eine Weile so bleibt. Ich glaube, es war gut, daß ich Sie gerade jetzt kennengelernt habe, denn es war für uns eine kritische Zeit, aber zugleich auch der Zeitpunkt, wo ich bereit war, Dinge zu hören, vor denen ich vorher vielleicht Angst gehabt hätte. Ich glaube, die Ereignisse der ersten Sitzung verhalfen mir zu der Erkenntnis, daß die Probleme gelöst werden können, und die zweite Sitzung trug dazu bei, daß sich einzelne Probleme herauskristallisierten. Noch etwas: bei der zweiten Sitzung machte ich mir Sorgen, daß ich Sie langweilen könnte, als die Diskussion in ein Fahrwasser geriet, das mir langweilig erschien. Ich war verblüfft, daß Sie genau diese Themen – zum Beispiel das schmutzige Geschirr – wählten, um nachzustoßen. Später fiel mir auf, daß ich Langeweile möglicherweise ständig als Schutzwall benutze. Natürlich gibt es Dinge, die mich tatsächlich langweilen, aber es kann auch ein bequemer Mechanismus sein, um mich abzuschirmen gegen Dinge, die ich sehen sollte und könnte.

Hätten wir auch ohne unsere Gespräche Fortschritte gemacht? Wäre er ohnehin gekommen? Ich weiß es nicht. Ich glaube, es wäre nicht so schnell gegangen, denn Sie wirkten wie ein Katalysator, der dazu beitrug, daß ich mich entspannen und Ginny vertrauen konnte.

Ich glaube, das ist alles, was ich jetzt sagen kann.

Ich bin schon ziemlich lange in dieser Branche, aber das heutige Gespräch stellt eine meiner großartigsten Erfahrungen als Therapeut dar. Ich war so glücklich, daß ich ein paarmal beinahe geweint hätte. Es war schön, endlich einmal die Früchte einer langen, harten Arbeit zu sehen. Vielleicht übertreibe ich in dieser Stimmung der Selbstüberschätzung ein wenig, aber ich glaube eigentlich nicht. Immer wieder mußte ich an all die Zeit und Mühe denken, die ich in Ginny investiert habe, und auch an all die harte Arbeit, die sie selbst in all diesen Monaten geleistet hat. Alles schien in dem heutigen Tag zu gipfeln, und alles fügte sich richtig zusammen – all die Themen, die Ginny mit mir besprochen hatte, all die irrationalen Ängste, all die Dinge, die sie nicht zu sagen, nicht zu erwähnen, nicht ins Auge zu fassen wagte, hat sie heute in der Sitzung und auch allein mit Karl in der vergangenen Woche angepackt. Wenn ich daran denke, was wir alles durchgemacht haben und wie schnell wir jetzt vorankommen, erfüllt mich das mit neuem Glauben an meine Arbeit, an das langsame, oft unerträglich langsame, Geschäft, einen Stein auf den andern zu setzen.

Ginny und Karl hatten beide sehr, sehr gute Gefühle füreinander, als sie heute hereinkamen. Beide sagten, sie hätten über das Wochenende sehr viel und auf völlig neue Weise miteinander geredet. Beide offenbarten ihre wechselseitigen Gedanken über ein Weggehen von Karl, über Ginnys Angst vor Karl und viele andere kritische Themen, und sie kamen sich dabei sehr nahe. Karl sagte, sogar das Haus habe sich jetzt für ihn verändert, zum erstenmal in seinem Leben habe er wirklich das Bedürfnis, mit jemandem nahe zusammen zu sein. Und so verlief der erste Teil der Sitzung fast wie ein Festbankett. Ich badete in Sonne und Wonne. Und warf dann die Frage auf, ob wir uns auf unseren Lorbeeren ausruhen oder zu neuen Ufern vorstoßen sollten. Beide wußten nichts anderes, worüber sie reden wollten. Insgeheim hoffte ich, daß Ginny etwas einbringen würde, was sie Karl gegenüber bisher nie zu erwähnen wagte – ihre nächtliche Panik und die Angst, ihre sexuellen Bedürfnisse zu zeigen. Vorsichtig gab ich ihr ein Signal, auch in dieses kritische Feld vorzustoßen. Ich wies darauf hin, daß es für mich natürlich schwierig sei, bestimmte Themen anzuschlagen, weil ich keinen Vertrauensbruch begehen wolle. Sie spielte die jugendliche Naive und versicherte mir, ich dürfe über jedes Thema reden, das mir wichtig erscheine. Ich sagte, ich wisse nicht, welches Thema sie meine. Karl lachte und fragte, ob es mir lieber wäre, wenn er hinausginge. Ginny war heute witzig und hübsch. Als ich sagte: »Nun, ich werde einfach aufs Geratewohl ein Thema anpacken«, da erklärte sie, ohne mit der Wimper zu zucken: »Wenn Sie die richtige Frage stellen, kriegen Sie von mir einen Kühlschrank.«

Obwohl ich eigentlich das Thema Sex im Auge hatte, hielt ich es für sicherer, mit einem weniger problematischen Gegenstand zu beginnen. Ich fragte Ginny, wie sie jetzt über Karls Familie denkt; glaubt sie immer noch, daß er sich ihrer schämt und sie der Familie nicht vorstellen will? Darüber sprachen sie nur kurz, und nachträglich frage ich mich, ob sie das Thema nicht ganz bewußt so schnell wieder verließen. Sie gingen dann auf Ginnys Überlegungen zu der Verlobung ihrer Schwester ein und auf Karls schlechtes Verhältnis zu Steve, einem gemeinsamen Freund. Als Karl von seinem Streit mit Steve zu erzählen anfing, mußte ich zugeben, daß ich davon schon gehört hatte; das muß für ihn ein merkwürdiges Erlebnis gewesen sein, als er bei seiner zweiten Begegnung mit mir plötzlich feststellen mußte, wie gut ich ihn bereits kenne. Ich stehe ihm nahe und mag ihn. Ich muß mir selbst ein wenig die Sporen geben, damit ich es mir nicht allzu bequem in der Rolle des blinden Heiratsvermittlers mache. Meine Arbeit mit Ginny ist nicht davon abhängig, daß die beiden sich heiraten; worauf es ankommt, ist die Qualität ihrer Beziehung. Wenn sie nur einmal die Erfahrung tiefer und ehrlicher Intimität gemacht haben, wird diese Erfahrung keinen von beiden je wieder loslassen, selbst wenn sie sich nie wieder sähen. Ich glaube mit der ganzen Inbrunst eines Konvertierten, daß diese Begegnung auch Liebende bereichern kann, die sich heute noch nicht einmal kennen.

Dann erwähnte Ginny fast beiläufig, daß sie letzte Nacht mit Karl über Sex gesprochen habe. Ich war verblüfft, obwohl ich mich bemühte, das nicht zu zeigen. Sie hatte ihm gesagt, daß sie »etwas Hilfe brauche«, um volle Befriedigung zu erlangen. Anschließend hatte sie zwei oder drei Stunden wachgelegen und vor Angst gezittert, daß sie Karl irritiert haben könnte, dann hatte sie den Mut gefunden, ihn zu fragen (auch er hatte wachgelegen, weil er sich über andere Dinge Sorgen gemacht hatte). Er hatte gesagt, daß es ihn überhaupt nicht gestört habe. Ginny hatte Angst, daß sie mit der Erwähnung ihres Problems den wundervollen Tag »verdorben« hätte, den sie so nahe beieinander verbracht hatten. Ich wollte, daß Karl ihr bestätigte, daß das Gegenteil der Fall war. Es war genau umgekehrt: wenn sie ein »Problem« anspricht, entfernt sie ihn nicht von sich, sondern zieht ihn heran. Karl stimmte mir zu, und ich sagte ihm, ich wünschte, er würde das sogar noch einmal sagen. Und allmählich teilte ich ihm ausdrücklich mit, was Ginny nur angedeutet hatte: daß die schlimmste Tageszeit für Ginny die Nacht ist und daß die Angst vor dem, was geschieht, wenn das Licht ausgeht, ihre Tage beherrscht. Es war fast das letzte Geheimnis zwischen den beiden. Nachdem es einmal ausgesprochen und von Karl akzeptiert worden war, hatte ich den Eindruck, dies sei eine der stärksten therapeutischen Handlungen gewesen, die ich je vollzogen habe. Ich wiederholte mich mehrfach, damit er mich völlig verstand. Ich sagte auch Ginny noch einmal, daß sie Karl ihre nächtlichen Ängste jetzt mitteilen könne und daß sie nicht wiederzukommen brauchten.

Von da aus gingen wir weiter. Jetzt fragte ich Karl, ob es jemals umgekehrt wäre – ob er sich überhaupt schon einmal Sorgen wegen Ginnys Kritik an sich gemacht habe, und er sagte, das käme nie vor. Also bohrte ich nach und fragte, ob es ihm gleichgültig wäre, ob sie ihn mag oder nicht mag. Nein, sagte er, das sei ihm sehr wichtig. Wir gerieten an einiges sehr interessante Material, wobei er zugab, daß er sich ganz bewußt nicht erlaubt, über diese Dinge nachzudenken, denn an einen möglichen Verlust, auch an den Verlust von Ginny, mag er nicht denken. Ich sagte ihm, daß er für diese vorgetäuschte Indifferenz und ostentative Sorglosigkeit einen hohen Preis zahlen müsse. Dieser Preis ist Entfernung, Entfernung von anderen und von seiner Liebe für andere. Er stimmte mir zu und fügte hinzu, aus diesem Grunde sei die letzte Nacht für ihn auch eine so ungewöhnliche Erfahrung gewesen; er habe heute gar nicht schnell genug nach Hause kommen können und sich so darauf gefreut, mit Ginny zu reden. Ich dachte laut darüber nach, daß das alles wohl eine lange Vorgeschichte habe. (Ich sagte das, glaube ich, damit er einen Ansatz hat, über die eigene Vergangenheit nachzudenken, was eine Vorbereitung sein kann für seine eigene Therapie.) Wir schlossen mit der Aufteilung der letzten drei Sitzungen. Ginny möchte, daß Karl auch die nächste Woche wieder mitkommt und vielleicht auch die Woche danach. Nachdem sie früher gesagt hatte, daß sie wenigstens ein paar Stunden für sich selbst haben wolle, sagt sie jetzt, sie wolle nur noch die letzte Stunde allein. Ebenso wie mir ist ihr völlig bewußt, wie wichtig diese gemeinsamen Sitzungen sind.

GINNY, 31. Mai

Die letzte Sitzung war die schlimmste der bisherigen drei. Ich bot Ihnen Dinge an, die Ihnen gefallen sollten – daß Karl und ich so offen miteinander gesprochen hatten. Aber Sie benahmen sich, als wären wir zwei selbstgefällige Lügner (vielleicht nicht ganz so stark). Natürlich saß ich auf einem Pulverfaß, und als Sie anfingen, nach neuem Material zu angeln, und dabei fragten, welche wichtigen Themen noch nicht behandelt wären, da wurde mir klar, daß das Ende meines Schweigens gekommen war. Im Überschwang meiner Gefühle von Wärme und Wahrheit gegenüber Karl hatte ich in der vorhergehenden Nacht damit begonnen, meine sexuellen Probleme mit Karl zu erörtern. Kaum hatte ich angefangen, da wurde mir klar, daß ich mir die eigene Faust ins Gesicht gerammt hatte. Wir waren uns gerade erst näher gekommen, und ehe wir es richtig genießen konnten, mußte ich ausgerechnet dieses große und heikle Problem ins Gespräch bringen, das, wie Sie immer betont haben, so wenig für den Anfang geeignet ist. »Fangen Sie mit kleinen Dingen an wie dem Benzingeld«, haben Sie immer gesagt, aber wir waren uns einfach zu nahe, um über Straßengebühren und ähnlichen Krempel zu reden. Na wie auch immer, wir redeten jedenfalls eine Zeitlang über Sex diese Nacht, danach versuchten wir beide zu schlafen, und ich quälte mich dabei wieder fürchterlich ab. Da ich mich nicht bis zum Morgen herumwälzen und grübeln wollte, fragte ich Karl, was er davon halte, was ich gesagt hätte. Und er sagte mir, er sei froh, daß ich darüber gesprochen hätte, und wir könnten von da aus weitermachen.

Ich war also ganz schön nervös, als Sie am nächsten Tag fragten, was es Neues gäbe! Ich war einer Ohnmacht nahe, als ich sagte, es wäre alles in Ordnung. Dann sprachen Sie darüber, daß Karl nicht bereit ist, mich seinen Eltern zu präsentieren. Das war gar nicht so problematisch – es war mir gleichgültig, daß Sie darüber redeten, denn Karl versteckt nicht nur mich vor den Eltern, sondern ebenso sich selbst. Ehe er mich seinen Eltern vorstellt, muß er selbst erst einmal hinfahren, glaube ich. Aber ich glaube, damit wollten Sie nur testen, inwieweit Sie Tabu-Themen anrühren dürften.

Dann brachte ich die Sprache auf Sex, wobei ich mir sehr lächerlich und wie eine Matrone reiferen Alters vorkam, die bei einer Tasse Tee ein aktuelles Thema anschneiden möchte. Ich wollte nicht die Sitzung verschwenden, indem ich wie ein Stockfisch herumsaß. Ich weiß nicht mehr recht, was wir sagten, nur daß ich sehr viel geredet habe und dauernd den Wunsch hatte, ich hätte freies Geleit und es nähme mir niemand etwas übel davon.

Seit ich dieses Thema eröffnet habe, habe ich mich selbst

für die schönsten Hoffnungen und schlimmsten Strafen geöffnet. Jetzt ist jeder Tag ein Therapietag. Veränderung ist das Ziel. Ich glaube, ich habe sie zuvor nie gewollt. Ich habe es jetzt nicht mehr nötig, daß Sie die Rolle von Karl übernehmen, er spielt sie jetzt selbst jeden Tag, und ich versuche, ihm alles zu sagen. Unsere früheren Geheimnisse und Intrigen kommen alle heraus, und ich weiß nicht, was an ihre Stelle tritt. Ich habe jetzt mehr Kontakt zu den Körperreaktionen. Karl ist sehr viel glaubwürdiger, wenn er sich selbst spielt, als wenn Sie ihn spielen. Denn dann folgen Konsequenzen.

Nach der Sitzung beruhigte ich Karl. Ich sagte ihm, daß ich keineswegs jede Nacht am Rande der Vernichtung wäre. Ich wünschte, wir hätten das alles viel früher begonnen. Jetzt, wo so ein starker Sog da ist.

Allmählich erkenne ich meinen eigenen Widerstand.

KARL, 31. Mai

Über die Sitzung selbst möchte ich nichts sagen. Diese und die letzte Woche war ich sehr intensiv mit meinem Aufsatz beschäftigt, und da ich gut arbeiten konnte, war ich an heftigen psychischen Erschütterungen, die vielleicht meine Arbeit behindert hätten, nicht sonderlich interessiert. Andererseits habe ich versucht, Ginny zum Sprechen zu bringen, und wir haben auch einige Dinge erörtert, was aber stets etwas einseitig war, denn ehe ich ihr etwas über mich sage, sorge ich stets dafür, daß ich mich voll unter Kontrolle habe. Ich rede um den Kern meiner selbst herum; ich nenne ihr nicht meine tiefsten, schrecklichsten Ängste und Zwänge, vielleicht, weil ich sie selbst nicht gänzlich ins Auge fasse, aber auch, weil mich diese Entlastung ihr gegenüber hilflos machen würde, und ich weiß nicht, ob ich das will. Ich frage mich immer, ob ich das nicht für jemand anderen aufheben muß. Andererseits habe ich genauso wie Ginny Schwierigkeiten, unmittelbar zu empfinden, vor allem körperlich zu empfinden, ohne mir zugleich meiner selbst und der Situation ironisch bewußt zu sein. Ich weiß nicht, ob das mein Problem ist oder der Fehler bei Ginny liegt und das Problem der Empfindungen sich mit einer anderen Frau für mich viel weniger stellen würde.

DR. YALOM, 7. Juni

Karl habe ich diesmal vielleicht zum letztenmal gesehen; die beiden letzten Sitzungen sind Ginny allein versprochen. Die Stunde war im Vergleich zur letzten Woche ein Abstieg, und ich war über die Gespanntheit, Zurückhaltung und Entferntheit der Sitzung etwas enttäuscht. Ginny war offensichtlich verängstigt: ihre Beine waren eng übereinander geschlagen, und ihr zierlicher Fuß wippte dauernd auf und ab. Karl gab sich völlig entspannt. Er tat etwas, was ich in meinem Sprechzimmer noch nie erlebt habe: er zog seine schweren Stiefel aus und saß in Socken da. Ginny erschrak und fragte, was das solle. Sie sagte, er hätte wenigstens gestopfte Socken anziehen können. Ich hatte den Eindruck, daß Karl damit auf die eine oder andere Weise seine Gleichberechtigung mir gegenüber ausdrücken wollte, was für ihn wichtig war, um seinen Platz in unserer Dreierbeziehung zu halten. (Und deshalb sagte ich nichts.)

Durch mühsames Bohren brachten wir schließlich ein Thema ans Tageslicht. Ginny war eingeschlafen, als sie letzte Nacht die Fernsehsendung zu den Wahlen gesehen hatten, und Karl hatte sie angeschrien und behauptet, sie werde sich niemals ändern. Ginny erzählte das. Als Karl die Geschichte erzählte, stellte sich heraus, daß sich seine Bemerkung: »Du änderst dich niemals« auf die sexuellen Pläne bezog, die er für den Abend gemacht hatte. Er hatte erwartet, daß Ginny etwas lebendiger und zugänglicher sein würde, aber statt dessen war sie eingeschlafen. Ich war sehr beunruhigt, als ich bemerkte, daß es Ginny versäumt hatte, die sexuelle Komponente der Geschichte zu erwähnen; bei dem Gedanken daran, was für ein unzuverlässiger Berichterstatter sie auch in der Vergangenheit gewesen sein mochte und wieviel Zeit wir mit Gegenständen vertrödelt haben mochten, die lediglich Hirngespinste waren, erschauerte ich innerlich.

Jedenfalls wurde klar, daß sich Ginny von Karl zensiert fühlte; sie war die Angeklagte, er der Richter. Der Vorfall in der Wahlnacht spiegelte im kleinen, was sich auch sonst oft zwischen den beiden abspielt. Ich sagte daher unter anderem zu Ginny, daß sie doch zahlreiche Beweise dafür hätte, wie sehr sie sich auch in den letzten Wochen noch verändert habe; wie könne sie es da akzeptieren, daß er sie als jemanden definiert, der sich nicht ändert? Das war ein hervorragender Ansatz von meiner Seite, er blieb aber völlig ohne Wirkung.

Ein weiterer Ansatz bestand darin, ihr unterschiedliches Verständnis von Veränderung zu analysieren. Karl sucht im äußeren Verhalten nach Zeichen, während Ginny vor allem ihre innere Einstellung ihm gegenüber geändert hat, was sich nicht unbedingt in äußeres Verhalten umsetzt. Ich schlug ihm vor, er solle in Ginnys Erlebniswelt einzudringen versuchen, damit er wahrnehmen könne, welche Veränderungen sie erfahren hat. Auch dieser gute Vorschlag wurde kaum zur Kenntnis genommen.

Als nächstes machte ich eine Bemerkung darüber, wie gespannt heute alles sei, ein Kommentar, der eigentlich immer zu irgendwelchen Ergebnissen führt, wenn die Atmosphäre völlig verkorkst ist. Karl sagte, er fühle sich ohnehin etwas merkwürdig heute, was mit seiner Gruppentherapie in Zusammenhang stünde. Von hier aus gelangte er zu dem Eingeständnis, daß er ein Bedürfnis zu dominieren habe und neuen Leuten zunächst einmal unter dem Aspekt der Dominanz begegne. Wenn er anderen gegenüber dominieren kann, verliert er das Interesse an ihnen und schreibt sie ab. Die Ansichten derjenigen aber, die eine Herausforderung für ihn darstellen, beschäftigen ihn stark, oft sogar übermäßig. Ich versuchte, ihm klarzumachen, daß sich für Ginny, die an andere mit einer völlig entgegengesetzten Einstellung herangeht, die Dinge ganz anders darstellen. Ginny sucht geradezu Persönlichkeiten, die ihr überlegen sind, sagt sie. Sie liebt es, Menschen zu idealisieren und anzubeten.

Ich versuchte, einiges von dem zu verstärken, was wir letzte Woche getan hatten, um unsere Fortschritte zu konsolidieren. Ich erinnerte sie daran, daß die alten Tabus jetzt gebrochen seien, daß wir neue, aufgeklärtere Regeln hätten, und ermutigte sie, weiterhin gemeinsam vorsichtige Risiken einzugehen. Anscheinend hatten sie einen sehr schönen Sonntag, weil sie zusammen essen gingen und Ginny es Karl hatte klarmachen können, daß sie gern essen gehen wollte; sie haben miteinander geredet, und sie hat sich ihm näher als je zuvor gefühlt. Dennoch war ich alles in allem nicht sehr zufrieden mit Ginny. Ich wünschte ein festeres Auftreten von ihr und fühlte mich wie ein stirnrunzelnder Vater, der über die Ängstlichkeit seines Kindes böse ist. Sie weiß es doch besser, sie kann es doch besser. »Steh auf und sag deine Meinung!«

Karl fing die Stunde übrigens wieder genauso an wie die vorige: er fragte, ob er eine Tasse Kaffee haben könne, was meiner Ansicht nach auf derselben Linie lag wie das Ausziehen der Stiefel. Während er den Kaffee holte, sagte Ginny, sie wünschte, wir hätten schon viel früher damit angefangen, die Dinge kämen jetzt so viel schneller voran. Sie hat natürlich recht, vergißt aber, daß die Dinge noch keineswegs ausgereift waren, als ich sie vor Monaten zum erstenmal aufforderte, Karl mitzubringen. Manchmal frage ich mich, warum ich überhaupt Patienten einzeln behandele, ohne bei Gelegenheit auch die Person einzuladen, die ihnen am nächsten steht. Ich weiß allerdings nicht, welche Fortschritte man dabei auf die Dauer erreichen kann; vielleicht wäre es das Beste, wenn man einige Sitzungen dieser Art abhält und dann zur ursprünglichen Einzeltherapie zurückkehrt.

Ich fand es schwierig zu sprechen. Ich wollte über »die-Sache-in-der-Nacht« nicht reden. Wir wurden daher nicht sehr deutlich, und ich war ziemlich verlegen, weil jetzt alles, was geschieht, sofortigen Widerhall findet. Habe ich schließlich die Sprache darauf gebracht? Als wir darüber sprachen, daß ich eingeschlafen war letzte Nacht, hörten Sie Karls Version des Vorfalls und meine, und wir hörten die Version des jeweils anderen. Das brachte mich ganz durcheinander. Sie dachten, ich hätte über die Wahlergebnisse geredet, obwohl ich Sex meinte. Ich dachte, das wäre offensichtlich und brauche nicht mehr übersetzt zu werden. Ich glaube, ich gebe meiner Stimme und meinen Worten nicht genug Nachdruck und lasse es zu, daß sie sich wie Dampf um mich niederschlagen.

Karl ist ein Nachtmensch, der stundenlang fernsehen kann und dann um halb eins noch tolle Dinge erwartet, aber auf mich wirken Hasch und Fernsehen nach einer kurzen Belebung eher einschläfernd. Frühmorgens hingegen fühle ich mich munter und ausgeruht, während Karl wie ein Embryo von sieben Monaten ist, der nur schnarcht und nicht redet und der Welt nicht ins Gesicht sehen mag. Meine Schlafgewohnheiten hält er für einen regelrechten Charakterfehler, während er seine eigenen gar nicht bemerkt.

Sie gingen davon aus, daß Karl denkt, ich änderte mich nicht. Ich glaube, Sie waren enttäuscht, als ich ihm zustimmte und sein Verdikt damit bestätigte. Ich glaube, ich habe mich in dem Sinne nicht verändert, daß ich im Gegensatz zu ihm nie etwas tue, nur um Erfolg zu haben; manchmal allerdings kommt der Erfolg von allein oder durch ein Wunder. Dennoch bringe ich neue Blätter hervor. Und Hoffnungen, die meine unschuldige, zerbrechliche Version eines Ich sind. In der Sitzung habe ich mich verändert, und zu Hause bei Karl ist die Reichweite meiner Empfindungen und meines Mutes größer geworden. Dennoch habe ich mir in den Sitzungen gestattet, am Seil gezogen zu werden, und habe nur versuchsweise die Initiative ergriffen.

Karl erzählte sehr viel darüber, daß er seine Freundschaften eingeschränkt habe, weil Dominanz stets so wichtig für ihn gewesen sei. Und Sie sagten, ich sei vielleicht keine richtige Herausforderung für ihn und deshalb lehne er mich so häufig ab und ließe mich im Stich. Ich glaube, Sie wollten damit ebenso seine wie meine Schwächen offenlegen. Jeder Ihrer Sätze war wie ein kostenloses Angebot für mich, ein verschenktes Stichwort. Sie wollten, daß ich anbeiße; Sie bliesen zum Angriff.

Es gab so vieles, was ich in der letzten Sitzung sagen wollte. Aber ich war gezwungen und verlegen. Der Eindruck, den Karl mir vermittelt, ist zwiespältig: einerseits ein Öffnen der Tür, Freiheit, Geduld und Verständnis, andererseits erwartet er einen gewissen Fortschritt, Deutlichkeit des Ausdrucks, Schritte zur Gesundung. Ein Spiegel, der seine eigenen Hoffnungen zeigt. So etwas erwartet er jetzt sofort von mir, als ob es geliefert werden könnte wie Milch. Vor allem beim Sex; er möchte, daß ich mir all die negativen Häute der Angst und des »Ich-kann-nicht« einfach herunterreiße. Eine Sofortentwicklung über Nacht. »Ich will, daß du frei bist, und zwar sofort«, sagte er. Er hat viel weniger Geduld als Sie, er ist nicht bereit, ein Mikroskop über all meine kleinen neuen Errungenschaften zu halten.

Ich staune, wie schnell Karl sich entwickelt. Selbst seine Schwächen scheinen ihn größer zu machen. Er hat so viele Ressourcen in seinem Innern. Es ist, als ob es ihm möglich wäre, ein anderer oder viele andere Menschen zu werden und nicht in seiner eigenen Persönlichkeit verschanzt zu bleiben.

KARL, 7. Juni

Ich habe eben noch einmal durchgelesen, was ich letzte Woche für Sie notiert habe, und es schien, als hätte es ein völlig anderer geschrieben. Ich weiß nicht mehr, woran ich gedacht habe. Ich glaube, daß ich jetzt ein paar Gedanken haben müßte, aber ich habe einfach keine. In den ersten Sitzungen, als ich mich persönlich noch nicht so betroffen fühlte, fiel es mir ziemlich leicht, mich hinterher hinzusetzen und darüber nachzudenken, was geschehen war, aber nach den beiden letzten Sitzungen fühlte ich mich völlig ausgetrocknet und mußte mich erst wieder erholen. In diesen Sitzungen habe ich nicht wie gewöhnlich beobachtet, und obwohl ich mich daran erinnere, was wir besprochen haben, und mein Leben und meine Probleme mir ziemlich klarwurden, ist dieser Eindruck jetzt völlig verschwunden. Ich kann jetzt nicht mehr so genau formulieren, was ich gesagt habe, und das Gefühl, Ihnen, Ginny und mir selbst ganz nahe zu sein, ist jetzt sehr viel weniger intensiv. Ginny und ich haben miteinander geredet, und ich habe versucht, ihr zu geben, ihr Dinge zu sagen, bei denen sich mein Magen verkrampft in einer letzten Anstrengung, sie zu verbergen. Es hat mich alles sehr aufgeregt. Ich habe seit letzten Dienstag kein Wort an meinem Aufsatz geschrieben, denn jedesmal, wenn ich mich zum Schreiben hinsetzte, stelle ich fest, daß ich das Vertrauen zu dem, was ich schreiben wollte, verloren habe, und dann zweifle ich noch mehr an mir, was es noch schwieriger macht, etwas zu schreiben. Dann reiße ich mich vom Schreibtisch los und tue, was ich kann, um mich zu beruhigen. Wenn ich schließlich ruhiger werde, was gewöhnlich bis abends dauert, fühle ich mich auch völlig leer, weil ich denke, ich hätte nichts Nützliches getan. Wieder ist ein Tag meines Lebens vergangen, und ich habe bloß meine Nerven erschöpft. Ginny ist mir an solchen Tagen gar keine Hilfe, und ich wüßte auch nicht, wer mir sonst helfen könnte. Meine alten Wertvorstellungen, so schlecht und begrenzt sie gewesen sein mögen, lösen sich auf, und ich weiß nicht, wodurch ich sie ersetzen soll. Wenn ich schreibe, erweist sich das daran, daß ich keinen angemessenen Standpunkt mehr finde, ich lege aber Wert darauf, etwas zu schreiben, das mehr zeigt als nur Verwirrtheit. Ich verstehe jetzt, warum Patienten vom Therapeuten abhängig werden, aber ich will das nicht. Ich glaube, das ist es, was mich über die Sitzungen schweigen läßt. Ich glaube, tief drinnen habe ich Angst, daß das alles nicht funktionieren könnte. Mit *dem* Problem muß ich fertig werden, aber da ich spüre, wie ein neuer Tag voller Inaktivität heraufzieht, höre ich lieber auf.

DR. YALOM, 14. Juni

Die vorletzte Sitzung. Sie startete schlecht. Ginny klopfte an die Tür, ich bat sie herein, es war schon eine Viertelstunde zu spät. Ich war ganz überrascht, denn ich hatte unsere Verabredung völlig vergessen, weil ich mit einer dringenden Ausarbeitung beschäftigt war. Ich glaube nicht, daß das mit Ginny zusammenhing, denn dasselbe war mir in dieser Woche schon bei zwei anderen Patienten unterlaufen. Ich stehe ziemlich unter Zeitdruck, weil ich vor meiner Abreise in die Sommerferien noch ein Kapitel in einem Buch und eine Ansprache vor einer großen Jahresversammlung am Samstag vorbereiten muß. Ich brauchte also ein oder zwei Minuten, um mich zu orientieren, und murmelte etwas, daß meine Sekretärin heute nicht da sei und ich den Überblick über die Zeit völlig verloren hätte.

Dann fingen wir an, und die ersten fünf Minuten genügten bereits, um mich in Verzweiflung zu stürzen. Jesus, da saß ganz die alte Ginny! Alles war verengt und gespannt, sie wünschte, daß Karl da wäre, um die Dinge in Gang zu bringen. Sie erzählte, sie fühle sich leblos und werde von Phantasien gequält. Sie sagte, sie blende sich wieder wie früher aus dem Gespräch aus. Sie erzählte eine lange Geschichte, daß sie mit Karl keinen Orgasmus haben könne und daß sie glaube, das werde der entscheidende und tödliche Faktor für ihr Verhältnis sein.

Allmählich fiel ich in tiefe Hoffnungslosigkeit. Warum ist alles so verdammt kompliziert? Warum kann es denn nie ein Happy-End geben? Warum kann sie nicht nehmen, was sie von mir bekommen hat? Warum kann sie es nicht behalten, zu ihrem Besitz, zu einem Teil von ihr machen? Ich war so gelähmt, daß ich mich wie ein Automat benahm, dessen

Verhalten nach einer unserer Sitzungen von vor sechs Monaten programmiert worden war. Wieder einmal stellte ich ihre ausschließliche Fixiertheit auf die sexuellen Probleme in Frage. Es gab doch offensichtlich so viele andere wichtige Dinge zwischen ihr und Karl. Für mich sei es merkwürdig, daß sie glaube, die ganze Beziehung drehe sich nur um die Achse der Orgasmen. Sie wolle doch sicher nicht immer weiter ihren eigenen Wert nach der Zahl der Orgasmen bemessen. Ich sagte ihr, wenn Sex tatsächlich das Problem wäre, gäbe es auch dafür ein Mittel; sie könnte zu einem Eheberater gehen, zu einem Therapeuten, der sich auf die Methode von Masters und Johnson spezialisiert habe. Bei all diesen nutzlosen Bemerkungen aus der guten alten Zeit spürte ich freilich hinter ihrer heftigen Regression eine Art Absichtlichkeit.

Und ungefähr da kam ich plötzlich wieder zu Verstand und benutzte ihn auch: plötzlich war mir alles sehr klar. Was Ginny tat, mußte ich unter dem Aspekt der Beendigung der Therapie betrachten, die ja nun schon unmittelbar bevorstand. Ich erinnerte sie daran, daß wir zwar für den Herbst noch eine Verabredung geplant hätten, daß das aber nur eine einzelne Stunde sein werde, daß sie also dies als die vorletzte Stunde ansehen müsse. Ich war jetzt völlig davon überzeugt, daß sie sich nur deshalb leblos fühlte, weil sie keine starken Gefühle wegen der bevorstehenden Trennung empfinden wollte. Ich verbiß mich in diese Deutung wie eine Bulldogge und ließ die ganze Stunde hindurch nicht mehr locker, und ich glaube, ich habe richtig gehandelt. Ich dachte mir eine Menge cleverer kleiner Tricks aus, um sie dahin zu bringen, daß sie einerseits etwas Abstand von der Situation gewann, andererseits aber noch dazu in der Lage blieb, mir zu sagen, was sie über mich und die Beendigung der Therapie dachte. Als sie sagte, sie wolle sich ihre Gefühle aufsparen für nächste Woche, fragte ich, ob sie heute schon sagen könne, was sie dann sagen würde. Ich fragte, ob sie jetzt schon vorhersagen könne, was in dem Brief stehen werde, den sie mir im Sommer schreiben wolle. Ich fragte, ob sie mir sagen könnte, was sie jetzt im Augenblick fühlen würde, wenn ihre Leblosigkeit heute nicht so überwältigend wäre. Allmählich kamen einige Dinge zum Vorschein – sie würde mich vermissen. Sie war sehr eifersüchtig, als ich Karl bei der ersten Sitzung so viel Aufmerksamkeit schenkte, und sie hat sich sehr darüber aufgeregt, daß er fragte, ob er das nächste Mal wieder mitkommen dürfe, denn sie habe gewußt, daß sie mich mit ihm teilen müßte, obwohl natürlich alles sehr gut gelaufen war, wie sie zugeben mußte. Sie fand, ich sei großartig mit Karl zurechtgekommen, sie bewunderte mich sehr und hatte viel Vertrauen zu mir. Sie würde mich vermissen. Es werde eine große Leere in ihrem Leben entstehen. Sie war fast zwei Jahre in Einzelbehandlung bei mir, und vorher hat sie anderthalb Jahre lang meine Gruppentherapie besucht. Dann sagte sie, wenn sie sich nicht völlig leblos fühlte und über ihre Gefühle nur redete, würde sie sehr viel weinen und sehr starke Empfindungen ertragen müssen. Und was sollte sie dann nächste Woche erst tun? Mindestens ein dutzendmal sagte ich ihr, daß ich davon überzeugt wäre, daß ihre heutige Leblosigkeit sie nur daran hindern solle, ihre Gefühle auszuleben und auszudrücken. Ich fragte, ob es ihr peinlich wäre, mir einige ihrer positiven Gefühle über mich mitzuteilen. Sie sagte, sie werde mich vermissen, und ich sagte, ich würde sie auch vermissen. Sie erklärte, sie habe in der Gruppentherapie manchmal Leute in derselben Situation erlebt, in der sie selbst jetzt sei: daß man auf die richtige Frage wartet. Ich fragte, was denn die richtige Frage wäre, und sie sagte: »Was empfinden Sie für Dr. Y?« Ich wiederholte ihre Worte. Sie begann zu weinen und gestand, daß sie tatsächlich sehr heftige Empfindungen habe, die sie sich normalerweise nicht erlauben würde; es seien gute Gefühle und sie wisse nicht, warum sie sie nicht herauslassen wolle. Sie sagte, das sei masochistisch von ihr, denn sie wisse, daß es gut für sie wäre, wenn sie mir diese Gefühle mitteilte. Sie werde meinen Humor vermissen, er sei ganz anders als der von Karl.

Ich fragte, ob es nicht zu ihrer Leblosigkeit beigetragen

hätte, daß ich sie am Anfang der Stunde warten ließ. Sie verneinte das, überzeugte mich aber nicht völlig. Sie sagte, es habe ihr nichts ausgemacht, daß ich zu spät kam, denn sie habe sich dadurch in gewisser Weise etwas länger in meiner Umgebung aufhalten können. Als ich sie zu Beginn der Stunde nach ihren Gefühlen wegen der Beendigung der Therapie gefragt hatte, hatte sie hingegen erklärt: »Wie lange können Sie denn noch mit mir weitermachen?« (Als ob sie so abschreckend wäre, daß ich sie nicht länger empfangen könnte.) Es gelang mir nicht, sie zu einer Präzisierung dieser negativen Aussage über sich selbst zu veranlassen, aber ich bin ziemlich sicher, daß unter all diesen positiven auch einige negative Gefühle gemischt sind, zum Beispiel Ärger über meine Abreise; und ihre Leblosigkeit ist teilweise der Widerschein einer Bestrafung. Ich versuchte, sie darauf zu bringen, indem ich bemerkte, daß sie vielleicht zwar nicht bewußt auf mich böse sei wegen der Beendigung der Therapie, daß ihre Handlungen aber für sie sprächen. Sie habe zum Beispiel den Eindruck, keine guten Berichte für mich zu verfassen und generell zu regredieren, worüber ich offensichtlich enttäuscht sei, da ich doch so froh über jedes Zeichen von bleibendem Fortschritt bei ihr und mit Karl wäre.

Sie nannte einige Beispiele dafür, daß die gemeinsamen Sitzungen nützlich gewesen seien, vor allem weil sie die Kommunikation zwischen ihr und Karl in einem Ausmaß erleichtert hätten, das vor den Sitzungen mit mir undenkbar gewesen sei. Sie ging sogar so weit zu behaupten, daß die Sitzungen auch dann nicht verschwendet seien, wenn Karl sie verlassen sollte; denn sie seien ihr Besitz, den sie in andere Situationen einbringen könne.

Die Aussicht, mir lange Briefe schreiben zu können, scheint sie geradezu mit Begeisterung zu erfüllen, aber ich glaube, daß ist nur eine Methode, mit der sie dem Ende der Therapie ausweichen möchte; vielleicht erscheint es ihr einfacher, Liebe in der Distanz auszudrücken. Abgesehen davon, daß ich sagte, ich würde sie vermissen, enthüllte ich heute nur wenig von meinen Gefühlen ihr gegenüber, und mußte darüber nachdenken, wie grausam die Psychotherapie ist, die Liebe und Fürsorge immerzu preist und sie andererseits doch ganz mechanisch zerreißt. Sie schien sehr bewegt gegen Ende der Sitzung, und ich glaube, die Leblosigkeit war vergangen. Sie tat etwas, was sie nie zuvor getan hatte – sie hielt mir, wenn auch zögernd, die Hand hin. Ich ergriff sie und berührte ihre Schulter, als sie das Büro verließ. Wie schändlich, daß ich heute ihr Kommen vergessen hatte. Wenn ich mit ihr zusammen bin, erfüllt sie mich völlig; es erstaunt mich, daß ich sie sonst in der Woche so gänzlich aus meinem Bewußtsein verdrängen kann. Ich glaube, solche Unterteilungen des Bewußtseins sind einfach notwendig, um in diesem verrückten Gewerbe analytisch bemessener Liebe überleben zu können.

GINNY, 14. Juni

Bei der Heimfahrt im Bus hatte ich viel Zeit, um in meinen Gedanken und Säften zu schmoren. Vielleicht haben Sie recht, daß die ganze Schau mit meiner Leblosigkeit nur ein Schild ist, mit dem ich mich gegen die Gefühle wegen des Endes der Therapie abschirmen möchte. Ich kann es nicht ertragen, daran zu denken. Vielleicht ist das der Grund, weshalb ich Ihnen in der vorletzten Woche noch ein ganzes Bündel Probleme und unerledigter Dinge gebracht habe. Um Ihnen zu zeigen, daß ich Ihre Schule noch nicht verlassen kann.

Sie sagten, wenn ich meine Gefühle frei strömen ließe, wäre die Therapie wirklich vorbei. Das wüßte ich. Ich kann es nicht ertragen, Sie nicht mehr zu sehen. Sie fragten, ob ich wütend auf das betrügerische Komplott der Therapie sei, bei dem man sich so nahe kommt und abhängig wird und dann plötzlich abgehängt wird. Ja, natürlich bin ich wütend, und um es zu zeigen, benutze ich wieder die alte Methode – ich quäle mich, erschöpfe mich und stumpfe mich ab, bis Sie merken, daß ich mich quäle und sich entsprechend schuldig fühlen.

Einen kurzen Augenblick lang gelang es Ihnen beinahe, mir meine Gefühle und Tränen zu geben, ich brannte innerlich und erreichte doch nicht das Ziel. Dazu hätte ich nicht nur innerlich alles abspulen dürfen, sondern hätte einen Anlauf nehmen und spontan alles sagen müssen, was wehtut, was ich empfinde. Das hätte ich Ihnen geben müssen. Hinter der Wand hörte ich, wie im nächsten Zimmer jemand bei der Therapie ununterbrochen geweint hat.

Was ich heute getan habe, geschah, um mich zu schützen. Sie wollten, daß ich Ihnen sage, wie ich über das Ende der Therapie denke, und das habe ich einfach nicht getan. Ich sagte, ich mag Sie. (Ziemlich lahm.) Aber das hat mit dem Ende der Therapie nichts zu tun. Sie haben mich stets für zerbrechlich gehalten. Das liegt nur daran, daß ich so verdammt viel Verpackung um mich herum habe. Ich hoffe bloß, daß wir uns nächste Woche noch einmal nahe kommen, sonst habe ich das Gefühl, ausschließlich in Ihrer Schuld zu stehen, so als ob ich versagt hätte.

Ich habe Ihnen immer vertraut. Und Sie waren so gut zu mir. Vielleicht habe ich mehr gewollt und Sie deshalb so hartnäckig bekämpft dieses Jahr. (Passiv natürlich, indem ich innerlich das Gefühl hatte, die meiste Zeit nicht voranzukommen.) Ich habe wohl gedacht, ich könnte Sie zu einem Gewaltakt mir gegenüber treiben. Dazu, die enttäuschende Klette endlich abzustoßen.

Ich weiß nicht, ob ich trotz dieses ganzen Gejammers allzu glücklich wäre, wenn Sie mich mit einigen Extra-Therapiewochen überraschen würden. Ein Teil meiner Leblosigkeit ist wohl auch eine Reaktion auf die Therapiefalle, auf die Tatsache, daß ich jede Woche kommen und Ihnen erzählen muß, wie wichtig Sie und ich und Karl mir sind. Und nur zum Leben erwache, um mich zu quälen.

Letzte Woche verlangten Sie immer wieder, daß ich Ihnen sagen sollte, was ich über Sie denke, nicht um Ihretwillen, sondern um meinetwillen. Ich glaube, daß es trotzdem vor allem für Sie wichtig war. Es hätte Ihnen nämlich das Gefühl gegeben, daß wir etwas erreicht hätten. Irgendwann, vielleicht im Sommer, wenn alles etwas eingesickert ist, kann ich es Ihnen sagen oder schreiben. Und mit diesem leichten Versprechen schlüpfe ich wieder davon. Innerlich bete ich dauernd, etwas Heroisches für Sie tun zu dürfen, freilich nicht heute, sondern morgen erst, morgen.

DR. YALOM, 21. Juni

Die letzte Stunde. Ich bin ziemlich zittrig, sehr traurig und sehr bewegt. Meine Gefühle für Ginny gehören zu den besten, die ich je gehabt habe. Ich fühle mich ihr sehr nahe, sehr warmherzig, sehr selbstlos und zärtlich. Ich habe das Gefühl, sie völlig zu kennen, und wünsche ihr nur das Beste.

Es war eine schwierige Stunde heute, aber andererseits war es die ganze Woche so. In ein paar Tagen fahre ich für zehn Wochen weg, und ich habe so vielen Patienten und anderen Leuten »Auf Wiedersehen« sagen müssen, daß es auch darauf abgefärbt hat, wie ich es Ginny sagte. Heute hatte ich zum Beispiel zwei Gruppen, denen ich Lebwohl gesagt habe. Die eine ist eine Gruppe von angehenden Psychiatern, die in ungefähr drei Monaten fortgesetzt wird, aber in dieser Gruppe sind auch zwei Frauen, die nicht weitermachen werden, weil ihre Ausbildung beendet ist. Ich mußte mich von ihnen verabschieden, und sie waren beide sehr gerührt, und ich war auch sehr bewegt, obwohl nicht im selben Maße wie bei Ginny. Trotzdem, es war eine Woche des Abschieds, eine Woche, in der ich mich mit dem Gespenst der Trennung auseinandersetzen mußte, über das ich in der Literatur schon viel gelesen habe und zu dem ich meinen Studenten sage, sie müßten besser damit fertig werden. Aber wie wird man »fertig« mit etwas, das so entwürdigend ist?

Was sollte ich mit Ginny heute machen? Sollte ich sie noch einmal erzählen lassen, wie schön es gewesen sei oder wie sehr ich ihr dabei geholfen habe, Klarheit über ihre Gefühle für Karl zu gewinnen? Oder sollte ich versuchen, ihr Richtlinien für die Zukunft zu geben? Oder noch einmal ihre Fortschritte rekapitulieren? Oder was? Wir quälten uns beide, ich mich genauso wie sie. Beide schauten wir dauernd auf die Uhr. Ich hörte sogar eine oder zwei Minuten zu früh auf, weil ich den Eindruck hatte, wir könnten es beide nicht länger ertragen, und weil ich einfach keine Lust hatte, das Ritual bis zur letzten Neige der vollen fünfzig Minuten zusammen zu zelebrieren. Ich fragte sie nach ihren Gedanken. Sie fragte nach meinen. Sie mußte sich anstrengen, um Gedanken zu produzieren. Als erstes erwähnte sie, daß sie nach der letzten Stunde physisch krank geworden sei. Sie hatte eine Grippe gehabt, das sei nach einer besonders schlechten Stunde schon mehrfach der Fall gewesen. Das kam überraschend für mich und zwang mich dazu, die letzte Stunde innerlich noch einmal zu analysieren. Sie sagte, sie sei egoistisch gewesen, habe nichts gegeben, habe sogar vollständig abgeschaltet. Ich sagte ihr, ich sei überrascht, das zu hören, denn ich sei der Ansicht gewesen, sie habe eine Menge geleistet. Es war gut, über die letzte Woche zu reden; es war ein kleines Stück solider »therapeutischer Arbeit«, worauf wir während der heutigen Stunde stehen konnten.

Ich fragte, was sie in fünf oder zehn Jahren tun wolle. Wir redeten über Kinder. Sie fragte, wie alt ich gewesen sei, als mein erstes Kind geboren wurde, und ich sagte, ich sei vierundzwanzig gewesen. Zaghaft setzte ich zu der Frage an, ob die Tatsache, daß Karl keine Kinder haben möchte, sie vielleicht veranlassen könnte, sich gegen eine gemeinsame Zukunft mit ihm zu entscheiden – das abgewetzte Problem, ob Karl der einzige ist, der in ihrer Beziehung Entscheidungen treffen kann, ein Thema, das schon so alt und bemoost ist, daß ich mich irgendwie schämte, es wieder hervorzukramen. Es hat noch nie sehr viel Eindruck gemacht, und der Himmel weiß, daß es auch jetzt nicht sehr nützlich sein wird. Sie hat nie von sich aus Entscheidungen getroffen. Andererseits ist sie so reizend, daß man sich immer für sie entscheiden wird, und das ist wohl auch ziemlich wichtig, glaube ich.

Ich war offensichtlich sehr durcheinander heute. Mein Zimmer befand sich wie gewöhnlich in einem chaotischen Zustand; es sah wie ein Kramladen aus mit all den Papieren, Büchern und Aktentaschen, die auf dem Boden herumlagen. In wenigen Tagen fahre ich weg, und ich muß immer noch mehrere Aufsätze abschließen. Sie fragte, worüber ich schriebe, und bot mir im Scherz an, sie wolle mir helfen, das Zimmer aufzuräumen, wobei sie durchblicken ließ, wir brauchten ja nicht die ganze Zeit zusammenzubleiben. Ich versuchte, dem Eindruck vorzubeugen, daß ich indirekt sagen wolle, ich sei zu beschäftigt, um sie zu sehen, aber sie wußte, daß ich das nicht hatte sagen wollen. Eine Zeitlang dachte ich sogar daran, ihr Angebot, beim Aufräumen zu helfen, tatsächlich anzunehmen. Die Idee faszinierte mich. Ich frage mich, warum. Ich glaube, auf diese Weise hätte ich ihr erlaubt, mir etwas zu geben. Außerdem hätten wir auf diese Weise einmal etwas anderes zusammen gemacht als diese zur Routine gewordene Therapie, die ja alles ist, was wir Zusammensein nennen.

Wieder beklagte sie sich darüber, daß sie immer nur über dem Leben dahinschwebe. Ich sagte, es sei vielleicht ganz gut, wenn sie in Zukunft ohne Therapeuten darauf angewiesen sei, sich mit eigenen Kräften fortzubewegen, ohne den wöchentlichen Anstoß der Therapie, der sie für den Rest der Woche dahingleiten lasse. Als ich sie fragte, ob sie noch einmal eine Therapie beginnen wolle, erwähnte sie die Bioenergetiker. Ich stöhnte hörbar, worauf sie bemerkte: »Ach, jetzt habe ich wieder überflüssiges Zeug geredet.« Hat sie mir wirklich verziehen, daß ich ein Zeitlimit für die Therapie gesetzt habe? Wenn ich sie wirklich mochte, hätte ich sie schließlich unbegrenzt weiterbehandeln können. Ginny gab darauf keine direkte Antwort, sondern sagte nur, es sei ihr bewußt, daß es andere gäbe, die mich dringender brauchten, trotzdem habe sie manchmal ihre Fortschritte vor mir verborgen, vielleicht als Strafe dafür, daß ich die Therapie beendet hätte. Sie redete sehr viel über den Herbst und darüber, daß sie mir schreiben wolle, daß ich ja ihre Adresse hätte, daß sie auch weiterhin privat mit mir verkehren wolle, und fragte, wo ich sein würde. Ich sagte, daß sie mir nach Frankreich schreiben könne, daß ich unsere Bekanntschaft gern pflegen wolle, daß sie sich aber darüber im klaren sein müsse, daß wir mit der Therapie wirklich am Ende seien. Die Briefe und die einzelne Sitzung im Herbst könnten diese Tatsache nicht mindern. Sie sagte, das sei ihr durchaus bewußt.

Als ich die Stunde beendete und sagte: »Tja, ich glaube, jetzt müssen wir wirklich Lebwohl sagen«, erstarrten wir beide für einige Sekunden. Sie fing an zu weinen und sagte: »Es war wunderbar, daß Sie das alles für mich getan haben.« Ich wußte nicht ganz, was ich sagen sollte, aber aus meinem Mund kamen die Worte: »Das alles hat mir auch sehr viel gegeben, Ginny.« Und das stimmt auch. Ich ging zu ihr hinüber, noch ehe sie aufgestanden war, um ihr die Hand zu geben, und sie legte ihren Arm um mich und hing eine Minute lang einfach so an mir, während ich ihr mit der Hand über das Haar fuhr und sie streichelte. Ich glaube, es war das erste Mal, daß ich einen Patienten umarmt habe. Es brachte mich beinahe zum Weinen. Und dann verließ sie das Büro, nicht als Borderline-Charakterstörung, als unangepaßte Persönlichkeit, Zwangsneurotikerin, latente Schizophrene oder irgendeine andere Störung, die wir täglich begehen. Nein, sie verließ mich als Ginny, und ich werde sie vermissen.

GINNY, 21. Juni

Jetzt setzen Sie also den schmalen Schlußstein für mich und sind dabei ganz gelassen. All die Umwege, die ich eingeschlagen habe, spielen Sie herunter. Ich gebe zu, daß ich jetzt in der Lage bin, ein normales Leben zu führen. In Ihrem Sprechzimmer sah es so aus, als bauschte ich die Schwierigkeiten künstlich auf. Aber manchmal scheint mein Leben sehr beschränkt zu sein, ohne Wurzeln und wirkliche Nahrung. Ich bin wie eine Zimmerpflanze, die sich in ihrem Topf verschanzt hat. Wenn ich nicht gegossen, in die Sonne und in den Schatten gestellt werde, gehe ich ein. Aber auch wenn einige meiner Wurzeln aus dem Topf herausragen und in der Luft hängen und sogar wenn der Topf überhaupt viel zu klein ist, geht es mir noch gut. Es ist durchaus möglich, daß ich einfach immer so weitermachen kann, ohne daß ich verpflanzt werden muß.

Vielleicht wird es mir ein wenig Mut machen, wenn ich so weiterlebe wie bisher und mir dabei kleine Aufgaben stelle, wie die Wohnung und das Essen. Und mit Karl ist jetzt ja alles anders geworden.

Die Psychotherapie stelle ich mir immer als Möglichkeit vor, zwischen dem wahren Selbst und dem träumenden, Winterschlaf haltenden Selbst eine Brücke zu schlagen. Ich befinde mich zur Zeit in einem ruhigen Belagerungszustand, bei dem ich mich gegen mein Inneres wehre. Ich fühle mich ganz in Ordnung.

Ich frage mich, wie irdisch ich noch werden kann, bevor Sie mir für meine Besserung die Note Eins geben. Ich möchte nicht mit Dynamit aus meinem behaglich zusammengerollten Selbst gesprengt werden. Ich verliere mich lieber in erregenden Erinnerungen. So scheint es wenigstens.

Unser gemeinsames Problem besteht noch immer darin, zu definieren, was wirklich ist. Bei vielem, was Sie in der Sitzung tun und ich sage, verziehe ich nachträglich das Gesicht. Ich glaube, ich hatte die Illusion, daß ich diese letzte Sitzung mit Empfindungen und Tränen aus dieser Spaltung in mir fortschwemmen könnte. Ich habe zu viel Theater gesehen. Und vielleicht bin ich auch ärgerlich, daß ich mich unter Ihrer Anleitung nicht stärker einer psychisch Kranken entwickelt habe, daß ich Ihnen keinen stärkeren Widerstand entgegengesetzt habe.

Und dann wieder denke ich: »Ach, was soll's?« Ich fühle mich wie Löwenzahnsamen im Wind, der sich noch nirgendwo niederlassen möchte. Ich bin ekstatisch, obwohl im Hintergrund der alte Chorgesang ertönt: »Was hast du schon für Gründe, ekstatisch zu sein?« Zumindest sind Sie mein Freund, und ich stelle mir jetzt schon vor, wie ich eines Tages an Ihre Tor klopfen werde.

Nachwort von Dr. Yalom

Die »letzte« Sitzung war nicht die letzte Begegnung mit Ginny. Vier Monate später, unmittelbar bevor sie Kalifornien verließ, hatten wir noch ein Gespräch. Für mich war es eine gespannte und melancholische Unterhaltung, so als ob man eine frühere Freundin wiedersieht und sich bemüht, die ehemals zärtliche, jetzt eher welke Atmosphäre noch einmal einzufangen. Wir führten keine »Therapie« durch, sondern plauderten formlos über den Sommer und Ginnys bevorstehenden Umzug.

Ihr Sommer-Job als Lehrerin in einem Vorschulprojekt hatte ihr sehr viel Freude gemacht, und sie hatte die wissenschaftlichen Leiter des Projekts anscheinend mit der bildhaften und präzisen Beobachtungen über die Kinder, die sie anstelle trockener Arbeitsberichte geschrieben hatte, sehr überrascht. Ich mußte lächeln, als ich mir die Gesichter dieser Wissenschaftler bei der Lektüre ihrer Berichte vorstellte.

Die gefürchtete Katastrophe war eingetreten: Karl hatte eine Stelle in einer Stadt angenommen, die zweitausend Meilen entfernt lag. Aber er hatte ihr auf vielfache Weise zu verstehen gegeben, daß er sie gern mitnehmen würde. Es war Ginny sehr bewußt, daß sie mehr als eine Möglichkeit hatte – sie konnte mit Karl gehen, mit ihm leben, ihn heiraten, aber wenn das nicht gelang, war ihr genauso wohl bei dem Gedanken, in Zukunft ohne ihn auszukommen. Sie schien zuversichtlicher und weniger verzweifelt. Ich hatte nicht mehr den Eindruck, daß sie auf dem straffen Laken der Angst lag.

Ginny verließ Kalifornien mit Karl und verschwand für einige Monate aus meinem Bewußtsein, bis ich eines Tages unsere Berichte in eine Aktentasche stopfte, nach Hause trug und meiner Frau zum Lesen gab. Die Reaktion meiner Frau überzeugte mich davon, daß man eine Veröffentlichung erwägen solle, und zehn Monate nach unserer letzten Sitzung rief ich Ginny an, um die Frage mit ihr zu erörtern. Obwohl sie Bedenken hatte, war sie bereit, unser Experiment publizieren zu lassen (solange ihre Anonymität dabei gewahrt blieb). Wir kamen überein, unsere Beiträge zu redigieren, jeder ein Vorwort und Nachwort zu schreiben und das Honorar gleichmäßig zu teilen. Am Telefon konnte ich von der alten verzweifelten Stagnation, die zu Beginn ihrer Behandlung so typisch für Ginny gewesen war, nichts mehr entdekken. Sie klang (und natürlich wollte ich das) aktiv und optimistisch. Sie hatte einige gute neue Freunde gewonnen und war schriftstellerisch sehr aktiv. Sie hatte ihren ersten Text für dreihundert Dollar verkauft, ein ziemlich verblüffendes Ereignis, denn es entsprach genau einer Phantasie, die sie mir zu Beginn der Behandlung erzählt hatte. Das Verhältnis zu Karl schien noch immer nicht völlig geklärt zu sein, aber es war deutlich, daß sich die Regeln ihrer Beziehung verändert hatten: Ginny schien jetzt energischer zu sein und sich besser zu helfen zu wissen.

Einige Tage später erhielt ich einen langen Brief von ihr, den ich zum Teil zitieren möchte:

Lieber Dr. Yalom,

... Ich weiß nicht, was ich denke und fühle. Ich schwanke zwischen heißen Wallungen und dem Versuch, das alles aus meinem Bewußtsein zu verdrängen und mich ganz auf den finanziellen Aspekt zu konzentrieren, denn das Geld könnte ich recht gut gebrauchen. Ich wünschte, meine Beiträge wären besser. Wenn ich zurückblicke, habe ich schließlich oft nur ein paar Minuten aufgewendet für die Berichte. Aber so bin ich nun einmal. Ich versuche gerade, meinen Roman abzuschließen, und schreibe fünf Seiten am Tag, was sich großartig anhört – wenn man davon absieht, daß ich nur eine Viertelstunde brauche, um täglich fünf Seiten zu schreiben. Ich habe immer schon schnell geschrieben. Ich schreibe nach der Rhythmus-Methode: nur Töne und Rhythmen, keine intellektuellen Gedanken, kein Denken. Es scheint alles schon bereitzuliegen in einem Reservoir spontaner Worte. Meine Worte sind immer so nachlässig – Sie müssen wohl glauben, ich habe Sie unbewußt davon abhalten wollen, sie zu veröffentlichen. Ich wünschte, mein Leben wäre jetzt anders, damit ich glauben könnte, daß diese Berichte nur entfernte Erinnerungen sind, während ich selbst mich jetzt mit größeren und besseren Dingen und Gefühlen beschäftige. In der Therapie hatte ich meist das Gefühl, völlig festzusitzen – die einzige Gelegenheit, bei der ich etwas in Schwung kam, war, wenn ich weinte. Ich hatte den Eindruck, daß ich gleich bei unserer ersten Begegnung einen Riesenschritt vorwärts gemacht hätte, und dann, abgesehen von einigen melodramatischen Psychoszenen, bei denen ich endlich einmal jene emotionale Persönlichkeit sein konnte, die ich immer gern gewesen wäre, habe ich irgendwie dauernd nur kleine japanische Trippelschrittchen zurück gemacht. Das ist natürlich alles übertrieben. Ich weiß, daß einige wunderbare Dinge passiert sind. Das beste: unsere Freundschaft. Wenn Sie glauben, daß die Berichte irgendeinen Wert haben – ich vertraue Ihnen.

Lassen Sie mich noch ein wenig darüber berichten, wie ich hier lebe.

... X ist fast genauso wie Palo Alto, aber es fehlt der Luxus und das Geld. An der Universität herrscht ein Klima wie vor den sechziger Jahren. Die Studenten sind so friedlich, ganz anders als in Berkeley. Wenn man ihnen einen Stein in die Hand drückte, würden sie damit höchstens eine Feuerstelle fürs Picknick basteln, aber nie daran denken, ein Fenster einzuwerfen. Wir wohnen in einem alten Haus, dessen Garten wie ein Friedhof für Angelstöcke aussieht – er ist voller frischer und abgestorbener Bambusrohre.

... Ich bin jetzt freiberufliche Schriftstellerin und habe vor kurzem eine Erzählung für 300 Dollar verkauft. Ich habe auch einige Artikel für eine Zeitschrift geschrieben. ... Außerdem habe ich beim CR* einer Frauengruppe mitgemacht und einige persönliche Notizen dazu geschrieben, die demnächst veröffentlicht werden. Ich werde es Ihnen schicken, wenn es erscheint. Zum Glück mußte nicht jede Frau ihre Geschichte erzählen. Ich hätte meine »Ginny und das Benzingeld« genannt.

... Meine Beziehung zu Karl hat sich nicht sehr verändert. Wir fühlen uns immer noch wohl miteinander, und manchmal sind wir sehr zärtlich. Wir hatten auch unser übliches Kontingent an nächtlichen Dramen, bei denen ich in die grauenhafte Angst zurückfiel. Ich bin noch immer in diesem nächtlichen Labyrinth gefangen. Wir sind einfach wir selbst, was nicht sehr leidenschaftlich, aber freundlich ist. Ich sage jetzt, was ich sagen will. Vor einiger Zeit sagte mir Karl, daß ich ohne Ziele und Pläne sei. Ich setzte uns eine Frist von drei Monaten, um unser Verhältnis bewerten zu können ... je länger ich hier bin, desto enger wird unsere Beziehung, aber ich habe kein bestimmtes Ziel und unsere Zukunft ist wie ein Satz, den man bei der Redaktion ebenso beibehalten wie streichen kann.

... Mir geht es gut. Die meiste Zeit bin ich glücklich – obwohl mein Gemüt nach beiden Seiten hin offen ist. Wenn ich mich zum Schreiben zwingen kann, auch wenn es noch so kurz ist, bin ich zufrieden. Ihnen habe ich deshalb so lange nicht geschrieben, weil ich stets das Gefühl hatte, am Rande von etwas zu stehen, und auf die Geschichte gewartet habe, die Sie gern hören würden.

... Als wir uns neulich gestritten hatten und in tödliches

* CR = *consciousness raising*; eine vor allem durch die Frauenbewegung der sechziger Jahre bekannt gewordene Form des Gruppengesprächs, bei dem jeder Anwesende unzensiert »seine« Geschichte erzählt.

Schweigen verfielen, sagte Karl: »Ach, ich dachte gerade, daß es schön wäre, wenn Dr. Yalom jetzt da sein könnte.« Wir grüßen beide herzlich.

Ihre Ginny

Dann folgte Schweigen. Ich spielte meine Rolle für all die anderen Ginnys in meinem Leben, nahm an den Dramen teil, die sich auf der Drehbühne meines Sprechzimmers entwikkelten. Nein, das ist anmaßend! Und unwahr! Ich weiß, was ich meinen Patienten geben kann, und es ist eine Tatsache, daß ich Ginny mehr gegeben habe. Wovon eigentlich mehr? Was ist es, was ich ihr mehr gegeben habe? Deutungen? Erklärungen? Unterstützung? Anleitung? Nein, etwas vom anderen Ende der Methodik. Ich habe Ginny mein Herz entgegengebracht. Sie rührte mich. Ihr Leben war mir kostbar. Ich freute mich auf jeden ihrer Besuche. Sie stand kurz vor dem Hungertod und war dennoch sehr reich. Sie hat mir sehr viel gegeben.

Etwa vierzehn Monate nach der »letzten Sitzung« kam sie nach Kalifornien, und wir trafen uns zweimal. Das erste war ein Arbeitstreffen mit meiner Frau. Ginny kam zusammen mit ihrer besten Freundin. Ginny wollte uns miteinander bekannt machen, hatte mich aber vorher gewarnt, ich solle nichts darüber verlauten lassen, daß wir zusammen an einem Buch schrieben. Das verursachte natürlich einige Verlegenheit. Die Freundin, eine bezaubernde Schwarzhaarige, blieb nur einige Minuten. Als sie uns verlassen hatte, blieben nur Ginny, meine Frau und ich. Wir sprachen über das Manuskript und plauderten so dahin bei Sherry, Tee und irgendwelchen albernen, selbstgebackenen Plätzchen. Wenn ich auch nicht wußte, was ich erwartet hatte, aber eines wollte ich mit Sicherheit nicht: Konversation und Einmischung anderer.

Ich habe einen Horror vor dem beruflich-gesellschaftlichen Sumpfland. Man tut so gemütlich und ist es nicht. Ginny zeigt ihre Manieren. Sie spielt ihre Rolle, versucht, meine

Frau zu erfreuen, aber wir wissen beide, daß sie nur knapp vor einer Sturzflut der Schüchternheit wegpaddelt. Wir sind Verschwörer, wir machen bei einer gesellschaftlichen Komödie mit und tun so, als merkten wir nichts. Meine Frau nennt mich *Irv*, Ginny bringt den Namen nicht über die Lippen, und ich ziehe als Dr. Yalom meine Kreise. Ich duze sie nicht, wenn ich ihr irgendwelche Anleitungen gebe, weil ich unter dem magischen Einfluß einer trüben Rationalisierung stehe, derzufolge ich für etwaige zukünftige Fälle meine professionelle Distanz wahren müsse. Fast noch merkwürdiger ist mein Widerwillen gegen die Vertraulichkeit meiner Frau in Ginnys Gegenwart. Ich erinnere mich kaum noch, was ich bei Ginny erreichen wollte? Ach ja, ich wollte »ihre Realitätsprüfung verbessern, so daß sie ihre positive Übertragung verarbeiten könnte«.

Einige Tage später sprachen Ginny und ich in der behaglichen, unzweideutigen Atmosphäre meines Sprechzimmers miteinander. Dort jedenfalls kannte jeder von uns »seinen Platz«. Wir analysierten unsere Eindrücke von der Einladung bei mir zuhause. Ginnys Freundin hatte so lebhaft meine Wärme und Zwanglosigkeit gerühmt (was keineswegs für besonderen Scharfblick spricht!), daß Ginny sich heftige Vowürfe gemacht hatte, ihre Zeit bei mir nicht besser genutzt zu haben. Bevor wir anfingen, gab es einen interessanten kleinen Zwischenfall. Ginny stellte sich meiner neuen Sekretärin vor, die sie fragte: »Sind Sie eine Patientin?« Und Ginny hatte rasch geantwortet: »Nein, ich bin eine Bekannte.« Darüber waren wir beide sehr froh.

Meine Frau wollte mit Ginny über einige Sätze des Manuskripts sprechen und klopfte während unserer Unterhaltung zweimal an die Tür. Das erste Mal sagte ich, wir brauchten noch fünf Minuten. Aber wir redeten viel länger, und meine Frau, die ungeduldig wurde, weil sie eine andere Verabredung hatte, klopfte noch einmal. Diesmal kam mir Ginny zuvor und sagte zu meiner Überraschung fast etwas schroff: »Nur noch ein paar Minuten.« Als sich die Tür wieder schloß, brach sie in Tränen aus, echte Tränen, bei denen die

Gegenwart hereinbrach: »Mir ist jetzt gerade klar geworden, daß ich nur noch ein paar Minuten habe. Es geht mir nicht darum, daß Ihre Frau Sie ja immer hat, aber diese Zeit ist wirklich kostbar für mich.« Sie weinte wegen uns beiden, weil wir nie wieder zusammen sein würden, sie weinte vor Freude, weil sie endlich »gesagt hatte, was sie wollte«, sie weinte, weil sie traurig war (leider!), das in ihrem Leben nicht schon viel öfter getan zu haben. (Beide waren wir traurig, daß sich dieser freude-tönende Kobold wieder gezeigt hatte, der sie auch mitten im Erfolg noch dafür beschimpfte, nicht noch erfolgreicher gewesen zu sein.)

Bald nachdem sie nach Hause zurückgekehrt war, schickte mir Ginny einen Brief mit dramatischen Neuigkeiten:

> ... Als ich nach Hause kam, waren Karl und ich wieder wie Fremde. Er ignorierte mich irgendwie, und ich fühlte mich wie ein Kind, das von seinem Vater vernachlässigt wird. Karl konnte mir Dinge wegnehmen, zum Beispiel Schwimmen gehen oder andere Dinge, die wir sonst zusammen machten. Wenn er keine Lust hatte, gingen wir eben nicht. Schließlich stellte ich ihn und sagte ihm, daß wir gar nicht gut miteinander auskämen. »Ich weiß«, sagte er. »ich möchte hier weg.« Diesmal erhob ich keinen Protest, und am nächsten Tag war er ausgezogen. (Das war vor zwei Tagen.) ... Keiner gibt dem anderen die Schuld, vielleicht hatten wir einfach keine Zukunft. Jetzt ist es schon zwei Tage her, und ich habe ein ziemlich hohles Gefühl im Magen, aber im Kopf geht es mir schon wieder besser. Ich habe nicht die Absicht durchzudrehen. Ich bin nur schrecklich traurig und kann es nicht recht glauben. Zuerst habe ich gedacht, ich sollte sofort nach Kalifornien zurückgehen. Aber ich möchte lieber mit beiden Füßen am Boden bleiben und versuchen, mein Leben allein zu leben. Ich will mir beweisen, daß ich unabhängig sein kann und nie wieder Angst zu haben brauche. Ich werde so lange wie möglich hierbleiben. Karl sagt, er habe sich mit mir gelangweilt. Das glaube ich ihm. Ich habe es selbst

gespürt. ... Ich möchte gern stark und gesund werden, ich möchte das alles hier überwinden. Ich gewinne an Durchblick. In meinen schlimmsten Augenblicken, wenn ich ganz verzweifelt bin, vertraue ich einfach ganz fest darauf, daß es vorübergeht und daß man am Kummer nicht stirbt. (Eine schmutzige Masche!) Weinen bringt mich zwar auch nicht weiter, aber es ist immerhin etwas, und wie Sie wissen, neige ich zu Tränen. Wenn es ganz schlimm werden sollte, werde ich zu einem Arzt gehen, der mir Valium verschreibt, aber in puncto Beruhigungsmittel bin fast genauso streng wie die Leute von *Christian Science*. Letzte Nacht habe ich gut geschlafen. Ich war zwar traurig, als ich aufwachte, aber ich hatte nicht eigentlich Angst.

Ich bin mir sicher, daß ich es schaffen werde, und werde mich nach einem Job umsehen. Ich weiß, daß die nächsten Wochen endlos und schmerzhaft sein werden. Zwischendurch vergesse ich es wieder, dann fällt es mir wieder ein, ich kann es einfach nicht glauben, daß Karl nie wieder da sein wird. Wir haben uns nicht im Zorn getrennt, wir waren nur traurig.

Obwohl sie darum nicht gebeten hatte, stopfte ich postwendend einige kostenlose therapeutische Ratschläge in einen Umschlag und schickte ihn ihr.

Liebe Ginny,

das war ja ein ziemlicher Schock, aber er kam nicht völlig unerwartet für mich. Es tut mir leid, daß es Ihnen so schlecht geht und wohl auch in den nächsten Monaten noch gehen wird, aber ich habe kein vollständig schlechtes Gefühl dabei und ich sehe aus Ihrem Brief, daß es Ihnen genauso geht. Ich glaube, die Tatsache, daß Karl das getan hat und daß er es so schnell hat tun können, spricht wohl dafür, daß er diesen Schritt in seinem Innern schon seit langem getan hatte. Ich glaube, daß man solche Dinge nicht innerlich tun kann, ohne daß der andere das spürt, was bei Ihnen zu einem allgemeinen dumpfen Unbehagen geführt hat, das all diese Monate hindurch Ihr Wachstum behindert hat. Um Ihnen zu helfen (ich weiß, daß Sie mich nicht darum gebeten haben!), kann ich Sie nur daran erinnern, daß der Zustand, in dem Sie sich jetzt befinden, vorübergehen wird. Nach dem Schock und der Panik wird vermutlich eine Phase wirklichen Kummers über Ihren Verlust und ein Gefühl der Leere eintreten. Vielleicht sogar Wut (man denke!), aber der natürliche Verlauf solcher Dinge liegt meist bei etwa zwei bis drei oder vier Monaten und danach werden Sie meiner Ansicht nach auf der anderen Seite stärker denn je aus der Sache hervorgehen.

Die Kraft, die Sie jetzt zeigen, beeindruckt mich sehr. Wenn ich während dieser bösen Periode irgend etwas für Sie tun kann, dann lassen Sie es mich bitte wissen.

Mit dem Optimismus eines Chirurgen, der vom Erfolg seiner Operation überzeugt ist, ohne sich um das Schicksal des Patienten zu kümmern, war auch ich überzeugt davon, daß Ihr Brief sehr viel Stärke zeigte. Der Bruch mit Karl war keineswegs der Beweis eines Fehlschlags: der therapeutische Erfolg war keineswegs damit identisch, daß sie mit Karl zusammenblieb (obwohl ich selbst während unserer ersten gemeinsamen Sitzungen diesem Irrtum unterlegen war). Darüberhinaus hatte Ginny beim endgültigen Bruch durchaus eine Rolle gespielt, die freilich nicht so aktiv gewesen war, wie sie vielleicht gewollt hatte. Es ist aber ein häufiges Phänomen, daß ein Paar nicht zusammenbleiben kann, wenn sich einer der Partner verändert, während der andere bleibt wie er ist; denn die Balance der Beziehung verschiebt sich dadurch. Vielleicht ist Ginny über Karl hinausgewachsen oder hat jedenfalls gemerkt, daß die Beziehung durch Karls Rechthaberei auf sie lähmend wirkt; vielleicht kann sie sich ein Leben ohne Karl erst jetzt richtig vorstellen und ihm erlauben, sie zu verlassen. Schließlich hatte er oft genug angedeutet, daß er aus der Beziehung herauswollte, sich aber durch Schuldgefühle an sie gebunden fühlte, weil er Angst hatte, daß sie an einer Trennung zerbrechen würde. Aber Schuldgefühle sind schließlich das schlechteste Bindemittel für eine Beziehung. Vielleicht hatte Karl jetzt erkannt, wieviel stärker sie geworden war. Vielleicht waren sie beide jetzt frei und konnten ungehindert ihren Interessen nachgehen.

Mein Optimismus bestätigte sich. Durch mehrere Telefongespräche während der nächsten vier Monate erfuhr ich, daß sie ganz ausgezeichnet reagierte. Sie betrauerte ihren Verlust und leckte ihre Wunden, dann machte sie die Türe auf und ging in die Welt hinaus. Sie suchte sich Freunde; fand eine Stelle als Autorin bei einer literarischen Stiftung und arbeitete daneben weiter freiberuflich; sie verabredete sich mit Männern und suchte sich einen aus, zu dem sie bald eine tiefe und liebevolle Beziehung entwickelte. Sie ist zufrieden und fühlt sich sehr wohl mit ihm, zum Teil, weil er nicht rechthaberisch, sondern zärtlich und fürsorglich ist, zum Teil aber auch (bilde ich mir gern ein), weil sie selbst neue Stärke gewonnen und ihre Fähigkeit gesteigert hat, zu kommunizieren, zu vertrauen und zu lieben.

Die Gefahr, daß dieses Buch nicht erscheinen würde, hat mehrfach bestanden, vor allem einmal, als ich einen von mir sehr geschätzten Kollegen, der ein überzeugter Freudianer ist, gebeten hatte, das Manuskript zu lesen. Nachdem er die ersten dreißig Seiten gelesen hatte, sagte er: »Das ist genau das, was Wilhelm Reich die ›chaotische Situation‹ genannt hat: der Therapeut sagt dem Patienten immer das, was ihm gerade einfällt.« Glücklicherweise hatten mir mehrere positive Reaktionen von anderen Kollegen schon so hinreichend Selbstvertrauen gegeben, daß ich es dennoch wagte, das Buch erscheinen zu lassen und den Text nicht zu ändern. Allerdings stelle ich bei der erneuten Lektüre des Manuskripts ebenfalls fest, daß meinen Maßnahmen ein Anschein von Willkür anhaftet, der die Tatsache verdeckt, daß der gesamte Ablauf der Therapie sich im Rahmen eines großzügigen, aber dennoch strengen theoretischen Konzepts bewegte. Auf den folgenden Seiten werde ich dieses System beschreiben und die therapeutischen Prinzipien erörtern, die mein Verhalten bestimmten.

Man erinnere sich zunächst an den Zustand zu Beginn der individuellen Therapie. Ginny segelte in die Einzelbehandlung bei einem Kielwasser von entmutigten und geschlagenen Therapeuten; da galt es Lernprozesse nachzuvollziehen und Fehler zu vermeiden. Sie hatte bereits zwei äußerst fähige, analytisch orientierte Psychotherapeuten zum Scheitern gebracht, die sich darum bemüht hatten, ihre Selbsterkenntnis zu fördern, die Vergangenheit aufzuhellen, das wachstumshemmende Verhältnis zu ihren Eltern zu modifizieren, ihre Träume zu deuten und den Einfluß des Unbewußten auf ihr erwachendes Leben aufzuklären und zu vermindern. Ein Bioenergetiker hatte vergeblich versucht, sie über ihren Körper und ihre Muskeln zu erreichen und zu verändern; er hatte Entspannung der Muskeln, eine neue Atemtechnik und Lockerung durch Erbrechen vorgeschlagen. Sie hatte einige der besten Leiter von Encounter-Gruppen kennengelernt und ausmanövriert, die nicht gezögert hatten, die neuesten Konfrontations-Methoden bei ihr anzuwenden: Marathon-Sitzungen, die ohne Unterbrechung vierundzwanzig oder achtundvierzig Stunden dauern und Widerstand durch schiere körperliche Erschöpfung auflösen sollen, Nackt-Gruppen, die zur völligen Selbstentblößung anregen sollen, Psychodrama mit Stimmungsmusik und Rampenlicht, um sie in der Gruppe zu Handlungen zu bringen, die sie im normalen Leben nie wagen würde, »psychologisches Karate«, das ihr durch verschiedene Methoden auch physischer Aggression dabei helfen sollte, wütend zu werden und ihre Wut auch zu zeigen, und schließlich vaginale Stimulation mit Hilfe eines Massagegeräts, um ihr sexuelles Unbehagen zu überwinden und den vaginalen Orgasmus zu erreichen.

Sie hatte auch mir und meinen Ko-Therapeuten hartnäkkig Widerstand geleistet, als wir uns in der Therapiegruppe anderthalb Jahre lang nach besten Kräften um sie bemühten, und wir hatten schließlich einsehen müssen, daß es wenig Sinn habe weiterzumachen. Die ganze Zeit über hatten ihre starken positiven Gefühle mir gegenüber und ihr Glaube daran, daß ich ihr helfen könne, nie nachgelassen. Diese positive Übertragung war aber wohlgemerkt bisher eher ein Hindernis als ein Vorteil für Ginnys Therapie gewesen.

Um diese letzte Feststellung etwas genauer erläutern zu können, möchte ich den Unterschied zwischen primären und sekundären Wirkungen der Psychotherapie einführen. Die meisten Patienten begeben sich in Behandlung, weil sie Linderung eines Leidens suchen; diese Linderung (und die damit meist verbundene notwendige Veränderung der Persönlichkeit) bildet die primäre Wirkung der Psychotherapie – ihre *raison d'être*. Nicht selten hingegen zieht der Patient auch aus der bloßen Tatsache, daß er sich überhaupt in Behandlung befindet, erheblichen Nutzen; er genießt die unaufhörliche, grenzenlose Fürsorge, die gespannte Aufmerksamkeit, die jedem seiner Gedanken gilt, die beruhigende Gegenwart des allwissenden, beschützenden Therapeuten, den Zustand dauernder Anregung, bei dem man keine wichtigen Entscheidungen fällen muß. Nicht selten mag dieser sekundäre Nutzen so groß werden, daß der Wunsch, in Behandlung zu bleiben, größer wird als der Wunsch zu genesen.

Eben dieser Zustand war in Ginnys Therapie damals erreicht. Sie besuchte die Gruppe nicht um zu wachsen, sondern um in meiner Nähe zu sein, nicht um an ihren Problemen zu arbeiten, sondern um meine Anerkennung zu gewinnen. Wie aus ihren Berichten ersichtlich ist, war sie nicht Mitglied der Gruppe, sondern ein Zuschauer, der mir innerlich zujubelte, wenn ich anderen Patienten zu Hilfe eilte. Mehrfach haben die Ko-Therapeuten und andere Gruppenmitglieder beobachtet, daß Ginny für *mich* krank zu bleiben scheine. Gesund zu werden hieß, Lebwohl sagen. Und so verharrte sie in einem schönen Niemandsland: zu krank, um auf mich verzichten zu können, aber wiederum nicht krank genug, um mich an ihrer Heilung verzweifeln zu lassen.

Wie sollte ich diese positive Übertragung therapeutisch benutzen? Es mußte doch einen Weg geben, um Ginnys unerschütterlichen und zum guten Teil irrationalen Glauben an mich für ihr Wachstum in Dienst zu nehmen. Da Ginny in eine andere Stadt gezogen war, mußte das freilich mit strukturellen Beschränkungen geschehen, die es unmöglich machten, daß wir uns häufiger sahen als einmal die Woche.

Mein Gesamtplan bestand darin, fast die gesamte Therapie an der Achse unserer Beziehung zu orientieren. Ich hoffte, unseren Blick, soweit es menschlich möglich war, völlig auf das konzentrieren zu können, was in der unmittelbaren Gegenwart zwischen mir und Ginny vorging. Unser raum-zeitliches Territorium sollte das Jetzt und Hier sein, und ich wollte alle Exkursionen verhindern, die von diesem Brennpunkt wegführten. Wir sollten miteinander kommunizieren, unsere Interaktion analysieren und diese Sequenz beständig wiederholen, solange wir zusammen waren. Das war einfach genug, aber wie sollte es zu therapeutischer Veränderung führen? Mein Grundsatz für diese Haltung stammt von der interpersonalen Theorie.

Kurz gesagt, geht die Theorie der interpersonalen Beziehungen davon aus, daß alle psychischen Unregelmäßigkeiten (die nicht von einer physischen Beschädigung des Gehirns herrühren) durch Störungen der interpersonalen Beziehungen verursacht werden. Die Patienten haben vielleicht sehr verschiedene Gründe, weshalb sie einen Psychotherapeuten aufsuchen (Depressionen, Phobien, Ängste, Schüchternheit, Impotenz usw.), aber all diesen Anlässen liegt doch eine gemeinsame Ursache zugrunde: eine Unfähigkeit, befriedigende und dauerhafte Beziehungen zu anderen aufzubauen. Diese Schwierigkeiten haben ihren Ursprung in der fernsten Vergangenheit: in den frühesten Beziehungen zu den Eltern. Wenn sie einmal bestehen, bestimmen diese gestörten Methoden der Annäherung an andere alle folgenden Beziehungen zu Geschwistern, Spielkameraden und Lehrern, zu Geliebten, Ehepartnern und Kindern. Psychiatrie wird so zur Analyse der interpersonalen Beziehungen; Psychotherapie zur Korrektur gestörter interpersonaler Beziehungen und psychotherapeutische Heilung zur Fähigkeit, angemessen und nicht unter dem Druck von unbewußten persönlichen Bedürfnissen auf andere zu reagieren. Obwohl die Ursprünge der fehlerhaften Verhaltensmuster in der Vergangenheit liegen, kann die Korrektur der Störungen nur in der Gegenwart erfolgen, und zwar am besten in der unmittelbarsten und gegenwärtigsten Beziehung, also der von Arzt und Patient.

Es bedarf allerdings noch einer weiteren Grundannahme, um zu verstehen, wie die Beziehung von Arzt und Patient fehlerhafte Verhaltensmuster verändern kann. Der Therapeut geht davon aus, daß der Patient, wenn die Atmosphäre vertrauensvoll und unstrukturiert ist, in der Beziehung zum Therapeuten schnell seine wichtigsten zwischenmenschlichen Schwierigkeiten offenbaren wird. Wenn er arrogant oder eitel, selbstverleugnend, mißtrauisch, verführerisch oder neugierig ist, wenn er fremd oder überheblich ist, wenn er Angst vor menschlicher Nähe hat oder an einer der unzähligen anderen Verhaltensstörungen leidet, die wir gegenüber anderen an den Tag legen, dann wird er das auch in der Art und Weise zeigen, wie er sich gegenüber dem Therapeuten verhält. Die Therapiestunde und das Zimmer des Therapeuten werden zum gesellschaftlichen Mikrokosmos. Es besteht keine Notwendigkeit, eine Krankengeschichte aufzunehmen, und es ist auch nicht nötig, sich Beschreibungen der interpersonalen Verhaltensweisen geben zu lassen; früher oder später wird im Zimmer des Arztes die ganze Verhaltenstragödie vor den Augen des Therapeuten und des Patienten entrollt.

Wenn die interpersonalen Verhaltensweisen des Patienten erst einmal auf der Bühne des Behandlungszimmers rekapituliert worden sind, beginnt der Therapeut, den Patienten auf die verschiedenste Weise bei der Selbstbeobachtung zu unterstützen. Die Konzentration auf das Hier und Jetzt der aktuellen Beziehung zwischen Arzt und Patient hat also eine doppelte Funktion: einerseits vermittelt sie die lebendige Erfahrung, daß sich Arzt und Patient in eine merkwürdige, widersprüchliche Umarmung begeben, die ebenso künstlich wie zugleich auch authentisch ist. Dann verschiebt der Therapeut so taktvoll wie möglich den Rahmen, so daß er selbst und der Patient nun beobachten können, welches Schauspiel sie spielen. Es entsteht also ein dauernder Wechsel von emotionalem Drama und Reflexion über dieses Drama. Beide Schritte sind wesentlich. Unreflektiertes Drama wird zur bloßen emotionalen Erfahrung, wie wir sie unser ganzes Leben über machen, ohne daß sich daraus irgendeine Veränderung ergibt. Reflexion ohne Emotionen hingegen wird zur bloßen intellektuellen Übung; wir alle kennen Patienten, die durch ärztliche Einwirkung zu Mumien geworden sind, weil sie so viel von sich wissen und ihrer selbst so bewußt sind, daß sie zu keinerlei spontaner Handlung mehr fähig sind.

Wenn der Bogen der Selbstreflexion einmal hergestellt und der Patient in der Lage ist, sein eigenes Verhalten zu beobachten, dann hilft ihm der Therapeut dabei zu erkennen, welche Konsequenzen seine Handlungen für ihn selbst und für andere haben. Wenn das erreicht ist, beginnt das eigentliche Hauptproblem der Therapie: der Patient muß sich früher oder später die Frage stellen: »Bin ich damit zufrieden? Will ich weiter so bleiben wie bisher?« Bei jeder Form von Therapie führen die verschiedenen Wege alle einmal zu diesem entscheidenden Punkt, und Arzt und Patient müssen hier so lange stehenbleiben, bis das energieverleihende Herzstück der Veränderung eingetroffen ist: *Wille.* Alle unsere schwachen Ansätze dienen nur dazu, die Entwicklung des *Willens* zu fördern. Allgemein gesagt, bekämpfen wir die Kräfte des Nicht-Wollens, indem wir zu beweisen suchen, daß die antizipierten Gefahren eines veränderten Verhaltens bloße Chimären sind. Unsere Bemühungen sind aber größtenteils schwach und indirekt; wir vollziehen meist nur Rituale, machen Zugeständnisse und beißen die Zähne zusammen, während wir darauf warten, daß der *Wille* aus der unauslotbaren Dunkelheit hervorkommt, worin er sich aufhält.

Das therapeutische Gebäude, das ich beschrieben habe, besitzt freilich noch einen weiteren Stützpfeiler, ohne den die ganze Konstruktion zusammenbrechen würde. Die Veränderungen, die sich im inneren Heiligtum der Therapie vollziehen, müssen so beschaffen sein, daß sie verallgemeinert werden können. Die Therapie ist eine Kostümprobe; der Patient muß dazu in der Lage sein, die neuen Verhaltensweisen, die er mit dem Therapeuten entwickelt hat, auf die Außenwelt zu übertragen, auf jene Menschen, die in seinem Leben wirklich zählen. Wenn das nicht gelingt, hat er sich überhaupt nicht geändert, sondern nur gelernt, wie er sich als Patient verhalten muß, d. h. er wird immer weiter in der Analyse bleiben, ohne daß ein Ende sich abzeichnet.

Das Diagramm, das ich hier entworfen habe, stammt natürlich aus dem Laboratorium. In Wirklichkeit fehlt der Psychotherapie diese stromlinienförmige Effizienz; sie muß stets eine zutiefst menschliche Erfahrung bleiben – eine inhumane, mechanistische Vorgehensweise muß stets ohne lebendiges Ergebnis bleiben. Es geht also niemals so glatt; die Therapie, wie sie tatsächlich stattfindet, ist weniger ausgeklügelt und mechanisch, sondern sehr viel spontaner, als das Schaubild erscheint. Der Therapeut weiß keineswegs immer, was er tut; manchmal herrscht Verwirrung, völliges Chaos sogar; die Phasen sind nicht scharf voneinander getrennt und entwickeln sich fast nie in der »richtigen« Reihenfolge. Psychotherapie ist eine Zyklotherapie: Arzt und Patient gehen gemeinsam eine wacklige, langsam ansteigende, spiralförmige Treppe hinauf.

Nach dieser breiten Darstellung der Grundlagen der interpersonalen Psychotherapie ist es wohl angemessen, jetzt meinen ursprünglichen Eindruck von den Störungen wiederzugeben, unter denen Ginny im zwischenmenschlichen Bereich zu leiden hatte, und dann zu erklären, wie ich ihr helfen wollte. Ginnys zwischenmenschliche Grundeinstellung war Selbst-Auslöschung. Es gibt sehr viele Wege, sich anderen zu nähern: manche Menschen streben nach Herrschaft, andere suchen Beifall oder Respekt, wieder andere suchen Freiheit und Möglichkeiten zur Flucht. Ginny suchte vor allem eines bei anderen: Liebe, und zwar um jeden Preis.

Diese Grundeinstellung hatte entscheidende Folgen für ihr Innenleben und ihr Verhalten nach außen. Sie bestimmte, welche Tendenzen sie bei sich kultivierte und welche sie unterdrückte, was sie fürchtete und was ihr gefiel, was sie mit Stolz erfüllte und weshalb sie sich schämte. Sie kultivierte jede Eigenschaft, die sie ihrer Meinung nach liebenswerter machte. Sie pflegte ihre Rolle als Gastgeberin, ihren fröhlichen, zwitschernden Witz, ihre Großzügigkeit und Selbstverleugnung. Jene Züge hingegen, die diesem Idealbild von Güte widersprachen, unterdrückte sie: ihre Rechte wurden kaum wahrgenommen und noch viel weniger anerkannt – sie wurden auf dem Altar der Selbstauslöschung geopfert; auch Wut und Gier, Selbstvertrauen, Unabhängigkeit und persönliche Bedürfnisse wurden als Saboteure am Regiment der Liebe betrachtet und in die entferntesten Gebiete des Bewußtseins verbannt. Nur in impulsiven Donnerschlägen aus heiterem Himmel oder in massiver Verkleidung von Phantasien und Träumen tauchten sie auf.

Den Verlust von Liebe fürchtete sie mehr als alles andere und lebte in ständiger Furcht, anderen zu mißfallen: auf die Drohung, daß sie Karls Liebe verlieren könnte, reagierte sie wie ein Kleinkind, dem die Fürsorge entzogen wird, die es zum biologischen Überleben braucht. Überdies konnte sie niemals genug geliebt werden. Immer trieb sie sich dazu, noch besser, selbstloser und gefälliger zu sein. Persönliche Freude war ihr nicht erlaubt; wenn sie etwas Gutes geschrieben hatte, wenn sie sexuelle Befriedigung empfand oder einfach in Wohlgefühl badete, intervenierte sofort jenes andere flagellantenhafte Ich, das stets in neuer Form als Zerstörer auftrat: Schuldgefühle (und nachfolgende Lähmung), weil sie leichtfertig oder zu hastig schreibe; Spott oder Selbstbeobachtung, die den Orgasmus erstickten; der Vorwurf der Schlamperei, der ihr Wohlbefinden störte.

Ginnys Krankheitsbild war nicht sehr kompliziert; schon ganz zu Anfang der Behandlung waren mir diese Verhaltensmuster und ihre Konsequenzen für ihre Entwicklung durchaus bewußt. Als wir die Therapie begannen, wollte ich ihr mitteilen, was ich beobachtet hatte. Vor allem zwei Dinge wollte ich ihr sagen: 1. Ihre krampfhafte Suche nach Liebe ist irrational, ein erstarrtes Verhaltensmuster aus der Kindheit, das sich bis in die Gegenwart erhalten hat, obwohl es für Ihr erwachsenes Leben wenig geeignet ist. Ähnlich irrational ist Ihre Panik bei der Drohung mit Liebesentzug, die ebenfalls nur in der frühesten Kindheit angemessen gewesen ist; denn heute sind Sie sehr wohl in der Lage, auch ohne erstickende Fürsorge zu überleben. 2. Aber Ihr Liebesverlangen ist nicht nur irrational, sondern trägt auf geradezu tragische Weise auch den Keim der Niederlage stets in sich. Sie können einfach eine erwachsene Liebe nicht mit kindlichem Terror und Selbstauslöschung erzwingen. Früher verkrüppelten chinesische Eltern ihren Töchtern in frühester Kindheit mit Bandagen die Füße, um sicherzugehen, daß sie geheiratet würden. Dasselbe tun Sie sich selbst mit noch größerer Grausamkeit an. Sie ersticken die Persönlichkeit, die Sie sein könnten, Sie haben einen großen Teil von sich lebendig begraben. Sie leiden unter den täglichen Schwierigkeiten und Ihren kleinen Fehlern, aber hinter all diesen Dingen steht ein viel größeres Leiden, weil Sie wissen, was Sie sich angetan haben.

Aber mit Worten allein kann man so etwas nicht sagen. Ich sollte diese Dinge in der emotionalen Umarmung der Therapie noch oft und auf vielfältige Weise sagen müssen.

Ich hatte die Absicht, Ginny sehr nahe zu kommen. Ich wollte ihr Mut machen, all diese alten, irrationalen Bedürfnisse in der Beziehung zu mir neu zu erleben: ihr Gefühl von Hilflosigkeit, ihr Bedürfnis nach Fürsorge von meiner Seite, ihre Angst, daß ich ihr meine Liebe entziehen könnte, ihre Überzeugung, daß sie mich nur durch Selbstaufgabe und Selbstaufopferung halten könne, daß ich sie verlassen würde, wenn sie sich wie eine Erwachsene benähme. Ich hoffte, daß wir in bestimmten Zeitabständen immer wieder Abstand zu dieser Erfahrung gewinnen könnten, so daß Ginny nicht nur ihre Verhaltensmuster mir gegenüber wahrnehmen, sondern auch deren beschränkende Wirkung verstehen könnte.

Wenn die Beziehung erst einmal Kraft erlangt hatte und eine selbstkritische Einstellung geschaffen war, wollte ich ihr zeigen, daß sie in der Lage war, eine reichere, erwachsenere Beziehung zu mir herzustellen. Genauer gesagt, ich hoffte, daß Ginny zunehmend unzufriedener mit ihrer gegenwärtigen Werthierarchie werden würde, dergestalt, daß sie eine Veränderung nicht mehr nur sehnsuchtsvoll herbeiwünschte, sondern sie als echte Möglichkeit wahrnahm. Es gab dazu viele taktische Varianten, aber meine grundlegende Strategie sollte darin bestehen, daß ich so gut wie möglich all jene Kräfte bekämpfte, die ihren Willen unterdrückten. Zum Beispiel erlaubte sich Ginny deshalb so selten, ihren Willen zu zeigen, weil sie Angst hatte, daß er in flammende Wut umschlagen und dazu führen könnte, daß sie die Kontrolle über sich verlor, was wiederum massive Vergeltung und Ablehnung nach sich ziehen mußte. Indem ich nun jeden Funken einer selbstbewußten Äußerung unterstützte und ermutigte, hoffte ich, ihr zu zeigen, wie sehr ihre Ängste auf Einbildung beruhten, und dazu beizutragen, daß sich ihre Wünsche allmählich immer häufiger durch Willenskraft in Handlungen umsetzten.

Der Einfall, Berichte zu schreiben und auszutauschen, gefiel mir in mehrfacher Hinsicht. Zunächst einmal zwang er Ginny zum Schreiben. Sie war seit Monaten blockiert gewesen. Ich wußte aber, daß ich mich auf trügerischem Boden befand und mich vorsichtig bewegen mußte, um tatsächlich in der Nähe jener Ginny zu bleiben, für die es eine Befriedigung war, wenn sie schreiben konnte. Ich mußte es vermeiden, Ginny lediglich als das zwar unvermeidliche, aber hinderliche Gefäß einer kostbaren und begehrten Begabung zu sehen.

Das Arrangement hatte aber andere, subtilere Weiterungen. Vor allem verstärkte es den Bogen der Selbstreflexion im Brennpunkt des Hier und Jetzt. Es gab keinen Mangel an Gefühlen zwischen Ginny und mir; ganz im Gegenteil, nur zu oft mußte ich mich aus dem Wirbel der Gefühle freikämpfen, der uns umgab. Die Berichte zu schreiben und zu lesen half Ginny (und mir), etwas Abstand und Perspektive zu gewinnen, aus dem Zentrum des Hurrikans zu gelangen und ihr Verhalten mir gegenüber beobachten und verstehen zu lernen.

Darüberhinaus halfen uns die Aufzeichnungen dabei, Aufschlüsse über uns selbst zu geben. Ich hatte die Hoffnung, daß Ginny in der Stille des Alleinseins einige Teile ihrer Persönlichkeit zum Zug kommen lassen würde, die sie sonst unterdrückte. Ich selbst wollte in den Aufzeichnungen mehr über mich enthüllen, als meine persönliche Eitelkeit und professionelle Reserviertheit in den Sitzungen zuließ. Ich hoffte, daß Ginny ihre unrealistische Überbewertung meiner Person auf das rechte Maß zurückschrauben würde, wenn sie durch die Berichte von meinen Schwächen und Zweifeln, von meiner Ratlosigkeit und Entmutigung erfuhr. Ihr kindliches Aufblicken zu mir machte mich oft hilflos und einsam. Ich wollte, daß sie das erfuhr. Ich wollte, daß sie herauskam aus diesem vorsintflutlichen Graben und auf gleicher Ebene mit mir stand, wenn sie mich ansah, berührte und mit mir redete. Ich wußte, wenn sie dazu in der Lage war, wenn ich ihr zeigen konnte, daß ich alle Teile ihrer Persönlichkeit, die einer nach dem anderen ihre Köpfchen ängstlich durch das Gitterwerk ihrer Selbstverleugnung steckten, nicht nur akzeptieren, sondern sogar begrüßen würde, dann konnte ich ihr helfen zu wachsen.

Zu lesen, was Ginny und ich geschrieben haben, ist eine Bereicherung für mich. Nur wenige Therapeuten dürften Gelegenheit haben, den gesamten Verlauf einer Therapie aus doppelter Sicht und in allen Details noch einmal nachzuvollziehen. Vieles verblüfft mich dabei. Allein schon die unterschiedliche Perspektive von Ginny und mir: oft war ihr ein ganz anderer Teil der Stunde wichtig als mir. Oder: ich versuchte ihr mit großer Bestimmtheit eine Deutung aufzudrängen, auf die ich sehr stolz bin, die sie aber nur »akzeptiert«, um mir zu Gefallen zu sein und zu wichtigeren Dingen vorstoßen zu können. Andererseits bin ich ihr zu Gefallen, indem ich ihr, um in »Arbeitsgebiete« vorstoßen zu können, jene Ratschläge, Ermahnungen, Vorschläge und Anweisungen gebe, um die sie mich stillschweigend bittet. Ich bin vor allem auf meine klugen Erklärungen stolz, bei denen ich mit einem einzigen meisterhaften Strich eine Fülle von disparaten, scheinbar unzusammenhängenden Fakten miteinander verbinde. Sie hingegen nimmt diese Bemühungen kaum jemals wahr, geschweige denn, daß sie sie schätzt, sondern scheint viel mehr von einfachen, menschlichen Dingen zu profitieren: Ich lache über ihre Parodie, ich beachte, wie sie sich kleidet, ich nenne sie blühend, ich necke sie beim Rollenspiel.

Die Rosenkranz-und-Güldenstern-Analogie ist von großer Bedeutung für mich. Daß der Psychotherapeut in vielen verschiedenen Dramen gleichzeitig auftreten muß, *ist* sein letztes schreckliches Geheimnis. Und selbst bei allen Versuchen, ganz offen und ehrlich zu sein, kann er dieses Geheimnis doch niemandem vollständig mitteilen. Sehr deutlich zeigen sich hieran einige Paradoxien der Psychotherapie: Unsere Beziehung ist zwar sehr intensiv und authentisch, aber gleichzeitig antiseptisch verpackt: wir sind die vorgeschriebenen fünfzig Minuten zusammen, und vom Computer der Klinikverwaltung erhält sie vorprogrammierte Informationen. Und es ist immer dasselbe Zimmer, es sind dieselben Sessel, die im gleichen Winkel zueinander im Raum stehen. Wir bedeuten uns gegenseitig sehr viel, aber dennoch sind wir nur Figuren in einer Kostümprobe. Wir haben sehr starke Empfindungen füreinander und gehen doch unserer Wege, wenn die Stunde vorbei ist, und wenn unsere »Arbeit« getan ist, sehen wir uns nie wieder.

Einerseits versuche ich, Ginny klarzumachen, daß wir uns um Gleichheit bemühen müssen, andererseits enthüllen die Aufzeichnungen auch unsere fundamentale *Apartheid.* Ich schreibe über Ginny in der dritten Person, während sie sich an mich in der zweiten wendet. Selbst in den geheimsten Winkeln der Aufzeichnungen teile ich Ginny nicht mit, welche Aufschlüsse ich von ihr erwarte. Für sie ist der Besuch bei mir oft das zentrale Ereignis der Woche; während sie für mich oft nur eine Patientin unter mehreren anderen ist, die mich an dem Tag besuchen. Meist versuche ich, nur für sie da zu sein, aber manchmal kann ich nach den vorhergehenden Dramen mit anderen Patienten den Vorhang nicht völlig verschließen. Ich erwarte von ihr, daß sie mich ganz in sich einläßt, daß ich für sie alles bedeute, und gleichzeitig weise ich ihr in meinem Bewußtsein nur eine kleine Abteilung zu. Aber wie geht es denn anders? Wenn man jedem stets alles gäbe, bliebe nichts mehr für einen selbst.

Obwohl die Berichte eine Fülle von verschiedenen Techniken beschreiben, habe ich nicht das Gefühl, daß Ginnys Therapie technik-orientiert war. Die einzelnen Techniken waren vielmehr austauschbar und standen alle im Dienst des theoretischen Konzepts, das ich oben dargestellt habe. Obwohl ich vor einer detaillierten Untersuchung der Methoden zurückschrecke, will ich dies kurz dadurch belegen, daß ich einzelne Techniken nenne und das Prinzip ihrer Anwendung diskutiere.

Die wichtigsten von mir verwendeten Techniken zerfallen in drei verschiedene Gruppen: (a) deutende, (b) existenzielle und (c) aktivierende Techniken (womit ich Ermahnung, Anweisung, Geständnis und Absolution, Rollenspiel bei der Therapie eines Paares, Verhaltensmodifikationen und Stärkung des Selbstbewußtseins meine).

Deutung dient der Aufklärung. Viel von unserem Verhalten wird von Kräften bestimmt, die sich unserer Wahrnehmung entziehen. Man könnte psychische Krankheit als den Grad definieren, bis zu dem wir von Kräften des Unbewußten gelenkt werden. Eine Psychotherapie wie jene, die ich bei Ginny praktiziert habe, bemüht sich, Licht in das Dunkel zu bringen, mit den Strahlenbündeln des Intellekts dem Unbewußten seelisches Terrain abzuringen. Der Vorgang der Deutung bildete daher eine Phase in dem Bemühen, Ginny aktive Kontrolle über ihr Leben zu geben.

Welche Form der Deutung habe ich angestrebt? Welche Arten von »Einsicht« erhoffte ich mir davon? Es wird häufig angenommen, daß sich Deutung und Erkenntnis des Unbewußten stets nur auf die weit zurückliegende Vergangenheit beziehen. Tatsächlich hat Freud bis zu seinem Tode daran festgehalten, daß der Erfolg einer Therapie davon abhängig sei, daß jene frühen Kindheitserlebnisse, die den psychischen Apparat geformt haben und jetzt im Unbewußten wohnen, vollständig rekonstruiert werden. Bei meiner Arbeit mit Ginny habe ich mich demgegenüber keineswegs bemüht, die Vergangenheit auszugraben. Ich habe dieses Thema vielmehr immer gemieden und Ginny sogar des »Widerstands« bezichtigt, wenn sie versuchte zurückzublicken.

Ich wollte, daß Ginny ihr Unbewußtes erforscht (soweit es sie behinderte), ich wollte nicht die Vergangenheit ausloten. Ist das ein Widerspruch? Ich glaube, ich kann meinen Standpunkt am besten erläutern, wenn ich den Leser bitte, sich vorzustellen, daß das Unbewußte eine Abstraktion ist, die von zwei Koordinaten bestimmt wird: einer Vertikalen, die die Zeit darstellt, und einer Horizontalen, die den ahistorischen Querschnitt darstellt. Die Vertikale reicht rückwärts in die Vergangenheit und vorwärts in die Zukunft. Diese zeitliche Entwicklungs-Koordinate ist ein vertrauter Begriff. Kaum jemand wird wohl bestreiten, daß Ereignisse aus der fernen Vergangenheit, die wir längst vergessen oder unterdrückt haben, unsere Persönlichkeitsstruktur geprägt haben und unser Verhalten sehr weitgehend bestimmen. Viel weniger auffällig ist die Tatsache, daß uns auch das »Noch nicht« der Projektionen bestimmt, die wir der Zukunft entgegenbringen. Die Ziele, die wir uns gesteckt haben, wie wir letztlich von anderen gesehen werden wollen, der Schatten, den der Tod auf das Leben wirft, der Wunsch, im Gedächtnis anderer weiterzuleben, und die verschiedenen symbolischen Formen, die unser Wunsch nach Unsterblichkeit annimmt – all dies mag von uns kaum wahrgenommen werden und doch unser Inneres und unser Verhalten nach außen beeinflussen. Wir werden von den magnetischen Kräften der Zukunft ebenso vorwärtsgezogen, wie wir von den deterministischen Kräften der Vergangenheit gestoßen werden.

Das eigentliche Ziel meiner Deutungen aber war bei Ginny die ahistorische, horizontale Koordinate. Zu jedem gegebenen Zeitpunkt gliedern sich die Kräfte, die außerhalb unserer Wahrnehmung unsere Handlungen und Gefühle bestimmen, in mehrere Schichten. Ginny wurde zum Beispiel gleichzeitig vom Diktat ihrer idealisierten Ich-Vorstellung, vom System der Wertvorstellungen, das bestimmte, welche Aspekte ihrer Persönlichkeit sie fördern und welche sie unterdrücken sollte, von ihrem irrationalen Bedürfnis nach Liebe und von der Überzeugung geleitet, daß Selbstbewußtsein schlecht oder gefährlich sei. Natürlich kann man behaupten, daß diese ahistorischen Kräfte des Unbewußten durch Erfahrungen aus der Vergangenheit geformt worden seien. Aber darauf kommt es nicht an; zeitliche Kausalität ist bei der Therapie ein unwesentlicher Bezugsrahmen. Archäologie der Seele, die Suche nach dem Woher, die ursprüngliche Ursache sind alles sehr faszinierende Gegenstände, aber keinesfalls identisch mit therapeutischem Erfolg. Natürlich sind sie nicht irrelevant. Das intellektuelle Abenteuer dient oft genug dazu, um das Interesse und den Enthusiasmus des Therapeuten wachzuhalten. Zusammen mit der Abhängigkeit des Patienten trägt es zur Entstehung einer vorläufigen therapeutischen Bindung bei, die Arzt und Patient solange zusammenhält, bis der eigentliche Motor der Veränderung – die therapeutische Beziehung – in Gang kommt. Auch ich liebe die Ausgrabungen, versuchte aber, meine Neugier solange wie möglich in der Schwebe zu halten und mich auf jene vielschichtigen bewußten und unbewußten Kräfte zu konzentrieren, die Ginnys Gedanken, Gefühle und Verhalten in der unmittelbaren Gegenwart bestimmten.

Ein Großteil meiner Arbeit mit Deutungen kreiste um die »Übertragung« – Ginnys unrealistische Beziehung zu mir. Anstatt abstrakt über ihre fehlende Bereitschaft, um ihre Rechte zu kämpfen, oder ihre Unfähigkeit, Ärger zum Ausdruck zu bringen, mit ihr zu sprechen, versuchte ich, diese Schwierigkeiten dort zu analysieren, wo sie in ihrem Verhalten mir gegenüber erkennbar wurden. Deshalb fragte ich immer wieder mit solcher Beharrlichkeit nach Ginnys Gefühlen mir gegenüber. Meine Aufgabe bestand zunächst darin, ihr Gefühle bewußt werden zu lassen, und dann mußte ich ihr helfen, sie auch auszudrücken. Dabei mußte ich mich zunächst auf indirekte Hinweise verlassen und ihre Gefühle erraten. Sie bestritt, irgendwelche starken Gefühle für mich zu haben, konnte aber regelmäßig in den Nächten vor der Sitzung nicht schlafen oder hatte gar Angstzustände. Unmittelbar vor oder nach den Sitzungen hatte sie schwere Migränen, oder sie erbrach sich sogar auf dem Weg in mein Büro. Wenn ich eine Sitzung absagte, reagierte sie gar nicht darauf, aber dann kam sie plötzlich zur nächsten Sitzung zu spät oder gar nicht oder verfiel sofort in eine schwere Depression, um mich (mit Hilfe meiner Schuldgefühle) für meine Rücksichtslosigkeit zu bestrafen. Oft waren ihre Phantasien die ergiebigste Ader: Karl verläßt sie, ich entführe sie in eine Waldhütte, ich sorge für sie, füttere sie, schicke meinen Assistenten zum sexuellen Spiel. Obwohl sie es meistens bestritt, waren das doch ihre Phantasien und ergo auch ihre Wünsche; wo immer ich konnte, ging ich ihnen nach. Ich konfrontierte sie laufend mit ihrem Verhalten mir gegenüber und ermutigte sie, kleine Risiken einzugehen. Warum widersprach sie mir nie? Fragte mich nie etwas? Zog sich nicht attraktiv für mich an? Drückte ihre Enttäuschung nicht aus? Wurde nicht wütend? Warum sagte sie mir nicht, daß sie mich mochte? Ich werde später noch erörtern, welchen Wert Verhaltensänderung als primäre Technik hat, hier benutzte ich das Verhalten im Dienst eines deutenden Ansatzes. Indem ich sie aufforderte, Dinge zu wagen, vor denen sie Angst hatte, hoffte ich, ihr die unbewußten Kräfte bewußt zu machen, die dem entgegenstanden und ihr Angst machten.

Ich formulierte also Deutungen zunächst, um ihr dabei zu helfen, Gefühle wiederzufinden, die sie aus ihrem Bewußtsein verdrängt hatte, dann, um bestimmte regelmäßige Verhaltensmuster bei ihr aufzudecken, und schließlich, um ihr die unbewußten Voraussetzungen begreiflich zu machen, die diese Verhaltensmuster bestimmen.

Aber Selbsterkenntnis, selbst völlige Durchleuchtung genügt nicht. Zur Veränderung ist ein Willensakt notwendig. Ich habe oben beschrieben, wie sehr sich der Wille dem Zugriff entzieht, und angedeutet, daß mehr oder weniger alle Methoden letztlich darauf abzielen, den Willen zu wecken und zu stärken – den Willen, sich zu verändern und zu wachsen, und, was für Ginny am wichtigsten war, den Willen zu *wollen*. Deutung ist oft der erste Schritt zur Wiederbelebung des Willens. Zunächst helfen wir dem einzelnen erst einmal, sich der Strömung bewußt zu werden, die ihn durchs Leben treibt. Ein unbewegter Gegenstand – ein Baum, ein Haus, ein Getreidespeicher oder ein Therapeut – ist nötig, damit der Patient auf seiner Reise überhaupt bemerkt, daß er sich bewegt und nicht aus eigenem Antrieb bewegt. Wenn die Existenz der Strömung erst einmal akzeptiert worden ist, muß der Patient mit Hilfe des Verstandes dazu gebracht werden, Stärke und Art der Strömung zu erforschen. So werden ihm sowohl das Fehlen des Willens als auch die Gestalt der Kräfte bewußt, die diesen ersetzt haben. Dieses Wissen bildet den ersten Schritt zu ihrer Beherrschung.

Die existentiellen und aktivierenden Techniken bilden die weiteren Schritte zur Entwicklung und Reifung des Willens: die existentiellen Techniken fördern den Vorgang der Keimung, während die aktivierenden Techniken den Schößling umschmeicheln, wenn er erst einmal die Erdoberfläche durchbrochen hat. Betrachten wir zunächst die »existentiellen« Techniken. Ich setze den Begriff in Anführungszeichen und benutze ihn nur zögernd, denn er ist durch allzu breite Verwendung unscharf geworden. Wie ein festlicher Talar wird er bei allen möglichen Gelegenheiten übergestreift, denen man Würde verleihen möchte. Ich will daher versuchen, so genau wie möglich zu sein. Mit »existentiell« meine ich einen Ansatz, der vitalistisch, nicht-deterministisch und nicht-mechanistisch ist, ein Ansatz, der sich auf die »Gegebenheiten« der Existenz bezieht, auf die Unsicherheiten, den Sinn und die Zielsetzung des Lebens, auf den Willen, auf Entscheidungs- und Wahlmöglichkeiten, auf Engagement, auf Veränderungen der Haltung und Perspektive. Es gibt keine Standard-Kollektion existenzieller Methoden; im Gegenteil, diese Methode ist *per definitionem* unmethodisch. Im Zusammenhang dieser Erörterung möchte ich einfach alle Methoden, die ich verwendet habe, um Ginny auf diese Dinge hinzulenken, als »existentielle Techniken« bezeichnen.

Welche Beziehung besteht nun zwischen diesem Ansatz und der Entwicklung des »Willens«? Sie ist, ich gebe es zu, unklar und unsystematisch. Durch meine Deutungen versuchte ich bei Ginny, dem Willen Hindernisse aus dem Weg zu räumen und die Kräfte des Gegen-Willens zu schwächen. Ich kann diese Bemühungen nicht straff und methodisch beschreiben. Es muß genügen, daß ich den Boden bereitete und bei der Geburt des Willens die Hebamme spielte.

Mit den verschiedensten Methoden suchte ich Ginny dazu zu bringen, zu drängen, zu zwingen, die Stöße ihres ungeborenen Willens in ihrem Inneren zur Kenntnis zu nehmen. Wiederholt erinnerte ich sie daran, daß sie selbst eine Stimme habe, über ihre Zukunft entscheiden könne und für sich selbst verantwortlich sei. Sie gab zwar anderen das Recht, über sie zu bestimmen, aber selbst das war ihre eigene Entscheidung, sie war gar nicht so hilflos, wie sie selbst annahm. Ich stellte auf verschiedene Weise ihre Vorstellungen über ihr eigenes Leben in Frage. Konnte sie ihre gegenwärtigen Probleme nicht von einem anderen Standpunkt aus betrachten, aus der Perspektive der langen Entwicklungslinien in ihrem Leben? Was gehörte wirklich zu ihrem Wesen, und was war nur peripher, etwas völlig Äußerliches, das vorübergehen und am Ende ihres Lebens nur ein unbedeutender Fleck sein würde? Und die Zukunft? Wollte sie vielleicht in zehn Jahren immer noch in einer liebeleeren, unfruchtbaren Beziehung feststecken, nur weil sie nicht wagte zu sprechen, zu handeln? Und der Tod? Konnte das Wissen um den Tod sie nicht von den Ebbströmen eigentlich unwichtiger Ereignisse frei machen? Ich beschimpfte sie oder versuchte, sie zu schockieren. »Was soll denn auf Ihrem Grabstein stehen? ›Hier liegt Ginny, die Mr. Flood im Fremdsprachenkurs durchfallen ließ?‹ Ist das genug Sinn für Ihr Leben? Nein? Dann gewinnen Sie Abstand davon, tun Sie was dagegen.« ... »Die Alltagsereignisse verbrauchen nur dann Ihre Kraft und unterdrücken nur dann Ihren Willen, wenn Sie die große Perspektive Ihres Lebens aus dem Auge verlieren, wenn Sie tatsächlich glauben, daß diese Dinge wesentlich für Ihre Existenz sind.« ... »Sie können sie aus eigener Kraft überwinden: wenn Sie nur tief genug in sich hineinsehen und -horchen, werden Sie feststellen, daß die Ereignisse und Ihre Reaktionen darauf Ihre Vasallen sind – *Sie* haben die Welt erschaffen und das Ereignis und die Reaktion, diese Dinge sind in ihrer Existenz völlig abhängig von Ihnen.« ... »Nichts geschieht, nichts existiert, ehe Sie es nicht erschaffen. Wie kann Sie dann irgendein Ereignis oder eine Person unter Kontrolle bringen?« ...» Durch Ihren Willen sind sie entstanden, Sie haben ihnen Gewalt über sich gegeben und können ihnen diese Gewalt auch wieder nehmen, denn Ihnen gehört sie. Alles geht aus Ihrem Willen hervor.«

Manchmal kam ich mir wie Regen auf Ginnys Blechdach vor. Ich wollte regelrecht heruntertrommeln, aus allen Richtungen gleichzeitig Wassergüsse herunterschicken. Ich wollte sie völlig durchweichen. Ich mußte mich aber zurückhalten, damit ich nicht lediglich eine Nervenverbindung erzeugte, bei der Ginnys Körper meinen Wünschen gehorchte. Ein psychotherapeutischer *Catch-22*: Tun Sie bitte von selbst, was ich anrege!

Neben den »deutenden« und »existentiellen« Methoden gab es noch einen dritten Hauptaspekt meiner Therapie mit Ginny. Ich nenne ihn »Aktivierung«, aber man könnte ihn auch anders nennen: Verhaltensmodifikation, Manipulation usw. Ich beschreibe diesen Teil meiner Arbeit nicht gern, ich bin nicht gerade stolz darauf, denn es erniedrigt sowohl mich als auch Ginny. Sie verliert ihre Würde dabei, wird verdinglicht, ein Objekt, dessen Verhalten ich modifizieren muß. Und doch gibt es Beobachter, die behaupten werden, daß alles, was sich überhaupt bei Ginny geändert hat, in erster Linie durch eben diese Methoden vermittelt worden ist. Und die Argumente sind ohne Zweifel sehr zwingend.

Deshalb müssen wir das Thema behandeln. Verhaltenstherapie ist ein Ansatz zur Veränderung, der auf der Lerntheorie aufbaut. Mechanistischer noch als die trieborientierte Psychoanalyse ignoriert sie Einsicht, Selbsterkenntnis, Bewußtsein und Sinngebung – kurz, beinahe alles, was wir als Wesen des Menschseins begreifen. Es handelt sich dabei nicht um eine ausdrückliche Verschwörung mit dem Ziel, den Menschen zu dehumanisieren, aber nach Ansicht der Behavioristen sind diese Faktoren nun einmal weitgehend irrelevant für den Vorgang der Veränderung. Lernvorgänge finden beim Menschen genau wie bei Lebewesen niederer Ordnung nach bestimmten eindeutigen und quantifizierbaren Gesetzen statt – durch operante Konditionierung (Belohnung, Auslöschung und Bestrafung bestimmter Verhaltensweisen), durch Modellieren (Nachahmung eines geschätzten Individuums), durch die Prinzipien der klassischen Konditionierung (die zeitliche oder räumliche Annäherung eines kritischen und eines indifferenten Reizes), durch eine aktive Versuch-und-Irrtum-Einstellung anstatt einer passiven oder rezeptiven. Psychopathologie ist erlerntes Verhalten, das nicht anpassungsfähig und starr ist. Psychotherapie ist dementsprechend ein Vorgang, bei dem alte Verhaltensweisen verlernt und neue erlernt werden, und folgt den strengen Gesetzen der Lerntheorie.

Zur Erläuterung lassen Sie mich kurz die Anwendung dieser Methoden erörtern. Nehmen wir an, ein Patient hätte ein einzelnes, klar umrissenes Problem: eine irrationale Angst vor Schlangen. Nehmen wir weiter an, daß er Gärtner sei, das Symptom ihn an der Arbeit hindert und seine Motivation, sich behandeln zu lassen, dementsprechend stark ist. Ein Verhaltenstherapeut würde den Patienten nun schrittweise der Einwirkung des von ihm gefürchteten Reizes aussetzen, und zwar in Situationen, in denen er wenig Furcht entwikkeln kann. Tiefe Entspannung der Muskeln blockiert die Entwicklung starker Angstgefühle. So kann man den Patienten also auffordern, sich im Zustand völliger Entspannung der Muskeln, der auch hypnotisch herbeigeführt werden kann, vorzustellen, daß er das Bild einer Schlange betrachtet, später, daß er vielleicht eine Schlange aus dreißig Meter Entfernung sieht, dann aus kürzerer Entfernung. Dann kann man ihn auffordern, das Bild einer Schlange zu betrachten, und schließlich, nach mehreren Stunden, kann man ihn auffordern, eine wirkliche Schlange anzusehen oder auch in die Hand zu nehmen. Das Prinzip ist einfach: der Patient wird unter Bedingungen, die so sicher sind, daß die Angstreaktion verhindert wird, einem Reiz ausgesetzt, den er zuvor als Gefahr betrachtet hat. Wenn das oft genug wiederholt wird, wird der Reiz-Angst-Mechanismus gelöscht und das neu Gelernte wird aus dem Laboratorium oder dem Sprechzimmer des Therapeuten auf die häusliche Situation übertragen. Auch der Nachahmungstrieb wird eingesetzt, so wird der Therapeut zum Beispiel mit dem Patienten über Wiesen mit hohem Gras gehen oder in seiner Gegenwart eine Schlange in die Hand nehmen.

Mit diesem simplen Beispiel habe ich den Vorgang natürlich außerordentlich vereinfacht, aber für unseren Zweck mag es genügen. Betrachten wir nun, welchen Einfluß Methoden der Lerntheorie auf meine Arbeit mit Ginny gehabt haben. Ginny hatte eine irrationale Angst (eine Phobie, wenn man so will) vor jeglicher Selbstbehauptung. Sie handelte so, als ob eine Katastrophe hereinbrechen würde, wenn sie ihre Rechte verlangte, Ärger oder auch nur eine abweichende Meinung äußerte.

Unsere Beziehung war das Testlabor, ich versuchte, eine Umgebung voller Vertrauen, unzensierter Zustimmung und gegenseitigem Respekt herzustellen, so daß die Angstreaktion verhindert würde. Dann ging ich dazu über, Ginny dem gefürchteten Reiz auszusetzen, indem ich sie in abgemessenen Schritten ermutigte, sich mir gegenüber zu behaupten. Diese Ermutigung nahm verschiedene Formen an: von gutem Zureden, Beratung und Überredung bis zum Beispielgeben, Forderungen und Ultimaten. Manchmal war ich ein lustiger, schmeichelnder Onkel, manchmal ein sokratischer Querulant, ein strenger, fordernder Chef oder ein Sekundant beim Boxkampf, der hinter einem Pfosten am Ring stand und Ginny rücksichtslos antrieb. Ich wollte, daß sie aus sich herausging, mir Fragen stellte, von mir verlangte, daß ich pünktlich war oder eine bessere Zeit für sie reservierte, daß sie mir widersprach, auf mich böse war und ihre Enttäuschung ausdrückte. Ich legte ihr die Worte oft in den Mund: »Wenn ich Sie wäre, wäre ich jetzt ...« Als die Selbstbehauptung hervortrat, und sie kam langsam und schwach, begrüßte ich sie (»verstärkte« sie, wenn es denn sein muß). Übertragung des Lernens bzw. Verallgemeinerung war der nächste Schritt. Ich drängte sie, mit Karl etwas weiterzukommen. Ich stellte beim Rollenspiel Karl dar, wir probten Mini-Konfrontationen, die vom Benzingeld über die Haushaltsführung bis zum sexuellen Vorspiel reichten.

Jeder solche Beutezug der Selbstbehauptung wurde bestätigt durch meine Zustimmung einerseits, aber auch durch das Ausbleiben des eingebildeten Weltuntergangs andererseits. Durch die Sicherheit meines Sprechzimmers wurden alle Handlungen »sicher« gemacht, die bisher ungeheuer gefährlich schienen. Dann der große Schritt nach draußen: unsere Sitzungen gemeinsam mit Karl. Potentiell natürlich gefährlich, aber immer noch weniger riskant als die gleichen Konfrontationen ohne meine Gegenwart.

Natürlich mußte nicht nur Ginnys Angst vor der Selbstbehauptung durch Entsensibilisierung abgebaut werden, es waren noch zahlreiche andere Modifikationen ihres Verhaltens notwendig. Ginny konnte auf so vielfache Weise nicht sie selbst sein. Sie wurde nur akzeptiert oder geliebt, wenn sie sich verstellte oder schauspielerte, sie konnte ihre Verzweiflung nicht äußern, ihre Angst auseinanderzufallen, ihr tiefes Gefühl der Leere, ihre Liebe. Ich forderte sie auf, mir alles zu zeigen. Versuchen Sie es mit mir, sagte ich, ich werde bei Ihnen bleiben und zuhören, ich werde sie als Ganzes annehmen.

So gesehen war die Therapie eine Kostümprobe mit genauem Drehbuch, eine Übung im Entterrorisieren, ein Unterfangen, dessen Ziel es war, sich selbst überflüssig zu machen und auszulöschen. Aber sie war natürlich auch mehr. Ginny weigerte sich, ihr Schicksal zu akzeptieren. Nachdem der Rahmen einmal gesprengt war, begannen die Schauspieler ihre Rollen zu leben, und der Regisseur weigerte sich, weiter ein Verhaltensingenieur zu bleiben.

Soviel über die Theorie hinter Ginnys Therapie, die Methoden und ihr Prinzip. Ich habe lange genug gezögert, über das zu sprechen, was folgt. Was ist über den Therapeuten zu sagen, den anderen Darsteller in diesem Drama? In meinem Sprechzimmer verstecke ich mich hinter meinen Titel, meinen Deutungen, dem freudianischen Bart, dem durchdringenden Blick und dem Gestus alles entscheidender Hilfsbereitschaft; in diesem Buch habe ich mich hinter meinen Erklärungen, meinem Wortschatz, meinen Protokollantenpflichten und belletristischen Bemühungen verschanzt. Aber diesmal bin ich zu weit gegangen. Wenn ich mich nicht von mir aus einigermaßen elegant aus meinem Allerheiligsten hinausbegebe, werden mich spätestens die Analysen meiner Kollegen unsanft hinausbefördern, die das Buch rezensieren.

Das Problem ist natürlich die Gegenübertragung. Während unseres Zusammenseins hat Ginny, auf der Basis ihrer sehr unrealistischen Einschätzung meiner Person, häufig irrational auf mich reagiert. Aber wie steht es mit meiner Beziehung zu ihr? In welchem Ausmaß haben meine unbewußten oder kaum bewußten Bedürfnisse meine Wahrnehmung von Ginny und mein Verhalten ihr gegenüber bestimmt?

Es ist nicht die ganze Wahrheit, daß sie der Patient und ich der Arzt war. Das habe ich zuerst vor einigen Jahren bemerkt, als ich ein Forschungssemester in London verbrachte. Ich hatte keinerlei Verpflichtungen und wollte ausschließlich an einem Buch über Gruppentherapie arbeiten. Anscheinend war das nicht genug. Ich wurde depressiv und unruhig und arrangierte es schließlich, daß ich zwei Patienten behandeln konnte – mehr um meinet- als um ihretwillen. Wer war der Patient, und wer war der Arzt? Ich hatte größere Probleme als die Patienten, und ich glaube, ich profitierte von der gemeinsamen Arbeit mehr als sie.

Ich therapiere seit mehr als fünfzehn Jahren; die Therapie ist ein wesentlicher Bestandteil des Bildes geworden, das ich mir von mir mache; sie gibt mir das Gefühl, daß mein Leben einen Sinn hat, daß ich tätig bin, stolz auf mich sein kann, weil ich mein Handwerk beherrsche. Indem sie mir erlaubte, ihr zu helfen, half Ginny daher auch mir. Aber ich mußte ihr viel helfen, sehr viel. Ich war Pygmalion und sie meine Galatea. Ich mußte sie umformen, ich mußte Erfolg haben, wo andere gescheitert waren, und ich mußte in erstaunlich kurzer Zeit Erfolg haben. (Obwohl dieses Buch recht langwierig erscheinen mag, sind sechzig Stunden eine relativ kurze Therapiedauer.) Der Wundertäter. Ja, ich gebe es zu. Und mein Bedürfnis blieb keineswegs stumm in der Therapie: ich setzte sie unerbittlich unter Druck, ließ sie meine Frustration deutlich spüren, wenn sie auch nur für wenige Stunden Rast machte oder ihre Haltung konsolidierte. Ununterbrochen improvisierte ich. »Werden Sie gesund«, schrie ich sie an, »werden Sie um Ihretwillen gesund, nicht für Ihre Mutter oder für Karl, werden Sie für sich selber gesund.« Aber ganz leise sagte ich auch: »Werden Sie für mich gesund, helfen Sie mir, ein Heiler, ein Retter, ein Wundertäter zu sein.« Hat sie mich gehört? Ich hörte mich selbst kaum.

Auch in anderer Hinsicht war es mehr eine Therapie für mich. Ich wurde Ginny und behandelte mich selbst. Sie war der Schriftsteller, der ich immer hatte sein wollen. Die Befriedigung, die ich beim Lesen ihrer Sätze empfand, ging über bloße ästhetische Wertschätzung hinaus. Ich kämpfte darum, sie aufzuschließen, mich selbst aufzuschließen. Wie oft gingen meine Gedanken während der Therapie fünfundzwanzig Jahre zurück zum Englischunterricht in der *Highschool,* zu Miß Davis, meiner verbitterten alten Lehrerin, die meine Aufsätze der Klasse vorlas, zu meinen peinlichen Notizbüchern mit selbstgeschriebenen Versen, zu meinem Roman in Stil von Thomas Wolfe, den ich niemals verfaßte. Ginny führte mich zurück an einen Kreuzweg, zu einem Pfad, den ich nie zu beschreiten gewagt hatte. Jetzt versuchte ich, statt meiner Ginny auf diesen Weg zu bringen. »Wenn sie nur tiefer wäre«, sagte ich zu mir selbst. »Warum nur ist sie mit Satiren und Parodien zufrieden? Was hätte ich aus einer solchen Begabung gemacht!« Ob sie mich gehört hat?

Der Arzt-und-Patient, der Retter, Pygmalion, der Wundertäter, der Schriftsteller, der sich nie verwirklicht hatte. Ja, diese alle. Und es kommt noch schlimmer. Ginny entwickelte eine starke positive Übertragung mir gegenüber. Sie überbewertete meine Klugheit und Stärke. Sie verliebte sich in mich. Ich versuchte, mit dieser Übertragung zu arbeiten, sie »einzusetzen«, sie therapiewirksam aufzulösen. Aber dabei mußte ich auch gegen mich selbst arbeiten. Ich *will* ja klug und allmächtig erscheinen. Es ist wichtig, daß attraktive Frauen sich in mich verlieben. Und daher saßen viele Patienten in vielen Sesseln in meinem Büro, als ich mit ihr zusammen war. Ich kämpfte gegen Teile meiner selbst, versuchte mich mit Teilen von Ginny zu verbünden im Kampf gegen andere Teile. Ich mußte mich stets selbst überwachen. Wie oft habe ich mich stillschweigend gefragt: »War das jetzt für mich selbst oder für Ginny?« Oft ertappte ich mich dabei, daß ich mich auf eine Verführung einließ oder anfing, mich auf eine Verführung einzulassen, die lediglich Ginnys Schwärmerei für mich noch gefördert hätte. Wie oft mag ich mich der eigenen Kontrolle entzogen haben?

Ich bin für Ginny sehr viel wichtiger geworden, als sie für mich. So ist es bei jedem Patienten, wie könnte es anders sein? Jeder Patient hat nur einen Therapeuten, der Therapeut hat viele Patienten. Also träumte Ginny von mir, führte während der Woche imaginäre Gespräche mit mir (so wie ich mit meiner Analytikerin, der guten alten Olive Smith, der Himmel segne ihr starkes Herz, Gespräche führte) oder bildete sich ein, ich stünde neben ihr und beobachtete jede ihrer Handlungen. Aber es steckt noch mehr dahinter. Gewiß, Ginny ist fast nie in die Welt meiner Phantasien vorgedrungen. Ich dachte zwischen den Sitzungen nicht an sie und habe auch nie von ihr geträumt, dennoch weiß ich, daß ich sie sehr gemocht habe. Ich glaube, ich habe nie zugelassen, daß mir meine Gefühle völlig bewußt wurden, und muß diese Dinge über mich selbst deshalb mühselig deduzieren. Es gab verschiedene Hinweise: meine Eifersucht auf Karl, meine Enttäuschung darüber, als Ginny eine Sitzung versäumte, mein Gefühl der Behaglichkeit und Wärme, wenn wir zusammen waren (»behaglich« und »warm« sind genau die richtigen Worte – nicht offen sexuell, aber auch nicht gerade ätherisch). All dies war selbstverständlich, diese Gefühle erwartete und erkannte ich, unerwartet hingegen war mein Gefühlsausbruch, als meine Frau in die Beziehung mit Ginny eintrat. Weiter oben habe ich die Einladung in unserem Hause beschrieben, als uns Ginny nach dem Ende der Therapie in Kalifornien besuchte. Als Ginny gegangen war, war ich mürrisch, ein unbestimmter Ärger erfüllte mich und verdrießlich wies ich die Bemühungen meiner Frau zurück, ein Gespräch über die Begegnung in Gang zu bringen. Obwohl meine telefonischen Verabredungen mit Ginny im allgemeinen kurz und makellos dienstlich waren, fühlte ich mich unweigerlich irritiert, wenn meine Frau im Raum anwesend war. Möglicherweise habe ich meine Frau in meiner Ambivalenz sogar eingeladen, an unserer Beziehung teilzunehmen, um mir bei meiner Gegenübertragung zu helfen. (Ich bin mir dessen allerdings nicht sicher, meine Frau hilft mir eigentlich immer bei meinen Publikationen.) All diese Reaktionen werden erklärlich, wenn man davon ausgeht, daß ich mich mitten in einer stark sublimierten Affäre mit Ginny befunden habe.

Ginnys positive Übertragung komplizierte die Therapie auf vielfältige Weise. Ich habe weiter oben geschrieben, daß sie vor allem deshalb in Behandlung blieb, um mit mir zusammen zu sein. Gesund werden hieß, Lebwohl sagen. »Und so verharrte sie in einem schönen Niemandsland: zu krank, um auf mich verzichten zu können, aber wiederum nicht krank genug, um mich an ihrer Heilung verzweifeln zu lassen.« Und ich? Was habe ich getan, um Ginny daran zu hindern, mich zu verlassen? Dieses Buch hat sichergestellt, daß Ginny niemals ein halb-vergessener Name in einem alten Terminkalender oder eine verlorene Stimme auf einem elektromagnetischen Band werden wird. Sowohl real wie symbolisch haben wir ein Ende verhindert. Wäre es zuviel gesagt, wenn man feststellen wollte, daß unsere Affäre in dieser gemeinsamen Arbeit aufgegangen ist?

Aber auch wenn man »Lothario«, »Liebhaber« zur Liste hinzufügt, auf der schon »Arzt-und-Patient«, »Retter«, »Pygmalion« und »ungeborener Schriftsteller« steht, bleibt etwas übrig, was ich nicht erkennen kann und auch nicht erkennen will. Gegenübertragung war stets gegenwärtig, wie ein Gazeschleier, durch den ich Ginny zu sehen versuchte. So gut ich konnte, habe ich daran gezerrt, hindurchgestarrt; so gut ich konnte, habe ich mich dagegen gewehrt, daß er unsere Arbeit behinderte. Ich weiß, daß ich nicht immer erfolgreich war, und ich bin auch keineswegs überzeugt, daß eine völlige Unterwerfung meiner irrationalen Seite, meiner Bedürfnisse und Wünsche die Therapie tatsächlich gefördert hätte. In geradezu verblüffender Weise hat die Gegenübertragung einen Großteil jener Menschlichkeit und Energie geschaffen, die unser Experiment erfolgreich sein ließen.

War die Therapie denn erfolgreich? Hat sich Ginny tiefgreifend verändert? Oder haben wir hier nur eine »Übertragungs-Heilung« vor uns, bei der sie lediglich gelernt hat, wie sie sich verhalten muß, um den mittlerweile internalisierten Dr. Yalom zufriedenzustellen und ihm zu gefallen? Das wird der Leser selbst beurteilen müssen. Ich bin zufrieden mit unserer Arbeit und optimistisch hinsichtlich weiterer Fortschritte Ginnys. Immer noch gibt es Konfliktzonen, aber ich betrachte sie mit einiger Gelassenheit; ich habe schon lange nicht mehr das Gefühl, daß ich als Therapeut einfach alles erledigen müßte. Wichtig ist, daß Ginny aufgetaut ist und gegenüber neuen Erfahrungen eine aufgeschlossene Haltung einnehmen kann. Ich habe Vertrauen zu ihrer Fähigkeit, sich weiterhin zu verändern, und diese Ansicht wird durch objektive Hinweise gestützt.

Sie hat jetzt die Beziehung zu Karl beendigt, die nach allem, was wir heute in der Retrospektive wissen, für beide Seiten wachstumshemmend war. Sie ist schriftstellerisch aktiv und hat zum erstenmal eine verantwortliche und erfüllende Aufgabe (etwas ganz anderes als die Aufsicht im Kindergarten oder die plakatbehängte Schülerlotsin). Sie hat sich einen gesellschaftlichen Umkreis und eine befriedigendere Beziehung zu einem Mann geschaffen. Die nächtlichen Angstzustände, die erschreckenden Vorstellungen auseinanderzubrechen, die Migräneanfälle, die versteinernde Schüchternheit und Selbstauslöschung sind verschwunden.

Aber ich wäre auch ohne diese objektiven Hinweise auf das Ergebnis zufrieden gewesen. Ich zögere, das zuzugeben, denn ich habe einen großen Teil meiner beruflichen Laufbahn darauf verwendet, die Ergebnisse der Psychotherapie einer strengen, quantifizierbaren Untersuchung zu unterwerfen. Es ist ein Paradoxon, mit dem ich mich nur schwer abfinden, das ich aber noch weniger zurückweisen kann. Die »Kunst« der Psychotherapie hat für mich eine doppelte Bedeutung: sie ist für mich eine »Kunst« in dem Sinne, daß ihre Ausübung den Gebrauch von intuitiven Fähigkeiten verlangt, die nicht von wissenschaftlichen Gesetzen abgeleitet werden können, sie ist aber auch »Kunst« im Sinne von Keats, d. h. sie schafft eine eigene Wahrheit, die über eine objektive Analyse hinausgeht. Diese Wahrheit ist das Schöne, was Ginny und ich erlebt haben. Wir kannten einander, berührten uns tief und teilten glänzende Momente, wie man sie selten erreicht.

1. März 1974

Nachwort von Ginny Elkin

Karl und ich lebten seit acht Monaten in dem neuen Bundesstaat zusammen und hatten uns kaum je in persönlicher Weise berührt. Meine Welt wurde kleiner und kleiner. Karl machte alle möglichen Reisen, befreundete sich mit Kollegen. Er führte ein Leben außerhalb des Hauses. Manchmal führten uns unsere ähnlich gelagerten Empfindungen, unser Sinn für Humor oder das Abendessen zusammen. Aber auch wenn wir viel zusammen waren, blieben wir zwei unbeseelte Gegenstände – wie ein Sessel und ein Sofa, die in einer Hotelhalle nebeneinander stehen. Karl mußte ausgefragt werden, ehe er mir irgend etwas über seinen Tageslauf erzählte oder sonst etwas gab. Er hielt sogar seine wunderschöne Schwäche zurück – seine langen Erzählungen darüber, was er den Tag über gemacht hatte. Und meine Gesprächsbeiträge schienen aus dem Nichts zu kommen, weil ich den ganzen Tag über nirgends gewesen war. Ich hatte Angst, ich war ganz sicher, daß Karl die Klaustrophobie und Spannung meiner Seele bemerkte.

Ich nahm es hin, daß meine Grenzen enger und enger wurden. Aber ich hatte das Gefühl, redundant zu werden, so als ob ich einen Teil meines Lebens wieder und wieder erlebte und niemals darüber hinaus käme. Ich liebte meinen Mann nur ein wenig, verlor ihn in unserer Vergessenheit. Ich hatte noch immer keine Stelle, nur freiberufliche Arbeit als Autor. Meine Arbeitsdiszplin hing von der Jahreszeit ab (wenn es schön warm war, strebte ich nach dem Leben eines Kindes).

Die Tage wurden schnell alt und hingen mir drohend nach. Ich lebte als hartnäckiger Träumer und schämte mich, weil der Durchmesser meines Lebens etwa so groß war wie der einer Murmel. Die Stunden des Tages und der Nacht türmten sich gegen mich auf.

Ich hatte eine Abneigung gegen das Leben. Früher wachte ich am Morgen schnell auf und war so quicklebendig wie eine heimliche Bauernmagd, aber in letzter Zeit hatte ich davon geträumt, mir das eigene Blut abzumelken, nicht weitermachen zu müssen. Die Böschung, auf der ich dauernd zu stehen schien, wurde zur Mauer. Ich rebellierte dagegen mit Phantasien, daß ich schreiben würde, weggehen und stark und allein leben würde – das Übliche. Aus dem Schweigen baute ich fortdauernde Dialoge. Ich benutzte meine Liebe zu Karl und zog sie in vollere Träume, nachts, wenn er schlief. Und die ganze Zeit verminderte sich meine wirkliche Stimme in der wirklichen Welt.

Karl und ich schienen unsere Liebelei so schnell beendet zu haben. Es gab keine Vorahnung. Man fängt an, sich zu langweilen, die Bereitschaft zu gehen entsteht, wenn man dem Ticken einer Uhr zuhört. Karl und ich waren ein Uhrwerk.

Es war nicht immer so. Dr. Yalom hatte wirklich dafür gesorgt, daß wir uns Großzügigkeit und Hoffnung entgegenbrachten. Ich erinnere mich, daß Karl damals in Kalifornien, als er ohne das Aushängeschild einer Stelle oder das Prestige eines Gehaltskontos mit seinem Leben zurechtkommen mußte, oft in die Bibliothek ging und zu schreiben versuchte. Einmal brachte er eine Liste seiner Ziele mit und (ein kleiner Sieg) las sie mir vor. Keines seiner Ziele und nur wenige Anspielungen hatten mit der Stellung zu tun, die ich in seinem Leben hätte einnehmen können. (Und das nach mehr als zwei Jahren des Zusammenlebens.) Das verletzte mich, und ich sagte es ihm. Aber ich verriet nicht, was ich sagen wollte, obwohl ich es mit ein paar Tränen herunterspülte. Ich wollte ein Teil seines Lebens und nicht nur ein paar Jahre geteilte Miete sein. Ich wollte etwas mit ihm teilen, das täglich anders war, das er in seine Gedanken einschloß und liebte. Nicht nur ein Kleidersack, an den er sich erinnerte, wenn er umziehen mußte.

Weil wir diesen Augenblick der Gemeinsamkeit gehabt hatten, er mit seinem Schreiben, ich mit meiner Angst, versprach er mir, daß gute Tage für uns in der Zukunft lägen, und wie Sie wissen, glaubte ich das auch. Jedenfalls schien eine gute Nacht vor uns zu liegen, als wir auf einer grünen Filzmatte Würfel spielten und ich gewann. Und um halb zwölf speisten wir noch einmal zu Abend, rauchten, aßen Joghurt und hörten Musik. Und streichelten uns lange und liebten uns. Und ich reagierte sehr stark und fühlte mich großartig. Blieb aber immer auf der Vorderseite des Bewußtseins, jedenfalls sehr lange, und war traurig, was ein Euphemismus ist. Ich konnte nie aus dem Schema ausbrechen, mich völlig entspannen und alles vergessen. Bitter dachte ich: »Ich bin recht lächerlich, sitze immer irgendwo am Rand.« Mein Bewußtsein war eindeutig kopflastig und konnte meinem Körper nie seine Zustimmung geben. Ich konnte nicht aus der Tretmühle heraus, die mich beim Sex und beim Leben mit Karl quälte.

Die Tage wurden nur noch schlimmer, noch vernachlässigter. Ich hatte keine wirkliche Zeit mehr für irgendwelche Bestimmungen oder Ziele, die nur meine eigenen Fähigkeiten verlangten. Ich hatte mich entschlossen, eine Wüsteneidechse zu sein, die von der Sonne verwöhnt wird. Nur hatte ich menschlichen Verstand und menschliche Sinne. Lange hatte ich ironisch vor mich hin gewelkt. Und meine nächtlichen Angstzustände verstärkten sich und regneten sich auch nicht mehr am Morgen ab. Mein Geist ließ meinen Körper in einer *Stampede* zertrampeln. Völlig hilflos, als Opfer lag ich da, bis das Tageslicht die Gefühle zusammentrieb, erst dann konnte mein Körper den Schauplatz verlassen. Ich zweifle nicht daran, daß diese Angstzustände durch den Mangel an Hoffnung zwischen Karl und mir und das Wissen ausgelöst wurden, daß ich bald verlassen werden würde. (Wenn ich bei solchen Gelegenheiten Dr. Yalom heraufbeschwor, dann geschah dies nur, um ihn in mein Melodrama einzubeziehen.)

Selbst Karls Rechthaberei verblaßte zur Apathie. Er ignorierte mich. Ich konnte ihm in Sachdingen widersprechen, mich auf diese Weise behaupten, (dank Dr. Yalom), aber ich konnte keine Gefühle fordern. Ich konnte ihn nicht nach unserer Zukunft fragen. Wie John Prine sagt: »Eine Frage ist keine Frage, wenn man die Antwort schon weiß.« (»A question ain't really a question, if you know the answer too.«)* Ich hatte Angst, und Karl spürte meine Gespanntheit. Aber ich glaube, diese Gespanntheit rührte von der Wahrheit her. Wenn man in einer Beziehung der einzige ist, der sich engagiert, muß man selbst für alle Gefühle sorgen. Auf der Seite von Karl gab es keine Intuition. Ich erdichtete einfach Liebeslieder und Ermutigungen. Es gab ganze Nächte voll Aneinanderschmiegen und Beinahe-Treffern. In der Nacht, wenn er bewußtlos war, konnte ich ihm nahe sein.

Vermutlich habe ich irgendwann aus dem Auge verloren, wer Karl eigentlich war. Aber er hinterließ auch um das Haus herum nicht viele Spuren, die man hätte im Auge behalten können. Sie führten alle zur Arbeit. Es gab einfach keine Vorgabe. Karl war so gut wie jeder andere, was Spaß, Gespräche, Spiele und latente Sensibilität anging, aber er verengte seinen Horizont ganz erschreckend: tatsächlich schnitt er einige Richtungen vollständig weg. Und ich machte das mit, erlaubte meinen Bedürfnissen nicht, auf ihn überzugreifen, ihn zu beeinflussen, unser Leben aufzuhellen.

Ich war wie ein bedürftiges Kind mit einem grausamen Stiefvater, die Situation war lächerlich. Ich stand auf, um ihm meinen Platz anzubieten, aber er stieg sowieso an der nächsten Haltestelle aus.

Schließlich war ich völlig verzweifelt und nicht mehr fähig, mein eigenes Schweigen und den gemeinsamen Widerstand gegen unser gemeinsames Leben zu verzehren. Ich sagte: »Karl, wir haben kaum noch das Schwarze unter dem Nagel

* »Far from Me«, mit freundlicher Genehmigung von Cotillon Music & Sour Grapes Music, 1971.

gemeinsam.« Und er sagte: »Ich weiß. Ich will weg. Ich langweile mich.« Und am nächsten Abend war er weg.

Karl ist weg. Aber mein Leben ist nicht an diesem Tage zerfallen. Das ist nur das Echo, das nach einem langen, herzzerreißenden Schrei zurückkommt. Ich habe Angst. Ich kann nichts essen, und ich würde auf den Schlaf nicht wetten wollen, der vor mir liegt. Ich habe versucht, das, was nur Bedürfnis, Abhängigkeit und Mittel zum Zweck war, von dem zu trennen, was wirkliches Gefühl und Liebe zu Karl war. Das Radio, der Fernseher und die Bücher gehören ihm, außerdem das Schweigen, die Gier, das Gelächter, die Autofahrten. Ich versuche, ehrlich einzuschätzen, was Karl mir bedeutet, ohne es mit Notwendigkeiten und Ekel zu mischen. Und ich versuche, ein Gefühl dafür zu entwickeln, daß meine eigene Gegenwart existiert.

Karls Gegenwart umgibt mich noch immer, sein Name klingt immer noch vertraut, nicht weit weg, nicht Jahre entfernt. Ich zitiere ihn immer noch und kenne seine Träume und Sorgen. Ich bin sicher, daß Karl nicht nur eine Angewohnheit gewesen ist. Das Klavier war eine Gewohnheit. Ich gab es nach sieben Jahren tränenlos auf. Meist ist es eine Traurigkeit, die keinem besonderen Anlaß entspringt. Nach einigen Wochen wurde mir allerdings klar, daß ich auf der Ebene perfekter Erkenntnis einer schmerzhaften Situation nicht stehenbleiben konnte. Karl wird nicht zurückkehren; das wird nicht geschehen, selbst wenn ich es törichterweise mit ganzer Seele wünschen würde (wie ganz die ist, wissen wir ja). Ich erwache aus Träumen, in denen Karl mich geneckt hat, ich verliere ihn im Schlaf, wie ich ihn im Leben verloren habe.

Diese Periode der Traurigkeit und völliger Nässe wurde allmählich unbewohnbar. Ich wußte, daß mir auf die Dauer nur die Wahl zwischen Todeswunsch und Todesurteil bleiben würde, wenn ich mich von Ängstlichkeit und Mißbilligung in diesem Stadium der Ablehnung festnageln ließ. Die Stelle, wo mein Lächeln gewesen war, fühlte sich an, als sei sie gebrochen. Dennoch: einen allzu großen Teil meines Schmerzes hatte ich mir selbst zugefügt, ich hatte ihn verdient – er war der Gegenschlag nach Jahren des Stillstehens und Wartens. Ich hatte ein Leben wie eine leere Schiefertafel geführt. Das Weggehen von Karl war viel zu sehr mit der Leere und Langeweile meines Lebens verbunden gewesen, als daß es nur eindeutig gesehen und nachträglich gefühlsmäßig aufgeladen werden konnte.

Angst habe ich vor allem deshalb, weil ich mein ganzes Leben hindurch stets den Eindruck hatte, ich sei völlig begraben und auf die Fingerspitzen von Freunden und zufälligen Gesprächsbekanntschaften angewiesen, die mir halfen und mit mir lachten. Deshalb mußte ich mich immer in eine Position begeben, wo man in mich hineinlaufen konnte – und ein Teil von Karl war es auch, daß ich mit ihm zusammen Leute traf. Mit ein paar sorgfältig hingeworfenen Bemerkungen und lustigen Einfällen kam ich schon durch, davon lebte ich. Ich hatte das Gefühl, wenn ich diese Stellung je aufgab, ein paar Grad neben dem Hauptstrom, dann würde ich mich nie wiedersehen, ich würde jede Chance verlieren.

Tatsächlich habe ich mein Leben bisher völlig zufälligen Chancen überlassen. Ich habe vor Angst gezittert und bin in Trance gewachsen. Und wenn ich das Leben überhaupt je auf meine Seite bringen will, muß ich hinausgehen und leben, nicht warten. Es scheint, bisher habe ich lediglich all meine Energie auf die Protokolle verwendet und auf den nächsten Zufall gewartet. (Zufall wäre übrigens ein guter Name für ein Pferd, das manchmal gewinnt, aber meistens verliert.) Meine Seele ist ganz darauf eingestellt, immer zu passen, zuzusehen, wie ein anderer sich bewegt und den Ball schleudert.

Jetzt muß ich mich bewegen und ein Leben beginnen, bei dem ich ganz unginnymäßig aus mir herausgehe, wie Dr. Yalom sagen würde. Ein Leben, bei dem ich keine Mittelsmänner brauche, die mich abschirmen gegen die Welt und mit ihr verbinden. Ein Leben, bei dem ich nicht mehr bei der Erledigung der einfachsten Dinge anfange zu träumen, bei dem ich geradlinige Gespräche führe, ohne daß meine losen Enden heimlich dazu benutzt werden, mich auszupeitschen und zu erniedrigen. Niemand kann in mein Gehirn tauchen und Gedanken daraus hervorholen, niemand außer mir selbst.

Ich erkannte den Unterschied zwischen wirklichem Denken und dem, was ich von mir aus so lange getan hatte: Grübeln. Beim Grübeln brütete ich nur über den negativen Alternativen. Denken hingegen schreitet voran, breitet sich aus. Das habe ich nie getan. Phantasieren ist ein Denken in Stilleben: man weiß, daß man mit seinen Visionen nie etwas anfangen wird. Ich hatte mich daran gewöhnt, andere Leute die praktische Seite des Lebens erledigen zu lassen, während ich ein Genie in den Randbezirken war.

Kein Mann wird jemals in einer Osmose, bis daß der Tod Euch scheidet, mit mir leben wollen. Ich werde eine Bewohnerin meiner selbst sein müssen, denn sonst ist da einfach nichts. Ich muß mich aggressiv bewegen, ohne magische Einstimmung oder Zufälle. Ich bin eine ganz gewöhnliche Frau.

Das Leben wurde hart. Es gab keine Liebe, um es weicher zu machen. Dennoch, selbst nach den Maßstäben der überdehntesten Liebesschnulze war die Trauerzeit jetzt vorüber. Aber manchmal sagte ich immer noch Dinge, die mich trösten sollten, anstatt mich weiterzubringen. »Ich werde Karl nie wieder mit geschlossenen Augen sehen oder am Morgen an seinen Schlaf rühren.« Aber wenn ich weiterhin heulte und Erinnerungen an die Zeit mit Karl hätschelte, würde ich allmählich zum Dauer-Teenager, der sich um eine längst gestorbene Schlagerparade grämt.

Die letzte Erkenntnis der Tatsache, daß Karl nie zurückkommen wird, habe ich ausgelassen. Auch jene zentimeterdicke Schicht weicher Wolken, die mein Gehirn wattierte und mich sowohl daran hinderte, das ganze Elend zu sehen, als auch daran, glücklich zu sein. Immer noch gibt es einen Gletscher von Tränen in meinem Innern, die Monate brauchen, um durch meine Seele hinunterzuwandern, aber ich vergesse sie. Ich weine nicht mehr sehr viel. Ich versuche, ein wachsendes Heimweh nach diesen Tränen zu ignorieren. Die Stille nimmt zu, und die wenigen Tränen sind von Ärger umgeben.

Schmerz, ich habe dich kennengelernt, ich werde meine kostbare Zeit nicht mehr länger verschwenden auf dich. Es muß frustrierend sein für Dr. Yalom, mich hier von den Schönheiten der Tränen und Alpträume schwärmen zu hören. Ich werde mich nicht länger durch Schmerz und Tränen zu definieren versuchen. Ich brauche sie nicht, um menschlich zu sein. Ich will mich nie wieder auf diesen Kreislauf einlassen.

Außerdem gibt es tief unten, jenseits der verzweifelten Gefühle von Verlassenheit das Gefühl, daß es alles richtig so sei, daß ich eigentlich gewünscht habe, nicht mehr mit Karl zusammen zu sein, daß ich weg wollte, darauf brannte, auf seine Entscheidung wartete, daß mich nur wie gewöhnlich eine erschütternde Trägheit, die sich aus Mitleid und Angst zusammensetzte, an der Situation festhalten ließ.

Every day seems a little longer
Every way love's a little stronger
Come what may, do you ever long for true love
from me?

*Love like yours will surely come my way.**

Merkwürdig genug, ich habe mich mit dem Verlust von Karl jetzt viel mehr abgefunden als damals mit dem Ende der Zeit mit Dr. Yalom, obwohl ich mich der Therapie nie ganz ergeben habe. Ich habe nie völlig an das abgemagerte Ich geglaubt, das ich jede Woche in Dr. Yaloms Leben einbrachte. Denn ich wußte, daß ich nach außen (der realen Welt gegenüber) immer irgendwie lebhaft, dramatisch und fröhlich sein

* Jeder Tag scheint etwas länger zu sein / Und die Liebe in jeder Beziehung etwas stärker zu werden / Komme, was wolle, wirst du je wahre Liebe erwarten von mir? / Liebe wie deine läuft mir sicher über den Weg. Vgl.: »*Every Day*«, von Norman Petti und Charles Hardin, © 1957 by Peer International Corporation.

konnte und verschiedene langjährige Freunde hatte, die an mich glaubten. Und ich hatte auch normale oder beinahe normale Gespräche und Tage mit Karl. Aber ich wollte jenen Teil von mir, der Dr. Yalom ansprach, nicht aufgeben, denn es schien, als ob das wenige, was ich dort sagte, resonanter sei und stärkeren Widerhall fände als all die kleinen Aperçues und Wortspiele, die ich nach außen hin abfeuerte. Oft habe ich mich tot gestellt, aber ob ich nun tödlich albern oder einfach nur tot war, immer hatte ich Leichtigkeit, Optimismus und Lebenshoffnungen, und ich wußte es. Ich habe dem Schmerz nie viel Spielraum gelassen.

Manchmal habe ich Theater gespielt in seinem Sprechzimmer, meine Lebensgeister bewußt unterdrückt, um sie der Therapiestunde anzupassen. Ich konnte schein-ärgerlich werden, aber nie wirklich böse. Dennoch wollte ich in die Tiefe vorstoßen und etwas Reales anschlagen, etwas finden in mir, das Dinge in Gang bringen konnte und ihnen nicht immer nur hinterherlaufen mußte. Ich suchte einen emotionalen Geysir anstelle unseres schwatzhaften Varietétheaters, bei dem Dr. Yalom seinen psychiatrischen Haken und ich meine schüchternen Frechheiten benutzte, um den Vorhang zu ziehen.

Auch die Aufzeichnungen waren manchmal bewußt ernst und düster oder schlampig und nachlässig. Ich schien keine andere Sprache als meinen Jargon zu haben; ich konnte mich nicht dazu zwingen, nach den heilenden Worten zu greifen, die er wollte; ich konnte auch keine klinische Sprache annehmen und ihm die richtigen Antworten geben, die unverdorbene Psychiater-Partymasche abziehen. Jedesmal, wenn Dr. Yalom eine heilende Frage stellte, war ich stumm, oder noch schlimmer: ich grinste. Weil ich wußte, wie einfach es sein würde, Zuflucht bei meinem alten Ich zu suchen. Ich wollte etwas Neues finden, etwas anderes als den Panzer von Nerven und Illusionen, der mich bekleidete.

Ich verteidigte mich nicht. Ich ließ gewissermaßen das Drehbuch von anderen schreiben und folgte ihm dann, hörte zahlreiche Stichworte, sprach aber selbst nur wenige Sätze.

Eine der vorhersehbarsten Fragen von Dr. Yalom war immer: »Was mögen Sie an mir oder an Karl oder sich selbst?« Diese Frage war ungefähr genauso weit weg wie die Kehrseite der Medaille: »Ginny, gibt es nichts, was Sie nicht an mir mögen?«

Ich wußte, er wollte mich zur Wirklichkeit hinziehen, und vermutlich kannte ich sie sogar, aber sie blieb ohne Wirkung auf mich. Ich kann es nicht ertragen, Leute objektiv zu betrachten, obwohl ich ihnen gern ein paar Metaphern anhänge. Es fällt mir leichter, mich anzupassen und Dinge zu akzeptieren, als sie zu beurteilen. Ich hasse es, Leute in die Distanz zu rücken, indem ich sie auf ihre Rollen wie »Mutter«, »Vater«, »Psychiater« beschränke – jeder Mensch hat seine eigene besondere Berechtigung. Ich glaube, ich könnte sie alle verteidigen, sogar auf meine eigenen Kosten, in meiner stummen Art, denn es schmerzt mehr, sie herabzusetzen, zu hassen.

Ich glaube, ich habe etwas Persönliches bei Ihnen erreicht, Dr. Yalom. Sie versuchten, es in die Therapie einzubinden, und ich war immer ein wenig mißtrauisch oder, schlimmer noch, sarkastisch (das spart Energie) bei dem, was Sie mir einflößten, auch wenn ich sagte, ich sei am Verhungern.

Ich glaube, es wird immer ein Gebiet geben, das ganz unversöhnt bleibt, eine Lücke in der Therapie: daß unsere Ziele verschieden waren. Sie konnten nicht wissen, wie man sich fühlt, wenn man leer oder, als Kehrseite der Medaille, äußerst lebhaft und inspiriert ist. Die Gelegenheiten, bei denen ich frei war, machten mir klar, daß es immer mein Ziel sein sollte, dieses Gefühl der Wärme und Geradheit zu erreichen, ganz ohne unbewußte Seitengelasse. Die Antworten auf Ihre direkten Fragen schienen manchmal gar nicht meine Antworten zu sein. An einer Hierarchie von Fragen und Antworten war ich nicht interessiert. Die ganze Zeit über suchte ich nicht wirklich nach Veränderung, sondern nach einem Menschen, mit dem ich so wie mit Ihnen reden konnte, der mir Fragen stellte und mich verstand, Ihre Geduld besaß, und doch separat von mir blieb.

Sie haben mich immer angefeuert, Dr. Yalom, versuchten, mich aus der Ebbe hinaus in den Hauptstrom der Dinge zu bringen. Ich beobachtete Sie dabei und war oft fasziniert, aber wenn ich aus Ihrem Gesichtsfeld verschwand, gab es nur sehr wenig Strömung. Jetzt ziehe ich Sie wie einen Ring kleiner Wellen um mich herum, was mir die Illusion verleiht, in Bewegung zu sein, anstatt in der Stille der Dämmerung oder im Sand eingewurzelt zu sein.

Heute glaube ich, daß alle Gleichnisse und Metaphern (sämtliche fünf Millionen), die ich Ihnen in meinen Berichten und Gesprächen an den Kopf geworfen habe, eine Sache sind, und ich eine andere. Ich habe sie als Schleier gebraucht, solange ich nicht direkt mit Ihnen sprechen konnte.

Ich bin nicht am Boden geblieben, bis das Leiden zu Ende gezählt war. Vielleicht habe ich nicht die Nerven, um völlig *knock-out* zu gehen. Ich kann mir diesen Augenblick nur in der Phantasie vorstellen. (Nachdem ich Ihnen so viele Vorahnungen und Warnungen mitgeteilt habe, was mir alles widerfahren würde, wenn ich einmal wirklich verlassen würde, hätte ich vielleicht wenigstens abkratzen können.)

Einen Monat lang habe ich ein schmerzerfülltes, zurückgezogenes Leben geführt. Aber danach gewann der elastische Teil meiner selbst wieder die Oberhand. Ich stellte fest, daß es meine Freunde immer noch gab. Alles, was fehlte, war Karls tödliche Gegenwart und das Unglücklichsein.

Jetzt habe ich schon einen halben Tag ohne unmittelbares Angstgefühl hinter mir. Durch die Hilfe von Freunden habe ich eine Stelle gekriegt, wo ich forschen und schreiben kann. Es ist nicht die totale Erlösung, aber ich verdiene ein wenig Geld und brauche die Dinge nicht mehr innerlich aufzustapeln, die ich mir wünsche und tun sollte, mir aber nicht leisten kann. Ich habe mein Geld immer verplempert, nicht für die Zukunft oder irgendwelche Ziele verwendet. Gesunde Menschen scheinen die Hand auszustrecken und immer mehr vom Leben zu packen, während abgeschiedene Menschen wie ich immer weniger vom Leben festhalten können.

Ich muß das ändern, ich sehe den weiten Weg, den ich gehen muß. Meinen Freunden wird schon ganz bange, weil ich gemerkt habe, daß ich nicht mein Leben lang ein Geist bleiben kann. Sie sagen, daß sie mehr von mir wollen. Auch Karl hat mir solche Botschaften zukommen lassen, aber jetzt scheinen mehr Liebe und Hingabe bei dem Geschäft zu sein. Natürlich muß ich bei all diesen Veränderungen noch die Zähne zusammenbeißen, denn immer noch erstarre ich, wenn ich gefordert werde. Ich weiß, daß ich mehr brauche als ein paar programmatische Sätze und etwas Marschmusik. Jede Aufgabe muß auf menschliches Niveau gebracht werden. Meine besten Freunde raten mir, meine Worte genau zu setzen, die zeitliche Abfolge mehr zu beachten und Entscheidungen zu treffen. Ein unginnymäßiges Leben auszuprobieren.

Ich habe nicht nur aufgehört zu leiden, sondern trotz meines anfänglichen Widerstands bin ich einem anderen Mann begegnet. Ich staune, wie schnell die Vergangenheit aufhörte. Er mag mich und fühlt sich hingezogen zu mir. Auch er zieht mich an, besser gesagt: ich kann die Hände nicht von ihm lassen. Ich fühle mich tatsächlich nicht mehr wie ein kleines Mädchen, sondern wie eine erwachsene Frau. Mein Gehirn ist weniger spekulativ und vertrauter mit Stimmen als mit den bloßen Echos und Träumen, mit denen ich es früher gespeist habe. Ich habe mehr Zuversicht, sie schlägt sich in kleinen heißen Blitzen in meinem Leib nieder, ich habe mehr Ausdauer. Angst und Furcht sind verschwunden. Vielleicht haben sie sich in Ironie verwandelt, aber die ist wenigstens weicher und walzt einen nicht völlig nieder. Jedenfalls ist die Ironie eine Kleinigkeit, gemessen daran, was für gute Tage ich habe.

Es gibt allerdings immer noch viele Probleme. Ich habe den Eindruck, daß mein Leben von bestimmten Sicherheiten abhängt, davon, daß ich mein eigenes Nest und etwas Geld habe, von meinem neuen Freund, den ich oft sehen möchte, von einer Freundin, die für mein Leben sehr kostbar ist und so nah wie ein Schatten. Immer noch ist bei mir alles desorganisiert; der Küchentisch breitet sich auf den Fußboden, den ganzen Raum aus. Immer noch verstreue ich mich, sowohl in dem Sinn, daß meine Besitztümer aus den Schränken quellen, als auch darin, daß ich Dinge zu tun vergesse.

Vielleicht wird alles sehr schlimm. Dann kann ich mich wehren. Ich wurde nur kleiner dadurch, daß ich vor meinen Problemen zurückwich und Ihnen mein Schweigen aufbürdete. Ich möchte persönlich etwas vollbringen in meinem Leben, nicht immer nach der Vorstellung abhauen. Mein Geist fühlt sich richtig schlaff, als ob ich die Welt durch eine Reihe von Luftspiegelungen betrachtet hätte, die ich Ihnen pflichtgemäß zu beschreiben versuchte, Dr. Yalom. Wenn ich jetzt mein Gehirn nach irgendwelchen Tatsachen durchkämme, wünsche ich, ich hätte versucht, mehr zu sagen, auch wenn es nicht alles ganz rein war, anstatt immer auf Sätze zu warten, deren Empfindungen hundert Prozent waren.

Ich habe in Ihrem Sprechzimmer eine Menge Löcher in die Luft gestarrt, bin die Zeit hinauf- und hinuntergegangen, ohne mich niederzulassen. Jetzt könnte ich sicher Ihr Gesicht und damit auch meins finden, klare Worte finden oder still sein. Sie sind das Du dieser Seiten.

Was gestern gebrochen war, ist heute wieder heil. Mein Schmerz ist eine mehrjährige Pflanze, aber auch mein Glück.

In Ihrem Sprechzimmer habe ich Scherze wie Sorgenperlen durch meine Finger gleiten lassen. Ich war froh über Ihre Gesellschaft (die immer natürlich und voller Hingabe war), aber ich hatte Angst, wie andere Leute zu leben. Ich wollte eigentlich gar keine Sprechzimmer eines Therapeuten, sondern ein Nest. Ich versuchte, Sie in meinen Winterschlaf und meine hilflose Ruhe hinunterzuziehen. Sie haben es nicht zugelassen, daß ich bloß nickte oder vorgab zu träumen. Damit, daß Ihre Kunst Erfolg hatte, haben Sie uns beide wiederbelebt.

So oft ich mich zusammenrollte, haben Sie mich wieder auseinandergerollt.

1. März 1974

Nachbemerkung zur deutschen Ausgabe

Die »Chronik einer Therapie« bietet dem Leser eine einmalige Gelegenheit, sich in die verschiedenen *Perspektiven* eines Psychotherapie zu versetzen. Wem die Verwendung des Beiworts einmalig übertrieben erscheint, der mag die entsprechende deutschsprachige und übersetzte Literatur durchsehen; er wird eine Reihe interessanter Selbstdarstellungen von Patienten finden[1], dazu und in anderer Hinsicht bedeutsam Tilman Mosers »Lehrjahre auf der Couch«[2], aber keine gleichzeitige Darstellung von Patient und Therapeut.

Die folgenden Orientierungslinien möchte ich aus zwei Gründen skizzieren: zum einen muß man davon ausgehen, daß die Psychotherapie bei uns nicht in vergleichbarer Weise popularisiert ist wie in den Vereinigten Staaten; zum anderen kann man sich mit Hilfe von mehr wissensmäßigen, theoretischen Gesichtspunkten verständnisbringend von starker, sehr persönlicher und doch schwer bestimmbarer emotionaler Teilnahme distanzieren (und entlasten) und die vielen Einzelschritte – »Tippelschrittchen« wie Ginny sagt – dieser Behandlung in einen größeren Zusammenhang einordnen.

Mit dem Anfang einer Therapie entwickelt sich ein Arbeits- oder *Behandlungsbündnis*. Es erfordert beim Patienten bestimmte Eigenschaften und Einstellungen wie die Bereitschaft zur Selbstreflexion, die sich von dem, was begrifflich als Übertragung und Widerstand gefaßt wird, abgrenzen lassen. Das Behandlungsbündnis zwischen Ginny Elkin und Dr. Yalom trug einen besonderen Akzent: Patientin *und* Therapeut hatten sich verpflichtet, von jeder Sitzung einen Bericht anzufertigen; die gleichlaufenden Aufzeichnungen und ihr vereinbarter halbjährlicher Austausch gingen damit über eine experimentell-verhaltenstherapeutische Zielsetzung (nämlich die Schreibhemmung der Patientin zu überwinden) hinaus und brachten gleichzeitig die einzelnen therapeutischen Vorgänge – die *Interventionen* des Therapeuten wie Deutungen, Konfrontationen, Aktivierung etc. und die auf sie folgenden Reaktionen – wie auch die allmähliche Entwicklung und den Verlauf einer Beziehung von bestimmter Qualität und Dauer zur Darstellung.

[1] M. Sechehaye (Hrsg.), *Tagebuch einer Schizophrenen*, Suhrkamp, Frankfurt M. 1973; M. Barnes, *Meine Reise durch den Wahnsinn*, Kindler, München 1973 u. a.

[2] Suhrkamp, Frankfurt M. 1974.

Trotz aller gegenseitigen Selbstenthüllung blieb, wie Yalom selbst schreibt, stets eine »fundamentale Apartheid« erhalten: »Ich schreibe über Ginny in der dritten Person, während sie sich an mich in der zweiten wendet ... ich erwarte von ihr, daß sie mich ganz in sie einläßt ... und gleichzeitig weise ich ihr in meinem Bewußtsein nur eine kleine Abteilung zu« (S. 303).

Man sollte diese fundamentale Apartheid oder Nichtgegenseitigkeit kein beruflich rationalisiertes Geizen mit Zuwendung nennen; diese Einstellung des Therapeuten ist ein Ausdruck dessen, was Enid und Michael Balint als das »berufsmäßige Verstehen von Menschen« beschrieben haben – »die sympathisierende Identifizierung mit anschließender Rückkehr zur Objektivität«[3]. Erst die Rücknahme der dosiert zugespielten Teilnahme gibt dem Therapeuten wirksamen Raum für eine therapeutische Intervention frei – was im Gegensatz dazu beim privaten Verstehen nicht entscheidend und wohl auch nicht wünschenswert ist.

Auf welche Perspektiven könnte man sich nach der Lektüre nochmals einstellen? Zunächst kann man in einer sympathisierenden Identifizierung ähnlich wie die Patientin empfinden und den Therapeuten durch ihre Übertragungsgefühle hindurch wahrnehmen. Man kann sich jedoch aus dieser Identifizierung auch wieder lösen und gewissermaßen gemeinsam mit dem Therapeuten überlegen, welche Art von therapeutischer Intervention der Patientin gerade jetzt weiterhelfen könnte.

In einer anderen Perspektive kann der Leser nachvollziehen, wann der Therapeut gegen sich selbst arbeiten muß (fachlich ausgedrückt: seine unbewußte *Gegenübertragung* beachten und bearbeiten muß), um die Patientin in der ihr eigenen Realität wahrzunehmen. Über diese Entzerrung der Wahrnehmung des Therapeuten hinaus wird solche Mühe nötig, falls der Therapeut im Verlauf der Behandlung ein Stück weit selbst zum Patienten wird und der Versuchung erliegen könnte, sich gleichsam mit Hilfe des eigentlichen Patienten selbst zu behandeln. Yalom weist mehrfach auf derartige Versuchungen hin, die eng mit der erwähnten besonderen Art des Behandlungsbündnisses verknüpft sind und wovon hier nur an ein Beispiel erinnert werden soll: »Sie war der Schriftsteller, der ich immer hatte sein wollen« (S. 315).

Den zuletzt genannten Anstrengungen des Therapeuten, die eige-

[3] *Psychotherapeutische Techniken in der Medizin,* Kindler, München 1963, S. 177. Mit Objektivität ist hier nicht der naturwissenschaftliche Begriff, sondern die Beziehungs-Objektivität gemeint.

nen Regungen nur für das Verstehen der Patientin zu nutzen (was sich in der Fachsprache zum Teil mit dem Ausdruck Ich-Spaltung auf Seiten des Therapeuten zur Deckung bringen läßt), entspricht bei der Patientin, daß sie sich, durch die therapeutischen Interventionen gleichsam angestoßen, immer wieder bemühen muß, einen weiteren Unterschied zwischen ihren unbewußten Selbstvorstellungen und ihrem wirklichen Selbst wahrzunehmen und im Verhalten auch erlebnismäßig zu berücksichtigen. Ginny Elkin schreibt: »Die Psychotherapie stelle ich mir immer als Möglichkeit vor, zwischen dem wahren Selbst und dem träumenden, Winterschlaf haltenden Selbst, eine Brücke zu schlagen« (S. 281).

Sidney Tarachow[4] hat die beiderseitigen Bemühungen von Patient und Therapeut in der Psychotherapie wie folgt zusammengefaßt: »Die Psychotherapie ist eine Welt, in der auf Seiten des Therapeuten eine *willentliche* und auf Seiten des Patienten eine *erzwungene Ich-Spaltung* stattfindet. In dieser Welt müssen die tiefsten Wünsche beider, nämlich mit den Objekten realen Kontakt zu haben, in allmählichen und verschiedenen Schritten aufgegeben werden. Diese Situation gegenseitiger Frustration wird für beide Teilnehmer zu einer Erfahrung, die entweder Reife oder Enttäuschung bedeutet.«

Dem Leser und einer Diskussion unter Fachleuten sollen weitere Fragen wie nach den therapeutischen Techniken und Schulen und nach dem Erfolg der dargestellten Behandlung überlassen bleiben; hier kam es darauf an, durch die verschiedenen Perspektiven zu skizzieren, wie der Leser mit dem vorliegenden Buch umgehen könnte.

Eine abschließende Bemerkung sei noch erlaubt. Wer meint, die in diesem Buch niedergeschriebene Selbstenthüllung, vor allem die des Therapeuten, schade der Sache der Psychotherapie, irrt meines Erachtens. Solche Bedenken aus den Reihen der Psychotherapeuten selber entfernen sich nicht weit von denjenigen ihrer eigentlichen Gegner, die meinen, daß Selbstenthüllung ohnehin nur wieder etwas Krankhaftes sei; darüberhinaus aber leisten derartige Bedenken einer Mystifizierung der Psychotherapie Vorschub – und diese Mystifizierung schadet ihr, nicht aber das Zur-Diskussion-Stellen einer Behandlung, wie es in Ginnys und Dr. Yaloms Buch geschieht.

Heinrich Deserno, Mai 1975

[4] *An Introduction to Psychotherapy,* International Universities Press, New York 1963, S. 6f.

Inhalt

Vorwort der Herausgeberin 5
Vorwort von Dr. Yalom 8
Vorwort von Ginny Elkin 20

I Der erste Herbst 29
(9. Oktober bis 9. Dezember)
II Ein langes Frühjahr 75
(6. Januar bis 18. Mai)
III Sommer 119
(26. Mai bis 22. Juli)
IV Ein Winter geht vorüber 157
(26. Oktober bis 21. Februar)
V Ein letztes Frühjahr 205
(29. Februar bis 3. Mai)
VI Jeden Tag ein wenig näher 243
(10. Mai bis 21. Juni)

Nachwort von Dr. Yalom 283
Nachwort von Ginny Elkin 320
Nachbemerkung zur deutschen Ausgabe 333